글과 사진으로 보는 북한의 사회와 문화

Everyday Life in North Korea

글과 사진으로 보는
북한의 사회와 문화

전영선 지음

경진출판

　『글과 사진으로 보는 북한의 사회와 문화』는 『북한의 사회와 문화』의 세 번째 버전이다. 2005년 3월 『북한의 사회와 문화』를 처음 출판하였고, 1년 6개월이 지난 2006년 8월에 개정판 『다시 고쳐 쓴 북한의 사회와 문화』를 출판하였다. 그리고 이번에 재개정판을 내놓게 되었다. 10년의 시간이 흘렀다. 북한도 많이 변했다. 부지런을 떨었던 첫 개정판 이후에도 자료를 모으고 원고를 수정하는 작업을 간간이 해왔었다. 생각보다 쉽지는 않았다. 지속적으로 관심을 두고 추적하는 분야도 있지만 그렇지 않은 분야도 있었기에 개정작업은 10년 동안 쉽게 나가지 못했다.

　이 책은 처음부터 '북한 사회와 문화에 대한 종합정보'라는 분명한 목적으로 기획되었기에 가능한 다양한 분야의 최근 모습을 보여주고 싶었다. 하지만 본디 천성이 부지런하지 못하고, 개정판 출판에 대한 절실함도 부족했기에 증보판 작업은 차일피일 미루어졌다. 새로운 책을 쓰는 것이면 몰라도 예전에 썼던 원고를 꺼내고, 내용을 고친다는 게 그리 신명나는 작업도 아니었다.

　다시 개정판 출판을 생각한 것은 북한 체제의 변화와 우리 사회의 통일준비를 위한 기본 교재의 필요성 때문이었다. 첫 번째 개정판이 나온 지 10년이 지났다. 그 사이에 북한도 적지 않은 변화가 있었다. 김정일 국방위원장이 사망하고, 김정은 체제가 시작되었다. 2012년부터 시작된 김정은 체제의 미래가 어떻게 될 것인지를 판단하기에는 아직은 짧은 시간이다. 하지만 2006년 개정판을 낼 때와는 상황이 많이 달라진 것은 분명하다. 북한의 최고지도자도 바뀌었고, 노동당 규약도 바뀌었다. 좀처럼 달라질 것 같지 않았던 북한 사회에서도 이런 저런 변화가 포착되고 있다. 변화를 정리할 필요가 있었다.

용기를 내서 원고를 다시 정리하였다. 김정은 시대의 내용을 보완하였다. 원고도 원고지만 사진 자료를 최대한 활용하여 가독성을 높이는데 중점을 두었다. 북한과 관련한 내용인지라 사진 자료를 확보하는 게 관건이었다. 개정판을 출판한 이후 몇 차례 방북 기회가 있었다. 북한을 방문하면서 현지에서 확보한 사진과 지인들의 도움을 받았다. 깊이 감사 드린다. 모자라는 부분은 영상자료를 활용하였다. 좀 더 전문적이고 해상도 높은 자료였다면 하는 아쉬움이 남았다. 아쉬움은 언제나 다시 출발선에 서야 하는 이유가 된다. 이 책을 출판한 이후부터는 다음 작업을 위한 준비과정이 될 것이다.

'북한의 사회와 문화'는 북한에 대한 종합정보를 정리한 책이다. 학술적인 책은 아니지만 이 책은 나에게 학문적 열정과 부지런함을 평가하는 척도이다. 꾸준히 새로운 정보를 수집하고 정리하고, 분석하는 이유는 하나이다. 북한에 대한 오독의 가능성을 낮추기 위해서이다. 논거가 뒷받침되지 않으면 학문이 아니라 주장이나 고집이 된다. 고집(固執)이라는 글자는 옛 것(古)에 갇혀서(□) 놓지 않는 것(執)이다. 자신의 기억과 자신의 학문 속에 갇혀 있다면 학문은 발전할 수 없다. 학문은 열려 있어야 한다. 생각이 닫히면 학문도 닫힌다. 북한, 통일 문제도 마찬가지다.

학자는 공인으로서 사회가 필요로 하는 문제에 대한 정확한 답을 찾아야 한다. 의무이다. 사회가 필요로 하는 역할과 사명이 있다. 북한 연구자에게 주어진 역할과 사명은 북한에 대한 정확한 정보를 제공하는 것이다. 그것으로 대북정책, 통일정책에 필요한 다리를 놓는 것이다. 이 책이 통일을 준비하는 우리 사회에 조금이라도 기여할 수 있게 되기를 희망한다.

평화문제연구소 선수현 기자가 마음먹고 도와주었다. 내용을 채워주었고, 오탈자를 보아주었다. 마디마디 꼼꼼함을 느낄 수 있었다. 지면으로 감사드린다. 원고를 재촉하지 않고 인내심 있게 기다려준 양정섭 대표와 번거로운 작업을 함께 해준 도서출판 경진 편집원들께 감사드린다. 지켜 주고 도와주는 이들이 있기에 삶의 가치를 느낀다.

2015년 광복 70주년의 겨울을 지나 남북분단의 역사를 더한 이듬해
여름을 맞으며
전영선

1장 북한의 행정과 권력

1. 행정구역

광복 이후 남한은 물론 북한도 여러 차례 행정구역을 개편하였다. 그 결과 남북의 행정구역은 상당 부분이 달라졌다. '자강도', '량강도', '과일군', '노동자구' 등이 모두 새로 생겨난 행정구역이다. 현재 남북한이 공통으로 이름을 사용하고 있는 곳은 강원도가 유일하다. 2010년 동계올림픽 유치를 앞두고 벌어진 유치설명회에서 유치위원회는 올림픽 정신에 호소하며, 세계 유일의 분단국인 한국, 그중에서도 분단된 강원도의 상징성을 부각시켜 관계자들의 깊은 호응을 받았다.

북한의 행정구역 개편이 처음 있었던 것은 북한정권 수립 직후인 1946년 9월로 평안남도에서 평양시를 분리하여 직할시로 승격시킨 것이 핵심이었다. 이어 1949년 1월에는 평안북도 강계군을 비롯한 후창·위원·초산·희천군과 함경남도의 장진군 일부를 통합하여 자강도를 신설하는 행정구역 개편을 단행하였다. 자강도의 도청 소재지는 강계시이다. 강계시는 1949년 1월 자강도가 신설되면서 강계읍과 6개군을 재편하면서 1949년 12월 강계시로 승격하였다. 압록강을 경계로 중국 동북지역과 국경을 접하고 있다.

강계시 너머인 간도지방은 조선인들이 개척한 지역이다. 특히 1869년과 1870년 함경도 지역에 대흉작이 들자 많은 조선인들이 두만강과 압록강을 넘어가 농경지를 개간한 곳이다. 자강도는 '고난의 행군' 기간 동안 가장 모범을 보인 지역으로 손꼽힌다. 특히 자강도의 도청 소재지인 강계시는 '강계정신'으로 상징화된 극심한 경제난을 극복한 상징적인 도시로 꼽힌다.

북한 행정체계가 현재와 같은 골격이 만들어진 것은 6·25가 진행 중이던 1952년 12월이었다. 전쟁 중임에도 불구하고 대대적인 행정구역 개편을 통하여 도(道), 군(郡), 시(市), 면(面), 리(里)의 4단계 행정구역 체계에서 면을 통폐합하여 군으로 정리하고 평양이나 개성과 같이 큰 단위의 도시와 군을 행정 단위의 중심으로 하면서 면(面)을 제외한 3단계 체계로 개편하여 행정구역 체계를 축소하였다.

휴전 이듬해인 1954년 10월에는 함경도 일부와 자강도 후창군을 병합하여 량강도를 신설했으며, 황해도를 재령·멸악산맥·예성강을

〈사진 1-1〉 북한과 중국의 국경을 가르는 압록강

경계로 황해북도와 황해남도로 나누었다. 현재와 같은 행정구역의 골격은 대체로 이 시기에 갖추어졌다. 이후에도 여러 차례 행정구역 개편이 있었다.

비교적 큰 규모의 전면적 행정구역 개편은 1960년대 중반에 있었다. 행정구역 개편의 핵심은 행정구역

〈사진 1-2〉 북한지역을 소개하는 기록영화 〈조국기행〉 시리즈

명칭에 대한 전면적인 수정이었다. 1960년대 중반까지 행정구역 이름은 한자 위주로 되어 있었다. 서울말을 기준으로 하였던 표준어 대신 평양말을 중심으로 한 문화어를 새로운 언어 중심으로 세우면서 한자어로 되어 있던 지명 표기를 전면적으로 개편하였다. 지명개편 작업은 언어학자와 대학교수, 지방 정권기관 관계자들이 참여한 '연구집단'을 중심으로 '고장이름 조사사업'을 바탕으로 새로운 이름으로 고쳐 나갔다.

북한은 이 사업을 '낡은 사회의 유물'을 청산하고, '민족적 자존심'을 지켜나가는 사업으로 인식하고 국가적 차원에서 추진하였다. 그 결과 약 4,700여 개의 행정구역 명칭을 비롯하여 산과 강, 골, 벌(평야) 등의 자연지명도 우리말로 고쳤다. 함경북도 경성군과 경흥군이 새별군과 은덕군으로 바뀌었고, 황해남도의 과일군이 새로 신설되었으며, 평양시에도 연못동, 붉은거리동, 새마을동, 새살림동, 긴골리, 긴마을동 등의 명칭이 새롭게 나타났다. 또한 김정숙군, 김책시, 안길리, 김재원리 등과 같이 인명을 딴 행정구역도 생겨났다. 특별한 행정구역도 있다. 북한의 특별한 행정구역으로는 직할시, 특급시, 노동자구, 지구 등이 있다. 직할시, 특급시는 여타의 도시에 비하여 규모가 큰 도시이다.

북한에서 규모가 가장 크고 핵심 도시는 평양이다. 평양은 북한의

수도이며 북한의 정치, 경제, 사회, 문화, 관광의 중심지로서, 외국인이 드나드는 관문 도시이다. 수도로서 도시 관리와 시민 관리가 엄격하다. 가을철 과일이나 명절 용품 배급에서도 최우선 공급 지역이다. 평양시의 면적은 한때 2,629.4km^{2}로 서울의 약 4배에 달하였다. 하지만 2010년 행정구역을 대폭 축소하였다. 2010년 『조선중앙연감』에서는 평양의 남쪽 외곽이 시에서 제외된 것으로 나타났다. 전체 면적에서 1,100km^2 정도로 줄어 40%가 조금 넘는 지역만 남은 것으로 알려졌다. 행정구역이 축소되면서 평양시의 인구도 300만 명에서 250만 명으로 줄었다.

평양은 원래 '평평한 땅'이라는 의미로 고구려시대에는 평양성, 낙랑, 장안, 안동도호부 등으로 불렸고, 고려시대에서는 서경, 유경으로 불렸다. 조선시대에는 평안도의 행정중심이었으며, 1896년에 평안남도 도청 소재지였다. 평양시가 직할시가 된 것은 1946년 9월로서 기존의 평안남도에서 분리하여 직할시로 승격되었다. 북한을 대표하는 평양은 북한 헌법에 명시된 수도이다. 북한은 수도인 평양을 북한의 중심지이면서 '세계혁명의 수도'로서 강조하고 있다. 최근에는 세계 혁명의 수도로서 면모를 갖추기 위해 21세기형 수도를 건설해야 한다는 김정일 국방위원장의 지시에 따라 2002년부터 '평양시 개건·현대화'

북한상식 **남포항**

남포항은 평양과 이어진 항구이다. 국제항으로 기능한다. 북한은 국제항으로서 남포항의 기능을 향상시키기 위하여 1981년 5월 4일 대동강종합개발계획의 일환으로 남포의 영남리와 황해남도 은율군 송관리 사이의 대동강 하구를 잇는 서해갑문 공사를 시작하였다. 1986년 6월 24일 서해갑문이 완성되었다. 서해갑문 공사를 통해 27억 톤의 인공호수가 만들어졌고, 남포항의 접안 능력도 2만 톤에서 5만 톤으로 높아졌다. 서해갑문은 '미림갑문', '봉화갑문'과 함께 3대 갑문으로 꼽힌다.

사업을 추진하고 있다.

　'평양시 개건·현대화' 사업 내용은 '도시미관 개선', '대규모 건축물 보수 및 신축', '교량 및 상하수도 건설 등의 도시기반시설 정비', '주민편의시설 확충'을 주요 내용으로 한다. '도시미관 개선' 사업에 의해 령광거리, 개선문, 천리마거리 등 평양시내 주요 10여 개의 거리를 정비하였으며, 전등교체 등의 가로등 현대화 사업을 추진하고 있다. '대규모 건축물 보수 및 신축' 사업으로는 인민문화궁전, 금수산 기념

〈사진 1-3〉 북한 최대 도시 평양

궁전, 동평양대극장, 모란봉극장, 김책공대 전자도서관, 김보현대학, 평양제1중학교, 금성정치대학, 평양역전백화점, 평양수산물백화점 등의 대규모 건물에 대한 보수와 신축 사업을 추진하였다. '주민편의시설 확충' 사업으로는 주택난 해소를 위한 살림집 건설 및 베란다 수지창 설치·부엌·화장실 등의 개조, 숙박시설·탁아소·병원 등의 상업봉사시설 건설 등이 진행되고 있다.

2012년 현재 북한의 행정구역은 '1직할시·2특별시·9개도' 체제이다. 직할시는 한때 평양시를 비롯하여 4개까지 있었다. 1955년 개풍군과 판문군을 개성시로 통합하면서 개성을 직할시로 승격시켰고, 1980년에는 대안시와 룡강군을 남포시에 편입시키면서 남포시를 직할시

〈사진 1-4〉 대동강변에 새롭게 세워진 미래과학자거리

로 승격시켰다. 1960년에는 함흥·청진시를 직할시로 승격시켰다가 1967년 다시 일반 시로 내렸고, 1974년에 다시 직할시로 승격시켰다가 1985년 다시 일반 시로 내렸다.

1993년 9월 함경북도 라진시와 선봉군 및 은덕군 일부 지역을 합하여 라진−선봉 직할시로 개편되었다가 2000년 8월에 라선특급시로 개편되었다. 특급시는 직할시보다는 규모가 작지만 일반 시보다는 규모가 큰 도시이다. 라선특급시는 1990년대 북한이 경제 위기를 타개하기 위한 수단으로 개방정책을 추진하는 과정에서 탄생한 대외개방도시이다. 북한은 1991년 11월 라진−선봉 일대 746km²를 '경제 무역 지대'로 선정하여 이 지역을 2010년까지 동북아시아의 화물 중계기지, 수출가공기지, 관광 및 금융 서비스 기지로 발전시킨다는 것이었다.

라선시는 지리적으로 중국, 러시아와 육로로 연결되고 해로를 통해 한국, 일본과 연결되는 유리한 조건을 갖추고 있다. 또한 조수 간만의 차가 적고, 수심이 깊어 항구로서 훌륭한 조건을 갖추고 있다. 훌륭한 입지 조건에도 불구하고, 경제 마인드의 부족, 열악한 기반 시설 등으로 인해 투자 유치는 지지부진하였다. 그러나 중국의 동북삼성 개발이 본격화되면서 다시금 주목을 받고 있다.

북한의 행정구역은 필요에 의해 쉽게 개편된다. 지자체 간의 갈등이 없다. 직할시였던 라진−선봉시를 2001년 9월경 다시 함경북도에 소속된 시의 하나로 편입시킨 것으로 확인됨에 따라 직할시는 평양, 남포, 개성 등 3개 시로 줄었다. 또 2004년 1월 9일 최고인민회의 상임위원회 정령에 의해 남포시가 2개의 구역만으로 축소되어 특급시로 평안남도에 포함되었고, 평양과 함께 직할시였던 개성마저 2002년 개성공업지구가 설치되면서 판문군이 폐지된데 이어 2003년 6월에 개풍군, 장풍군이 황해북도에 편입되면서 직할시에서 특급시로 변경되면서 직할시는 4개에서 평양만 남게 되었다.

2개 특별시는 라선시와 남포시이다. 라선시는 2010년 1월 다시 특별시가 되었다. 2010년 1월 4일 최고인민회의 상임위원회는 정령을 통해 북한 최초의 경제지유무역지대인 라선시를 특별시로 하였다고 발표하였다. 북한 최초의 자유무역지대로 김정일 국방위원장이 1991년 12월 이곳을 방문하여 라선대흥무역회사를 현지지도하기도 하였다. 한편 라진항은 중국에 의해 인프라가 개발되어 중국 동북지역에서 생산되는 석탄을 비롯한 원자재 물동항으로 이용되고 있다. 남포시는 2004년 직할시에서 특급시가 되면서 남포시 내 강서구역·천리마구역·대안구역을 군으로 바꿨었는데, 2009년 즈음에 다시 남포시로 개편한 것으로 확인되었다. 남포시는 중국과의 교역이 확대되면서 위상도 높아지고 있다.

'노동자구'는 공장, 광산, 임산, 어촌 중에서 400명 이상의 성인이 살고 그 주민의 65% 이상이 노동자로 구성돼 있는 지역으로 약 250여 개 정도 있다. '공업의 합리적 배치'를 명분으로 1952년의 행정구역체계를 3단계로 개편하면서 처음 설치된 말단 행정구역이었다. 사전적 의미로서 노동자구는 '공장, 광산, 임산, 어촌 중에서 400명 이상의 성인이 살고 그 주민의 65% 이상이 노동자로 구성되어 있는 지역'으로 규정된다.

북한상식 **청진항**

청진항은 이름 없는 작은 어촌이었는데, 1908년 1월 외국 통상항으로 지정되면서 1908년 4월에 개항하였다. 청진은 조수 간만의 차가 적고, 태풍 피해도 적은 부동항으로서 항구로서는 좋은 입지적 조건을 갖추고 있다. 1928년 함경선 철도가 개통된 이후 시세가 크게 확장되었다. 일제 강점기에는 중국 동북 지방의 철도와 연결하는 관문이면서, 일본 동북 지방을 잇는 항구로서 중심지 역할을 하였다. 1970년대 들어서면서 청진공업지역 배후 항구로서 기능도 수행하고 있다. 항만은 본항, 동항, 서항으로 이루어져 있다. 하역능력은 880만 톤, 접안능력 2만 톤 규모인 것으로 알려져 있다.

한편 특별행정구역으로 '지구(地區)'가 있다. 지구는 '노동자구'와 비슷한 규모로 1995년부터 시(市)의 일부 지역을 분리하거나 통합하여 만든 군(郡)급 행정구역이다. '지구'가 행정구역으로 지정되기 이전에도 '구역'이라는 용어가 사용되었으나 이는 공식 행정구역이 아니라 '지역의 일부'나 '일대'라는 의미였다. 지구가 행정 개념으로 알려진 것은 한반도에너지개발기구(KEDO)의 경수로 사업과 관련된다. 1995년 9월 한반도에너지개발기구와 북한 사이에 경수로 공급협정이 체결됨에 따라 경수로가 건설되는 함경남도 신포시 일부 지역을 '금호지구'라는 행정구역으로 공식 지정했다.

〈사진 1-5〉 북한 농촌 지역

2. 북한의 법적 대표: 최고인민회의 상임위원회 위원장

북한을 대표하고 이끌고 있는 인물은 누구인가? 답은 김정은위원장이다. 당연한 질문을 한 이유는 실질적으로 북한의 최고 권력자는 김정은위원장이지만 헌법상 북한을 대표하는 최고의 자리는 그렇지 않기 때문이다.

2000년 김대중 대통령의 평양 방문 순간을 돌이켜 보자. 순안공항에 도착하여 잠시 감격에 겨워하던 김대중 대통령은 트랙에서 내려 영접을 나온 김정일 국방위원장과 감격적인 포옹을 나눈다. 공식 환영행사는 여기서 끝나지 않았다. 김정일 국방위원장의 마중을 받은 김대중 대통령은 김정일 국방위원장과 함께 연단에 올라 북한군의 사열을 받는다. 방문국 군인의 사열을 받는 것은 국빈에 대한 최고의 예우이다. 사열을 받는 자리에는 국가 원수만이 올라갈 수 있다. 당시 사진이나 기록을 살펴보면 김대중 대통령과 김정일 국방위원장 곁에 또 한 명의 인물이 올라가 있음을 확인할 수 있다. 국가 원수만이 올라갈 수 있는 자리에 올라간 이는 누구였을까? 다름 아닌 김영남 최고인민회의 상임위원회 위원장이었다.

2000년에 있었던 다른 사건 하나를 돌이켜 보자. 2000년 새로운 세기를 맞아 유엔(UN)에서는 밀레니엄 행사의 하나로 각국의 정상이 참여하는 대규모의 세계정상회의를 준비하고 있었다. 남북이 각각 유엔 회원국으로서 초청받았고, 2000년 6월의 남북정상회담에 이은 제2차 정상회담에 대한 기대가 고조되었다. 밀레니엄 세계정상회의에 남측은 김대중 대통령이 참석하기로 하면서 북한의 참가 여부와 참석자에 대한 관심이 집중되었었다. 이때 북한을 대표하는 정상으로 참여하기로 한 이도 최고인민회의 상임위원장 김영남이었다. 그러나 남북의 기대와 세계의 관심에도 불구하고 밀레니엄 정상회담은 무산되었다. 독일을 거쳐 미국으로 향하려던 김영남 위원장은 미국행 비행기 탑승에 앞서 미 항공사 직원으로부터 몸수색을 요구받았고, 한 나라를 대표하는 공식 사절에 대한 몸수색은 받아들일 수 없다는 김영남 위원장의 거절로 미국행 비행기를 타지 못하였다.

항공사 직원의 실수로 볼 수도 있었던 해프닝의 이면에는 상당한 의미가 있다. 밀레니엄 정상회담의 초청 주체는 UN이었고, 남북한은 각각 UN 회원국으로 대표를 파견하고 활동하고 있다. 세계 각국의 정상이 참석하는 회담에서 초청받은 회원국 대표의 몸을 수색한다는 것은 외교관례로 볼 때 상식을 벗어난 일이기 때문이다. 만약 우리가 APEC 정상회담을 주최하면서 유럽의 정상들에게 초청장을 발송해 놓고 항공사의 직원이 회담에 참여하는 국가 원수의 몸수색을 한다면 어떨까? 어쨌든 이 회담이 성사되었다면 남북관계에 또 다른 변수가 될 수 있었던 아쉬운 사건이었다. 2002년 고이즈미 일본 총리가 일본 총리사상 처음으로 평양을 방문하였을 때 고이즈미 총리를 마중한 이도 바로 김영남 위원장이었다. 그렇다면 왜 김영남 위원장이 김정일 국방위원장을 대표하여 국제회의나 외빈 접대에 나섰을까? 그것은 북한의 헌법에서 규정한 북한을 대표하는 자리는 최고인민회의 상임위원회 위원장이기 때문이다.

북한의 최고인민회의는 우리의 국회에 해당하는 입법 기관으로 '헌법의 수정과 보충', '최고인민회의 상임위원회가 채택한 법안 승인', '국가의 대내외 기본 정책 수립', '국방위원장 선거 또는 소환', '내각 총리 선거 또는 소환', '국가 인민경제발전계획 승인', '국가예산 심의·승인' 등의 권한을 갖고 있다. 최고인민회의 대의원의 임기는 5년으로 선출 기수에 따라 구분한다. 2003년 8월에 제11기 대

〈사진 1-6〉 평양시민증(대한민국역사박물관에서)

의원 687명을 선출하여 2004년 3월 25일 제11기 2차 회의가 열렸다.

최고인민회의는 비상설기구로써 1년에 1~2차례 정기회의를 갖는다. 기타 최고인민회의 상임위원회가 필요하다고 인정할 때나 대의원 3분의 1 이상의 요청이 있을 때 임시회의를 소집하는데, 회기는 통상 1~3일간이다. 최고인민회의는 1948년 9월 처음으로 최고인민회의 제1기 1차 회의를 개최하여 북한 헌법의 제정, 공포와 1차 내각 조직, 미국과 소련에 보내는 요청서를 채택하였다. 제10기 혹은 11기 등의 기수는 우리의 제16, 17대 총선과 같은 의미이며, 1차 회의, 2차 회의는 해당 기수의 최고인민회의에서 개최한 회의 차수를 말한다.

최고인민회의 대의원의 임기는 5년이지만 이를 넘어선 경우도 있었다. 1994년 4월 제9기 7차 회의를 개최한 이후 김일성 주석의 사망 등으로 5년의 대의원의 임기가 만료된 이후에도 열리지 않다가 8년 3개월 만인 1998년 7월에 제10기 대의원을 선출하였다. 1998년의 제10기 대의원은 제9기 때와 같은 687명의 대의원으로 구성되었다. 이어 그해 9월에 최고인민회의 제10기 1차 회의를 소집하여 주석제의 영구 폐지와 국방위원장의 권한 강화를 주요 골자로 하는 헌법 개정을 단행하는 등 정치 체제를 정상화시켰다.

북한의 최고인민회의는 상설기구가 아니라서 대의원들은 다른 직책을 겸직하고 있다. 북한에서 어느 기관의 소속이냐는 점은 생활에 필요한 물자를 공급받는 기관이 어디냐를 결정하는 중요한 문제이다. 북한에서는 모든 인민들이 일정한 기관이나 단위에 소속되어야 한다. 기관이나 단위에 소속되었다는 것은 생활에 필요한 기본 물자를 받는다는 것을 의미

〈사진 1-7〉 찬성 투표를 독려하는 북한의 방송물

한다. 만약 소속이 없다면 물자를 받을 단위가 없음을 의미하고, 이는 북한에서 생활할 수 없다는 것을 의미한다. 그래서 북한의 모든 인민은 일정한 조직에 소속되어 국가로부터 물자를 공급받는 것이다. 전업주부이거나 공장에서 물러난 경우에는 지역을 단위로 한 인민반 조직에 가입한다.

남측의 국회의원들은 국민의 세금으로 채워지는 국가의 봉급을 받지만 북한의 최고인민회의 위원은 그렇지 않다. 최고인민회의 위원이라고 하여도 상설기구가 아니기에 통상 1년에 한두 번씩 회의에 참석하여 법률을 승인하고 예산을 심사하는 것으로 활동을 대신한다. 그렇다면 최고인민회의 위원은 어디로부터 물자를 공급받는가? 최고인민회의 대의원들의 생활 물자는 자신의 선거구가 있는 지역 인민위원회에서 받는다. 예를 들어 개성에서 선출된 대의원이라면 개성시 인민위원회로부터 물자를 공급받는 식이다. 국회의원의 급여를 해당 지역구에서 받는 식이다.

3. 북한 권력의 핵심 '조선로동당'

최고인민회의 상임위원회 위원장이 헌법상 북한을 대표하는 자리라고 한다면 김정은 시대의 실질적으로 북한을 대표하는 자리는 2016년 제7차 당대회를 통해 신설된 '조선로동당위원장'이다. 북한의 최고지도자는 당·군·정에 걸쳐 몇 개의 직책을 겸하고 있다. 노동당이 북한 전체를 관장하는 핵심 기구라는 점에서 당 서열을 우선으로 보기도 한다. 김정은의 경우에는 2016년 5월 제7차 당대회 이전까지 국방위원회 제1위원장과 노동당 제1비서의 직책을 겸하고 있었다. 대외적으로는 국방위원회 제1위원장으로 불렸다.

김정일 시대 최고 권력의 자리는 국방위원회였다. 국방위원회가 권력기관으로 주목받은 것은 김정일의 선군정치가 강조되면서부터이다. 국방위원회는 명목상으로 국방에 관한 일을 관장하는 기관이다. 남한에도 '국방위원회'가 있다. 국회 국방위원회는 국회의 여러 분과위원회 가운데 하나이다. 국회에는 정보통신위원회, 법사위원회, 문화관광위원회 등의 여러 소위원회가 있다. 선거가 끝나고 국회가 열리면 서로 핵심위원회 위원장을 차지하려고 신경전을 벌이는 모습을 지겹게 보아 왔다. 국방위원회는 이런 여러 소위원회 가운데 하나이다. 최고인민회의 상임위원장과 국방위원장의 직책만 놓고 우리와 비교해 보면 국회의장과 분과위원회 위원장에 해당한다. 이것만 놓고 본다면 김영남 상임위원장이 높은 직책임이 분명하다.

그럼에도 불구하고 실질적으로 북한을 움직이는 인물이 김정은위원장(이전에는 김정일 국방위원장)이라는 사실을 부인할 사람은 없을 것이다. 김정은 체제 5년 차인 2016년까지 왜 이렇게 국방위원회가 막강한 권력기관으로 자리매김할 수 있었을까? 그것은 북한의 국방위원

〈사진 1-8〉
소년단 행사에 나선
김정은

회에서 의미하는 '국방'이라는 개념과 연관된다.

북한에서 '국방'이란 개념은 군사 분야와 관련된 입법 업무를 담당하는 협의의 개념이 아니다. 북한에서 국방은 '체제 자체를 방위하는 모든 행위', '외부의 모든 침략에 맞서 국가를 지켜내는 모든 행위'에 해당한다. 우리의 헌법에서 규정한 '대한민국의 모든 국민은 국토방위의 의무'에 해당하는 '방위'의 개념에 가깝다. '외세의 압력, 미국의 제국주의적 횡포와 침략에 맞서서 북한의 정치, 제도, 사상의 모든 것을 지켜 나간다'는 개념이다.

국방위원회가 권력의 핵심이 된 것은 김정일 시기였다. 특히 '군을 우선한다'는 '선군정치'가 시작되면서 절대 권력기관으로 변화되었다. 김정일 국방위원장 시절 국방위원회는 국가안전보위부, 인민무력부, 내각, 중앙검찰소, 중앙재판소를 관리하는 위치에 있었다. 군과 국가정보 기관, 사법부, 행정부, 검찰을 산하에 두고 통제한 것이다. 행정관리를 총괄하는 내각도 국방위원회의 통제를 받았다. 북한 행정조직의 총괄기관인 내각은 총리, 부총리, 위원장과 그밖의 필요성원으로 구성되는데, 국방 분야를 제외한 국가 행정과 경제 관련 실무 사업을 주도하고 관할한다. 내각의 수장은 내각총리로서 내각성원의 임면에 관한 제의권을 갖는다.

국방위원회는 김정일 사망 이전까지는 김정일 위원장을 중심으로 제1부위원장, 부위원장(4인), 위원(5인)으로 구성되었다. 그러다 김정일이 사망하고, 2012년 4월 최고인민회의 제12기 제5차 회의에서 헌법을 개정하면서 '김정일을 영원한 국방위원장'으로 추대하면서 제1부위원장직을 폐지하였다. 2014년 최고인민회의 제13기 제1차 회의에서는 김정은 제1위원장을 중심으로 부위원장 3명(최룡해, 리용무, 오극렬), 위원 5명(장정남, 박도춘, 김원홍, 최부일, 조춘룡)으로 인사를 단행하였다.

최고인민회의 산하에는 자격심사위원회, 법제위원회, 예산위원회 등의 소위원회가 있지만 위원회의 역할은 법률적인 문제 검토, 예산 심의 등으로 제한된다.

김정은 시대 최고 권력은 '조선로동당위원장'이다. '조선로동당위원장'은 2016년 5월에 있었던 제7차 조선로동당대회를 통해 신설된 직책이다. 이전까지의 최고 직책이었던 조선로동당 총비서를 대신하는 자리이다. 총비서는 1966년 10월에 있었던 제2차 당대표자대회 로동당중앙위원회 제4기 14차 전원회의에서 기존의 '로동당중앙위원회 위원장', '부위원장' 직제를 폐지하면서 비서국을 신설하였다. 이때 총비서, 비서 직제로 개편하였었다. 2016년 5월에 열린 제7차 로동당대회를 통해서 기존의 비서국 체제를 정무국 체제로 전환하면서, '조선로동당 제1비서', '조선로동당 비서', '조선로동당 중앙군사위원회 부위원장' 등의 직책이 폐지되었다. 대신 '조선로동당위원장', '정무국', '조선로동당중앙위원회 부위원장' 직책이 신설되었다.

4. 노동당 조직

1) 당의 위상

최고인민회의가 상징적이며 법적인 차원의 최고 기관이라면 '조선로동당'(이하 노동당)은 입법·사법·행정의 모든 기관을 초월하는 초법적인 기관으로 실질적인 권력을 행사하는 최고 조직이다. 대외적으로는 다당제 형식을 취하고 있지만 노동당을 제외한 여타 정당들은 이름뿐인 외곽단체라고 할 수 있다.

2000년 이후 '선군정치'가 등장하면서 군사선행의 원칙으로서 '선군후로(先軍後勞)'가 강조되고 있지만 이는 어디까지나 상대적인 것이다. '선군정치'가 나온 이후 군과 당의 관계에 대한 논란이 있기도 했지만 당 우위의 구조에 대해서 이견을 제시하는 전문가는 별로 없다.

300만 명으로 추정되는 노동당조직은 북한 체제를 지탱하는 근간이며, 핵심 중의 핵심이다. 북한도 현재의 정치 체제에 대해 '군 중시의 당·국가 체제'로 규정하고 있다. 1998년 개정된 헌법 제11조에는 "조선민주주의 인민공화국은 조선로동당의 령도 밑에 모든 활동을 진행한다"고 규정하여 노동당이 모든 권력기관을 상회한다는 것을 분명히 하였다.

노동당 규약에서는 노동당을 "위대한 김일성동지의 당"으로 규정하고 있다. 노동당의 성격에 대해서는 "조선로동당은 위대한 수령 김일성동지를 영원히 높이 모시고 (…중략…) 조직 사상적으로 공고하게 결합된 로동계급과 근로인민대중의 핵심부대, 전위부대"로 규정한다. 노동당의 이념사상은 '김일성의 혁명사상, 주체사상'을 유일한 지도사상으로 하며, "자본주의 사상, 봉건유교사상, 수정주의, 교조주의, 사대주의를 비롯한 반동적 기회주의적 사상조류를 반대 배격"한다고 규정하였다.

당의 목적에 대해서도 "공화국 북반부에서 사회주의 강성대국을 건설하며 전국적 범위에서 민족해방민주주의 혁명의 과업을 수행하는 데 있으며 최종목적은 온 사회를 주체사상화하여 인민대중의 자주성을 완전히 실현하는데 있다"고 규정하고 있다. 이외에도 사업방식에서는 '항일유격대식 사업방법, 주체의 사업방법'을 기본정치 방식으로 '선군정치'를, 사회주의 건설의 총노선으로 '사상, 기술, 문화의 3대혁명'을 원칙

〈사진 1-9〉 조선로동당을 상징하는 망치(노동자), 낫(농민), 붓(인텔리)

으로 명시하고 있다.

　당원 자격은 "조선공민으로서 당의 유일사상계와 유일적 령도체계
가 든든히 서고 당과 수령, 조국과 인민을 위하여 헌신적으로 투쟁하
며 당규약을 준수하려는 근로자"들이 될 수 있다. 입당을 위해서는
입당청원서와 2년 이상의 당 생활을 한 당원 두 사람의 입당보증서를
제출해야 한다. 당원에 될 수 있는 나이는 열여덟부터이며, 1년의 후
보기간을 마친 후보당원 가운데서 받아들인다. 다만 특수한 경우에는
입당청원자를 직접 받아들일 수 있다는 예외 규정을 두고 있다.

　당원으로서 가장 큰 의무는 당의 유일사상체계와 유일적 령도체계
를 튼튼히 세우는 것이다. 노동당 규약에서 명시한 당원의 권리를 규
정하면서 "상급이 주는 어떤 과업이라도 그것이 당의 유일사상체계와
유일적령도체계에 어긋날 때에는 그 집행을 거부할 수 있다"고 규정
하여, 당의 모든 사업의 원칙이 유일사상체계에 있음을 분명히 하고
있다. 이를 위해서 당원은 '당 생활에 자각적으로 참가하여 당성을
끊임없이 단련'해야 하고, '사회주의강성대국 건설을 위한 혁명과업

〈사진 1-10〉 조선로동당 당원증

수행에서 선봉적 역할과 사회주의 조국
보위'의 의무가 있다. 당원은 '당적, 계
급적 원칙을 철저히 지켜야' 하고, '늘
군중과 사업을 하면서 실천적 모범으로
군중을 이끌어야' 하고, 정치이론 수준
과 문화기술 수준을 끊임없이 높여 혁명
적 사업기풍과 생활기풍을 세워야 할 의
무가 있다.

　또한 당원은 "언제나 겸손하고 소박
하며 친절하고 례절이 바르며 사리와 공
명을 탐내지 말고 청렴결백하며 사회공
중 도덕과 질서를 모범적으로 지키며 혁

명적 동지애를 높이 발휘"해야 할 의무가 있다. 당비는 매달 월수입의 2%이다.

당원의 권리로는 '당대회와 당출판물을 통한 의견 발표', '당회의 의결권, 당지도기관 선거권과 피선거권' 등을 가진다. 후보당원의 의미는 당원과 같지만 결의권과 선거권, 피선거권이 없다. 정당한 이유 없이 6개월 이상 당 생활에 참여하지 않은 당원에 대해서는 당세포 총회에서 제명할 것을 결정하고, 시, 군 당위원회의 비준을 받도록 하였다. 연로보장이나 사회보장을 받고 있는 당원이나 활동을 제대로

〈사진 1-11〉 노동자를 모델로 한 동상

〈사진 1-12〉 북한 방송의 배경화면에 사용된
노동당 상징탑

할 수 없는 당원을 예비당원으로 명예당원증을 수여한다.

당조직으로는 중앙조직인 당중앙위원회, 시·도·군당위원회, 분초급당위원회, 부문당위원회가 있고, 기층조직으로서 당세포가 있다. 당조직의 핵심은 당중앙위원회로 당 대회가 열리지 않은 기간 동안 모든 사업을 조직 지도한다. 2016년까지 노동당의 수반은 '총비서'였다. 총비서는 "당을 대표하며 전당을 령도"하며, 당연직으로 "당중앙군사위원회 위원장"을 겸하도록 되어 있었다. 2016년 제7차 당대회에서는 김정은이 노동당위원장에 추대됨으로써 그 역할을 하게 되었다.

당세포는 '당원들의 당생활 거점이며 당과 대중을 이어주고 군중을 당의 두리에 묶어 세우는 기본단위이며 당원들과 근로자들을 조직 동원하여 당의 로선과 정책을 관철하는 직접적 전투단위'이다. 당원 5명부터 30명까지 있는 단위에 조직된다. 당원이 31명 이상인 단위에는 초급당을 조직하고, 당원이 31명 이상 있는 생산단위나 사업단위에는 부문당을 조직한다. 초급당이나 부문당 또는 당세포의 조직으로 조직을 구성하기 어려운 경우에는 분초급당을 조직한다. 당조직의 위계는 "당원은 당조직에, 소수는 다수에, 하급당조직은 상급당조직에 복종하면 모든 당조직은 당중앙위원회에 절대 복종"하는 것으로 규정한다.

2) 당대회, 당대표자회

노동당의 최고지도기관은 당대회이며, 당대회와 당대회 사이에는 당대회가 선거한 당중앙위원회가 최고지도기관이 된다. 당대회는 최고의사결정기구로 '당노선과 정책 및 전략전술에 관한 기본문제를 결

정'한다. 당대회의 사업은 다섯 가지로 '당중앙위원회와 당중앙검사
위원회의 사업 총화', '당의 강령과 규약을 채택 또는 수정 보충', '당
의 로선과 정책, 전략전술의 기본문제를 토의결정', '조선로동당 총비
서 추대', '당중앙위원회와 당중앙검사위원회 선거'이다. 그러나 당대
회에서 의사를 결정한다는 것은 규정상의 문제이고, 실질적으로는 노
동당 중앙위원회에가 중요한 결정을 한다. 규약상으로 '당중앙위원회
는 정치, 군사, 경제적으로 중요한 부문에 정치기관을 조직'하고, 활동
방법이나 문제를 결정하도록 되어 있다.

〈사진 1-13〉 북한의 정치행사

산하에는 정치국, 비서국, 검열위원회, 군사위원회 등의 기구가 있다. 당대회가 열리지 않는 상황에서 실제 운영에 대한 대부분은 정치국 상무위원회에서 결정한다. 북한에서 당대회가 열린 것은 지금까지 6번으로 1차 당대회가 1946년 8월에, 2차 당대회가 1948년 3월에, 3차 당대회가 1956년 4월에, 4차 당대회가 1961년 9월에, 5차 당대회가 1970년 11월에, 6차 당대회가 1980년 10월에 개최되었다. 제7차 당대회는 2016년 5월에 열렸다.

당대회 다음으로는 중요한 의결기구는 당대표자회이다. 하지만 당대표자 회의 역시 지금까지 4번밖에 개최되지 않았다. 제1차 대회는 1958년 3월에, 제2차 대회는 1966년 10월에, 제3차 대회는 2010년 9월에 열렸다. 그리고 2012년 4월 11일에 제4차 당대회가 열렸다. 2012년 제4차 당대회에서는 김정은을 당 제1비서에 추대하였고, 김정일을 '당의 영원한 총비서'로 추대하였다.

2016년 5월 6일부터 9일까지 4일 동안 4·25문화회관에서 참가 인원 3,667명이 참석한 가운데 제7차 당대회가 개최되었다. 1일 차에는 '개회사', '당중앙위원회 사업총화보고'(김정은 발표), 2일 차에는 '당중앙위원회 사업총화보고', '분야별 토론'(김기남 등 40명), 3일 차에는 '당중앙위원회 사업총화보고 결론', '당중앙검사위원회 사업총화보고', '당중앙위원회 사업총화에 대한 결정서 채택', 4일 차에는 '당 규약 개정 토의 및 결정서 채택', '김정은 조선로동당위원장 추대', '중앙지도기관 선거', '중앙위원회 위원, 중앙검사위원회 위원 선출', '폐회사' 등의 순서로 진행되었다.

〈사진 1-14〉 '조선로동당 제7차 당대회' 기념우표

2016년 5월에 열린 제7차 로동당 대회는 1980년 10월에 열린 제6차 로동당 대회 이후 36년 만에 열리

는 대회였다. 북한에서는 당대회를 흔히 '승리자의 대회'로 규정한다. 승리자의 대회로 규정하는 '당대회'가 35년 동안 열리지 않았다가 열렸기에 북한 체제의 변화를 예상하기도 하였다. 산술적으로 보면 6번의 당대회가 열렸던 기간보다 더 오랜만에 열린 대회였고, 김정은 체제하에서 열린 공식 대회라는 점에서 새로운 정책 변화를 기대하기도 하였다.

1946년에 열린 제1차 대회가 열린 이후 제2차 대회는 2년 후인 1948년에, 제4차 대회는 5년 후인 1961년에, 제5차 대회는 9년 후인 1970년에, 제6차 대회는 10년 후인 1980년에 열렸다. 제1차 대회부터 제6차 대회가 열리는데 걸린 기간이 34년이었던 것에 비하면 36년이라는 시간은 북한의 적지 않은 변화를 기대할 수 있는 시간이었다. 하지만 제7차 당대회는 기존의 당대회와 같은 형식으로 진행되었다. 김정은을 '조선로동당위원장'에 올리고, 비서국 체제를 폐지하고, 정무국 체제로 전환하였지만 노동당의 강령이나 대외정책 등에서의 변화는 없었다. 제7차 당대회를 통해 북한이 보여준 것은 '변화'이기보다는 '불변'이었다. 김일성-김정은 시대의 노동당 이념과 노선, 지도 운영 방식을 김정은 시대에도 변함없이 유지하겠다는 것을 보여주었다.

3) 당중앙위원회와 정치국 상무위원회, 당중앙군사위원회, 당중앙위원회 검열위원회

당중위원회는 실질적으로 당의 운영을 책임지는 기구이다. 6개월에 1회 이상 당중앙위원회 전원회의를 소집하도록 되어 있으며, 필요에 따라서 중앙과 지방의 당정기관 및 경제기관의 책임자들이 참여하는 확대 전원회의를 개최할 수 있는 것을 비롯하여 당의 주요 사항을 결정하고 집행한다. 당중앙위원회는 정치, 군사 지도기관으로 주요 사안에 대한 최종 결정권을 가지고 있다. 직속으로 집행부서인 정치국을 두고 있다. 이러한 기구는 의결과 집행은 제도상의 기구이며, 실질적으로는 김정일의 교시나 명령이 절대적인 영향력을 행사한다.

당위원회의 핵심 기구인 정치국 상무위원회의 인적 구성을 보아도 이런 구조를 확인할 수 있다. 2010년 3차 당대표자회에서는 정치국 상무위원회 5인과 함께 정치국 위원 17명, 정치국 후보위원 15명을 선출하였는데, 정치국 상무위원회 5명은 김정일, 김영남, 최영림, 조명록, 리영호가 선출되었다. 정치국 위원 17명에는 상무위원회 5인을 포함하여 김영춘, 전병호, 김영춘, 강석주, 김경희 등이 포함되어 있다. 후보위원 15명에는 김양건, 김영일, 장성택 등이 선출되었다. 당중앙위원회 정치국은 당사업을 총괄적으로 담당하는 기구이다. 당중앙위원회 정치국은 1946년 8월 북조선공산당 창립대회 직후 개최된 당중앙위원회 제1차 전원회의에서 정치위원회로 생겼다. 이후 1956년 제3차 당대회에서 폐지되었다가 1961년 제4차 당대회에서 부활하였다.

당중앙군사위원회는 당대회를 제외한 모든 기간 동안 군사 분야의 사업을 조직, 지도하는 기관이다. 북한군 각급 부대에 조직된 당조직 전

〈사진 1-15〉 바위에 새겨진 '조선로동당 만세' 구호

체를 지도·지휘하는 기구로, 당의
군사정책을 토의 결정하고, 군수
산업과 군사력 강화를 위한 사업
을 전반적으로 조직하고 지도한
다. 2010년 3차 당대표자회에서
김정은이 부위원장을 맡으면서
주목받은 기구이다. 당중앙군사
위원회의 위원장은 김정일이, 부
위원장은 김정은과 리영호가 맡

〈사진 1-16〉 조선혁명박물관

고 있으며, 국방위원회 부위원장이면서 인민무력부장인 김영춘을 비
롯하여 16명의 위원으로 구성되어 있다.

　　당중앙위원회 검열위원회는 "당의 유일사상체계와 유일적령도체계
에 어긋나는 행동을 하거나 당규약을 위반하는 것을 비롯하여 당규률
을 어긴 당원에게 당적 책임을 추궁하며 당규률 문제와 관련한 도(직할
시)당위원회의 제의와 당원의 신소를 심의하고 처리"하는 기관이다.

　　당중앙검사위원회는 당의 재정경리사업을 검사하는 기구로 2010
년 3차 당대표자회에서 15명이 선출되었다. 당중앙검열위원회는 당
원들이 제기한 민원 문제를 해결하는 사업부서이다.

4) 정무국(구 비서국)

　　비서국은 당회의에서 채택된 제반 정책을 집행하는 기구로서 간부
인사와 당내 문제 등의 당면한 과제를 정기적으로 토의하고, 결정하
여 집행을 지도하는 역할을 한다. 2016년 4월까지 조선로동당의 제1
비서는 김정은이며, 당중앙위원회 비서에는 곽범기, 오수용, 강석주,
김원홍, 양형섭, 리용무, 김기남(사상선전), 최태복(교육, 국제), 최룡해
(군사), 김양건(대남)이 맡고 있다. 전문부서의 부장으로는 김기남, 김

영일, 김평해, 리영수, 주규창, 홍석형, 최희정, 오일정, 김양건, 김정임, 채희정, 태종수 등이 맡았던 것으로 알려져 있다.

정치국 상무위원은 당의 원료들로 구성되는 상징성이 강하고, 비서국의 비서와 업무가 중복되는 경우가 많아 실질적으로 당을 움직이는 핵심부서는 분야별 전문부서로 나누어진 비서국이라고 할 수 있다. 비서국은 10명의 비서를 두고 있으며, 10명의 비서는 조직지도부, 통일전선부, 과학교육부, 당역사연구소, 선전선동부, 대외연락부, 근로단체부, 국제부 등 20여 개의 전문 부서를 관장한다. 지방당위원회의 비서처에는 책임비서와 비서가 있다.

비서국 조직 가운데서도 핵심조직은 중앙당조직지도부이다. 명칭이 의미하듯이 조직지도부는 당조직을 '지도'하는 부서이다. 조직지도부는 조직비서 겸 조직부장을 위시하여 제1부부장 4명, 부부장 10명을 비롯하여 300명 정도로 구성되어 있는 것으로 알려져 있다. 내각 부서 가운데 가장 큰 부서인 외무성이 제1부상 1명, 부상 8명으로 구성되어 있는 것과 비교해 보면 그 규모를 짐작할 수 있다. 조직비서 겸 조직지도부장은 1997년 무렵까지 김정일이 맡았던 것으로 알려져 있다.

〈사진 1-17〉 행사에 참석한 김정은

조직지도부와는 성격이 다르긴 하지만 선전선동부 역시 대단히 중요한 역할을 한다. 당선전선동부는 글자 그대로 당의 정책을 인민들에게 잘 선전하고 인민들로 하여금 혁명사업에 매진할 수 있도록 선동하는 사업을 전담하는 조직이다.

북한의 거리에는 주요 지점마다 각종 선전문구가 내걸려 있다. 어떤 이들은 이것을 보고 북한이 선전이 많은 나라라고도 한다. 그러나 따지고 보면 남측의 선전에 비할 바가 아닐 것이다. 아침, 저녁 방송이며 길거리, 지하철, 신문, 인터넷, 핸드폰 곳곳에서 선전과 접한다. 자본주의에 살면서 광고를 피할 수 있는 방법은 없을 것이다. 우리가 자본주의의 꽃이라고 하는 광고 속에서 태어나고 광고 속에서 살아가면서도 북한을 선전이 많은 나라로 인식하는 것은 선전의 내용이 다르기 때문이다. 사회주의 국가에서는 사회주의에 대한 선전이 많고, 시장경제 체제에서는 상품광고가 많은 것은 당연할 것이다. 최근 북한에서도 휘파람 자동차를 비롯한 몇몇 상품 선전탑이 세워진 것이 확인되면서 관심을 모으기도 하였던 것이 오히려 우리에게 낯설게 보이는 것이다.

선전선동부는 북한에서 볼 수 있는 각종 구호와 정책 슬로건들을 만들어 내는 것을 비롯하여 방송·신문·출판·문예 작품으로부터 주민들을 대상으로 한 각종 집회와 학습 및 총화를 담당한다. 북한의 모든 매체와 표현물의 내용을 통제하는 조직이다.

선전선동부는 책임자인 선전선동 비서 아래 선전담당, 선동담당, 교양담당 등 3명의 제1비서를 두고 있다. 이들은 산하에 각각 2개의 부서를 두고 해당 업무를 수행한다. '선전담당'은 선동지도부와 중앙당기관 선전지도부를, '교양담당'은 지방당기관 선전지도부와 교양부를, '선동담당'은 선동부와 3대혁명지도부를 두고 있다. 신문·방송 등 언론 부분은 선전지도부에서, 영화 등 문예 부분은 선동부에서, 김일성 주석과 김정일 국방위원장의 사적 관리는 3대혁명 붉은기지도부에서,

각종 집회 및 강연은 교양부에서 각각 맡고 있다. 매년 초부터 북한 전역에서 신년 공동사설의 관철을 위해 열리고 있는 각종 집회와 이에 대한 보도 등의 업무는 선전지도부와 교양부에서 전담하고 있다.

비서국 체제는 2016년 5월에 있었던 제7차 당대회를 계기로 정무국 체제로 전환되었다. 제7차 당대회를 통해 당의 비서국, 당중앙군사위 원회 부위원장을 대신하여 당위원장, 정무국, 당중앙위원회 부위원장 직책이 신설되었다. 김정은이 당위원장 직책이 되면서 조직개편이 이 루어진 것이다. 정무국은 당위원장과 부위원장 9명으로 구성되었다. 노동당 중앙위원회 제7기 1차 전원회의를 개최하여 정치국 상무위원 (김정은, 김영남, 황병서, 박봉주, 최룡해 등 5명)을 비롯하여 위원 19 명, 후보위원 9명, 정무국 10명, 당중앙군사위원회 12명, 당중앙위원회 부장 15명, 로동신문 책임주필 1명, 겸열위원회 7명, 당중앙위원 129 명, 후보위원 106명, 당중앙검사위원 15명 등 328개 직위를 선출하고 임명하였다. 제7차 당대회를 통해 개편된 로동당 운영체계는 농업 분

〈사진 1-18〉 인민군을 형상한 카드섹션

야를 비롯한 전문 부서의 역할이 확대됨으로써 전문성이 강화되었다고 할 수 있다.

5. 군내 정치조직인 총정치국

북한의 군 조직과 당조직은 구분하거나 분리할 수 없는 성격을 갖고 있지 않다. 이는 노동당 규약에서 인민군에 대해서 '혁명적 무장력'으로 "수령의 군대, 당의 선군혁명령도를 맨 앞에서 받들어나가는 혁명의 핵심부대, 주력군"으로 규정한 것으로도 분명히 드러난다. 군을 비롯하여 어떤 조직도 당과 함께 동등한 차원에서 논의할 수 있는 성격이 아니기 때문이다. 노동당 규약 제46조에서도 "조선인민군은 모든 정치활동을 당의 령도 밑에 진행한다"고 규정하고 있다. 당의 영도에 따라 정치활동을 하기 위한 조직이 중대 단위까지 조직되어 있으며, 각급 부대에는 정치위원을 의무적으로 두게 되어 있다.

인민무력부의 인민군당위원회 집행기관이자 조선인민군의 최고 정치기관은 조선인민군 총정치국이다. "조선인민군 총정치국은 인민군 당위원회의 집행부서로서 당중앙위원회 부서와 같은 권능을 가지고 사업"을 진행한다. 인민군 내에 당조직과 정치기관이 설치된 것은 1951년 10월이다. 당시 인민무력부의 전신인 민족보위성 문화훈련군

북한상식 **오중흡 7연대 칭호**

오중흡 7연대는 1930년대 후반 일본군을 유인하여 김일성 부대를 보호하고 압록강 연안까지 도착할 수 있도록 한 빨치산 부대이다. 오중흡은 북한에서 '수령결사옹위 정신'의 상징적 인물로 영웅시된다. 북한 군부대 가운데서 전투력이 뛰어난 부대에게 깃발과 칭호를 수여한다.

을 총정치국으로, 각급 문화부를 정치부로 개편하면서 각급 부대에 초급당조직을 설치하였다. 초대 총정치국장은 노동당 부위원장이었던 박헌영이었다.

총정치국의 부대명은 인민군 제528군부대로 형식상으로는 총참모부, 후방총국, 보위국, 간부국 등과 함께 인민무력부의 한 부서로 되어 있으나 실질적으로 당중앙위원회의 지휘·통제를 받고 있다. 총정치국은 인민군 내의 각 단위 부대에 조직되어 있는 산하 조직을 통해 인민군 내의 당정치 사업을 조직·지도하는 것을 기본 임무로 삼고 있다. 총정치국의 조직은 1명의 총정치국장과 4~5명의 부총국장을 위시한 전문 부서로 이루어져 있다.

총정치국장은 인민군당위원회 책임비서를 겸하는 자리로 군부를 대표하는 막강한 자리이다. 산하 부서로는 조직부, 선전부, 간부부, 문화연락부, 감찰부 등의 10여 개가 있는 것으로 알려져 있는데, 이 가운데 핵심부서는 조직사업을 수행하고 검열하는 조직부와 문화사업과 정치사상 교양을 담당하는 선전부이다.

〈사진 1-19〉 노동당 창건 70주년 기념행사

6. 북한 상징물

1) 국기(國旗) '홍람오각별기'

모든 나라들은 국가를 상징하는 상징물을 갖고 있다. 가장 많이 볼 수 있는 것은 아마도 국기일 것이다. 우리는 올림픽이나 월드컵대회 등 각종 국제대회에서 사람들이 국기를 보면서 감격스러워하는 모습을 보아 왔다. 월드컵대회에서도 경기시작에 앞서 양국의 국기가 등장하고 국가를 연주한다.

국기는 나라를 상징하는 만큼 그 보관과 관리도 엄격하거니와 항상 가로·세로 규정에 맞추어 접어서 국기보관함에 간직하였다. 비를 맞거나 이슬을 맞아서도 안 되었다. 국기는 게양식과 하강식을 통해 맑은 날에만 게양되었다. 지금은 없어졌지만 극장에서 영화가 시작하기 전에는 애국가와 대한뉴스가 방영되었는데, 태극기는 항상 맑은 하늘을 배경으로 펄럭이고 있었다. 노래도 "태극기가 바람에 펄럭입니다"로 시작하였다. 그래서 저녁이 되면 하던 일을 멈추고 국기가 내려오는 모습을 장중한 분위기 속에서 지켜보아야 했다.

2002년 월드컵을 계기로 달라진 것이 있다면 태극기일 것이다. 엄숙하기 그지없었던 태극기, 애국가 하강식이 있으면 가던 길도 멈추어 서서 지켜보아야 했던 태극기. 그 태극기가 두건처럼 머리를 가리거나 가슴가리개로 사용되었으니 변해도 한참 변했다고 할 것이다. 예전에 어쩌다 수영이나 육상과 같은 국제 스포츠대회에서 자국의 국기로 디자인해서 운동복으로 입고 나오는 것을 보았을 땐 참 한심한 놈들이라는 생각이 들었다. 신성한 국기를 가지고 수영복이며, 운동복을 만들다니 '발칙하다'는 생각이 들기도 하였다. 그런데 2002년 월드컵을 계기로 그 생각은 완전히 바뀌었다. 2006년 월드컵에서도 태극기는 경쟁하듯이 다양한 패션으로 연출되었다. 국기를 사랑하고 아

끼는 것이 고이고이 장롱 깊숙이 간직하는 것이 아니라 생활 속에서
일체화가 되는 것이라는 생각은 왜 진작 못했을까.

남한에서는 태극기를 국기로 사용하고 있지만 북한에서는 태극기
를 사용하지는 않는다. 북한의 국기는 '남홍색공화국국기(藍紅色共和國
國旗)' 또는 '홍람오각별기', '공화국기'라고 한다. 북한이 광복부터 홍
람오각별기를 사용한 것은 아니었다. 광복 직후 북한에서도 한동안
각종 행사에 태극기를 사용하였다.

1947년 11월 북조선인민회의 제3차 회의 결정에 따라 '조선임시헌
법제정위원회'가 발족되면서 국기와 국장 제작이 동시에 시작되었다.
국기 제작 과정에서 김일성 주석의 교시로 영감을 받았다고 선전한
다. 특히 가운데 흰 동그라미 안에 오각별을 그리는 것은 1948년 2월
초순 김일성 주석의 지시에 따른 것이었다. 오각별은 "영광스러운 항
일무장 혁명투쟁의 빛나는 혁명전통을 계승한 우리 당의 영도 하에
조국의 통일 독립과 장래 번영을 위하여 힘차게 나아가는 조선 인민

〈사진 1-20〉 북한의 국기

의 빛나는 승리의 전망을 상징"한다.

이러한 과정을 거쳐 국기가 완성되었고, 1948년 2월 20일 헌법제정 위원회의 헌법 초안 심의에 통과되면서, 같은 해 4월 28일 북조선 인민회의 특별회의에서 확정되었다. 당시 북한 헌법에서 규정한 국기 규정은 "조선민주주의인민공화국의 국기는 횡으로 가운데가 붉고 아래 우로 희고 푸른 세 빛의 기폭에다가 깃대에 달린 편 붉은 쪽의 흰 동그라미 안에 붉은 오각별이 있다. 기폭의 종횡 비례는 1대 2로 한다"는 것이었다. 그리고 9월 8일 최고인민회의 1차 회의에서 헌법 초안과 함께 채택·공포되어 다음 날인 9월 9일 북한 정권 수립일부터 공식적으로 사용되었다.

현행 헌법 제164조에는 "조선민주주의인민공화국의 국기는 깃발의 가운데에 넓고 붉은 폭이 있고 그 아래 위에 가는 흰 폭이 있으며, 그 다음에 푸른 폭이 있고 붉은 폭의 깃대 달린 쪽 흰 동그라미 안에 붉은 오각별이 있다. 깃발의 세로와 가로 비는 1 대 2이다"고 규정하고 있다. 중간의 붉은색은 혁명가들의 피를 상징하며, 아래 위의 푸른색은 자주권을, 사이의 흰색 줄은 민족문화를 가진 단일민족을 상징한다.

북한상식 **동맹**

북한에는 여러 동맹들이 결성되어 있다. 각 직업별로 동맹이 결성되어 있는 것은 물론, 청년동맹, 여성동맹, 조선농업근로자동맹에 이르기까지 연령별, 성별, 직업별로 동맹이 세분화되어 있다. 이들 동맹은 같은 직업에 속한 사람들의 이익을 대변하는 남측의 각종 협회와 기본적인 성격은 비슷하다. 그러나 의무적으로 가입해야 하는 일종의 행정기구로서 동맹원들을 관리하는 기구인 동시에 해당 분야의 사업을 실질적으로 주관하고 추진하는 집행기구의 기능도 한다. 일반적으로 각 동맹은 중앙위원회와 각 시도별 위원회로 구성되어 있다.

1992년 12월에는 '국기국장법'을 제정하여 국기와 국장에 대해서 법적으로 규정하였다. '국기법'에 따르면 국기 제작은 지방 인민위원회가 지정한 기관, 기업소에서만 할 수 있다. 또한 '의사당이나 최고인민회의 상설회의', '내각 청사', '평양 김일성광장', '도(직할시) 인민위원회 청사', '공항청사와 주요 항구', '외국주재 북한 대표부부 청사', '그밖의 필요한 장소'에서는 상시적으로 국기를 달아야 한다.

태양절(김일성 주석 생일, 4·15)과 같은 '국가적 명절'이나 기념일, 최고인민회의와 지방인민회의 대의원 선거일, 국가적인 중요 행사나 체육경기 등이 열리는 특별한 날에는 각 시·도·군 소재지와 주요 부대, 인민보안 기관과 주요 기관이나 기업소에서 명절날 아침이나 전날 오후 국기게양식을 갖는다. 국기를 게양하는 시간은 계절에 따라서 차이가 있다. 4월부터 9월까지는 아침 7~8시에 게양하여 저녁 7~8시에 하강하며, 10월부터 이듬해 3월까지는 아침 8~9시에 게양하여 5~6시에 하강한다. 국기 게양식에 참가한 사람은 모자와 수건을 벗어야 하며, 제복 착용자는 거수경례를, 소년단원은 소년단 경례를 한다. 단체로 참가했을 경우에는 대열 책임자가 대표로 경례를 한다.

〈사진 1-21〉 북한의 기념품들

2) 국가(國歌) '애국가'

국기와 항상 함께하는 것이 나라 노래, 즉 국가이다. 북한의 국가는 '애국가'이다. 국가의 이름은 같지만 우리의 애국가와는 다르다. 북한에서도 1948년 2월 8일 조선인민군 창설식까지 우리가 부르는 애국가가 연주되었다는 이야기도 있으나 현재 북한에서 불려지는 애국가는 우리와는 다르다.

일부에서는 '아침은 빛나라'로 알고 있는데, 이것은 북한 '애국가'의 가사가 '아침은 빛나라'로 시작하기 때문에 생긴 오해이다. 헌법 제165조에 '조선민주주의인민공화국의 국가는 〈애국가〉이다'라고 규정

북한상식 **북한 애국가**

아침은 빛나라 이 강산
은금에 자원도 가득한
삼천리 아름다운 내 조국
반만년 오랜 력사에
찬란한 문화로 자라난
슬기론 인민의 이 영광
몸과 맘 다 바쳐 이 조선
길이 받드세

백두산 기상을 다 안고
근로의 정신은 깃들어
진리로 뭉쳐진 억센 뜻
온 세계 앞서 나가리
솟는 힘 노도(怒濤)도 내밀어
인민의 뜻으로 선 날
한없이 부강하는 이 조선
길이 빛내세

하고 있다.

북한에서 별도의 애국가가 만들어진 것은 광복 이듬해인 1946년 9월 27일이었다. 김일성 주석은 "인민들의 절절한 심정과 요구를 충족시켜 줄 애국가가 아직 없습니다. 그렇기 때문에 인민들은 옛날에 부르던 낡은 노래를 그냥 부르고 있습니다. 이 노래는 가사 내용이 우리 인민의 감정에 맞지 않을 뿐만 아니라 보수적이며 곡도 남의 나라 것을 따다 만든 것인데 곡 자체가 시원치 않습니다. 이 노래를 가지고는 새 민주조국 건설에 일떠선 우리 인민을 애국주의 사상으로 교양할 수 없습니다"라고 지적하면서 애국가 창작을 지시하였다.

김일성 주석의 교시에 따라서 새로운 애국가 창작이 진행되었고, 여러 편의 곡들이 심의에 붙여졌다. 이 가운데 박세영이 작사하고 김원균이 작곡한 '애국가'가 선택되어 국가로 제정되었다. 북한은 2007년 5월 30일 편곡한 새로운 버전의 〈애국가〉를 발표하였다.

애국가를 작곡한 김원균은 북한의 3대 가요인 〈애국가〉과 〈김일성 장군의 노래〉, 〈조선의 별〉 가운데 〈애국가〉과 〈김일성 장군의 노래〉 두 곡을 작곡한 북한의 대표적인 작곡가로 북한 음악계의 거성으로 불린다.

1917년에 태어난 김원균은 광부 출신으로 음악에 재능을 보여 발탁된 이후 〈애국가〉, 〈김일성장군의 노래〉을 작곡하였으며, 북한 문화예술계의 최고 성과로 평가하는 5대 혁명가극인 〈꽃파는 처녀〉, 〈피바다〉, 〈당의 참된 딸〉, 〈금강산의 노래〉, 〈밀림아로 노래하라〉을 완성하는 데 큰 역할을 하였다. 조선음악가동맹위원장, 피바다가극단 단장, 평양음

〈사진 1-22〉 북한의 애국가를 작곡한 김원균

악무용대학 학장을 지냈다. 1980년에 인민예술가 칭호를 받았고, 2002년에 사망하였다. 2006년 새롭게 준공된 평양음악대학에 김원균의 이름을 붙여 '김원균명칭 평양음악대학'이라고 명명한 것만 보아도 북한 음악계에서 김원균이 차지하는 위상을 알 수 있다.

애국가의 가사를 쓴 박세영은 북한에서 가장 왕성한 창작활동을 벌인 대표적인 문학가로 2천여 편의 작품과 10여 권의 시집을 남겼다. 대표 작품으로는 조기천이 지은 장편서사시 「백두산」과 양대 걸작이라는 평가를 받는 장편서사시 「밀림의 력사」이 있다. 북한에서는 '애국가와 영생하는 시인'이라는 별칭이 있다. 북한에는 국가인 〈애국가〉가 있지만 〈애국가〉보다 〈김일성 장군의 노래〉가 더 많이 연주되고 불려진다.

3) 국화(國花) '목란'

북한에서는 해방 이전부터 진달래가 조국을 상징하는 꽃으로 인식되어 왔었다. 남쪽에서도 진달래는 한민족 분단의 아픔을 상징하는 꽃이었다. 진달래는 봄을 상징하는 꽃으로서 광복과 부강한 새조선 건설과 연관되어 '조국의 진달래'로 불리면서 목란이 국화로 지정되기 전까지 북한을 상징하였다. 그러나 정식으로 지정된 북한의 국화(國花)는 1991년 4월 10일에 발표된 목란이다. 김일성 주석은 "우리나라에 있는 목란이라는 꽃은 함박꽃과 같이 아름다울 뿐 아니라 향기도 그윽하고 나뭇잎도 보기 좋아서 세계적으로 자랑할 만한 것입니다", "목란은 나무와 꽃이 아름답고 나무가 건장한 맛이 있어 마치 조선사람의 기상과도 같다"라고 하면서 국화로 할 것을 지시하였다.

목란(학명 Magnolia Siebolidii)은 목련과의 잎 지는 떨기나무로 산목련 또는 개목련으로 불려 왔다. '목란'이라고 하여 이름에 '난'이라는 글자를 붙이게 된 것은 김일성 주석이 "세계적으로 유명한 꽃을 난이라

〈사진 1-23〉 북한의 국화(國花) 목란

하는데 나무에 피는 란"이라는 뜻에서 '란'을 붙였다고 한다.

이후 북한 최고훈장인 김일성훈장에 목란을 새겨놓는 것을 비롯하여 혁명기념물과 행사장 장식에 목란을 사용하여 국가상징물로써 의미를 높이고 있다. 북한의 5대 혁명가극 가운데 하나인 혁명가극 〈금강산의 노래〉에서는 '목란꽃의 노래'와 '목란꽃춤'이 들어 있다. 제5장 1경에서 순이를 비롯한 금강마을 예술소조원들이 중앙예술축전에 참가하기 위하여 〈목란꽃춤〉을 연습하는 장면이 있는데, 이때 방창과 순이의 독창으로 '목란의 노래'가 불리워진다. 또한 북한의 비디오 회사로서 '목란비데오사'가 있다.

4) 국장(國章)

국장(國章)은 국가를 상징하는 문양이다. 프로 스포츠 팀을 보면 팀을 상징하는 문양과 마스코트가 있으며, 각종 기관이나 단체들도 자신의 모임을 대표하는 문장이 있다. 한·일전 같은 국가대표 축구 대항전을 할 때 보면 그 대회를 주관하는 대한축구협회와 일본축구협회에서 제정한 국가를 상징하는 문양이 새겨진 유니폼을 입고 나온다. 한국축구협회는 호랑이 그림의 문장이 나오고, 일본은 까마귀가 나온다.

일본축구협회의 상징인 까마귀는 자세히 들여다보면 다리가 세 개이다. 그래서 다리가 세 개 달린 까마귀여서 '삼족오(三足烏)'라고 부른다. 이 삼족오는 고구려 고분 벽화에 그려져 있는데, '태양'이나 '천손(天孫)'을 의미한다. 송일국 주연으로 인기를 모았던 드라마 〈주몽〉의 시작과 끝에도 '삼족오' 문양이 등장한다. 이처럼 삼족오는 일찍부터 우리 민족의 역사는 태양과 밀접한 관련이 있었다. 일본으로 건너간 것도 고구려 문화의 영향으로 보고 있다.

북한 사회과학원 역사학연구소 근대사 실장인 공명성 박사의 2002년 연구에 따르면 역대 한반도에 실존했던 국가들의 국호는 다르지만 국호가 의미하는 바는 '동방의 해 뜨는 나라', '태양이 솟고 밝고 선명한 나라'라는 공통적인 의미를 담고 있다. 즉, 고조선의 아사달은 '밝게 빛나는 아침', '광명을 가져다주는 동방의 아침'을 뜻하며, 건국 시조인 단군은 '태양의 후손, 하늘이 낸 임금'이란 뜻의 군조 칭호를 의

〈사진 1-24〉
북한을 상징하는
국장

조선민주주의인민공화국 국장

미하며, 이로부터 유래한 조선도 '태양이 솟는 동방의 나라'라는 의미
라는 것이다.

또한 부여는 태양과 불을 절대적인 것으로 숭상하면서 단군 조선족
의 후손임을 나타내기 위하여 정한 국호로서 '태양, 불'을 의미한다.
고구려는 태양, 천손이라는 뜻으로서의 '고'와 성스러우며 크다는 '구
려'가 결합한 '태양이 솟는 신비한 나라', '천손이 다스리는 신적인 나
라'라는 의미라는 것이다. 백제는 백제의 옛말은 '박달'인데, 이는 '밝
은 산'이라는 뜻이다. 신라는 '새 날이 밝는 곳', '태양이 솟는 벌', '새
벌'을 의미한다는 것이다. 발해는 '밝은 해가 비치는 나라, 밝은 태양
이 솟는 나라'를, 고려는 '태양, 신성하다, 거룩하다'는 뜻을 담고 있다
고 한다.

태양을 의미하는 고구려의 상징이었던 삼족오는 고구려를 거쳐 고
구려의 형제국인 백제에게 전달되었고, 백제를 통하여 일본으로 건너
가 마침내 일본의 상징으로 자리 잡은 것이다. 국가를 대표하는 단체
의 상징물을 정하는 데서도 문화적 세련성을 엿볼 수 있는 부분이다.

북한의 국장은 헌법상에 규정되어 있다. 북한 헌법 제163조에는 국
장에 대해서 "조선민주주의인민공화국의 국장은 '조선민주주의인민
공화국'이라고 쓴 붉은 띠로 땋아 올려 감은 벼이삭의 타원형 테두리
안에 웅장한 수력발전소가 있고 그 위에 혁명의 성산 백두산과 찬연
히 빛나는 붉은 오각별이 있다"고 규정하고 있다.

북한의 국장은 국기 도안과 동시에 착수하여 김일성 주석의 방침에
따라 제작되었다. 국장 좌우 테두리에 농업을 의미하는 벼이삭을 그
려 놓았고, 윗부분의 오각별은 국기 제작과 관련하여 '흰 동그라미
안에 오각별을 그리는 것이 좋겠다'고 언급한 것이 계기가 되어 국장
에도 채택되었다.

5) 당마크, 당기

당마크는 노동당을 상징하는 노동자를 상징하는 망치와 농민을 상징하는 낫, 그리고 지식인을 상징하는 붓이 한 곳에 교차되도록 그려져 있다.

북한에서는 이에 대해 "조선로동당이 수령을 중심으로 하여 조직사상적으로 굳게 뭉친 로동자, 농민, 인테리를 비롯한 근로인대중의 전위부대이며 인민대중 속에 깊이 뿌리박고 인민대중의 요구와 리익을 위하여 투쟁하는 혁명적이며 대중적인 당이라는 것을 상징한다"고 정의한다. 당기는 붉은색에 당마크가 새겨진 것으로 당기는 '김일성의 혁명사상을 지도사상'으로 '주체혁명을 완성해나가는 당의 혁명적이며 대중적인 성격과 불굴의 의지, 투쟁정신을 상징한다'고 규정한다.

7. 북한인권법

〈북한인권법〉은 2016년 3월 3일 법률 제14070호로 제정되었고, 2016년 9월 4일부터 시행되었다. '북한인권법'의 목적(제1조)에 대해 "이 법은 북한주민의 인권 보호 및 증진을 위하여 유엔 세계인권선언 등 국제인권규약에 규정된 자유권 및 생존권을 추구함으로서 북한주민의 인권 보호 및 증진에 기여함을 목적으로 한다"고 규정하고 있다.

인권 개념과 범주에 대해 북한인권법에서는 '자유권', '생존권'을 구분하여 적시하였다는 것이 특징이다. 생존권은 1993년 비엔나 세계인권회의에서 인권의 보편성(universality), 상호연관성(interrelatedness), 불가분리성(indivisibility), 상호의존성(interdependence)을 강조하였듯이 국제사회에서는 통합적으로 인권에 접근하는 것이 일반적으로 받아들여지고 있다. 자유권과 생존권을 구분하여 명시한 것은 정치적 상황에 따른 것으로 보인다. 북한인권 개선을 위한 전략의 하나로서 '남북인권대화'와 북한인권 개선을 위한 '인도적 지원'을 구체적으로 명시하였다.

북한인권 개선과 관련한 국가의 역할에 대해서는 3가지로 규정하였다. 제2조(기본원칙 및 국가의 책무) ① "국가는 북한주민이 인간으로서의 존엄과 가치를 가지며 행복을 추구할 권리가 있음을 확인하고 북한주민의 인권 보호 및 증진을 위하여 노력하여야 한다", ② "국가는 북한인권증진 노력과 함께 남북관계의 발전과 한반도에서의 평화정착을 위해서도 노력하여야 한다", ③ "국가는 북한인권증진을 위하여 필요한 재원을 지속적이고 안정적으로 마련하여야 한다."

북한인권법에서는 북한인권 개선을 위한 역량 강화의 일환으로 국제적 협력을 규정하였다. 구체적으로 인적 교류 및 정보 등에 대한 내용을 국제기구, 국제단체, 외국정부와 협력하도록 하였다. 그리고 이를 수행할 수 있도록 하기 위한 구체적인 제도로서 북한인권법 제9조 ②항에서는 "북한인권증진을 위한 국제적 협력을 위하여 외교부에 북한인권대외직명대사를 둘 수 있다."고 규정하였다.

'북한인권대외직명대사'와 함께 구체적인 실행 기관으로서 정부의 출연금, 그 밖의 수익금으로 '북한인권재단'의 설립과 운영을 별도의 조항으로 규정하였다. 〈북한인권법〉 제10조(북한인권재단의 설립)에는 "정부는 북한인권 실태를 조사하고 남북인권대화와 인도적 지원 등 북한인권증진과 관련한 연구와 정책개발 등을 수행하기 위하여 북한인권재단을 설립한다"고 규정하였다. 북한인권재단의 주요 사업은 '남북인권대화 등 북한인권증진을 위한 사업', '인도적 지원 등 북한인권증진을 위한 사업'을 규정하였다.

또한 북한인권기록센터도 규정하였다. 북한인권기록센터는 "북한주민의 인권상황과 인권증진을 위한 정보를 수집·기록하기 위하여 통일부에 북한인권기록센터를 둔다"고 규정하였다. 북한인권기록센터에서 수집·기록한 자료의 보존은 법무부에서 담당하도록 규정하였다. 즉 북한인권기록센터에서 수집, 정리된 자료는 3개월마다 법무부 북한인권 담당기구(북한인권기록보존소)로 이관하여 보존, 관리하도록 하였다.

2016년 현재 북한이 가입한 국제인권조약은 '세계인권선언', '시민적·정치적 권리에 관한 국제규약', '경제적·사회적·문화적 권리에 관한 국제규약', '여성차별철폐협약', '아동권리협약', '장애인권리협약'(2013년 7월 3일 서명, 미비준 상태)이고, 가입하지 않은 주요 국제인권조약으로는 '고문방지협약', '인종차별철폐협약', '이주노동자 및 가족의 권리 보호협약', '강제실종보호협약' 등이 있다.

〈사진 1-25〉 배낭을 맨 북한주민

2장 최고지도자에 관한 것들

1. 북한에서 지도자란

북한에서 지도자는 행정부의 수반이라는 정치적 위상, 행정상의 직위나 직책만을 의미하지는 않는다. 조직상의 지도자로서 행정적인 의미보다 정신적 지도자라는 의미가 더욱 강하다. 북한에서도 입법기관인 최고인민회의가 있으며, 임기도 5년이지만 지도자의 선출이 국민에 의한 선거로 선출되거나 임명되는 것이 아니어서 별도의 임기가 있는 것이 아니다. 당의 결정에 의해 인민이 추대하는 형식으로 되어 있다.

북한에서 지도자란 곧 당의 영도하는 지도자로 각인된다. 지도자로서 당의 영도를 이끄는 핵심은 혁명성이다. 혁명이란 총칼에 의한 무력혁명만을 의미하는 것이 아니라, 사회주의 체제를 붕괴시키려는 외부세력과의 투쟁, 사회주의 건설을 위한 건설과정, 사상·문화를 비롯한 제 분야에서 노동계급의 이익을 대변하고 이들의 사상을 보다 높은 단계로 교양하는 일체의 사업을 의미한다. 따라서 임기를 정하고 때가 되면 물러나야 하는 행정부의 책임자의 개념으로는 정신적 지도자로서 국가를 이끌어 나가야 하는 지도자의 위상을 충분히 설명할 수 없다. 신정국가에서 정치와 신의 역할을 겸한 지도자의 개념인 것이다.

이러한 지도자의 위상을 잘 대변하는 용어로서 '혁명의 수뇌부'가 있다. 수뇌는 머리로 수령이고, 뇌의 생각을 인민들에게 전달하는 신경조직은 당이며, 몸은 인민이다. 육체의 생명력은 뇌가 있을 때 정상적으로 작동한다. 뇌가 없다면 식물인간이나 다름없다. 생각도 못하고 활동도 할 수 없다. 이처럼 정치적 관계와 생명체의 유기적 구조를 동일시하는 것 이것이 '생명체론'이다. 사회조직과 유기체의 생명조직을 하나로 보기에 지도자에 대한 명칭에 가족용어가 등장하며, 절대적 의미가 부여된다.

〈사진 2-1〉 김일성, 김정일 동상

2. 김정일 호칭

북한의 지도자인 김일성, 김정일, 김정은 앞에는 지도자를 수식하는 용어가 붙는다. 김정일의 경우에는 공식적으로 사용되는 호칭을 포함하여 직·간접적으로 김정일에 대한 호칭은 70여 개나 되었다. 김정일 관련 호칭을 망라해 보면 다음과 같다.

'웃분', '당 중앙', '영명한 지도자', '친애하는 지도자', '존경하는 지도자', '위대한 수령', '경애하는 수령', '유일한 지도자', '영명하신 지도자', '현명한 지도자', '영도자', '최고사령관', '수령', '인민의 어버이', '위대한 영도자', '향도성', '백두광명성', '공산주의 미래의 태양', '향도의 해발', '혁명무력의 수위', '위대한 수령', '또 한분의 수령', '당과 국가와 군대의 수위', '경애하는 아버지', '당과 인민의 수령', '자애로운 아버지', '민족의 운명', '조국통일의 구성', '조국통일의 상징', '최고사령관', '장군님', '경애하는 장군님', '위대한 장군님', '우리 당과 인민의 위대한 영도자', '최고사령관동지', '민족의 태양', '사회주의 태양', '삶의 태양',

〈사진 2-2〉 김일성을 찬양하는 문구를 새긴 〈아리랑〉 공연

'민족의 어버이', '민족의 위대한 태양', '백전백승의 강철의 영장', '21세기 태양', '21세기 향도자', '21세기 영도자', '21세기 찬란한 태양', '21세기 위대한 태양', '주체의 찬란한 태양', '국제정치의 공인된 대원로', '희세의 정치가', '21세기 세계 수령', '불세출의 영도자', '민족의 최고영수', '천출명장', '천출위인', '강철의 영장', '위대한 태양', '무적필승의 장군', '백전백승의 장군', '위대한 수호자', '구원자', '혁명적 동지애의 최고화신', '실천가형의 위인', '자애로운 어버이', '김정일 세기', '위대한 지도자', '각하', '혁명의 수뇌부'

김정일에 대한 호칭은 1964년 김일성종합대학을 졸업하고 정치에 뛰어들었을 때부터 정치적 위상이 변할 때마다 달라졌다. 김정일에 대한 최초의 호칭은 '웃분(윗분)'으로 알려져 있다. 김정일은 김일성종합대학교를 졸업하고 노동당 중앙위원회 조직지도부로부터 정치활동을 시작하면서 조직지도부와 선전선동부를 중심으로 주로 문화예술부문에 대한 집중지도를 통해 정치력을 행사하면서 입지를 다져 나갔다. 당시 문화예술부문 등에서 김정일을 가리켜 '웃분'이라고 지칭하였다. 이 '웃분'이라는 호칭은 소위 '8월 종파사건'을 지나면서 유일사상체계가 형성되기 시작하던 1960년대 말부터 차츰 사라지고 대신 정치적 영향력이 확대되는 것과 비례하여 호칭도 달라졌다.

김일성 주석의 후계자로 자리를 잡아가면서 후계 체제의 구축 정도에 따라서 김정일에 대한 호칭이 격상되었는데, 주로 김정일의 생일을 기하여 호칭이 변화되어 왔다. 김정일에 대한 호칭이 처음 등장한 것은 1973년 9월 제5기 7차 노동당 전원회의(9.4~9.17)로 김정일이 비밀리에 김일성 주석의 후계자로 선출된 직후였다. 이때 등장한 호칭은 '당 중앙'이었다. 내부적으로는 김정일을 의미하였지만 외부적으로는 중립적인 의미로서 '당 중앙'이라는 용어가 사용되었다.

김정일에 대해 '영명한 지도자', '친애하는 지도자', '존경하는 지도자' 등 '지도자'의 호칭이 불려지기 시작한 것은 1970년대였다. 1974년 2월 공식후계자로 지명된 이후에는 '친애하는 지도자'라는 호칭이 등장하였다. 이들 호칭 가운데 가장 많이 불려진 것은 '친애하는 지도자'인데, 1974년부터 본격적으로 사용되기 시작하여 1994년 7월 김일성이 사망하기 전까지 이어졌다. 김일성 주석 이름 앞에 '위대한 수령' 또는 '경애하는 수령'을 붙이는 것을 의무화했듯이 김정일의 이름 앞에 '친애하는 지도자'를 붙이도록 내부적으로 규정했다. 그러나 이는 내부적으로 김정일을 의미하는 것으로 대외적으로는 이름 앞에 붙이지 않았다.

1975년 6월을 즈음하여 새로운 호칭으로 '유일한 지도자'가 나타났다. 또한 이때를 기하여 김정일의 생일이 국가명절로서 '휴무일'로 지정되기 시작하였다. 김정일 호칭 앞에 '친애하는 지도자', '영명하신 지도자', '존경하는 지도자', '현명한 지도자' 등이 사용되기 시작하였다.

1980년 10월 제6차 당대회에서 김정일이 공식 등장하면서 김정일

〈사진 2-3〉 김일성 초상(대집단체조와 예술공연 아리랑의 한 장면)

의 후계 체제가 대외적으로 선포되었다. 이와 함께 문화행정뿐만 아니라 군사부분에 이르기까지 확고한 위치를 점하면서 이전의 호칭과는 다른 차원의 호칭이 등장한다. 김일성 주석에게 붙여지던 호칭이 김정일에게도 적용되기 시작하였으며, 김정일의 생일을 기해 한 단계씩 격상된 호칭이 등장하였고, '영도자'에서 '수령'(1985.2)으로 '인민의 어버이'(1986.2) 등으로 달라졌다.

후계 체제 공식화 이후 최초로 나타난 호칭은 '영도자'였고 이후 '영도자', '최고사령관', '수령', '인민의 어버이', '위대한 영도자' 등으로 지칭됐다. 동시에 김정일을 지칭하는 '향도성', '백두광명성', '공산주의 미래의 태양', '향도의 해발' 등의 용어도 출현했다. 또한 '친애하는 지도자' 앞에 '영도자가 갖추어야 할 풍모를 완벽하게 지닌……' 등의 수식어가 붙기 시작하였으며, 1985년부터 '김정일 세대'라는 표현이 나타났다. 1985년 5월 무렵에는 군부의 영향력을 강화시키기 위한 상징적인 조치의 하나로서 '최고사령관'이라는 호칭이 등장하였다. '최고사령관'이란 호칭은 1985년부터 군대를 중심으로 등장하였지만 가장 많이 사용된 것은 1990년대 초반이었다.

공식적으로 김정일 국방위원장이 최고사령관으로 추대된 것은 1991년 12월 24일이었다. 이후 1990년대 초반에는 군부를 중심으로 '최고사령관', '장군님'이란 호칭이 사용되기 시작하였다. 이와 함께 군대와 관련한 용어가 많이 등장하여 '혁명무력의 수위', '당과 국가와 군대의 수위' 등의 용어가 사용되었으며, 김일성과 같은 격으로서 '위대한 수령', '또 한분의 수령', '경애하는 아버지', '당과 인민의 수령', '자애로운 아버지', '민족의 운명', '조국통일의 구성', '조국통일의 상징' 등 김일성 주석과 같은 격의 호칭이 사용되었다. 그러

〈사진 2-4〉 '장군님 따라 천만리' 구호비

나 이때까지도 김정일의 이름 앞에 붙은 공식적인 수식어는 '친애하는 지도자'가 가장 많이 사용되었다.

1994년 7월 김일성 주석의 사망 이후 김정일에 대한 호칭은 '친애하는 지도자'라는 수식어를 계속 사용하면서 '경애하는 장군님', '위대한 장군님', '우리 당과 인민의 위대한 영도자', '최고사령관동지' 등이 추가되었다. 특징적인 것은 '장군'이라는 용어가 가장 많이 사용되었는데, 이에 대해 북한에서는 '김정일 장군 호칭은 자기 영도자에 대한 열렬한 사랑과 흠모의 호칭으로, 수령께 드릴 수 있는 여러 가지 관칭을 초월해 전인민적 사랑의 분출로서 터져 나오는 언어표현'이라면서 '세상에 장군처럼 감동 깊은 호칭은 없다'고 강조하였다.

북한에서 강조하는 '장군'이라는 호칭은 '백두산 3대 장군(김일성·김정숙·김정일)을 모셔온 특수한 역사적 체험으로부터 가장 옳게 정립한 장군에 대한 주체적 개념에 의한 것'이라고 설명하면서 '김정일 장군 호칭은 전지전능한 위인, 인류의 자주위업 전반을 통솔하여 제국주의 대연합과의 대결에서 통장훈(외통수)을 부를 수 있는 걸출한 영수에게 우리 인민이 드린 위대한 호칭'으로 평가한다.

김일성 주석에 대한 3년상이 끝나는 1997년부터는 '민족의 태양',

〈사진 2-5〉 최고지도자에 대해 붙인 구호 '강철의 령장'

'사회주의 태양', '21세기 태양', '21세기 향도자', '삶의 태양' 등이 등장하였으며, 1998년 헌법 개정을 통한 국방위원장 재취임이 있었던 이듬해인 1999년부터 김일성 주석에게만 사용했던 '민족의 어버이', '민족의 위대한 태양', '백전백승의 강철의 영장' 등의 호칭을 김정일에게 붙이기 시작했다.

2000년 이후에는 새로운 세기로서 '21'을 강조하면서 '21세기 향도자', '21세기 영도자', '21세기 찬란한 태양', '21세기 위대한 태양', '주체의 찬란한 태양', '국제정치의 공인된 대원로', '희세의 정치가', '21세기 세계 수령', '불세출의 영도자', '민족의 최고영수', '천출명장', '천출위인' 등의 호칭이 등장하였다. 이외에도 김정일 국방위원장의 영도력과 인품 등을 찬양한 '강철의 영장', '위대한 태양', '무적필승의 장군', '백전백승의 장군', '위대한 수호자', '구원자', '혁명적 동지애의 최고화신', '실천가형의 위인', '자애로운 어버이' 등의 호칭과 함께 '김정일 세기' 등의 용어가 사용되었다.

용어사용에서 특징적인 것은 김정일에 대하여 '위대한 수령', '경애하는 수령'으로 지칭하기는 하지만 김일성 주석과는 달리 아직까지 이름 앞에 붙이는 수식어로 사용하지는 않는다는 점이다. 1998년 헌법개정을 통해 '주석' 자체를 없애버림으로써 주석이라는 용어가 오로지 김일성에게만 붙는 용어로 한정하듯이, '위대한 수령', '경애하는 수령'은 김일성 앞에만 붙이는 용어로 한정하고 있다.

3. 김정일 상징물

북한에서는 국화(國花)인 목란보다 더 대접받는 꽃으로 김일성화, 김정일화, 효성화가 있다. 김정일 국방위원장과 관련한 상징물들은 김일성 주석의 상징물과 함께 국가상징물보다 중요하게 관리되고 있다.

    김일성화가 등장한 것은 1977년 4월로 동남아시아의 한 식물원장이 200여 회의 실험 끝에 개발한 품종에 그 나라 국가수반이 '김일성화'로 명명하여 기증하였다고 한다. 이 식물원은 새로운 품종이 개발되면 해외의 유명인사들의 이름을 붙이는 것으로 유명한데, 우리나라 배우의 이름을 딴 '배용준화', 홍콩 영화배우의 이름을 딴 '성룡화'도 있다고 한다.

    김정일화는 김정일 국방위원장과 관련한 최초의 상징물로 1988년 2월 김정일 국방위원장의 46회 생일 때 등장하였다. 당시 평양의 언론들은 "이 꽃은 일본의 원예학자인 가모 모도데루가 남미가 원산지인 베고니아 뿌리로 20년간의 연구 끝에 만들어 냈으며 조선인민과 일본인민들 사이의 우호와 연대성, 세계평화 위업에 공헌하고 계시는 친애하는 김정일 동지를 흠모하여 그의 존함과 결부시켜 꽃의 이름을 '김정일화'로 명명하고 1988년 2월 16일에 즈음하여 그 꽃을 김정일 동지에게 바쳤다"고 보도하였다.

    '불멸의 꽃'으로도 불리는 김정일화는 진한 붉은 색이며 한포기에 수꽃과 암꽃이 따로 핀다. 높이는 30~40cm 정도로 자라며 꽃술의 직경은 최고 25cm까지 자란다. 김정일화는 번식력이 강하고 기르기 쉬운 장점을 지니고 있다. 평양의 중앙식물원을 비롯한 북한의 식물원 내에 '김정일화실'에서 재배·보급된다. 북한 전국 각지와 각급 기관,

〈사진 2-6〉 김일성화

〈사진 2-7〉 김정일화

인민군 군부대에서 100여 개의 김일성화와 김정일화 온실을 건설하여 꽃을 보급하는데, 평양과 해주에서 건설되는 전시관이 대표적인 시설로 초현대식 자동화 시설을 갖추고서 김일성화와 김정일화에 대한 연구와 재배, 보급사업을 한다.

1990년대 초반까지 널리 불렸던 가요 가운데 〈김정일화〉라는 노래도 있으며, 김일성화와 김정일화 보급을 위해 '조선김일성화·김정일화연맹'이 결성되어 있다. '김일성화·김정일화연맹' 위원장은 2006년 5월 현재 강능수가 맡고 있다. 지난 1999년부터 2000년까지 문화상을 역임하였다가 2006년 다시 문화상으로 임명된 강능수는 최고인민회의 부의장, 최고인민회의 제11기 대의원으로 '김일성화·김정일화연맹' 위원장을 겸하고 있다.

효성화는 1993년 2월 김정일 국방위원장 51회 생일 때 등장한 꽃으로 2월 명절을 기해 피도록 개량하였다. '효성화'는 김정일화와 함께 김정일을 상징하는 꽃이다. 원산농업대학 원림경제학부에서 10년간의 연구 끝에 재배에 성공했다는 꽃으로 낮은 온도에서 매우 강하며 개화기간이 길고 빛깔과 모양이 아름다운 것이 특징인 것으로 전해졌다. 이 꽃은 직접적으로 김정일 국방위원장을 상징하지는 않지만 김정일 국방위원장이 '효성화'라는 이름을 지어주었고, 또 김정일 국방위원장의 생일인 2월의 명절을 기해 필 수 있게 개량했다는 점에서 실질적으로 또 하나의 김정일 국방위원장 상징물로 여겨지고 있다.

김정일을 상징하는 상징물로 '정일봉'

〈사진 2-8〉 김일성화·김정은화전시회 포스터

이 있다. 정일봉으로 명명된 것은 1988년 11월 15일이다. 본래의 이름
은 장수봉으로 높이가 1,790m나 된다. 장수봉이 정일봉으로 불리게
된 것은 김정일 국방위원장의 출생지라는 백두산 밀영 뒤에 위치하고
있기 때문이다. 김정일 국방위원장의 출생에 대해서는 논란이 있다.
북한은 김정일 국방위원장이 백두 밀영에서 태어났다고 주장한다.

북한에서는 정일봉 등장 배경에 대해 '혁명의 위대한 영도자를 높
이 모시고 따르려는 온겨레의 한결같은 지향이며, 절절한 염원이며,
백두 밀림에서 개척된 주체의 혁명위업을 대를 이어 끝까지 완성해
나가려는 우리 인민의 확고한 의지에서 비롯됐다'고 강조한다. 북한
에서는 정일봉을 '주체의 희망봉'으로도 부르는데, 백두산 혁명전적
지 답사행군의 가장 필수적이고 중심적인 코스로 지정돼 있다.

정일봉과 함께 김정일 국방위원장을 상징하는 것으로 '향도봉'이

〈사진 2-9〉 정일봉

있다. 백두산 최고봉인 병사봉을 김일성 주석을 상징하는 의미에서 '장군봉'으로 바꾼 것처럼 1991년 1월 백두산 주봉 가운데 하나인 해발 2,712m의 '망천후'를 '향도봉'으로 개명한 것이다. '향도'라는 말은 '불멸의 향도 총서', '향도성' 등에서 찾을 수 있듯이 김정일을 상징한다. 망천후를 '향도봉'으로 개명한 것에 대해 평양 언론들은 '수령의 혁명위업을 빛나게 받들어 나가는 친애하는 지도자 김정일 동지의 향도에 따라 공산주의 위업을 끝까지 완성할 우리 인민의 신념과 의지, 한결같은 지향과 염원을 담은 것'이라고 설명했다.

김정일 국방위원장의 상징물로 '마가목'과 '만수무강수'도 자주 등장한다. '마가목'은 높이 10m까지 자라는 장미과의 낙엽소교목으로 의리와 구원, 선(善)과 미(美)를 상징한다. 특히 마가목은 김정일 국방위원장의 탄생과 관련하여 자주 인용된다. 북한의 보도에 따르면 김정일 국방위원장이 태어날 때 "천둥, 번개가 치고 천지가 붉은 기운으로 뒤덮이더니 백두산 밀영 주변에 전에 없던 마가목 나무들이 자생하기 시작했다"고 한다.

'만수무강수'는 김일성 주석과 김정일 국방위원장의 만수무강을 축원키 위해 백두산 밀영의 소백수 가에 심어놓은 크기가 같은 두 그루의 나무를 말한다. 1990년 10월에 열렸던 범민족대회와 '조국통일축전 백두-한라 대행진'에 참석했던 해외동포들이 백두산밀영을 답사

〈사진 2-10〉 북한에서 유적지로 소개하는 백두밀영 대원숙소와 사적비

하면서 심은 것으로 보도되고 있다. 이 나무들은 김정일 국방위원장의 49회 생일을 일주일쯤 앞둔 지난 1991년 2월 9일 평양방송 보도를 통해 처음 외부로 알려졌는데 이때 평양방송은 '백두밀영에 있는 모든 것은 역사에 그 이름 빛날 정일봉과 함께 위대한 수령님과 친애하는 지도자 선생님과 관련되어야 한다'는 기념 식수자들의 뜻에 따라 '만수무강수'로 명명됐다고 보도했다.

이외에도 김정일 국방위원장과 관련한 나무로 '구호나무'가 있다. 구호나무는 항일무장 혁명투쟁 시기에 빨치산 대원들이 나무껍질을 벗겨 글씨를 새겼다는 나무로 '민족의 태양 김일성 장군, 그 태양빛 이어갈 백두광명성' 등 김정일 국방위원장과 관련하여 '구호나무'에 새겨진 글귀들이다. 북한의 보도에 따르면 이 '구호나무'는 지난 1961년 처음으로 12그루가 발견됐고 2001년 8월 현재까지 1만 2천여 그루가 확인되었다.

4. 김정은의 등장

2011년 12월 17일 김정일 국방위원장이 사망하였다. 그리고 북한은 새로운 지도자를 맞이하게 되었다. 김정은 시대가 열렸다. 김정일에서 김정은으로 이어지는 권력 승계 작업은 외부의 예상과 달리 빠르게 이루어졌다.

북한 언론에서 김정은을 후계자로 공식화한 것은 2011년 12월 22일이었다. 김정일이 사망한 지 5일째였다. 2011년 12월 17일 김정일이 사망한 3일 후인 12월 20일 ≪로동신문≫은 「위대한 령도사 김정일동지의 서거에 즈음하여 전체 당원과 인민군장변들과 인민들에게 고함」이라는 기사를 통해 김정일의 사망 소식을 공식적으로 보도하였다. 그리고 이틀 뒤인 12월 22일 김정은을 '김정은 동지'로 호명하면서

'숭고한 흰눈철학의 순결한 계승'으로써 후계 계승의 정당성을 강조하기 시작하였다. 다시 이틀 뒤인 12월 24일부터는 후계자로서 김정은에 대한 본격적인 기사가 보도되기 시작하였다.

≪로동신문≫ 2011년 12월 24일자 보도 「김정은각하는 조선인민의 정신적기둥」을 통해 '김정은 대장각하'로 부르기 시작하였다. 김정일으로부터 일주일이 지난 시점이었다. 신속하게 권력 승계를 마무리하고, 김정은 시대가 본격적으로 시작되었음을 공식적으로 선언하였다. 이후 북한 언론에서는 김정은에 대한 충성을 맹세하는 보도가 계속되었다.

북한 언론에서 '김정은' 앞에 붙인 수식어는 '존경하는'이었다. 김일성과 김정일에게 붙었던 주요 호칭은 '경애하는 지도자', '친애하는 지도자'이었다. 최고 지도자를 호명하던 그 방식 그대로 김정은에게도 '존경하는'이라는 수식어가 붙었다. 이와 동시에 김정은에 대한 충성의 맹세가 이어졌다. 김정은에 대한 충성의 가장 큰 이유는 '김정일의 유훈'이었다. 김정일의 유훈을 받드는 차원에서 '김정은에 대한 충

북한상식 ≪로동신문≫ 후계자로서 김정은을 보도한 기사

-「정론, 위대한 눈보라한생」, ≪로동신문≫, 2011년 12월 22일
"위대한 장군님께 기쁨드릴 가장 성대한 경축공연무대를 품들여 마련해가시던 존경하는 김정은동지께서 우리 장군님의 휴식을 얼마나 간절히 바라시였던가"

-「장군님, 새날이 밝았습니다」, ≪로동신문≫, 2011년 12월 22일
"진정 존경하는 김정은동지의 두리에 철통같이 뭉쳐 위대한 장군님의 한생의 념원이었던 강성대국을 기어이 일떠세울 천만의 맹세속에 이 나라 강산이 밝아온다. 이제 더는 복속에서 복을 찾는 철없는 자식이 되어서는 안될 천만군민이 아뢰이는 심장의 목소리가 밝어오는 조국땅에 메아리쳐 간다."

성을 맹세하는 방식'이었다. 정일에 대한 애도와 추모는 길지 않았다. 김정일의 사망마저도 김정은의 사랑과 인품을 선전하는 장으로 활용되었다. 냉정하리만치 빠른 속도로 김정일의 이미지를 지워갔다.

김정일에 대한 애도와 추모는 길지 않았다. 김정일에 대한 애도는 2011년으로 마무리하였다. 2012년부터는 김정은 체제로 넘어갔다. 2011년 12월 30일 최고사령관에 올랐다. 이어 김정은은 2012년 4월 11일 제4차 당대표자 회의를 통해 노동당 제1비서에, 2012년 4월 13

북한상식 김정은 찬양가로 알려진 <발걸음>

1. 척척 척척척 발걸음
   우리 김대장 발걸음
   2월의 정기 뿌리며
   앞으로 척척척
   발걸음 발걸음 힘차게 한 번 구르면
   온나라 강산이 반기며 척척척

2. 척척 척척척 발걸음
   우리 김대장 발걸음
   2월의 기상 떨치며
   앞으로 척척척
   발걸음 발걸음 힘차게 한 번 구르면
   온나라 인민이 따라서 척척척

3. 척척 척척척 발걸음
   우리 김대장 발걸음
   2월의 위업 받들며
   앞으로 척척척
   발걸음 발걸음 더 높이 울려 퍼져라
   찬란한 미래를 앞당겨 척척척

일 최고인민회의 12기 제5차 회의에서 국방위원회 제1위원장에 선출되었다. 짧은 시간이었지만 김정일에서 김정은으로 이어지는 권력승계 과정은 일단락되었다.

신속한 권력승계 과정을 통해 권력승계 과정에서 발생할 수 있는 권력 누수 현상을 최소화하면서 권력승계 당위성과 김정은 시대의 비전

〈사진 2-11〉 김정은 사진전(중국 연변도서관에서)

을 제시하기 시작하였다. 그리고 김정은 체제가 본격화된 지 5년 후인 2016년 5월 제7차 당대회를 통해 '조선로동당위원장'이라는 직책을 신설하고 자리에 올랐다. 형식적인 절차를 마무리하고 최고 권력의 자리에 오른 것이다.

김정은의 권력승계 과정은 김일성으로부터 김정일로 이어지는 권력 승계 과정과 비교할 때는 예상보다 빠르게 안착된 것이다. 장성택 처형과 같은 정치적으로 불안정한 모습도 있었지만 내부적으로 군기를 다잡고, 인민생활 분야를 중심으로 김정은 식의 정치가 일정 정도 안정을 찾았다고 할 수 있다. 김정은 체제의 빠른 안착은 북한의 집단적 권력 세습이라는 정치구조 때문에 가능한 일이라고 할 수 있다.

북한의 권력은 소수의 독점적 지배권력이 세습한다. 김일성을 중심으로 한 혁명세력의 후손들이 대를 이어서 아버지의 권력을 계승하면서 김정일 시대로 이어왔고, 김정은 시대의 권력으로 이어지고 있다. 권력의 핵심 지분은 김일성을 중심으로 한 항일무장혁명 투쟁세력의 후손으로 이루어져 있다. 최현에서 최룡해로 이어지는 권력처럼 항일무장혁명 세력이 권력을 독점하고, 세습하면서 역설적인 안정 구조를 이루고 있다.

5. 김정은 시대의 정치

2012년 실질적인 최고 지도자에 오른 김정은에 대한 기념이나 상징화 작업은 현재 진행 중이다. 김정일 국방위원장 사망 이듬해인 2012년에 발표된 신년공동사설에서도 김정일 국방위원장이 추진해 온 국정운영 노선을 이어갈 것으로 확인되었다. 일부에서는 김정은의 생일인 1월 8일을 민족 최대의 명절로 지정하고, '충성의 선서모임', '충성의 노래 모임' 등을 통해 충성서약을 받고 있는 것으로 알려졌다.

지도자로서 김정은의 입지를 강화하기 위하여 북한은 각종 언론보도 매체를 통해 김정은이 준비된 지도자임을 강조하고 있다. 김정은이 김일성군사종합대학 출신으로 영장의 자질을 완벽하게 갖추고 있으며, 인공지구위성 발사와 핵실험을 통해 최강의 국가 위력을 다지기 위해 작전을 진두지휘하였다고 선전한다. 김정일 국방위원장이 사망한 이듬해인 2012년 1월 8일 김정은 생일을 맞이하여 방송된 기록영화 〈백두의 선군혁명 위업을 계승하시어〉에서는 김정은과 김일성, 김정일의 이미지를 중첩시키면서 준비된 이미지를 부각시키기도 하였다. 이외에도 김정은을 '백두산형 위인', '운명의 태양' 등으로 찬양하면서, "김정은 동지께서 우리 혁명의 진두에 나서신 것은 고금동서에 있어보지 못한 위대한 선군혁명위업의 빛나는 계승을 알리는 역사

〈사진 2-12〉 공연 관람 중인 김정은

〈사진 2-13〉 공식 행사장의 김정일과 김정은

적 선언"이라고 강조했다.

북한은 김정은 후계 체제를 강화하고 지도자로서 이미지를 부각시키기 위하여 2010년부터 당중앙위원회 산하 전문부서에 영화부를 새로 만들어 활용하고 있는 것으로 확인되었다. 초대 영화부장은 2010년 내각 부총리로 임명된 강능수가 맡았다.

김정은 체제의 출범과 함께 북한이 당면한 최고의 과제는 김정은 체제를 조기 정착시키는 것이다. 북한으로서는 단기간에 급속도로 진행된 권력 승계과정에서 발생할 수 있는 문제를 최소화하면서 인민들에게는 권력 승계의 당위성과 비전을 제시해야 할 과제가 있었다. 동시에 김정은 시대의 새로운 세기의 비전을 제시해야 한다. 김정은 체제의 안정과 새로운 체제에 대한 이미지 구축이라는 상황에서 문화예술은 변화와 비전을 제시하는 가장 확실하고 유용한 수단이었다. 김정은은 김정일에 대한 향수와 함께 세계적 추세에 맞추어 가겠다는 메시지를 보여주는 데 주력하고 있다.

먼저 선택한 것이 김일성에 대한 이미지였다. 김정일과 다르게 현지지도에서 과감한 스킨십을 보여주고 있다. 주민이나 병사들의 손을 잡거나 포옹하는 등 주민들에게 거리감 없이 다가서는 모습을 연출하면서 친근한 지도자의 이미지를 만들었고, 김일성 시대에 만들어진 '추억의 명작'을 재창작하면서 김일성 시대의 감성을 호출한 것이다. 최고지도자의 자리에 오른 2012년에는 파격적인 연출을 통해 세계화와 변화의 이미지를 오버랩하고 있는 것이다. 2012년 5월 공연된 모란봉악단의 창단 공연은 변화를 넘어선 '파격'적인 퍼포먼스였다. 젊은 지도자의

〈사진 2-14〉 행사장의 김정은

등장과 북한 체제의 변화를 확실하게 보여주었다.

당분간은 이러한 변화가 북한 문화계의 트렌드로 자리 잡을 것으로 예상된다. 김정은 체제에서는 '이제는 달라질 것', 젊은 지도자가 나왔으니 '새로운 사회가 될 것'이라는 것을 과감하게 보여 주고자 하였다. 이러한 이미지 연출을 인민들에게 자주 노출되고, 인민들이 체감할 수 있는 선전효과가 높은 분야부터 시작하였고, 효과를 보고 있다.

김정은은 김정일과 김일성의 유산을 물려받았다는 것도 분명히 하였다. 김정은 혈연적 정통성을 강화하면서 2013년 4월 '조선민주주의인민공화국 최고인민회의 법령'으로 금수산태양궁전을 '김일성, 김정일 조선을 상징하는 수령영생의 대기념비로 영구보존하고 길이 빛내이기 위한 결정'으로 '조선민주주의인민공화국 금수산태양궁전 법'을 채택하였다. 김정일과 김일성을 최고지도자의 반열에 올린 것이다. 김일성의 업적을 김일성과 연결하여 '김일성－김정일 애국주의'로 규정하여 일반화를 시도하고 있다.

김정은 정권 출범 이후 북한 정책의 핵심은 세 가지였다. 첫째, 만경대 혈통을 중심으로 한 김정은 체제의 정당성 확보이다. 혈통의 위대함과 혈통의 순수함을 통해 김정은 체제의 정당성을 확보하는 것이다. 둘째, 김정일에 대한 추모와 유훈 강조이다. 셋째, 김정은 시대의 미래 비전 제시였다.

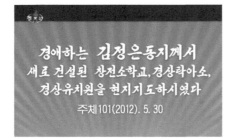

〈사진 2-15〉 김정은의 현지지도를 보도한 방송물

이 중에서도 최우선 과제는 김일성과 김정일로 이어지는 '유일혈통체계'의 강조를 통한 후계구도의 정당성을 알리는 것이었다. 수령의 영생론을 활용하여 후계자로서 이미지를 방송언론을 통해 구축해 나갔다. 기록영화를 통해 준비된 지도자의 이미지를 강조하였다. 강성대국과 과학기술, 핵무기를 상징하는 '광명성2호' 발사, 에너지 자력을 상징하는 희천발전소 건설과 주체철, 경제 분야의 혁신과 과학화를 상징하는 CNC, 인민생활의 풍요를 상징하는 평양과수농장, 인민들의 문화정서 생활을 상징하는 개선청년공원, 릉라도 유희장, 만수대구역 창전아파트 등이 주요 성과로 선전되었다. 2000년대 중반 이후 특히 김정일의 건강이 악화되기 시작한 2008년을 중심으로 한 북한 사회의 변화와 강성국가 건설을 목표로 진행된 건설 사업의 성과가 김정은의 성과로 포장되었다.

6. 김정은 시대의 아젠다, '사회주의 문명국'

김정은 체제의 북한 사회의 발전 목표로 제시한 것은 '사회주의 문명(강)국 건설'이다. 애초에 북한에서 제시했던 목표는 사회주의 강성국가 건설이었다. 주체 100년이 되는 2012년을 겨냥하여 사회주의 강성대국을 건설할 것을 목표로 하였다. 북한의 목표는 '강성대국 건설'에서 '사회주의 강성국가'로 바뀌었다. 강성국가 건설은 2012년으로 끝나는 목표가 아니었다. 강성국가 건설은 2012년 이후 김정은 체제에서 북한 사회 발전의 목표로써 강조되고 있다.

김정은 체제에서 강조하고 있는 '사회주의 문명강국' 건설은 문화예술 분야를 포함하여 교육, 보건, 체육 분야 등을 일정 수준 이상으로 높이자는 것이다. 북한에서는 "'사회주의 문명국건설'을 '원수님의 력사적인 신년사에 제시된 중요한 과업'이자 '비약적으로 발전하는 21

세기의 현실적 요구'를 반영한 사상"[1]이라고 선전하고 있다.

김정은 체제에서 '사회주의 문명국'은 구체적으로 '전체 인민이 높은 문화지식과 건강한 체력, 고상한 도덕풍성을 지닌 선진적인 나라'를 의미한다. '사회주의 문명국 건설'을 이루기 위해서는 무엇보다 필요한 것은 과학기술의 비약적 발전으로 규정하였다. 21세기는 과학과 기술의 시대, 지식경제의 시대인데, 과학기술은 문화의 중심적인 형태의 하나로 인류 문명 정도를 규제하고 높은 단계로 발전하도록 추동하는 중요한 요인이기 때문에 과학기술의 비약적인 발전에 의해서 인류 문명의 새로운 개화기를 열어갈 수 있다는 것이다. '새로운 세기의 문명 수준에 도달'하기 위해서는 사람들을 '보다 더 문명한 인간으로 키우는 사업에 큰 힘을 돌리고, 사회의 생산 환경, 생활환경을 더욱 위생문명적이고 아름다우며 현대적인 것으로 변모시켜' 나갈 것을 강조한다.

'사회주의 문명국'을 건설하기 위한 구체적인 과제와 방법에 대해서는 "문화건설의 모든 부문에서 장군님께서와 원수님께서 제시하신 사상과 로선, 방침을 철저히 관철하여 과학, 교육, 보건, 문학예술, 체육 도덕을 비롯한 모든 문화 분야를 선진적인 문명강국의 높이에 올려 세우는 것"[2]으로 규정하였다.

〈사진 2-16〉 김정은의 치적으로 선전되는 문수물놀이장

---

1) 「우리당의 사회주의 문명국 건설 사상의 정당성」, ≪로동신문≫, 2013년 7월 14일.
2) 위의 글.

‘사회주의 문명국’과 관련한 내용은 김정은이 2012년 4월 6일 조선로동당 중앙책임일군들과 한 담화, 「위대한 김정일동지를 우리 당의 영원한 총비서로 높이 모시고 주체혁명위업을 빛나게 완성해나가자」에서 분명해졌다. 사회주의 문명국 건설을 위한 분야로 교육, 보건, 문학예술, 체육을 언급하면서 이들 분야에서 인력과 제도를 정비하고, 작품을 더욱 많이 창작하여 보급함으로써 인민들을 사회주의 문화의 창조자, 향유자가 되도록 하겠다는 것이다.

북한상식 **김정은의 사회주의 문명국 건설**

　김정은, 「위대한 김정일동지를 우리 당의 영원한 총비서로 높이 모시고 주체혁명위업을 빛나게 완성해나가자」, 2012년 4월 6일 조선로동당 중앙책임일군들과 한 담화: "교육, 보건, 문학예술, 체육을 비롯한 문화건설에서 모든 부문에게 끊임없는 혁명적 전환을 일으켜 우리나라를 발전된 사회주의 문명국으로 빛내여 나가야 합니다. 교육사업에 대한 국가적 투자를 늘이고 교육의 현대화를 실현하여 중등일반교육 수준을 결정적으로 높이고 대학교육을 강화하여 사회주의 강성국가 건설을 떠메고 나갈 세계적 수준의 재능 있는 과학기술인재들을 더 많이 키워내야 합니다. 우리나라 사회주의 보건제도의 우월성을 높이 발양시키고 시대적 명작들을 더 많이 창작보급하며 체육을 대중화하고 온 나라에 체육열풍을 일으켜야 합니다. 그리하여 우리 인민들이 고상하고 문명한 사회주의 문화의 창조자, 향유자가 되게 하며 온 사회에 희열과 랑만이 차 넘치게 하여야 합니다."

7. 혁명전적지·사적지

북한 전역에서는 김일성 주석의 혁명전적지와 사적지, 김정일 국방위원장의 혁명사적지가 조성되어 있다. 혁명사적지와 혁명전적지는 1960년대 말 유일사상체계 확립 이후부터 조성되기 시작하여 약 40곳에 조성되어 있다. 김정일 국방위원장의 정치적 위상이 강화되면서 혁명사적지도 같이 조성되어 15개가 조성되어 있다. 혁명전적지와 혁명사적지에는 혁명사적관과 기념비 등이 세워져 있다.

혁명전적지와 혁명사적지는 비슷하지만 약간의 차이가 있다. 혁명전적지와 혁명사적지의 차이는 간단하다. 혁명전적지는 혁명전적을 기념하기 위하여 조성한 사적지이며, 혁명사적지는 혁명사적을 기념하기 위해 조성한 사적지이다. 혁명전적지는 '위대한 수령 김일성 동지께서 몸소 조직, 지휘한 전투의 영광찬란한 혁명전적이 아로 새겨져 있는 유서 깊은 곳'으로 항일무장 혁명투쟁 시절의 혁명전적이나 6·25 당시의 전적지로서 김일성 주석과 관련된 곳이다. 김정일 국방위원장은 항일무장 혁명투쟁이나 6·25와 관련된 전적이 없기에 김정일 국방위원장의 혁명전적지는 없다.

김일성 주석 혁명전적지는 7곳에 조성되어 있다. '보천보 혁명전적지(량강도 보천군일대)', '무산지구 혁명전적지(량강도 삼지연군 및 대홍단군 일대)', '백두산밀영 혁명전적지(량강도 삼지연군 백두산 일대)', '두만강연안 혁명전적지(함북 회령군·온성군·새별군·선봉군 일대)', '동북지구 혁명전적지(함북 선봉군·은덕군 및 나진시·청진시 일대)', '간백산밀영 혁명전적지(백두산 지역 간백산 일대)' 등이다.

혁명전적지와 달리 혁명사적지는 '로동계급의 수령, 또는 탁월한 혁명가의 혁명활동과 투쟁업적이 깃들어 있는 사적'으로써 김일성 주석의 혁명사적지와 함께 김정일 국방위원장의 사적지가 북한 전역에 걸쳐 조성되어 있다. 따라서 혁명전적에 대한 기념을 목적으로 하는 혁명전적지는 김일성 주석 관련 전적지만 있다.

혁명전적지가 가장 많은 지역은 김일성 주석이 항일무장 혁명투쟁 활동을 전개했다는 백두산 인근 지역이다. 혁명전적지가 백두산 일대에 집중적으로 조성되어 있는 반면 혁명사적지는 김일성 주석의 출생지인 '만경대혁명 사적지'를 비롯하여 북한 전역 30여 곳에 조성되어 있다. 주요 혁명사적지로는 '전승 혁명사적지(평양시 모란봉 구역)' '군자 혁명사적지(평남 성천군)', '연풍 혁명사적지(자강도 강계시)', '백송 혁명사적지(평남 평성시)', '삼등 혁명사적지(평양시 강동군)' 등이 있다.

한편 김정일 국방위원장과 관련한 혁명사적지는 15곳에 조성되어 있는데, 주요 사적지로는 '어은 혁명사적지(평양시 용성구역)', '백두산 혁명사적지(량강도 일대)', '덕골 혁명사적지' 등이 꼽히고 있다. '어은 혁명사적지'는 지난 1962년 김정일 국방위원장이 군사야영을 한 곳이

〈사진 2-17〉 조선예술영화촬영소에 있는 문화성혁명사적관

고, '백두산 혁명사적지'는 1956년 6월 김정일 국방위원장이 답사행군대를 처음 조직, 량강도의 혁명전적지에 대한 첫 답사행군을 기념키 위해 조성되었다.

혁명사적관의 전시내용은 지역, 주요 전시 내용에 따라서 크게 다섯 가지로 구분할 수 있다. 첫째, 시·군 단위의 중심 도시에 세워진 혁명사적관이다. 강원도, 자강도, 개성시와 같은 해당 지역에 대한 현지지도 자료, 혁명사적 자료를 중심으로 전시한다. 많은 경우 해당 지역의 행정 중심지에 건설되어 있으며, 혁명사적 전시와 함께 영화상영관을 갖춘 곳이 많다. 둘째, 항일무장혁명이나 6·25와 관련된 혁명사적관으로, 항일혁명투쟁이나 6·25 전승지역과 관련이 있는 지역에 특별한 주제로 세워진 사적관이다. 셋째, 김일성 주석의 가계 인물을 중심으로 한 혁명사적관이다. 넷째, 특정 산업 분야와 관련된 혁명사적을 기리는 사적관으로 공장이나 협동농장 등에 세워져 있다. 다섯째, 주요 기관에 대한 현지지도를 기념하는 혁명사적관이다. 김일성종합대학이나 인민무력부, 철도성 등의 기관 내에 설치되어 있다.

김일성 주석과 관련한 주요 혁명전적지로는 '보천보 혁명전적지', '무산지구 혁명전적지', '백두산밀영 혁명전적지', '두만강연안 혁명전적지', '동북지구 혁명전적지', '간백산밀영 혁명전적지' 등이 있으며, 혁명사적지로는 '만경대 혁명사적지', '전승 혁명사적지', '군자 혁명사적지', '연풍 혁명사적지', '백송 혁명사적지' 등이 있다. 김정일 국방위원장 관련 혁명사적지로는 '어은 혁명사적지(평양시 룡성구역)', '백두산 혁명사적지(량강도 일대)', '덕골 혁명사적지' 등이 있다.

혁명사적지나 현지지도를 행한 곳에는 '혁명사적 표지비'가 있다. 혁명사적 표지비는 김일성 주석과 김정일 국방위원장이 각급 기관이나 주요 단체를 방문한 것을 기념하기 위하여 세운 현지교시 사적비나 현지지도 사적비, 말씀판 등이 있는데 혁명사적지에 세우는 혁명사적비와는 다르다. 김일성 주석 사망 이후에 북한 전역에 걸쳐서 국가 차원에서 건립하고 있다. 혁명사적 표지비는 김일성 주석의 생일, 김정일 국방위원장 생일, 당 창건일, 정권 창건일 등을 기해 건립 사업을 추진한다.

이외에도 친필비, 명제비 등의 각종 기념비가 있다. 최근에는 혁명사적 표지비와 모자이크 벽화를 곳곳에 건설하고 있다. 대표적인 모자이크 벽화로는 2007년 통일거리에 세워진 대평모자이크 벽화 〈영원히 우리와 함께 계십니다〉, 광복거리 세워진 길이 42m, 높이 25m의 모자이크 벽화 〈위대한 내 나라 내 조국이여! 천만년 무궁번영하여라〉가 있다. 이와 함께 혁명사적 표지비를 북한 각지에 세우고 있으며, 주요 도시와 공장·기업소에 이른바 '백두산 3대 장군'(김일성·김정일·김정숙)에 대한 대형 모자이크 벽화를 세워 교육에 활용하고 있다.

〈사진 2-18〉 삼지연혁명사적지의 김일성 동상

8. 김일성 주석이 받은 훈장·칭호

2001년 9월호 『금수강산』은 김일성 주석이 받은 메달과 명예칭호가 모두 230여 점에 달한다고 보도하였다. 이 수치는 1940년대부터 최근까지 70여 개 나라의 정부 및 사회단체, 기업체들과 30여 개의 도시, 30여 개의 대학과 연구소, 10여 개의 지역 및 국제기구와 유엔전문기구들로부터 받은 훈장과 메달, 명예칭호이다.

김일성 주석이 받은 주요 훈장 가운데는 '제국주의에 대응해 혁명적 무장력을 무적강군으로 강화 발전시킨 공적'을 높이 평가받은 소련의 적기훈장과 사회주의 승리훈장, 레닌훈장, 칼 마르크스 훈장을 비롯해 쑤흐바따르훈장, 빨라야 히론훈장 등이 포함되어 있다. 적기훈장은 지난 1946년 4월 소련 정부가 '항일대전에서 일제를 타승하고 조국광복을 이룩했다'는 명목으로 수여한 것으로, 김일성 주석이 처음 받은 훈장이다.

김일성 주석은 이와 함께 소련 최고훈장인 레닌훈장 2개와 칼 마르크스 훈장 2개를 비롯해 동유럽 사회주의 국가 등 수십여 개국에서 게오르기 디미트로프훈장 2개, '위대한 9월 1일 혁명훈장' 3개, 별훈장 제1급 2개 등 해당 국가의 최고훈장을 받았다.

또한 비동맹 국가들의 사회건설을 지원한 공적을 인정받아 수여받은 대십자국가훈장, 대십자독립훈장, 대십자공로훈장 등이 있으며 세계 각국의 유명 도시와 대학들에서 수여한 명예시민과 명예지도자, 명예교수, 명예박사 학위칭호도 있다고 소개하였다.

김일성 주석은 또 1945년 9월 소련의

〈사진 2-19〉 김일성 소년명예상

대일전승기념메달을 처음 받은 데 이어 이탈리아 국제평화금상 1급(1977.1), 유고슬라비아 금메달(1982.4), 유엔의 평화메달(1979.5), 세계직업연맹 금메달(1987.4) 등 세계 각국이나 국제기구로부터 100여 개의 메달도 받았다. 이들 훈장과 메달, 명예칭호들은 그 수와 내용에서 방대하고 수여 방법에 있어서도 관례를 벗어난 특례적인 사례들이 적지 않다고 잡지는 주장했다. 또한 김일성 주석은 이와 함께 생전에 136개 나라의 7만여 명에 달하는 당 및 국가수반을 비롯해 각계 인사들과 만나 국제관계에서 제기되는 복잡한 문제들에 대해 '명철한 해답과 혁명의 진리를 밝혀 주었다'고 평가하고 있다.

한편 김일성 주석은 북한 내에서도 각종 훈장과 칭호를 받았다. 1953년 6월 7일 원수 칭호를 받았다. 이어 1992년 4월 '대원수' 칭호를 받았으며 1982년 4월에는 '영웅' 칭호를 받았다. 김일성 주석이 받은 훈장과 메달은 현재 그의 시신이 안치돼 있는 금수산태양궁전의 훈장 보존실에 전시되어 있다.

북한상식 **금수산태양궁전**

모란봉 기슭에 있는 금수산태양궁전은 김일성 주석의 관저로 사용하던 건물이었던 것을 주석 사망 이후 시신을 안치한 곳이다. 유럽식 궁전을 모방한 5층 복합 석조건물이었던 것이 궁전으로 승격되면서 중앙홀 가운데에 너비 60m의 김일성 초상화와 김일성 입상이 있다. 금수산태양궁전 앞에는 김일성 생일(4월 15일)과 김정일의 생일(2월 16일)을 상징하는 너비 415m, 길이 216m의 콘크리트 광장이 조성되어 있다.

9. 김일성 주석과 김정일 국방위원장의 문건

김일성 주석은 생전에 얼마나 많은 책과 문건을 발표하였을까? 북한의 발표에 따르면 김일성 주석이 생전에 발표한 노작(김일성 주석의 이름으로 발표된 책, 연설, 담화, 보고, 서한, 결론 등의 문서)들 수가 3천 320권에 달한다. 이들 노작은 당, 군, 경제, 문화 건설의 전 분야에 걸친 전략과 전술을 포괄하고 있다.

김일성의 이름이 붙은 저작문헌은 『김일성선집』과 『김일성저작선집』, 『김일성저작집』, 『김일성전집』이 있다. 『김일성저작집』은 노작을 연대별로 정리해 묶어 발간한 문헌집이다. 1979년 4월 조선로동당출판사에서 제1권이 출간된 이래 1996년 6월 제44권까지 1930년 6월 주체사상의 원리를 처음 천명했다는 이른바 카륜회의 보고부터 김일성 생전 마지막 회의록으로 기록되는 1994년 7월의 「7월 6일 유훈교시」까지 총 1,405건의 문헌이 수록되어 있다. 1996년 8월부터 나오고 있는 45권 이후 부분에는 김일성 회고록 『세기와 더불어』가 권별로 실려 있다. 『김일성전집』은 김일성 주석의 80회 생일인 1992년 4월부터 기본편과 속편으로 나뉘어 조선로동당출판사에서 발간하고 있다. 2005년에 제61권을 출판하였는데, 제61권에는 1977년 1월부터 3월까지 행한 26건의 연설과 담화가 실려 있다. 2006년에는 제63권이 발간되었다. 63권에는 43건의 연설과 담화가 들어 있다.

〈사진 2-20〉 김정일 저작물들

참고로 김일성 주석과 김정일 국방위원장과 관련된 책으로 '위대한 주체사상 총서'와 '세기와 더불어'가 있다. 주체사상 총서는 주체사상에 관한 종합 해설서로서 조선노동당 창당 40주년을 기념하여 사회과학출판사에 1985년 10월 10권을 발간하였다.

『세기와 더불어』는 김일성 주석의 회고록으로 1912년 4월 출생부터 1945년 8월 광복까지 30여 년의 회고를 담은 책이다. 1992년 4월 80회 생일을 기념하여 처음 1, 2권이 출판된 이래 1998년까지 제8권이 출판되었다. 제7, 8권은 김일성 주석 사후에 김일성 주석이 남겼다는 증언과 각종 자료에 기초해 쓰인 '계승본'이다. 각권의 서문을 살펴보면 다음과 같다.

원래 나는 회고록을 쓸 생각을 별로 하지 않았다. 다른 나라의 명망 높은 정치가들과 저명한 문인들을 비롯한 여러 사람들이 나의 한생이 사람들에게 고귀한 교훈을 남길 것이라고 하면서 회고록을 쓸 것을 권유하였다. 그러나 나는 그것을 서두르지 않았다.

이제는 김정일 조직비서가 나의 사업을 많이 대신해 주어 어느 정도 짬을 얻게 되었다. 세대가 바뀌어 혁명의 로투사들도 하나둘 가고 새로 자란 세대가 우리 혁명의 중진으로 되었다. 그들에게 민족과 더불어 한생을 살아오면서 체험한 문제들과 선렬들이 오늘을 위해 어떻게 자기 청춘을 바쳤는가를 알려주는 것이 나의 의무로 된다는 생각도 들었다. 그래서 시간이 있는 대로 한두 줄씩 적어놓게 되었다.

나는 나의 한생이 결코 남달리 특별한 것이라고 생각지 않는다. 다만 조국과 민족을 위해 바친 한생이며 인민과 더불어 지나온 한생이었다고 자부하는 것으로 만족할 뿐이다.

나는 나의 글이 인민을 믿고 인민에게 의거하면 천하를 얻고 백번 승리하며 인민을 멀리하고 그의 버림을 받게 되면 백번 패한다는 진리, 생과 투쟁의 교훈을 후세에 남기게 되기를 바란다.

—『세기와 더불어』 서문

당중앙위원회는 위임에 따라 어버이 수령님께서 친히 작성하신 요강과 유고들 그리고 당문고에 보관되여 있는 수많은 력사문헌자료들과 회상자료들에 기초하여 『세기와 더불어』의 계승본을 내놓게 되었다.

—『세기와 더불어』 7편 계승본 서문

2006년 4월 12일 ≪조선중앙통신≫은 회상실기집 '인민들 속에서' 제67권이 발간되었다고 보도하였는데, '김정일 국방위원장의 지도에 따라 주체혁명 사업을 완성할 것을 당부했다'는 내용을 포함하여 19편이 수록되어 있다. 또한 2006년 7월에는 김일성의 12주기를 앞두고 김일성의 회고기 14편과 사진자료를 담은 『김일성주석 회고기(2)』가 조선로동당출판사에서 출판되었다. 조선로동당출판사는 북한 노동당 산하의 출판사로서 김일성, 김정일 관련 서적이나 당의 공식 문건들은 모두 조선로동당출판사를 통해 출판된다.

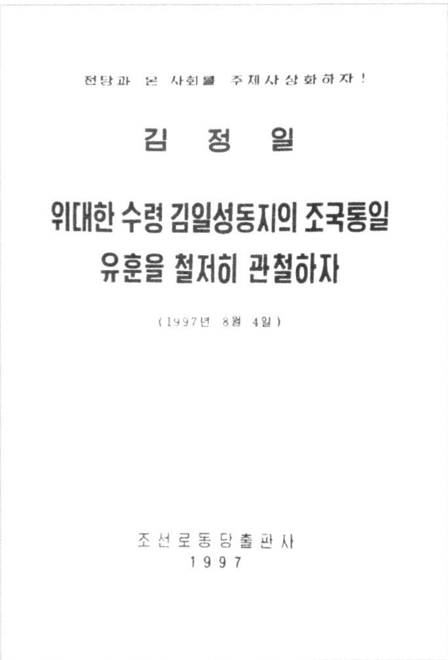
전당과 온 사회를 주체사상화하자!

김 정 일

위대한 수령 김일성동지의 조국통일 유훈을 철저히 관철하자

(1997년 8월 4일)

조선로동당출판사

1997

〈사진 2-21〉
조선로동당출판사에서 출판된 김일성의 유훈 관철을 주제로 한 김정일의 저작물

10. 북한의 정치형태

1) 광폭정치

광폭(廣幅)정치에서 광폭(廣幅)은 '넓은 폭'이라는 의미이다. 광폭이라는 말은 영화에서 찾아볼 수 있다. 일반적으로 광폭영화라 함은 '시네마스코프'를 일컫는 용어로서 화면공간이 보통영화(1 : 1.37)보다 넓은 영화(1 : 1.65~3.25)를 말한다. 광폭영화라고 해서 특수한 필름을 사용하는 것은 아니다. 일반적으로 35mm 필름을 사용하는데, 영화 촬영시에는 광폭렌즈를 이용하여 폭을 1/2로 압축하고, 영사할 때는 반대로 너비를 확대시킨다. 영화에서 사용하는 이 광폭의 의미를 적용하여 '폭넓게 보여주는 정치'라는 의미로 사용된다.

영화부문 작가, 예술인들은 또한 광폭영화 창작에서 제기되는 일련의 문제들에 대한 옳은 인식을 가져야 합니다. 이것은 영화예술 발전의 현대적 추세와 현실적 요구로 보아 매우 중요한 문제로 나섭니다.

지금 적지 않은 창작가들이 광폭영화를 창작하려고 하면 덮어놓고 규모부터 크게 잡으려고 하는데 이것은 광폭영화에 대한 옳은 리해가 부족한데로부터 나오는 하나의 편향입니다.

예술영화 〈한 간호원에 대한 이야기〉를 처음 촬영할 때 창작단에서는 인민군녀전사들을 무려 수백 명이나 동원시켜 달라고 제기하였습니다. 화면에 덮어놓고 사람들이 많이 나온다고 하여 광폭영화로 되는 것이 아닙니다. 예술영화 〈한 간호원에 대한 이야기〉는 훌륭한 광폭영화로 완성되였지만 거기에 나오는 주요인물들은 불과 몇 명밖에 되지 않으며 군중도 그렇게 많이 나오지 않습니다.

이 영화가 높은 평가를 받게 된 것은 화면에 사람들을 많이 넣어 규모를 크게 잡은데 있는 것이 아니라 생명의 마지막 순간까지 위대한 수령님께서 안겨주신 고귀한, 정치적 생명을 빛내인 참다운 공산주의자, 조선로동당원의 아름답고 숭고한 정신세계를 진실하고 깊이 있게 그려낸데 있으며 인간의 참된 삶의 길을 밝혀준데 있습니다. 이 작품과 같이 규모는 작아도 사상이 웅심깊고 시대와 계급을 대표하는 전형적인 인간의 빛나는 형상이 있고 사람들의 심금을 울려주는 감동적인 생활이 차고 넘칠 때에는 얼마든지 광폭영화로 될 수 있습니다.

―김정일, 「영화창작에서 새로운 앙양을 일으킬데 대하여: 위대한 수령님의
문예사상 연구모임에서 한 결론」, 1971년 2월 15일.

광폭영화는 단순히 기술적 산물이 아니라 영화를 통하여 생활을 현실에서와 같이 자연스럽고 생동하게 보며 폭넓게 인식하려는 사람들의 예술적 탐구의 결실이다.

광폭영화는 상대적으로 넓어진 화면공간에 생활을 폭넓게 반영하면서 대상을 보다 조형적으로, 립체적으로 보여주어 현실에서 사람들이 보는 것과 같은 형식으로 생활을 그려낼 수 있는 풍부한 가능성을 가지고 있다.

―김정일, 「영화예술론」(1973.4.11), 『김정일선집』 3, 조선로동당출판사, 1994.1, 271쪽.

광폭영화라고 해서 무조건 큰 영화를 의미하지는 않는다. 광폭영화는 무조건 크게만 생각하지 말고 보여주는 폭이 넓어야 한다는 것이다. 단순히 크게만 하는 것은 광폭의 의미가 없다.

쉽게 말해 광폭은 14인치 모니터를 17인치로 크게 한다는 의미가 아니다. 기존의 화면으로는 보여줄 수 없는 부분을 보여주어야 한다. 작품 내용에 충실하지 않는다면 영화의 사상성과 예술성을 높일 수 없다는 것이다. 규모만 크고 내용의 깊이가 없다면 형식주의에 빠지게 되므로 '작품의 내용에 대하여 생각하고 그것을 깊이 있게 그려야 한다'는 것이다. 여기서 생활을 깊이 있게 그린다는 것은 '생활 속에서

묵묵히 실천해 나가는 생활 깊숙이 숨어 있는 영웅들을 찾아낸다는 것'을 의미한다.

광폭정치는 김정일 국방위원장과 관련하여 논의되었다. '남북이 사상과 제도를 초월해 공존·공영·공리를 도모'하고, '통일투쟁에 나서는 사람이라면 사상과 신앙, 계급과 계층에 관계없이 손잡고 나가려'는 노동당의 통일정책에 구현되어 있다고 강조하면서 김정일 국방위원장 특유의 정치라고 평가하고 있다. 즉, 김정일 국방위원장은 통일을 위한 지도자로서 '민족적 양심을 가지고 통일을 지향하는 사람이라면 누구이든 그를 일시적인 동반자가 아니라 영원한 동행자로 믿고 손잡아 이끌어 주고 있다'고 하면서 '남북정상회담과 6·15 공동선언 채택', '비전향 장기수의 송환' 등을 구체적인 성과로 선전하였다.

〈사진 2-22〉 김정은과 기념사진

2) 과학정치, 과학중시사상, 과학중시정책, 주체의 과학정치

과학정치, 과학중시사상, 주체의 과학정치는 같은 의미이다. 간단히 말해 국가발전, 경제발전에서 과학의 중요성을 강조하는 정치를 의미한다. 북한을 연구하면서 때때로 용어의 차이, 개념의 차이에 어려움을 겪는데, '과학'도 그 가운데 하나이다. 북한에서 과학은 역사발전의 합법칙, 합리성, 사상에서의 선진, 첨단과학기술 등의 광범위한 영역에서 사용된다.

과학정치에서도 마찬가지다. 과학정치에서 과학은 협의로는 첨단정보기술(IT) 산업의 중요성을 강조하는 정치로 이해할 수 있다. 그러나 '과학중시' 정책이 되면 과학적 사고, 합리적 사고를 중시하는 정책으로 전환된다. 인식의 측면에서 합리적인 제도 개혁, 경제관리 조치의 개선, 기계화 등의 포괄적 의미를 부여한다. 과학중시사상이 되면

〈사진 2-23〉 과학기술을 강조하는 아리랑의 배경대미술

과학의 범주는 더욱 넓어진다.

북한에서 과학정치가 부각된 것은 1990년대 말이다. 1998년 6월 노동당 기관지 ≪로동신문≫을 통해 '과학중시사상'이 등장하였고, 1999년 11월 '제2의 천리마대진군 선구자대회'에서 '과학중시정치'가, 2000년 신년 공동사설에서 강성대국 건설 3대 기둥의 하나로 나온 '과학·기술 중시노선'이, 2001년 5월에 '과학정치' 등의 용어가 등장하면서 국가발전의 중심으로써 과학기술의 발전을 강조하였다. 2000년 후반부터는 과학기술 분야에서도 속도전을 강조한다.

일련의 과정을 통해서 강조하고 있는 점은 21세기 정보화시대를 대비한 첨단 산업이다. 과학과 관련한 김정일 국방위원장의 노선이 등장한 것은 북한 경제의 위기와 타결책 때문이다. 북한의 경제는 1980년대 중반 이후부터 동구 사회의 민주화와 중국, 러시아의 개혁 개방 정책 추진, 러시아 경제 위기로 인한 지원 감소, 동구 사회주의 국가와의 무역 축소, 연이은 자연재해 등으로 엄청난 피해를 입는다.

1990년부터 1998년까지 경제성장은 마이너스를 기록하였고, 경제 3난으로 불리는 만성적인 식량난, 외화난, 에너지난은 북한 경제의 회생을 어렵게 하였다. 여기에 나진－선봉 공업지대 개발 사업을 비롯하여 의욕적으로 추진한 각종 사업도 별 효과를 얻지 못하였다.

이러한 대내외적 상황 속에서 명실상부한 최고지도자로서 미래에 대한 비전과 전망을 제시해야 할 필요성을 느꼈고, 그 대안으로 등장한 것이 과학정치였다. 북한의 국가발전 전략은 제조업을 통한 점진적 발전이 아닌 첨단 과학기술 개발을 통해 단기간에 높은 발전을 이룩하겠다는 '단번도약'으로 규정하고 이를 강조하는 것이다. '장군님의 주체의 과학정치가 정보산업의 휘황한 미래를 약속해 주고 있다'고 강조하는 것도 이러한 맥락이다.

3) 선군정치, 선군사상, 선군혁명사상

선군정치는 1994년 7월 김일성 주석 사망 이후 김정일 국방위원장의 새로운 정치방식으로 규정되었다. 북한은 김정일 시대를 '선군시대'로 규정하고 이에 맞추어 군을 중심으로 정치를 풀어가는 것으로 설명한다. 북한이 규정한 바에 따르면 선군정치는 '그 어떤 난관과 시련도 뚫고 혁명과 건설의 승리적 전진을 담보하는 필승불패의 정치방식'이다.

≪로동신문≫에 따르면 '선군정치'는 1995년 1월 1일 다박솔 초소를 찾은 날부터 시작되었다고 한다. '선군정치'는 '군사선행(先行)의 원칙에서 모든 문제를 해결하고 나라의 부강번영을 안아오는 영도방식'으로 북한의 현실을 반영한 가장 현실적인 영도방식이라고 밝히고 있다. 북한에서는 김정일이 1993년 국방위원장에 오른 이후 '가장 어려웠던 시기에 선군정치를 국가정치의 기본방식으로 내세'우면서 '강철의 의지와 무비의 담력, 비범한 지략으로 제국주의자들과의 총포성없는 전쟁을 승리에로 령도하시여 조국과 민족의 운명을 구원해 주시었다'고 평가한다.

<사진 2-24> 선군시대 문학이론을 담은 이론서 '총대와 문학'

북한에서는 선군정치에 대해서 '인민군대를 강성대국 건설의 제일기둥으로 내세'워 '사회주의 건설에서도 돌파구를 열어 나가도록 이끌어 주'신 '인민군대가 혁명적 군인정신을 발휘하여 사회주의 건설의 모든 부문에서 새로운 앙양이 일어났다'고 하면서, 선군정치는 '조선혁명의 만능의 보검', '선군은 평화를 지키고 온 겨레의 운명을 보호해 주는 평화수호의 위력한 보검'이라고 평가하고 있다며 '선군정치로 인해 남한이 평화롭게 살고 있다'3)고 주장

하기도 한다.

북한에서 말하는 '선군(先軍)정치'에서 선(先)은 두 가지로 해석할 수 있다. 하나는 모든 일에 '군을 먼저 위한다'는 의미가 된다. 다른 하나는 선군에서 군이 주어가 되는 것으로, '군이 먼저 한다'가 된다. 일반적인 의미 해석은 후자이다. 군이 주체가 되어 모든 일에서 군이 '먼저 한다'는 것이다. 무엇을 먼저 하는가. 경제 건설, 사회기풍 건설에 군이 먼저 나선다는 의미가 된다. '선군단결'이라는 용어도 등장하였는데, 선군단결은 '군대를 기둥으로 하여 온 사회가 총폭탄 결사 수호정신의 일치를 이룬 조선의 일심통일체'라고 규정했다.

북한에서 선군정치가 나오게 된 배경은 무엇인가? 북한 체제가 군을 중심으로 하지 않고서는 견딜 수 없는 위기상황이었기 때문이다. 이러한 위기시대, 대내외적으로 절박한 현실 속에서는 노동계급을 대신하여 군대를 혁명의 주력군으로 규정하고 군대를 핵심으로 하여 혁명세력을 형성해야만 혁명과업을 완수할 수 있다는 논리이다.

노동계급 대신 군대를 혁명의 주력군으로 규정한 것은 '혁명군대의 투쟁정신이 노동계급이 발휘하는 혁명정신보다 더 투철하고 강하기 때문'인데, 김정일 국방위원장이 '역사상 처음으로 군대를 혁명의 주력군으로 규정하고 군대를 핵심으로 하여 강력한 혁명대오를 꾸릴 데 대한 이론을 제시'하여 '군력을 강화해 나라의 존엄과 자주권을 지켜내면서 당과 군, 주민의 혼연일체를 실현, 사회주의 원칙을 끝까지 고수할 수 있'는 '현시대의 혁명이론과 전략전술의 기초이며 핵'을 마련하였다는 것이다.

이러한 선군정치에 의해 군은 '조국수호의 강력한 보검'으로 "선군사상을 통해 인민군대는 사회주의 건설의 가장 어렵고 힘든 전선에서 기적을 창조하는 애국의 전위부대로, 사회주의 민족문화와 정서를 창조

---

3) 「'선군이 남보호' 북 연일 억지주장」, ≪연합뉴스≫, 2006년 7월 20일.

하고 선도하는 혁명집단"이 되었다는 것이다. 또한 선군정치의 핵심
은 권력구조의 개편과 연관된다. 김철우의 『김정일장군의 선군정치』
(평양출판사, 2000)에 의하면 선군정치로 인해 "전군, 전당, 전민에 대한
국방위원회의 지휘 체계를 확고히 세우고 국방위원회의 명령에 따라
전국, 전민의 하나와 같이 움직이며 조국보위에 필요한 모든 수단과
방법을 제때에 신속히 보장하는 체계를 세움으로써 전장을 일사불란
하게 승리적으로 치를 수 있게 하고 있다"고 강조한다.

헌법 기관에서 명시한 북한을 대표하는 최고인민회의 상임위원회
와는 별도로 국방위원회가 내각과 정보기관, 군을 거느릴 수 있는 합
리적 명분을 선군사상에서 찾은 것이다.

2005년에 오면서 선군정치에서 나아가 '선군조선'이라는 용어가 공
식적으로 등장하였다. 그동안 북한에서는 '김일성 조선'이나 '태양조
선'이라는 용어를 써 오긴 했지만 김정일 국방위원장의 이름을 붙이
는 경우는 없었다. 하지만 2005년 1월 1일 신년공동사설에서 선군사
상은 '김일성 주석이 창시한 사상'이라고 한데 이어 2005년 1월 30일
≪로동신문≫ 정론 '선군혁명 총진군'에서 '김정일 선군조선'이라고
명명하였다. 김일성의 담론에서 김정일의 담론으로 이어 온 것이다.

2009년 4월 최고인민회의 제12기 1차 회의에서 11년 만에 헌법이
수정되었다. 2009년 개정 헌법 3조에서는 '주체사상과 아울러 선군사

북한상식 선군절(8월 25일)

김정일 국방위원장이 1960년 8월 25일에 '류경수 제105탱크사단'을 방문
한 것을 기념하는 날이다. '류경수 제105탱크사단'은 6·25전쟁 당시에 서울
을 가장 먼저 진입한 부대이다. 김정일의 '선군정치'에 대한 의미를 부여하기
위해서 2013년 8월 26일에 '선군절'로 제정하였다. 3대 세습으로 권력을 이
어받은 김정은이 선군정치의 정통도 이어받는다는 것을 상징적으로 보여주
는 명절이다.

상'을 지도이념으로 채택하였다. 선군사상이 주체사상과 함께 나란히 자리를 하게 된 것이다. 이는 과거 김정일 국방위원장이 주체사상의 계승자로서 후계자의 명분을 쌓았듯이 김정일의 후계자 역시 선군사상의 계승자로서 명분을 쌓을 것으로 예상된다.

4) 음악정치, 노래정치, 선군음악정치, 열린음악정치

음악정치란 '음악을 통해 어려움을 극복해 나가는 정치'를 의미한다. 북한에서는 김정일의 '선군정치'와 함께 '음악정치'가 실시되고 있다고 평가하면서 '음악정치'의 바탕에는 '노랫소리가 높은 곳에 혁명이 있고 승리가 있다는 노래의 철학이 담겨 있다'고 강조했다. 고난의 행군 시절에도 노래를 통해 이겨냈다고 강조하면서 노래를 부르면서 강성대국 건설에 매진할 것을 강조하고 있다. 각종 방송을 통해서도 노래와 관련된 다양한 프로그램을 통해 고난의 행군을 이겨낸 것처럼 노래를 부르면서 선군정치를 이루어 나갈 것을 강조하고 있다.

선군정치의 총대와 노래를 결합한 음악정치에 대해서 "총대와 김정일 총비서의 사상이 깃든 노래의 결합은 군인들을 '김정일의 전사'로

〈사진 2-25〉
2016년 제7차 당대회를 통해
노동당위원장의 직책을 갖게
된 김정은

만들고 유사시 목숨을 바쳐 결사옹위하도록 도움을 준다는 것을 의미한다"고 강조하면서 "노래는 사람들을 낙관주의자로 만들고 어떤 어려움과 난관도 음악정치로 극복해 나가게 한다"고 강조하고 있다.

음악을 통해 온갖 어려움과 난관을 극복해 나간다는 '음악정치'는 2000년 2월, 4·25문화회관에서 개최된 인민무력성토론회에서 구체화되었다. 토론회의 내용은 '지금 우리식의 특이한 음악정치가 펼쳐지고 있는데, 이는 시련과 난관을 혁명의 노래로 이겨내며, 강성대국 건설을 위해 총 진격하는 인민의 영웅적 기상을 나타낸 것으로써 김정일 동지의 위대한 음악정치가 가져온 결실'이라는 것이다.

2000년 통일부『주간동향』473호에서 인용한 북한의 보도에 의하면 '김정일 동지는 혁명의 노래로 천만의 심장에 불을 달아 온갖 시련과 난관을 뚫고 혁명을 끊임없는 앙양에로 이끌어 나가고 있는데, 혁명의 길이 강고하고 시련이 겹칠수록 인민군과 인민들에게 수령의 노래, 혁명의 노래, 투쟁의 노래를 통해 역경을 헤쳐 나가도록 영도하고 있다'고 음악정치를 평가하였다. 2007년 4월 30일자 ≪로동신문≫ 정론을 통해서 조선인민군협주단에서 독립 예술단체로 독립한 '국가공훈합창단'을 '군·민에게 용기와 활력을 준 기수 진격의 나팔수'라고 하면

〈사진 2-26〉 북한 은하수관현악단 태양절(김일성 생일) 음악회 공연

서 영원히 당의 선군정치·음악정치를 앞장서서 받들어 나가야 한다고 강조하였다.

2000년 이후 명곡으로 강조되는 노래는 〈어디에 계십니까 그리운 장군님〉이다. 〈어디에 계십니까 그리운 장군님〉이 21세기 명곡으로 평가되는 이유는 이 노래가 5대 혁명가극의 하나인 〈당의 참된 딸〉의 주제곡이기 때문이다.

〈당의 참된 딸〉은 6·25를 배경으로 한 작품이다. 미국과의 관계가 악화된 북한으로서는 반미교양의 주제를 선전하기 좋은 소재이며, 김정일 국방위원장이 지은 불후의 고전적 명작이기 때문이다.

'음악정치'는 음악 가운데서도 노래가 중심이므로 '노래정치'라고도 한다. 노래정치란 '노래를 사상이나 총대처럼 중시하는 김정일총비서의 영도예술'로 규정한다.

> 조선은 노래가 많은 나라, 노래로 난관을 극복해 나가는 나라이다. … 노래를 사상이나 총대처럼 중시하시는 독특한 노래정치로 인민대중의 자주위업을 승리에로 이끄시는 것은 위대한 김정일령도자의 출중한 령도예술이다. … 독특한 노래정치로 나라와 민족을 승리에로 이끄시는 그이의 령도로 조선인민은 기어이 강성대국을 일떠 세울것이다.
> —「령도자의 노래정치」, 2000년 5월 29일발 조선중앙통신

여기서 강조하는 음악정치의 개념과 특성을 살펴보면 다음과 같다.

첫째, '조선은 노래가 많은 나라'라는 것이다. 여기서 '조선'은 국가의 개념이 아닌 민족의 개념이다. 이는 노래정치, 음악정치의 출발이 민족적 차원에서 출발하였다는 것을 의미한다. 예술장르 가운데 특히 음악은 북한예술이 추구하는 민족주의적 형식에 사회주의적 내용을 담아내는 중요한 장르이다. 음악은 민족적 특성이 가장 잘 반영되기 때문이다. 음악이 인민의 감정과 정서에 맞아야 한다는 것은 민족생활의 고유성과 특수성을 반영하면서 역사적으로 오랫동안 형성된 민족음악만이 자기 민족의 심리적 특성에 맞고 민족적 감정과 구미에 맞는 음악이라는 것이다.

김정일 국방위원장은 통속적인 음악을 강조한다. 이때 김정일 국방위원장이 강조한 통속적 음악이란 상업주의를 뜻하는 것이 아니라 인민성에 기초하여 광범위하게 쉽게 부를 수 있는 노래를 의미한다. 인

민들이 쉽게 부르기 위해서는 민족적 정서가 반영되어야 한다. 음악의 언어는 민족 사이에도 공통점이 많지만 나라와 민족이 존재하고 나라마다 사람의 감정과 정서가 서로 다른 만큼 음악에는 민족성이 분명하게 드러나는 장르이다.

둘째, '노래로 난관을 극복해 나가는 나라'라는 것이다. 여기서 언급한 '난관'이란 곧 북한이 처한 대내외적인 어려움을 의미한다. 2000년을 전후하여 북한이 처한 난관은 크게 대내적인 요인과 대외적인 요인으로 구분할 수 있다. 대외적인 난관이란 국제적 봉쇄를 의미하며, 대내적 난관이란 혁명후세대의 등장과 신세대의 이념약화를 의미한다.

김정일은 2000년을 전후하여 전후세대, 혁명후세대의 등장에 대해 깊은 우려를 표명하면서 혁명정신을 강조하였다. 이는 1999년을 중심으로 북한 내에서 전개된 '공산주의 미풍' 확산운동과 관련된다. 북한 내에서도 식량난을 겪으면서 청소년층의 도덕적 해이가 사회적으로 심각한 문제로 제기되자, 공산주의적 도덕을 지키는 일은 공동의 생활문화 규범일 뿐만 아니라 사회주의 제도를 지키는 일로 인식되었다.

셋째, '노래를 사상이나 총대처럼 중시'한다는 것이다. 노래를 사상

〈사진 2-27〉 김형직이 강조했다는 지원(志遠)과 두 자루의 권총으로 무력혁명이 시작되었다는 것을 상징하는 카드섹션

과 총대와 등가화하고 있다. 이는 노래, 음악의 사상성을 의미한다. 북한 음악의 내용은 북한 정권 수립 초기부터 결정되었던 문제이다. 북한 음악의 방향과 음악인들의 역할에 대해 김일성은 1966년 4월 30일에 작곡가들과의 대담인 「혁명적이며, 통속적인 노래를 많이 창작할 데 대하여」을 통하여 혁명적으로 교양하여 적군을 와해시키는 사업에서 음악이 중요한 역할을 하므로 대중의 사상과 정서에 맞는 음악작품을 많이 창작하여야 한다는 것을 강조하였다.

북한은 '총대와 노래의 결합'이 북한군을 '일당백의 강군'으로 성장하도록 하는 데 크게 기여했으며 이로 인해 '총포성 없는 전쟁'에서 연승할 수 있었다고 주장했다. 2001년 2월 17일 평양방송은 "한계없는 무자비한 총폭탄이 우리의 군가"라며 동유럽의 사회주의가 몰락할 때 '사회주의는 지키면 승리이고 버리면 죽음'이라는 내용의 가요 「사회주의 지키세」로 주민을 뭉치게 했고 제국주의가 '핵 몽둥이'로 위협을 가했을 때는 「혁명의 수뇌부 결사옹위하리라」은 노래로 이에 대항했다고 강조했다.

넷째, '김정일 총비서의 영도예술'이라는 것이다. 이는 후계자이면서 새로운 지도자로서 김정일의 위상을 강화한 것으로써 김정일의 예술영도에 초점을 둔 것이라 할 수 있다.

'음악정치'는 북한 대내외적으로 어려운 상황 속에서 미래에 대한 낙관적 전망을 제시하면서 민족적 특성이 강한 음악을 통하여 고난을 극복해 나가려는 전략이라고 할 수 있다. 김정일의 음악정치는 김정은 시대에 들어서면서 김정은 식 음악정치로 확장되고 있다. 김정은이 등장하면서 기존 '음악정치'에서 나아가 '열린 음악정치'라는 용어가 등장하였다. 김정일의 정치방식을 계승하면서, 김정은의 색깔을 입힌 것이다. 김정일의 음악정치는 모란봉악단을 중심으로 한 예술계의 혁신을 강조하는 것으로 구체화되었다. 김정은 체제 이후 모란봉악단을 문화예술 변화의 중심으로 내세우면서, 모든 예술인들이 모란봉악단을 따라 배울 것을 요구하고 있다.

김정은은 모란봉악단은 모란봉악단을 중심으로 문화예술계의 혁신적 변화를 요구하고 있다. 모란봉악단이 보여준 공연을 문화예술단체가 본받아야 한다는 것이다. 2012년 창단 공연에서부터 파격적인 모습을 선보였던 모란봉악단이 김정은 시대 사회주의 문명강국 건설의 아이콘으로 떠올랐다.

김정은 동지께서는 주체조선의 새로운 100년대가 시작되는 올해에 문학예술부문에서 혁명을 일으키기 위한 원대한 구상을 안으시고 새 세기의 요구에 맞는 모란봉악단을 친히 조직하여 주시였다.

―≪로동신문≫, 2012년 7월 9일.

〈사진 2-28〉 은하수관현악단의 음악공연

모란봉악단이 김정은 시대의 대표예술단으로 주목받는 이유는 크게 두 가지이다. 하나는 김정은이 직접 창단한 최초의 악단이라는 점이다. 모란봉악단은 창단에서부터 김정은의 업적으로 부각되었다. 2008년에 창단한 '삼지연악단', '은하수관현악단' 등 기존의 예술단체가 있었지만 김정일이 사망한 이후 바로 '모란봉악단'을 만든 것이다. 젊고, 새로운 지도자의 등장을 인민들에게 각인시킨 창단 공연 이후, 모란봉악단의 '창조기풍'이 화두가 되고 있다.

　　2012년에 있었던 창단 공연에서 모란봉악단은 연주곡의 선정부터 무대장치, 무대매너 등 모든 면에서 이전의 공연과는 차별되는 새로운 무대를 연출하였다고 평가하였다. 이후 모란봉악단은 7.27전승절, 로동당창건기념일, 김일성 군사대학설립기념일, 김정은의 군대 현지지도 시 화선공연, 광명성 3호 발사성공축하 기념, 2013년 신년축하공연, 630대연합부대 방문 화선공연 등을 진행하였다. 의미 있는 명절마다 공연하였고, 공연의 대부분은 녹화방송의 형식이기는 하지만 조선중앙TV를 통해 중계되었다.

　　모란봉악단은 자본주의의 문화적 침략에 앞서는 단체, '제국주의자들의 비렬한 책동'에 맞서 사회주의 사상을 지키는 단체로서 주목받고 있다. 2014년 6월 3일자 ≪로동신문≫에서는 '모란봉악단의 창조기풍으로 명작창작의 불길을 세차게 지펴 올리자'는 사설을 통해 '문학예술부분의 모든 일군들과 창작가, 예술인들이 모란봉악단의 창조기풍을 적극 따라 배워 문학예술창작창조활동에서 근본적인 혁신을 일으켜나갈 것을 바라시는 경애하는 원수님의 숭고한 뜻과 기대가 어려 있다'면서 모란봉악단의 의미를 집중적으로 조명하였다. 모란봉악단이 단순한 공연단을 넘어 북한 문화예술계의 변화를 상징하는 단체로 부각된 것이다.

　　모란봉악단이 창잔 2년 만에 전체 인민들 사이에 자리 잡게 된 이유에 대해서는 '혁명적이며 진취적인 창조기풍을 떠나서는 생각할 수 없다'면서 모란봉악단의 '창조기풍'을 강조하였다. 무엇보다 '열정적 창작기풍의 소유자'라는 점이다. '모란봉 창작가, 예술인들도 우리 시대의 일반 예술인과 같은 시대의 사람'들이지만 당에서 요구하는 '비상한 당성, 혁명성, 인민성을 갖추었다'는 것이다. 이러한 열정을 통해서 새로운 창조기풍을 만들었다는 것이다. 모란봉악단의 창조기풍은 '당이 준 과업을 열백 밤을 패서라도 최상의 수준에서 완전무결하게 실천하고야 마는 결사관철의 정신, 기성의 형식과 틀에서 벗어나는 혁신적 안목에서 끊임없이 새것을 만들어 내는 참신하고 진취적인 창조열풍, 서로 돕고 이끌면서 실력전을 벌려나가는 집단주의적 경쟁열풍'이 바로 모란봉악단의 창작가, 예술인들의 창조기풍이라는 것이다.[4]

모란봉악단의 창조기풍에 대해 북한에서는 '당에서 제시한 과업을 어떤 일이 있어도 관철'하는 '결사관철의 정신', '혁신적이고 진취적인 창조열풍', '집단주의적 경쟁열풍'으로 규정하였다. 2013년 모란봉악단 창단 1년에 대해 "당이 바라고 인민이 좋아하는 것이라면 열백 밤

〈사진 2-29〉 김정일 생일기념공연

---

4) 「모란봉악단의 창조기풍으로 명작창작의 불길을 세차게 지펴 올리자」, ≪로동신문≫, 2014년 6월 3일.

을 패서라도 해내고 세계를 앞질러 끊임없이 새것을 개척해나가는 모란봉악단의 혁명적이고 진취적인 창조정신과 투쟁기풍은 우리 군대와 인민을 새로운 시대정신창조에로 힘있게 고무추동하였다"고 평가하였다.[5]

2014년 6월 27일자 ≪로동신문≫에서는 문화예술계에서 모란봉악단의 창조기풍을 따라 배운 본보기 단체로 4·15문학창작단을 소개하였다. 4·15문학창작단은 북한에서 김일성 일가의 이야기를 장편소설을 창작하는 북한 최고의 문학창작단이다. 북한에서 최고의 권위를 자랑하는 4·15문학창작단이 2012년에 신설된 모란봉악단의 창조기풍을 따라 배우는 본보기 단체로 내 세운 것이다.

≪로동신문≫은 2014년 6월 27일자 기사 「총서작품, 혁명소설 창작에서 보다 큰 전진을: 4·15문학창작단에서」을 통해 '모란봉악단의 창조기풍을 따라 배워 혁명문학예술 건설에서 새로운 전진을 안아오기 위한 창작전투가 힘 있게 벌어지고 있다'고 소개하였다. 작가들은 '수령형상작품'에서 '경애하는 원수님의 조국관, 인민관, 후대관을 가슴 뿌듯하게 느끼게 하는 혁명 소설 창작에서 고정 격식화된 틀을 깨고 문장을 박력 있게 구사하여 약동하는 느낌, 비약하는 시대의 숨결을 감수하게 하려는 혁신적인 창작시도들이 늘고 있다'고 보도하였다.

우리의 최고사령관

조광철

오, 최고사령관 김정은 장군
우리 그이만을 믿고 따르노라

---

5) 「강성국가건설의 대진군을 선도해나가는 제일나팔수-모란봉악단 지난 1년간 혁신적인 창작공연활동으로 천만군민을 최후 승리에로 고무 추동」, ≪로동신문≫, 2013년 7월 9일.

포문을 열어놓고 명령을 기다리는 병사들

우리 식으로 최첨단을 돌파하며

높은 자존심을 안고사는 영웅들과 청년들

—『조선문학』 2012년 8호 부분 발췌

2011년 12월부터 김정은을 찬양한 시들이 본격적으로 창작되었다. 충성을 강조하는 내용으로 일관되어 있다.

11. 상징물 관리와 추모

1) 상징물 관리

권력자들은 자신의 정당성을 얻기 위해 여러 동의의 기제들을 활용한다. 막스 베버(Max Weber)의 설명에 의하면 "정권의 안정성은 국민들의 세속적인 동기나 관습상의 신성함에 호소함으로써 상징적으로 촉진된다"고 언급하면서, "어떤 체계도 그 체계의 존속을 보장받기 위한 근거를 마련하려고 물질적이거나 감정적이거나 이상적인 동기에 호소한다. 뿐만 아니라 그러한 권력체계는 모두 그 조직의 '정당성'에 믿음을 쌓게 하고 믿음을 촉진시키려 애쓴다"고 하였다. 북한 역시 정치권력의 정당성을 강화하기 위한 여러 상징을 동원한다. 최고지도자와 관련한 상징물과 의례적 행위들을 통해 권력의 정당성을 확보하고자 한다.[6]

최고지도자와 관련한 상징물들은 특별한 관리를 받는다. 상징물을

---

6) 조은희, 「북한의 김일성 시대 문화상징으로써 공간: '혁명전통' 관련 공간을 중심으로」, 『한민족문화연구』 제27집, 한민족문화학회, 2008 참고.

훼손하거나 방치한 자는 엄중한 비판과 함께 중징계를 받는다. 불이
나도 초상화를 갖고 나오지 않으면 문책의 대상이 된다. 상징물은 실
내에서 보관하는 것이 원칙이다. 상징물에 대해서는 매일 참배하고,
닭털이개나 부드러운 천으로 만든 정성도구를 이용하여 항상 청결을
유지해야 한다. 실외의 경우에는 훼손방지를 위한 대책을 세워야 한
다. 동상의 경우에는 새벽 5시경에 정성도구를 이용하여 깨끗하게 청
소하는 정성사업에 참여해야 한다. 실외 상징물에 대해서는 24시간
참배하도록 밤새 전등을 켜 놓았다가 1990년대 이후 전력 사정이 악
화되면서 밤 10시 이후에는 중심조명만 유지하고 주변은 소등한다.

각 지역이나 1급 기업소에는 '1호 작품 모심실'이 별도로 마련되어
있다. 갱도시설에 갖추어진 1호 작품 모심실은 유사시에 초상화나 석
고상, 동상 등을 보관한다.

〈사진 2-30〉 문화예술 분야의 사적을 모아놓은 문화성 혁명사적관

2) 국제친선전람관

묘향산에 위치한 국제친선전람관은 향산호텔에서 $1.5km^2$ 정도 올라간 곳에 위치한 박물관 성격의 기념물전시관으로 전통 기와의 형태를 살린 건축물로도 유명하다. 국제친선전람관은 1978년에 9월 26일에 6층 건물로 개관하였는데, 북한에서는 전통건축 양식인 기와의 곡선을 살린 건물로 민족 고유의 단청 장식이나 곡면 지붕, 청기와 등으로 민족적 건축의 특색을 현대적으로 잘 재현하였다고 평가한다. 국제친선전람관은 김일성주석관, 김정일 국방위원장관 두 건물로 이루어져 있다. 부지면적까지 포함하면 7만m^2에 달하고 방도 200여 개나 된다.

이곳에는 해외에서 받은 선물을 전시하고 있는데, 북한에서는 세계적인 특산물을 볼 수 있는 유일한 박물관이다. 외교적인 방문을 하거나 외교관들이 해외에 나가거나 혹은 국제행사에서는 각국의 특색을 살린 기념품들을 주고받는다. 이런 기념품들은 규모에 따라서 국고에

〈사진 2-31〉 외국에서 받은 선물을 보관하고 있다는 묘향산 국제친선전람관

귀속되기도 하지만 개인이 소장하는 경우가 대부분이다. 북한의 경우에는 이런 기념품들을 모아놓은 것이다. 선물 중에는 각국의 특산물로 만든 시계가 많다. 전시된 시계는 4시 15분과 2시 16분을 가리키는데, 각각 김일성 주석과 김정일 국방위원장의 생일을 의미한다. 북한의 설명에 의하면 전 세계 160개국의 각계 인사들로부터 받은 선물 16만 5천 점이 전시되어 있다. 1분에 하나씩 보아도 전체를 다 보려면 1년 반이 걸린다고 한다. 방도 200여 개나 되고, 구조도 복잡하여 일반인들이 직접 돌아볼 수는 없고, 이곳을 전문으로 해설해주는 해설강사를 따라가면서 설명을 듣는다. 국제친선전람관 전문 해설강사들만 30명 정도라고 한다. 내부를 관람할 때는 반드시 덧신을 신어야 하고, 모든 사진 촬영은 금지되어 있다.

3) 김정은 시대 김일성, 김정일 추모 사업

김정은 시대가 시작하면서 김일성과 김정일에 대한 추모 사업도 본격화되었다. 김정은은 권력 계승의 정통성을 '백두혈통'에서 찾았고, 혁명의 혈통을 강조하기 위해 김일성과 김정일에 대한 추모 사업을 본격화하였다.

〈사진 2-32〉 김일성 탄생 100주년 기념우표

김정일 사망 이후인 2012년 '인민보안대학'이 '김정일인민보안대학'으로 개명하였다. 개명은 김정은의 직접 지시로 이루어졌고, 개명 직후에는 학교 관계자와 학생들은 결의모임을 가졌다. 이어 2013년 7월 19일에는 김정일인민보안대학에 김정일 동상 제막식이 진행되었다. 김정일 추모 사업이 본격적으로 시작되었다는 것을 알리는 신호였다.

주체 100년이라는 2012년이 지나고 2013년부터 김정일 추모 사업이 본격적으로 진행되었다. 김정일 관련 도서가 2013년에 이어서 2014년에도 다수 출판되었다. 『김정일 전집』 제6권이 2014년 5월에 조선로동당출판사에서, 『김정일 선집』 증보판 제22권이 2013년 11월에 출판되었다. 총서 『불멸의 향도』 시리즈로 장편소설 〈아리랑〉이 문학예술출판사에서는 발간되었다. 장편소설 〈아리랑〉은 김정일이 대집단체조와예술공연 〈아리랑〉을 창작을 지도한 내용을 담은 소설이다.

김정일에 대한 우상화 사업과 함께 김일성에 대한 우상화 사업도 출판 분야를 중심으로 계속되었다. 2014년 3월부터 조선로동당출판사에서 김일성의 혁명 일화를 소재로 한 '혁명일화총서'인 『김일성 일화집』을 발간하기 시작하였다.

'혁명일화총서'는 김일성의 80년 일생에서 혁명사업과 관련한 이야기와 관련 참고자료를 중심으로 시기별로 나누어 연속으로 간행하는 시리즈물이다. 2014년 3월에 발간된 『김일성 일화집』 1권은 1912년(주체 1년) 4월부터 1926년(주체 15년) 6월까지를 배경으로 4개의 장으로 구성되었다. 제2권은 초기혁명활동 시기의 일화를 4개의 장으로 나누

북한상식 총서

'총서'란 하나의 주제 아래 쓰여진 장편소설 시리즈를 말한다. 각각의 작품은 독립적이면서도 전체적으로 보면 연결되어 있다. 김일성의 혁명역사를 주제로 한 총서 '불멸의 력사'와 김정일의 혁명역사를 주제로 한 총서 '불멸의 향도'가 있다.

었고, 제3권은 1932년에서 1936년 3월까지로 이른바 항일무장혁명투쟁시기의 혁명일화를 4개의 장으로 나누어 서술하였다. 제4권은 1936년부터 1940년 7월까지로 4개 장으로 구성되었다. 각권의 장은 연속으로 이어져 있다. 제4권의 경우에는 제13장 〈자주의 기치〉, 제14장 〈조선은 살아있다〉, 제15장 〈난국을 헤치며〉, 제16장 〈백두산동북부에서〉로 구성되어 있다.

'혁명일화총서'와 함께 김일성의 항일혁명과 관련한 전설 79편을 수록한 '혁명전설총서' 시리즈가 나왔다. 2013년 말부터 본격화된 혁명전설 시리즈로는 '백두광야를 주름잡아 달리시던 빨치산 대장 김일성 장군님에 대한 신비로운 전설을 묶어서 편집'하였다고 하는 『백두산호랑이』(백두산전설 편)를 비롯하여, 금수산기념궁전과 관련한 전설 55편을 편집하여 수록한 혁명전설 총서 『하늘이 정해준 성지』(금수산기념궁전편) 등이 있다. 이와 별도로 김일성의 업적에 대한 화상실기집인 『인민들 속에서』 103권의 출판을 비롯하여 김일성의 회고하는 출판물이 간행되었다.

교양사업도 강화되고 있다. 북한은 2014년 6월 4대 교양(신념교양, 계급교양, 애국주의교양, 도덕교양)을 제시하였다. 이어서 2014년 12월에 5대 교양(위대성교양, 김정일애국주의교양, 신념교양, 계급교양, 도덕교양)을 제시하면서 사상사업을 강화하였다.

〈사진 2-33〉 김정일화(2012년 아리랑 공연 중에서)

〈사진 2-34〉 문학창작단의 총서 '불멸의 향도' 시리즈

3장 북한의 정신세계

1. 수령과 유일사상체계

　북한 사회에 대해서 이해하기 가장 어려운 부분의 하나가 지도자에 대한 부분일 것이다. 사회일상의 정체성을 형성하는 핵심으로써 수령이라는 의미가 갖는 정치적·사회적·문화적 맥락을 이해하지 못하고서는 북한의 정신세계를 이해한다는 것은 사실상 불가능하다.

　간단히 말해 북한에서 이야기하는 수령은 단순한 정치지도자의 개념을 넘어선 초계급적 지도자이다. 수령은 임기를 가진 통수권자나 행정부의 수반 혹은 국가 통수권자의 차원을 넘어선다. 수령이란 한 국가, 한 정부 차원의 지도자가 아니다. 수령은 세계 노동계급의 지도자를 의미한다. 즉, 노동당이 노동계급의 계급적 조직의 최고 형태라고 한다면 수령은 '당의 최고영도자이며 프롤레타리아 독재체계의 총체를 영도하는 최고 뇌수이며 전당과 전체 인민의 통일단결의 유일한 중심'이다. 수령은 세계 노동계급의 이익을 대변하는 사상을 만들어내고 사상을 완성하고, 혁명을 실천한 지도자에게 붙는 용어이다.

이러한 정의에 따라서 노동계급의 사회라고 하는 북한에서는 노동계급의 지도자로서 수령에 대한 충성과 수령의 영도를 따르는 것이 자신의 이익을 실현하는 가장 바람직한 방법이며, 역사발전과 노동계급의 이익을 위하는 방법이라고 설명한다. 따라서 '수령 없이는 당이 있을 수 없으며, 수령의 영도가 없이는 노동계급은 혁명투쟁에서 승리할 수 없다'고 단언하고 있다. 이처럼 오직 수령의 사상과 수령의 영도 아래 전체가 하나가 되어 움직이는 수령 '유일사상체계'라고 한다.

유일사상체계에서 '유일'은 수령의 사상체계로서 수령의 혁명사상 이외의 다른 어떤 사상도 허용하지 않는 혁명사상의 유일성과 단일성을 의미한다. 이러한 단일성과 유일성을 구현하기 위해서는 지도체계가 필요하기에 유일사상체계는 수령을 중심으로 모든 당원과 당조직이 수령을 위하여 복무하는 체계를 의미한다. 북한에서는 유일사상이 주체사상이므로 유일사상체계는 주체사상을 유일한 사상으로 이를 구현하기 위한 지도체계를 말한다. 북한에서 유일사상체계가 생겨난 것은 1960년대 중·후반이다.

〈사진 3-1〉 노동당의 영도를 강조한 북한 포스터

유일사상체계를 구현하는 핵심조직은 당이기에 '당의 유일사상체계'라고도 한다. 당이 유일사상체계의 핵심이 되는 것은 '당은 수령에 의해 창건되고 지도되며 수령의 사상과 영도를 실현하는 무기'이기 때문이다. 따라서 유일사상체계를 확립하는 핵심은 수령에 대한 절대성과 무조건성의 원칙을 지켜나가는 것이다.

북한에서 유일사상체계 수립과정은 김일성의 절대 권력화와 관련된다. 광복 이후 북한 정권은 김일성의 권력 장악과 밀접한 연관을 갖고 전개되었다. 이 과정에서 몇 번의 위기를 맞지만 정치적 불안정성을 극복하고 역으로 자신의 권력을 절대화하는 계기로 삼았다. '6· 25' 기간 동안 최대의 정적 중에 하나였던 무정을 숙청한데 이어 국내 공산주의 계열의 숙청과 종파투쟁을 통한 소련파와 연안파를 제거하면서 권력을 강화시켜 나갔다.

정적을 제거하면서 김일성의 권력이 강화되어 나가는 것과 달리 대외적인 관계는 북한에 유리하게 돌아간 것은 아니었다. 북한정권 수립 이후 북한의 최대 지원국이었던 소련과 북한과의 관계가 소원해졌다. 소련에서는 스탈린이 사망한 이후 흐루시초프가 들어서면서 집단지도 체제를 도입하면서 스탈린 격하운동에 나섰고, 김일성 주석의 권력이 강화되면서 스탈린식 독재 스타일 쪽에 가까웠던 북한으로서는 심기가 불편할 수밖에 없었다. 이어 북한의 전후복구 경제 건설 지원에서도 중국과 달리 소련은 소극적인 입장을 취했고, 중소분쟁이 발생하면서 사실상 친소에서 친중 정책으로 선회한 북한에 대하여 소련도 마음이 편하지는 않았다. 급기야 북한과 소련은 이념노선을 둘러싼 대립양상으로 전개되었다.

〈사진 3-2〉 최고지도자를 따르겠다는 주제의 공연

어수선한 분위기 속에서 권력기반을 제도적으로 강화하기 위하여 1966년 당대표자회의와 당중앙위원회 전원회의를 잇달아 열면서 당 조직을 개편한다. 그 결과 당중앙위원회 위원장·부위원장 직제가 당 중앙위원회 총비서·비서 체제로 개편되었다. 당중앙위원회 조직개편 은 외형상 협의체로서 집단지도 체제의 성격을 유지하고 있었던 것을 단일지도 체제로 전환하는 것으로써 내부단속 성격을 띠고 있었다.

그러나 이러한 권력구조의 개편에 대해 상대적으로 소외되었던 세력들이 반발하였고, 결과적으로 반대파에 대한 대규모 숙청으로 이어졌다. 반개인주의 숭배에 대한 비판은 1967년 5월에 열린 당중앙위원회 제4기 15차 전원회의에서 내려진 갑산파 숙청으로 절정에 달한다. 이 회의에서 당중앙위원회 정치위원 겸 조직담당 비서 박금철, 정치위원 겸 대남담당 비서 이효순, 사상담당 비서 김도만, 국제부장 박용국, 과학교육부장 허석선 등의 고위 인사들이 종파주의 내지 가족주의자, 지방주의자로 몰려 숙청되었다. 갑산파는 1930년대 함경북도 갑산지방에서 결성된 '갑산공작준비위원회' 출신들을 일컬으며, 갑산파의 숙청은 1967년 5월 열린 당중앙위원회 제4기 15차 전원회의에서 박금철·이효순·김도만 등 이른바 '갑산파'가 숙청된 것을 말한다.

1967년 5월 이후 북한은 유일사상체계 형성을 화두로 김일성으로의 권력절대화와 이념절대화가 이루어졌고, 이 과정을 지휘한 김정일도 후계자로서 정치권력과 지도자로서의 정치적 기반을 닦아 나갔다.

2. 주체사상

1998년 9월 개정된 헌법 제3조에 "조선민주주의인민공화국은 주체사상을 자기 활동의 지침으로 삼는다"고 명시되어 있으며, 노동당 규약 전문에도 "조선노동당은 오직 위대한 수령 김일성 동지의 주체사상, 혁명사상에 의해 지도된다"고 규정하고 있다.

그만큼 주체사상은 북한을 지도하는 이념으로 절대적인 권위가 부여되어 있다. 북한을 이해할 때 주체사상을 빼고는 이해할 수 없다. 주체사상은 한마디로 '역사발전의 주체가 인간'이라는 사상이다. 간단할 것 같은 이 주체사상의 형성과정과 의미를 살펴보면 결코 간단치가 않다.

남측에서 주체사상의 출발은 1955년 12월 당전선전일꾼 대회에서 처음 '주체'라는 용어가 사용된 것을 근거로 하지만 북한의 주장에 따르면 주체사상은 1920년대 후반으로 당겨진다. 북한의 주장에 따르면 '1920년대 김일성 주석이 새로운 역사적 시대의 내용과 특징을 포착

〈사진 3-3〉 주체사상탑

하고 조선혁명의 요구를 분석·통찰한 데 기초'하여 주체사상을 창시했으며, 1930년 6월 중국 지린(吉林)성 카륜에서 열린 '공청 및 반제청년동맹 지도간부회의에서 한 보고'인 「조선혁명의 진로」를 근거로 한다.

「조선혁명의 진로」이 주체사상의 시원이 될 수 있는 것은 이 문건에서 '혁명의 주동 세력'을 광범한 인민대중으로 잡고 있으며, '우리나라의 실정에 맞는', '혁명의 자주화, 주체화'를 강조하였기 때문이다. 이는 역사발전의 주체로서 '인간'을 강조하고, 인간의 본질을 자주성·창조성·목적의식성으로 규정한 주체사상의 본질과 일치한다는 것이다. 북한의 조성·주장은 1973년 이후에 제기된 것으

로 주체의 기본 원리를 확대 해석한 것으로 주체사상의 현재적 의미로 해석하기에는 무리가 있다.

'주체'라는 용어가 북한에서 공식화하기 시작한 것은 1955년 12월 김일성 주석이 당선전선동일군들 앞에서 한 연설 「사상사업에서 교조주의와 형식주의를 퇴치하고 주체를 확립할 데 대하여」이다. 이 연설을 통해 "우리는 어떤 다른 나라의 혁명도 아닌 바로 조선혁명을 하고 있는 것입니다. 그러므로 모든 사상사업을 반드시 조선혁명의 이익에 복종시켜야 합니다. 우리가 소련공산당의 역사를 연구하는 것이나 중국혁명의 역사를 연구하는 것이나 마르크스–레닌주의의 일반적 원리를 연구하는 것은 다 우리 혁명을 옳게 수행하기 위해서 하는 것"이라고 지적하였다.[1] 이 연설에서 지적한 여타 사회주의와 차별되는 '조선혁명'의 특수성을 강조한 것, 즉 '주체'라는 용어가 마르크스–레닌주의의 맹목적 답습이 아닌 북한 현실에 맞는 '창조적 적용'이라는 의미로 사용하였다. 여기서 '창조적 적용'이란 하부구조가 상부구조를 결정한다는 막시즘의 유물론적 시각과 달리 상부구조의 주요 구성체인 인간의식이 사회변화와 역사발전에서 능동적인 역할을 수행한다는 것이다.

주체사상은 이후 1961년 노동당 대회에서 공식화되면서 의미가 구체화되었다. 1965년 4월 반둥회의 10주년 행사차 인도네시아를 방문한 김일성 주석의 연설을 통해 흔히 4대 노선으로 알려진 '정치에서의 자주', '경제에서의 자립', '국방에서의 자위'와 함께 '사상에서의 주체'가 북한의 정책 노선임이 공식화되었다.

주체사상은 1970년대 이르러 내용체계가 종합화되고 이론화되었다. 1970년 11월 제5차 당대회를 계기로 마르크스–레닌주의와 함께

---

1) 김일성, 「사상사업에서 교조주의와 형식주의를 퇴치하고 주체를 확립할데 대하여: 당선전선동일군들 앞에서 한 연설」(1955년 12월 28일), 『우리 혁명에서의 주체에 대하여』, 조선로동당출판사, 1970, 30쪽.

주체사상이 당 지도이념으로 확립되었다. 1972년 12월 개정된 이른바 사회주의 헌법을 통해 '마르크스−레닌주의를 창조적으로 적용한 주체사상을 자기 활동의 지침으로 삼는다'고 규정하였다. 김정일 국방위원장이 후계자로 공식 등장한 1980년 10월 제6차 당대회에서는 당규약으로 '주체사상'을 '불멸의 지도이념'으로 규정하면서 유일한 공식 지도이념으로 자리매김하였다.

김정일 국방위원장은 1982년 3월 「주체사상에 대하여」을 발표하면서 주체사상의 최고 해석자라는 평가를 받으면서 '수령후계자'로서 위치를 확고히 하면서 "주체사상은 원래 김일성 동지와 김정일 동지

〈사진 3-4〉
중국 연변조선족자치주
왕청현에 세워진
'동만항일영웅렬사기념비'

의 혁명사상의 진수를 이루는 사상만을 의미하지만, 넓은 의미에서는 김일성 동지와 김정일 동지의 혁명사상 전반을 의미한다"고 하면서 주체사상의 한 축을 이루는 지도자로 부각되었다.[2]

북한에서 주체사상이 만들어지게 된 역사적 배경의 하나로 북한과 소련의 관계 변화가 있다. 북한정권 수립 초기, 북한의 모든 정책은 소련에 맞추어져 있었다. 이는 북한만의 문제가 아니라 제2차 세계대전이 끝난 이후 소련의 영향을 받아 생겨난 동구의 사회주의 국가들 대부분에서 발견할 수 있는 공통점이었다. 당시 유일한 사회주의 혁명국가로서 소련은 신생 사회주의 국가들의 모범이었다. 소련 군정 3년 동안 스탈린의 정치방식을 '조선'에 실현하는 것이 가장 우선적인 정책 목표였다. 그러나 6·25 전쟁 이후 1960년대에 이르기까지 김일성은 대내외적으로 상당히 어려운 상황에 처하게 된다.

북한정권 수립기 정치세력은 여럿으로 나누어져 있었다. 김일성을 중심으로 항일 무장단체에 소속되었던 김책, 김일, 최용건, 최현 등의 갑산파와 중국 화북지방에서 중공군으로 활약했던 무정, 김두봉, 최창익, 한무 등의 연안파, 해방 이후 소련군과 함께 들어온 소련 귀화한인 2세들인 허가이, 박창옥, 남일, 박의환 등의 소련파, 박헌영을 비롯하여 현준혁, 리주하, 오기섭 등의 국내공산주의인 국내파 등으로 나누어져 있었다. 이들 세력들은 '6·25 전쟁'이나 전후복구 경제건설 사업, 농업협동화 사업 등에서 갈등을 보였다. 이들 세력 간의 갈등과 투쟁이 만만치 않았던 상황에서 마침내 1956년 8월 김일성 축출을 시도한 '8월 종파' 사건이 발생하면서 김일성은 최대의 위기를 맞게 된다.

'8월 종파' 사건이란 1956년 8월 30일 당중앙위원회 8월 전원회의에서 최창익·윤공흠 등이 김일성 1인 체제를 공격하고 나선 사건이

---

2) 사회과학출판사, 『주체사상의 철학적 원리』, 사회과학출판사, 1985, 15쪽.

다. 김일성의 최대 위기로 불리는 '8월 종파' 사건은 북한 정권 내의 오랜 권력과 노선 갈등의 산물이었다. 연안파의 거두 무정이 '6·25 전쟁' 중에 숙청되었지만 연안파는 당내에서 상당한 세력을 형성하고 있었고, 소련파 역시 일정 부분 당내 세력을 형성하고 있으면서 전후 복구건설 과정 정책에서 마찰을 일으켰다.

김일성은 소련을 본보기로 국방강화의 필요성을 강조하면서 중공업 우선정책을 추진하려 하였던 반면 인민생활 향상이 급하다고 하면서 소비재 생산을 강조하였다. 이와 함께 농업협동화 정책에 대해서도 소련파와 연안파는 생산력 발전이 없는 상태에서 생산관개의 개조는 안 된다는 논리로 반대하였다. 전후복구 건설에 대한 갈등 끝에 1956년까지 '전후 3개년 계획'이 추진되었고, 1957년부터 제1차 5개년 경제개발 계획이 수립되었다.

그러나 김일성 독재와 전후복구 사업에 대한 소련파와 연안파의 불만은 마침내 의회혁명을 통한 김일성 축출시도로 이어졌다. '전후 3개

〈사진 3-5〉 바위에 새긴 김일성 찬양 구호

년 계획'이 끝나고 제1차 5개년 경제개혁이 시작되기에 앞서 1956년 김일성은 소련을 비롯한 동구유럽의 지원을 위한 순방에 나선다. 김일성의 부재를 틈타 연안파의 지도적 인물이었던 김두봉, 최창익, 윤공흠, 서휘, 이상조, 이필규, 장평산 등과 소련파의 박창옥, 김승화, 박의완, 김재욱 등이 김일성의 개인숭배를 비판하면서 축출하려 하였다.

김일성은 급히 귀국하였고 1956년 8월 30일 개최된 당중앙위원회 8월 전원회의에서 최창익·윤공흠 등이 김일성 1인 독재 체제를 비판하고 나섰지만 이러한 움직임을 알고 준비하고 있었던 김일성 지지세력은 군대를 동원하여 사태를 진압하였다. 김일성을 제거하려던 이 시도는 오히려 김일성파의 완승으로 끝나고 정치적으로 견제세력은 완전히 축출되었다.

'8월 종파' 사건은 북한정권 내부의 권력 갈등이 주요 원인이었으나 대외적인 상황도 좋지 않았다. 흐루시초프의 스탈린의 개인숭배를 비판하는 격하운동을 벌였고 동유럽 공산국가들을 비롯하여 북한도 적지 않은 영향을 받았고, 농업협동화 과정에서 사회적 불만도 팽배해졌다. 대내외적으로 불안한 정치상황 속에서 '8월 종파' 사건은 오히

〈사진 3-6〉
중국 길림시 육문중학교에
있는 김일성 동상

려 김일성 1인 체제의 절대 권력화를 굳건히 다지는 결정적인 계기가 되었다.

대내적으로는 전쟁에 대한 문제와 전후복구 건설을 둘러싼 경제 건설 방식에서의 갈등, 개인숭배에 대한 비판 등에 직면하게 된다. 이러한 대내외적 위기에 대해 김일성은 대내적으로는 정적을 제거하면서 권력 기반을 다져나가는 한편 대외적으로는 절대 권력의 정당성을 부여하는 이념적 논리를 만들어 나갔다. 즉, 자신에 대한 권력 절대화 과정과 함께 대외적으로는 스탈린 격하운동, 중소 이념분쟁 등의 영향으로 친소 일변도의 외교관계에서 중립 내지 친중관계로 전환되면서 스탈린식 사회주의에서 북한식 사회주의의 독창성을 강조한 주체 사상이 국가 이념으로 채택되었다.

광복 후 '6·25' 이전까지 북한은 의심할 바 없이 소련식 사회주의 건설을 최우선 목표로 삼았다. 소련의 군정 하에 북한의 정체성과 정통성도 마르크스-레닌주의에 기초한 계급투쟁의 결과로서 이해되었다. 김일성 주석의 항일무장 혁명 투쟁의 정통성도 국가의 문제가 아니라 계급투쟁의 과정으로 이해되었다.

〈사진 3-7〉 현지지도하는 김일성

그러나 1953년 스탈린의 사망은 북한을 비롯한 사회주의 국가에 큰 영향을 미쳤다. 스탈린 사망 이후 흐루시초프는 집단지도 체제를 도입하면서 스탈린식의 독재를 비판하는 스탈린 격하 운동을 벌였고, 권력을 집중해 오던 김일성으로서는 정치사상적으로 적지 않은 부담이 될 수밖에 없었다. 마침내 반김일성 세력에 의한 김일성 축출사건인 '8월 종파' 사건이 발생하였고, 소련과 관련 있는 인물들이 참여한 '8월 종파' 사건은 북한과 소련의 관계를 껄끄럽게 하였다.

여기에 1962년 쿠바사태가 발생하였고, 쿠바사태의 과정을 지켜보면서 북한은 소련에 대한 신뢰에 금이 갔다. 여기에 소련과 중국이 수정주의－교조주의 분쟁을 벌어지고 국경 갈등이 노골화되면서 북한의 대외적인 입지가 약화되었다. 북한은 공식적으로는 등거리 외교를 지향하였지만 실질적으로는 대규모 군사원조와 경제지원을 통해 북한을 후원하였으며, 정치적인 입지가 비슷했던 중국을 지지하는 친중으로 외교방향을 선회하고 있었다.

북한과 소련의 불편한 관계는 1960년대 이르러 최악에 이르렀다. 북한은 소련공산당을 수정주의 노선으로 비판했으며, 스탈린에 대한 개인숭배 비판에 대해서도 개인숭배 비판을 빌미로 다른 나라의 내정을 간섭하기 위한 것이며, 국제공산당의 헤게모니를 잡으려는 태도로 비난하였다. 마침내 1962년 북한의 지원 요청을 소련이 거부하는 것으로 북한과 소련의 관계는 최악에 이르게 되었다.

소련과의 불편한 관계는 소련식 사회주의와는 차별되는 새로운 지도 이념을 필요로 하였고, 이것이 주체사상으로 이어지게 되었던 것이다. 주체사상의 가장 큰 특징은 사회발전을 생산력과 생산관계에 의해 파악하는 것이 아니라 인민대중 중심으로 본다는 것이다.

역사발전에 대한 새로운 해석은 북한의 현실과 관련된 것이었다. 마르크스의 역사발전 이론에 따르면 역사는 사회적 생산관계

〈사진 3-8〉 젊은 시절의 김일성(만경대혁명사적관에서)

에 의해서 생산력이 한계에 이르면 새로운 생산양식으로 대치되면서 발전된다. 이 이론에 따르면 사회주의가 실현되기 위해서는 자본주의 단계가 선행되어야 한다. 자본주의에서는 자본가 계급과 노동자 계급이 생겨나고, 기본적으로 계급의 모순에 의해 계급 간의 갈등이 심화되면서 마침내 노동자 계급의 투쟁에 의해 자본주의가 무너지고 사회주의가 건설된다는 것이다. 따라서 북한과 중국처럼 자본주의 과정을 거치지 않고 사회주의 혁명이 진행되었다는 것은 논리적 모순이 발생한다.

이 논리적 모순을 극복하면서 역사발전을 설명하기 위하여 내세운 것이 '사람', '인민대중'이다. 즉, 역사는 인민대중의 힘에 의해 발전된다는 것이다. 사람은 본질적으로 자주성과 (목적)의식성, 창조성을 갖고 있다. 자주성은 사회적 인간의 가장 본질적이며 근본적인 속성으로 세계와 자기 운명의 주인으로서 자주적으로 살며 발전하려는 속성이고, 창조성은 목적의식적으로 세계를 개조하고 자기 운명을 개척해 나가는 속성이며, 의식성은 세계와 자기 자신을 파악하고 개변하기 위한 모든 활동을 규제하는 속성이다. 이 세 속성은 밀접히 연관되어 있으며, 인간의 활동에서 개별적으로 작용하기보다는 통일적으로 작용한다고 보고 있다.

〈사진 3-9〉 배경대미술 속의 김일성과 김정일

이러한 인간적 본질을 바탕으로 역사가 발전하여 왔다는 것이다. 다만 인간으로서 이러한 본질적 조건이 무조건 발휘되는 것은 아니다. 다만 인민이 역사발전의 주체로서 나서기 위해서는 인민대중의 이익을 대변하고, 인민대중으로서 노동계급의 사상의식을 선진적으로 이끌어 주는 존재가 있어야 한다. 이 존재가 바로 '수령'이라는 것이다.

수령님께서는 억압받고 천대받던 인민대중이 자기 운명의 주인으로 등장하는 새로운 시대의 요구를 깊이 통찰하시고 위대한 주체사상을 창시하심으로써 자주성을 위한 인민대중의 투쟁을 새로운 높은 단계에로 발전시키시였으며 인류력사발전의 새시대, 주체시대를 개척하시였습니다.

　　—김정일, 「위대한 수령 김일성동지 탄생 70돐기념전국주체사상토론회에 보낸 론문」, 1982년
3월 31일

인민대중이 수령의 선진적인 사상에 의하여 영도될 때 비로소 자주적 인간으로 역사발전의 주체로서 나설 수 있다는 것이다. 또한 모든 나라의 혁명의 주인은 그 나라 인민이기에 '인민들은 자기 나라 혁명에 대하여 주인다운 태도를 가지고 혁명과 건설에 나서는 모든 문제를 자기 인민의 이익과 실정에 맞게 자체의 힘으로 풀어나가야' 한다는 것을 강조한다. 주체사상에 대한 계승자로서 김정일의 위대성을 언급할 때에서 주체사상에 대한 철학적 원리를 밝힌 점이 언급된다. 북한의 주장에 따르면 김정일이 밝힌 주체사상의 철학적 해석으로 중요한 것은 무엇보다 '사회는 자기의 고유한 법칙에 따라 변화 발전한다'는 이론이라고 한다.
　여기서 중요한 점은 '자기 인민의 이익과 실정에 맞게'라는 표현이다. 간단히 말해서 소련은 소련인민의 현실에 맞는 투쟁이 있고, 북한

은 북한의 현실에 맞는 투쟁이 있다는 것이다. 북한에서의 사회주의 혁명은 역사발전에서 벗어난 것이 아니라 '마르크스-레닌주의의 일반적 원칙을 우리나라의 구체적 현실에 창조적으로 적용 발전'시킨 결과이며, 이제까지 지구상에 없었던 역사발전의 새로운 해석을 담은 가장 선진적인 사상이라는 것이다.

김일성 사망 이후 10년이 지난 2004년에도 '우리의 혁명은 수령의 혁명업적에 토대하고 그것을 옹호고수하고 빛내어 나가는 과정을 통

〈사진 3-10〉 아리랑민족을 강조한 집단체조와 예술공연 〈아리랑〉

해서만 승리적으로 전진하고 완성될 수 있다'고 하면서 모든 부문에서 김일성 주석의 사상과 영도업적을 지켜나갈 것을 강조하고 있다. 김일성의 사상과 업적의 강조는 김일성의 혁명업적 찬양과 함께 유일한 후계자로서 김정일의 업적을 찬양하기 위한 측면도 많다. 즉, 김정일이 내세운 선군정치의 정통성을 김일성의 혁명정신을 계승한 계승자로서 유훈을 받는 정치임을 강조함으로써 정당성을 인정받게 되는 것이다.

3. 우리(조선)민족 제일주의

남북 사이에서 즐겨 사용하는 단어 가운데 공통적인 단어가 있다면 아마도 '민족'일 것이다. '민족'이라는 용어는 대체로 긍정적인 뉘앙스를 주거나 다소 국수주의적인 냄새를 풍긴다. 아마도 오랜 시절 열강의 틈바구니 속에서 시달렸던 역사적 사정과 무관하지 않다.

일제강점기 독립 운동가들이 강조하는 민족정신은 이후 여러 말로 불려졌다. 박은식은 '혼'이라는 표현을 써서 '국혼(國魂)'이라고 하였고, 정인보는 '얼'로 표현하였다. 광복 이후에는 민족이 대체로 진보를 의미하는 것으로 사용되어 왔다. 민족문학론, 민족경제론, 민족음악, 민족문학작가회의 등의 단체나 기관 앞에 붙는 민족은 곧 진보를 의미하는 것으로 곧잘 인용되곤 한다.

북한에서는 민족이 여타 사회주의 국가와 차별되는 혁명의 단위이며, 문화적 특질에 의해 구별되는 단위로 보고 있다. 그래서 조선민족제일주의는 단순히 '우리(조선) 민족이 제일이다'는 의미를 넘어 '우리 민족은 여타 민족과 차별되는 특수성이 있는 민족으로서 우리(북한)의 사회주의는 주체사상을 기본으로는 여타 사회주의와는 구별된다'는 차별적 의미가 포함된 개념이다.

조선민족제일주의가 등장한 것은 1980년대 중반으로 보인다. 김정일은 1986년 1월 3일 조선로동당 중앙위원회 책임일꾼들 앞에서 한 연설인 「당과 혁명대오의 강화발전과 사회주의경제 건설의 새로운 앙양을 위하여」에서 "일부 사람들속에 민족허무주의와 사대주의가 남아있는 조건에서 민족적자존심을 높이기 위한 교양을 강화하는것은 더욱의가 합니다. 민족허무주의나 사대주의는 다 민족을 망하게 하는 위험한 사상독소로서 민족적자존심과 근본적으로 대립됩니다. 당원들과 근로자들 속에서 민족허무주의와 사대주의를 뿌리뽑자면 민족적자존심을 높이기 위한 교양사업을 강화하여 그들이 조선민족제일주의정신을 가지도록 하여야 합니다"고 언급하였다.

이후 같은 해인 1986년 7월 15일에 조선노동당 중앙위 책임일꾼들과 한 담화 「주체사상교양에서 제기되는 몇 가지 문제에 대하여」에서 민족적 긍지와 자부심을 강조하는 논리로 언급되었으며, 1989년 12월 28일에 발표한 김정일 국방위원장의 「조선민족제일주의 정신을 높이 발양시키자」을 통해 구체화되었다. '조선민족제일주의' 정신은 한마디로 '조선민족의 위대성에 대한 긍지와 자부심, 조선 민족의 위대성을 더욱 빛내어 나가려는 높은 자각과 의지로 발현되는 숭고한 사상감정'을 의미한다.

북한에서 이처럼 조선민족 제일주의를 전면에 내세우게 된 것은 1980년대 국제사회의 변화와 관련된다. 동구 사회주의 국가의 개혁개방과 중국, 러시아의 변화 속에서 국제적인 고립과 경제적인 어려움을 극복하기 위하여 강조한 사상이념이다. 정치적인 맥락에서는 '조선민족 제일주의'는 '세계화'라는 이름 아래 '반동적

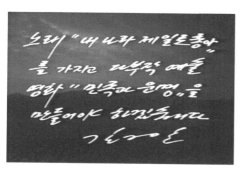

〈사진 3-11〉 다부작 예술영화 '민족과운명'

정치제도와 사상문화를 퍼트려 다른 나라와 민족을 지배하려 하고 있는 제국주의자'들의 '세계화'에 맞서 민족의 주체성과 민족성을 고수하는 것을 의미하는 것으로써 조선민족 제일주의는 4대 (수령, 사상, 제도, 군대) 제일주의로 규정되었다.3)

〈사진 3-12〉 단군일화를 그린 역사화(동명왕릉에서)

'우리민족 제일주의'는 정치사회적 맥락뿐만 아니라 민족의 우수성을 발굴하고 보급하기 위한 차원에서 문학과 예술 각 분야로 확대되었다. 그 결과 민족예술을 주요 공연종목으로 하는 '조선국립민족예술단'(구 평양예술단)의 설립, 민족교예 양식의 계발 등으로 이어졌으며, 가요에서도 〈3대 자랑가〉, 〈우리는 긍지높이 노래하네〉, 〈우리가 제일일세〉, 〈온 세상이 부러워 하네〉, 〈우리민족 제일일세〉, 〈토장의 노래〉, 〈평양냉면 제일일세〉, 〈지새지 말아다오 평양의 밤아〉, 〈내사랑 평양〉, 〈수도의 밤〉 등 민족적 소재를 바탕으로 한 작품이 쏟아져 나왔다. 이들 노래의 특징은 민족적 정서를 바탕으로 한 민요의 리듬을 살렸다는 점이다. 이는 노래를 통한 고난극복이라는 노래정치와도 연관되는 부분이다.

---

3) 「주체성과 민족성을 고수하자」, 《로동신문》, 2003년 7월 10일.

4. 대중동원 운동

1) 천리마운동, 만리마운동

천리마운동이란 천리를 가는 말처럼 힘찬 기세로 사회주의 건설에 나서자는 운동이다. 천리마운동이 처음 나온 것은 '6·25' 직후인 이른바 '전후복구 건설시기'였다. '6·25'는 남북 모두에게 정신적·물질적으로 회복하기 힘든 상처를 남겼다. '6·25' 이후 남북은 경쟁 체제로 돌아서면서 경제 건설 과정도 곧바로 남북의 체제 경쟁으로 인식되었다. 일종의 정치군사적인 전쟁에서 경제를 화두로 한 전쟁이 시작된 것이라고 할 수 있다. 형태는 바뀌었지만 전쟁의 연속선상에 있었던 것이다.

'6·25' 과정 동안 북한은 북한의 우월성을 정신도덕적 측면에서 찾았다. 전쟁이라는 극단적인 상황에서 상대방에 대한 극단적 증오감을 부추기며 적개심을 고조하는 작업은 당연히 있는 일이었으나 물질적으로 열악한 상황을 정신도덕적 우월성으로 극복하려는 과정 속에서 극단적인 문명과 야만, 문명과 비문명으로 대립되었다. 이러한 대립적 양상, 즉 문명과 야수로서 대립되는 전쟁 상황은 휴전이라는 애매모호한 상황 속에서 전후복구 건설과정으로도 이어졌다. 전쟁의 연속상황에서는 최대한 빠른 시간 안에 경제 건설을 통하여 사회주의의 우월성을 보여주는 것이 곧 체제 전쟁에서 이기는 것이 되었던 것이다.

인민들을 사회주의 건설 현장으로 독려하기 위하여 시작된 운동이 '천리마운동'이다. 천리마운동의 출발이 된 것은 1956년 12월의 당 전원회의였다. 이 회의에서 김일성 주석은 '천리마를 탄 기세로 달리자'는 구호를 제시한 것이 출발이 되어, 1950년대와 1960년대 전사회적으로 진행되었다. 북한에서는 이 시기를 전후복구 건설시기에 이은 '천리마 대고조기'로 명명할 만큼 역사적인 의미를 부여하고 있다.

천리마운동은 이후 여타 사회주의 운동으로 대치되는 양상을 보였으나 2005년이 되면서 '천리마 대고조 시기'의 재현을 촉구하고 나서 관심을 모으고 있다. 북한으로서는 광복 60주년과 노동당 창당 60주년이 되는 2005년을 천리마 대고조 시기와 같은 '생산적 앙양'을 일으켜, '온 나라가 흥성'거리게 할 것을 다짐하고 있다.

〈사진 3-13〉 천리마운동을 강조한 선전화(포스터)

2016년 제7차 로동당대회를 전후하여 '만리마 속도'가 등장하였다. 북한은 제7차 당대회를 앞두고 '70일 전투' 동원구호인 '만리마 속도'에 이어, 2016년 5월 9일 제7차 로동당대회를 마감하면서 조선로동당대회 호소문인 '만리마속도창조운동'이라는 구호를 내세우면서, 각 단위별 당대회 과업 관철결의대회 등을 개최, 당대회 분위기를 이어가려고 하였다.

2) 3대혁명붉은기 쟁취 운동

3대혁명은 '사상혁명, 기술혁명, 문화혁명'이다. '3대혁명붉은기'는 3대혁명을 잘 수행한 기관이나 단체에게 주어지는 깃발이다. 3대혁명붉은기 쟁취 운동은 1970년대 중반 사회 각 분야에서 3대혁명의 관철을 위해 전사회적인 차원에서 전개되었던 사회대중 운동을 의미한다. 3대혁명붉은기 쟁취 운동 '낡은 사회의 유물을 청산하고, 새로운 것을 창조'하기 위하여 시작한 대중 운동으로 1960년대 전후복구 건설을 위해 시작한 천리마운동의 후속적인 성격이 강하다.

3대혁명사업 1975년 11월 노동당중앙위 제5기 11차 전원회의에서 결정되었으며, 같은 해 12월 함경남도 검덕광산 궐기모임 이후 전 지역으로 확산되었고, 3대혁명을 확산시키고자 우수 단위를 선정해 '3대혁명붉은기'를 수여하고 있다.

3대혁명붉은기는 당이나 정권기관, 출판보도 기관을 제외한 공장·

〈사진 3-14〉 3대혁명붉은기 수여 단체를 알리는 표지판

기업소, 협동농장, 군부대, 의료부문, 과학, 교육, 체육, 문화예술단체들, 인민반 등 북한 대부분의 기관에서 참가하며, 김일성 주석의 생일(4.15)이나 김정일 국방위원장의 생일(2.16), 정권수립일(9.9),

당 창건기념일(10.10) 등의 기념일에 해당 분야에서 특별한 성과를 올린 집단이나 단체에게 수여된다. 3대혁명붉은기를 수여받으면 '3대혁명기수'라는 칭호를 얻게 되고, 여러 혜택이 주어지는데, 3대혁명붉은기를 수여받은 단위가 이미 수백 개에 이르면서 2중 3대혁명붉은기, 3중 3대혁명붉은기 수여 단체도 생겨났다.

북한에서 전개된 여러 노력경쟁 운동 가운데서도 가장 오랫동안 지속되고 있는 대중 운동이다. 2000년 중반 이후 강성대국 건설을 위한 대중 동원이 강조되면서 전국적인 노력 운동으로 다시 강조되고 있다. 다시 강조하는 붉은기 쟁취 운동은 과거와는 다른 새로운 의미를 부여하고 있다. 최근의 3대혁명붉은기 운동은 1970년대 운동의 '높은 단계'로 규정한다. 과거의 성과를 계승하면서도 발전할 것을 강조한다.

선군시대의 3대혁명 구호는 '사상혁명', '기술혁명', '문화혁명'으로 구호는 변함 없지만 의미는 달라졌다. '사상혁명'은 '인민군대의 투철한 수령결사 옹위정신'을 따라 배우는 사상 교양 사업을 통해 '모든 당원과 근로자들이 혁명의 수뇌부를 사상과 신념으로 따르고, 목숨을 바쳐 옹호, 보위해 나가도록 하는 것'을 의미한다. '기술혁명'은 '경제강국 건설에서 새로운 비약'을 이루기 위해 '모든 부문에서 과학기술 중시 노선을 중심으로 현대적 기술에 기초하여 인민경제를 개건하기 위한 투쟁'으로 설명한다. '문화혁명'에 대해서는 '군인문화를 온 사회에 널리 보급'하는 것으로써 설명한다.

> 붉은기 정신은 혁명적 군인정신이다. 인민군대의 총창 우에 억세게 나붓기는 혁명의 붉은기가 있다. 하기에 경애하는 김정일장군님께서는 인민군대를 우리 혁명의 기둥으로 내세워주시였고 수령결사옹위정신을 핵으로 하는 혁명적 군인정신을 따라 배우도록 전당과 전체 인민을 불러주시였다.
>
> ─김성우, 「붉은기 정신이 구현된 우리 소설문학」, 『조선문학』 1997년 10호, 71쪽.

3대혁명 붉은기에서 '붉은기 사상'은 '조선공산주의 청년동맹' 결성 25주년이 1995년 8월 28일 ≪로동신문≫ 정론「붉은기를 높이 들자」를 통해 그 내용이 구체적으로 제시되었다. 1995년 이후 11년 만인 2006년 2월에 제3차 '3대혁명 붉은기 쟁취운동 선구자 대회'를 개최하여, 3대혁명 붉은기 쟁취 운동을 북한 전역으로 확산하였다. 붉은기 정신은 혁명적 군인정신과 혁명적 낙관주의, 충효심, 불굴의 투쟁정신, 자기희생 정신을 의미한다고 규정한다.

3) 라남의 봉화

북한에서는 사회적인 노력운동을 위한 새로운 구호가 만들어지고 이를 모범으로 한 본받기 운동이 전개되고 있다. 2001년에는 경제 건설 구호로서 '라남의 봉화'가 나왔다. '라남의 봉화'는 '고난의 행군기간' 동안 라남탄광기계연합기업소에서 시작되었다. '라남의 봉화'는 한마디로 '라남탄광기계연합기업소' 노동자들이 보여준 혁명정신, 노

〈사진 3-15〉 라남의 봉화를 강조한 배경대미술

동자들이 보여준 일본새(일하는 정신, 일하는 모양)를 의미한다. 노동자들이 보여준 혁명적 군인정신이란, 즉 '당에서 준 과업은 어떤 일이 있더라도 무조건 철저히 집행하는 기풍'을 말한다.

노동자들은 이들은 '동력이 절대적으로 부족한 상태에서 식량난으로 끼니를 거른 노동자들이 현장에서 쓰러져 가족들이 달려'오는 상황에서도 '전력이 부족하면 집중가공의 방법으로 부속품 가공을 다그쳤고 서로의 창조적 협조를 강화하여 한 달은 걸리던 대치차 가공을 열흘 동안에 끝낸' 것이나 '제철소 용광로에서 쓰다가 버린 내화벽돌을 등짐으로 날라다 분쇄하여 내화재료로 이용한 것', '멀리에서 가져오던 부원료를 근처에서 구할 수 있는 것으로 대신하는 방법을 찾아내는 혁명적 군인정신'을 보여주었다고 하면서 '새 세기의 봉화를 높이 추켜든 라남의 노동계급은 21세기에도 이 정신으로 온 나라 노동계급을 고무하여 힘차게 전진할 것'이라고 격려했다.

4) '고난의 행군' 정신

북한은 국내·외적인 위기가 닥칠 때마다 강조하는 것이 '사상'이다. '사상적으로 무장'되어 있으면 어떤 고난도 이겨낼 수 있다고 강조한다. 북한이 위기 상황에서 제시하는 극복 방식의 대표적인 사례가 바로 '고난의 행군 정신'이다. 북한에서 주장하는 '고난의 행군'은 원래, 김일성이 조선인민혁명군 주력부대를 이끌고 1938년 겨울부터 1939년 봄까지 100여 일 동안 만주 일대에서 모진 역경을 걷고 강행군을 시도한 것을 의미한다.

김일성이 이끄는 항일빨치산은 일

〈사진 3-16〉 고난의 행군 시기를 소재로 한 예술영화 〈자강도 사람들〉

제에 진압을 피해 다니면서, 만주벌판의 모진 추위와 식량난 속에서 큰 고난을 겪으면서도 이른바 '고난의 행군'을 극복하고 이듬해 인 1939년 5월 무산지구 전투를 승리로 이끌었다고 기록하였다고 한다. 이때 김일성 부대가 '고난의 행군'을 성공적으로 이끌어낼 수 있었던 것은 '자력갱생', '간고분투 낙관주의', '불굴의 혁명정신' 때문이었다 고 설명한다. '고난의 행군' 정신은 이후 북한의 위기 상황마다 등장하 여, 위기 극복의 담론으로 활용되었다. 1956년 '8월 종파사건' 때에는 '제2의 고난의 행군'으로 불리기도 하였고, 1990년대의 어려웠던 힘든 시기를 '제3의 고난의 행군'으로 부르기도 하였다.

일반적으로 알려진 '고난의 행군'은 1990년대 어려운 상황을 일컫 는 용어로 사용한다. 북한에서는 '고난의 행군' 정신이란 1990년대의 어렵고 힘든 시기를 '사생결단으로 맞받아 뚫고 나가는 투철한 혁명 정신, 불굴의 투쟁정신'이라는 것이다.[4] 북한에서는 '정세가 어려워 질수록 분발하여 싸워 나가는 견인불발의 의지, 혁명적 낙관을 갖고 난관을 뚫고 나가려는 강한 신념과 배짱으로 우리식 사회주의를 끝까 지 고수하려는 사상정신을 의미한다'고 설명한다.

'고난의 행군 시기'라고 불리는 1990년대 중반은 김일성 주석의 사 망이라는 정신적인 충격과 함께 이상기후로 인한 흉년, 자연재해 등 으로 북한 체제가 엄청난 타격을 입었던 시기이다. 이 시기 국내외 많은 전문가들은 북한의 진로에 대해 상당히 불안한 전망을 내세웠 다. 절대적 카리스마로서 김일성의 사망으로 인한 정신적 공황과 핵 문제로 인한 국제사회의 고립, 러시아의 경제난으로 인한 지원세력의 상실, 우방으로서 중국의 한국수교 등의 대외적 환경뿐만 아니라 대 내적으로도 3년을 연속한 자연재해 등으로 북한 체제는 상당한 위기 상황을 맞이하였다.

---

4) 「'고난의 행군' 정신은 선군시대의 위력한 추동력」, ≪로동신문≫, 2003년 3월 4일.

북한은 고난의 행군의 원인을 '미제의 반공화국, 반사회주의 책동에 식량난과 전기난이 겹쳤기 때문'이라고 하면서 '이 시기를 어떻게 이겨나갔는지를 잊지 않을 때 이보다 더 어려운 시련이 온다고 해도 기어이 뚫고 나갈 수 있는 신념과 뱃심이 생기게 된다'고 강조하면서, '고난의 행군' 정신을 강조하였다. 이처럼 어려운 난관을 극복해 온 비결을 '자존심'으로 설명하였다.

　북한의 자존심은 물론 민족적 우월성을 바탕으로 민족적 지도자를 모시고 있다는 조선민족제일주의에 뿌리를 두고 있다. 이러한 민족적 자존심이 '온갖 난관을 맞받아 뚫고 우리식으로, 우리 힘으로 강성대국 건설의 승리적 진군을 다그쳐 나갈 수 있게 하는 거대한 추동력'이라는 것이다. 또한 민족적 자존심이란 '우리 민족이 남만 못지않다는 긍지와 자부심이며 자체의 힘으로 민족의 운명을 개척하고 민족의 존엄과 영예를 빛내어 나가려는 마음'이라면서 '우리에게 있어서 자존심은 핵무기와 같다'고 비유하고 있다.

　최근에는 1990년대 후반 고난의 행군을 극복한 정신을 본받아야 한다는 점을 강조하면서, 인민들에게 '고난의 행군'을 이겨낸 정신을 요구하고 있다. 북한은 '20세기의 마지막 연대는 그 유례를 찾아볼 수 없는 최악의 시련'이었다고 하면서, 그 고난을 이겨낼 수 있었던 정신을 잊지 말아야 한다는 것을 강조하고 있다.

〈사진 3-17〉 혁명구호
'가는 길 험난해도 웃으며 가자'

5) 70일 전투, 200일 전투

70일 전투는 1974년 10월에 시작된 대중동원 운동이다. 1974년 인민경제 6개년 계획 과정에서 제기된 '사회주의 건설방침의 첫 번째 해이다. 6개년 계획은 "공업화의 성과를 강화발전시키고 기수혁명을 새로운 높은 단계로 발전시켜 사회주의의 물질적, 기술적 토대를 강화하는 한편, 3대 기술혁명, 즉 중노동과 경노동의 차이를 없애고 공업노동과 농업노동의 차이를 줄이고, 여성을 가사부담에서 해방한다는 과제를 수행함으로써, 국민경제의 모든 부문에서 노동자를 뼈 빠지는 노동으로부터 해방하는 것"을 기본과제로 설정했다. 이러한 경제발전 계획을 세우고 인민들을 독려하였지만 성과는 예상보다 미흡하였다.

경제계획 수행이 절실해지자 70일 전투를 감행하였다. '70일 전투'의 주요 목표는 처음 계획했던 연간계획보다 모자라는 부분을 없애고, 연간계획을 초과 달성하는 것이었다. 이를 위하여 사상전을 강력하게 벌이고, 채굴공업, 화물수송, 수출부문을 중심 고리로 선정하여, 주된 역량을 집중하며, 중앙지휘부를 꾸리고, 각 생산단위에 전권을 행사할 강력한 지도그룹을 파견하여 전반적인 조직 지도사업으로, 크고 작은 문제들을 즉각적으로 풀어가는 기동작전을 전개하였다.

200일 전투는 2016년 제7차 당대회가 끝난 6월 초부터 12월 17일까지 진행된 전투이다. 제7차 당대회를 통해 제시된 목표를 위해 전주민 동원이다. 12월 17일까지 기일을 정한 것은 김정일국방위원장의 사망일에 맞춘 것이다.

5. '모기장'론

북한에서 대외개혁과 개방에서 가장 우려하는 부분은 정신세계의 오염이다. 고상한 공산주의적 도덕이 '황색바람(퇴폐적 자본주의 바람)'에 물드는 것이다. 이 자본주의의 바람은 흔히 문화를 빙자한 제국주의의 또 다른 침략형태라고 보기 때문이다. 이러한 외부의 바람이 유입되는 것을 모기에 비유하면서 모기에 물리지 않을 것을 강조하는 '모기장'론을 제시한다.

'모기장'론의 핵심은 사람의 피를 빨아 먹으면서 무서운 병을 퍼뜨리는 모기와 같이 사상에도 모기와 같이 나쁜 것이 있다는 것이다. 사상에서 모기와 같이 나쁜 것이 수정주의라는 것이다. 수정주의는

〈사진 3-18〉
북한 모란봉악단의
공연CD 복제품

3장_북한의 정신세계   137

'로동계급의 혁명사상을 지주, 자본가 계급의 리익에 맞게 뜯어 고쳐 놓은 반동사상'으로 수정주의에 물들게 되면 '로동계급의 편과 지주, 자본가의 편을 갈라보지 못하고 어떻게 하는 것이 로동계급에게 리익이 되고 해를 주는 것인지 분간하지 못하게' 되고 마침내 죄 중에 가장 큰 죄인 수령을 배반하게 된다는 것이다. 수령을 배반하는 죄를 짓게 되면 살아서는 물론이고 죽어서도 '인민대중의 증오와 멸시'를 받으며, 후손들까지 '역적의 자손'이 된다는 것이다.

수정주의에 물들게 되면 하루하루를 되는 대로 보내면서 한순간의 쾌락을 위해서 살인과 강도와 같은 행동도 서슴지 않게 되고, 멀쩡하던 사람도 머리를 수탉의 볏처럼 깎고 돌아다니면서도 부끄러움을 모르게 되며, 알코올과 마약에 중독되어 미친 사람처럼 아무 행동이나 거리낌 없이 하게 된다는 것이다.

모기가 모기장을 뚫고 들어오려는 것처럼 수정주의도 북한 내부에 스며들려고 끊임없이 발악하는데, 이것이 수정주의의 사상문화적 침투인 것이다. 따라서 모기와 같은 수정주의를 막아내는 '모기장'을 빈

〈사진 3-19〉 북한시장에서 팔리는 노트텔

틈없이 쳐서 수정주의의 사소한 요소도 스며들지 못하게 하여야 한다는 것이다. '경애하는 대원수님과 위대한 원수님의 혁명사상으로 튼튼히 무장'하면 수정주의가 달려들지 못하므로, 수정주의를 막아내기 위해서는 '경애하는 대원수님과 위대한 원수님의 혁명사상으로 더욱 튼튼히 무장하고 혁명적 규율과 조직생활을 강화하는 것이며 양풍을 반대하고 검박하게 생활'할 것을 강조한다.

≪로동신문≫ 2003년 3월 14일자

에서도 북한에 대한 "미 제국주의자들과 그 추종세력의 군사적 압력과 경제봉쇄, 사상문화 침투는 더욱 집요하고 악랄"해졌다고 하면서 "당조직들은 이에 대해 각성하고 모기장을 튼튼히 쳐야 한다"고 주장하면서 '계급적 근본을 잊지 않고 제국주의자, 계급적 원수들과 끝까지 싸워 승리해야 한다는 혁명적 세계관을 가지도록 사상교양사업에 주목해야 한다'고 강조하였다.

외부 문화에 대한 거부감은 북한 체제의 유지와 관련되는 밀접한 것으로 인식하고 사상·문화적 침투에 대비한 사상무장을 강조하고 있다. 2005년 12월 17일자 내각기관지 ≪민주조선≫에서도 '외부로부터의 사상·문화적 침투'가 격화되고 있다면서 '제국주의자들의 반동적 사상·문화 침투 책동을 격파, 분쇄하는 투쟁'을 강조하였다.

이러한 사상무장에도 불구하고 북한을 이탈한 주민들의 증언에 따르면 최근 북한 내에 남한 드라마가 유입되면서 주민들 사이에서 상당한 인기를 모으고 있는 것으로 알려졌다. 평양 등에서는 영화 〈친절한 금자씨〉에 나오는 대사인 "너나 잘하세요"를 변형한 "너나 걱정하세요"라는 말이 유행어가 되었다고 한다. 또한 〈가을동화〉나 〈불멸의 이순신〉 같은 드라마도 인기가 높다고 한다. 드라마뿐만 아니라 머리모양, 패션 등에서 남한풍을 찾을 수 있다고 한다. 남한 드라마는 북한과 국경을 접한 중국을 통해 북한으로 유입되는 것으로 알려져 있다.

이 같은 현상에 대해서 최근 북한 당국은 내부단속 차원에서 주민에 대한 사상교육을 강화하고 있는 것으로 알려졌다. 주민들에게 사회주의에 대한 우월성을 과시하는 신념을 주입하는 한편으로 반미와 반일을 내용으로 하는 계급교양을 통해 '사회주의 승리'에 대한 교양사업을 확대하고 있다. 특히 청소년들을 대상으로 교양사업 방법은 '사회주의를 지키는 것이 사는 길이고, 버리는 것은 죽음'이라는 내용의 주제토론회와 강연회, 집중학습, 웅변모임, 시낭송 모임을 통해 진행된다. 동시에 '제국주의 사상·문화적 침투의 위험성'을 경고하면서 혁명의 원칙과 계급적 각성을 강조하는 방송과 언론을 통하여 미국에 대한 적개심을 높이고 있다.

'모기장론'은 김정은 체제가 본격화된 2012년 이후에는 '우리식 세계화', '사회주의 문명국 건설' 등에 밀려 거의 사라졌다.

6. 북한의 영웅들

어떤 사회이건 간에 그 사회의 모범이 되는 사람들이 있다. 특히 북한에서는 이러한 사례들, 사회에 모범이 되는 사례들을 사회적으로 특별한 대우를 한다. 선진적인 모범사례, 우수한 모범사례를 정해 두고 이를 따라 배우는 방식은 북한의 전형적인 사회 운영방식의 하나이다.

문학예술 분야에서는 '피바다 식'으로 불리는 작품들이 있다. 혁명가극 피바다를 창조하면서 무대구성이나 연출방식에서 전형을 만들고 다른 공연에서 이를 모델로 삼는 것이다. 일종의 롤모델이라고나 할까. 사회에서 바람직한 인간상으로 영웅을 만들어 이들의 삶을 배우게 하거나 경제발전의 모범사례들을 만들고 이를 따라 배우게 하는 것이다. 천리마운동의 기수가 되었던 강선제강소의 천리마 분조 사례나 '대홍단군 일본새(일하는 모양)' 등이 이에 해당한다. 복잡하게 설명하기보다는 모범사례를 제시하고 이를 본받게 하는 것이다.

〈사진 3-20〉 길영조를 모델로 한 예술영화 〈비행사 길영조〉

남측에서도 이런 사례들을 사회적으로 표창하지만 북한처럼 전형적으로 본받게 하지는 않는다. 이른바 신지식인이나 우수기업에 대해서 표창하지만 크게 관심을 두지 않는다. 다만 경제적인 문제, 자본적인 문제에 대해서는 사회의 관심이 집중된다. 창업 성공 사례나 재테크를 통해 부자가 된 사람들에 대해서 관심을 둔다. 사회주의는 사회에 대한 관심을 주로하고 자본주의는 시장에 대한 관심을 주로 한다는 차이가 있다.

북한에서 사회적인 모범으로 제시하는 영웅 가운데 '공화국 영웅'의 모델로 내세우고 있는 인물들로 '6·25' 영웅인 리수복과 강연옥, 1990년대 영웅으로 일컫는 김광철과 길영조 등이 있다.

리수복은 6·25 전쟁 때 최대 격전지의 하나였던 강원도 금강군의 1211고지의 좌측에 있는 작은 고지 전투에서 화구를 가슴으로 막고 전사한 인물로 1952년 4월에 공화국영웅 칭호를 받았다. 리수복이 특히 대표적인 영웅으로 받들어지게 된 것은 전투에 참가하기 직전에 남긴 짤막한 시 한 편의 영향도 컸다. 리수복의 시는 "나는 해방된 조선청년이다. 생명도 귀중하다. 찬란한 내일의 희망도 귀중하다. 그러나 나의 생명, 나의 희망, 나의 행복, 이것은 조국의 운명보다 귀중치 않다. 하나밖에 없는 조국을 위하여 둘도 없는 목숨이지만 나의 청춘을 바치는 것처럼 그렇게 고귀한 생명, 아름다운 희망, 위대한 행복이 또 어데 있으랴"는 것이었다. 리수복의 시가 알려지면서 청년들이 리수복을 따라 배우는 운동이 전개되기도 하였다. 1999년 신년 공동사설을 통해 '리수복 형의 육탄영웅이야말로 신념의 강자, 의지의 강자의 대명사'로 규정하면서 인민들로 하여금 '리수복 형의 육탄영웅'이 될 것을 강조하였다.

강연옥은 '6·25' 때 간호병으로 1951년경 강원도 법동군 일대의 한 군의소에서 폭격당한 부상병을 구하

〈사진 3-21〉 강연옥을 모델로 한 혁명가극 〈당의 참된 딸〉

려다가 전사했다. 강연옥은 숨을 거두기 직전 가슴속에 있던 피 묻은 당증을 당중앙위원회에 바쳐달라는 말을 남김으로써 영웅으로, 노동당원의 귀감으로 부각됐다. 1971년 조선 2·8 예술영화촬영소에서는 조선로동당 제5차 대회 선물 작품으로 강연옥을 소재로 한 예술영화 〈한 간호원에 대한 이야기〉를 창작하였고, 같은 해 조선인민군협주단에서는 혁명가극 〈당의 참된 딸〉로 만들었다. 조선인민군협주단에서

북한상식 애국열사릉

애국열사릉은 북한의 국립묘지에 해당한다. 북한에는 애국열사릉과 함께 혁명열사릉이 있는데, 흔히는 애국열사릉과 혁명열사릉이 있는 대성산과 형제산구역 신민동의 지명을 붙여 대성산 혁명열사릉, 신미리 애국열사릉으로 부른다. 애국열사릉은 약 33만여m²의 면적으로 1986년 9월 17일 평양시 형제산 구역 신미동에 조성하였다. 묘비는 모두 천연화강석으로 되어 있으며, 묘비에는 생전 모습을 형상화한 '돌사진'이 붙어 있다.

애국열사릉에는 대성산 혁명열사릉에 안치되지 않은 항일빨치산들과 공로 있는 당, 정 고위 간부들, 인민군 고급 지휘관들, 유명 과학자 및 문예인들, 통일운동 인사 등 400여 기의 시신이 안치돼 있다. 안치된 인물로는 북한을 대표하는 아나운서였던 인민방송원 이상벽, 세계적인 탁구선수 박영순, 바이올린 연주자 인민배우 백고산, 박사 1호였던 계응상, 문학가인 한설야와 리기영, 조기천과 리찬 등이 있으며, 홍명희, 초대교육상 백남운, 국어학자 이극로, 최고인민회의 의장이며 김일성종합대학 총장이었던 허헌, 일제강점기 때 독립운동을 했던 오동진, 양세봉 등과 임시정부 요인 가운데서 북한에서 사망한 조완구, 조소앙, 최동오 이외에 김규식, 유동열, 윤기섭, 최동오, 강규찬, 김달삼, 이덕구 등이 있다.

한편 최근에는 평양시 룡성구역 룡궁 1동에 '6·25'때에 납북된 '유력인사'들의 묘역을 마련한 것으로 확인됐다. 통일신보에 따르면 북한에서는 그동안 재북인사들의 유해는 평양 교외의 삼석구역 정동과 형제산구역 신미리, 용성구역 용추동 등에 분산되어 있었는데, 이들 재북인사들의 유해 62기를 한자리에 모아 묘역을 만든 것으로 확인되었다.

창작한 혁명가극 〈당의 참된 딸〉은 혁명가극 〈피바다〉, 혁명가극 〈꽃 파는 처녀〉와 함께 북한을 대표하는 3대혁명가극으로 평가하는 작품 이다.

길영조는 공군조종사로서 제884비행 부대에 근무하던 1992년 12월 비행훈련을 하던 중 기체 이상이 생기자 탈출 명령을 받고도 비행기 가 민간인 지역에 떨어지는 것을 막고자 기수를 바다 쪽으로 돌리고 추락, 사망하여 '최고사령부를 목숨으로 사수한 자폭영웅'이라는 평 가를 받았다.

1990년대 첫 영웅으로 불리는 김광철은 1990년 1월 군부대 소대장 으로 근무하던 중 안전고리가 풀린 수류탄을 몸으로 덮어 부대원을 구하고 희생한 인물이다. 김광철이 죽은 지 한 달 뒤에 '공화국 영웅' 칭호가 수여되었다.

이들 영웅들의 유해는 대대적인 행사를 통하여 신미리에 있는 애국 열사릉에 안치하는 한편으로, 이들이 근무했던 부대나 모교를 이들의 이름을 딴 학교로 개칭하는 등의 대우를 하고 있다. 리수복의 경우에 는 리수복의 모교였던 순천고급중학교를 리수복순천화학전문학교로 개명했고 학교에 리수복의 동상을 설립하고, 순천시에 이름을 딴 수 복동을 만들었으며, 김광철의 경우에는 모교인 룡문중학교를 '김광철 중학교'로 개칭하고 동상을 세워 주었으며, 그가 공부했던 군관(장교) 학교 소대를 '김광철영웅소대'로, 근 무했던 중대를 '김광철영웅중대'로 명명하였다. 길영조의 경우에는 모 교인 평양시 중화군 초현중학교를 '길영조중학교'로 개명하고 학교에 동상도 세웠으며, 길영조의 아들 길 훈을 강반석혁명학원에 입학하도록 하였다.

〈사진 3-22〉 리수복을 모델로 한 기록영화 〈리수복 영웅처럼 우리 살리〉

개인적인 차원의 영웅 이외에도 사회적으로 본받을 만한 인물이나 영재를 많이 배출하여 '영웅학교'의 칭호를 받기도 한다. 영웅학교가 되면 영웅학교라는 칭호를 받는데, 학교 앞에 '영웅'을 붙이기도 한다. 영웅학교에는 이 학교에서 배출한 영웅들을 따라 배우는 교양실에 '영웅적 위훈자료'를 갖추고 영웅들의 정신을 따라 배우도록 강조하고 있다. 이러한 영웅학교 명명은 2000년 이후 특히 '영웅' 열풍이 불면서 영웅학교 명명식이 늘고 있다. 2001년의 경우에는 9월 량강도에 있는 '혜산제1중학교'가 10월에는 평안남도 '강서제1중학교'가 각각 영웅 칭호 수여식을 하고 영웅학교가 되었다. 이들 학교 외에도 함경북도 '영웅무산중학교'를 비롯하여 북한에는 40여 개의 소학교와 중학교가 있다. 이들 학교가 영웅 칭호를 받게 된 것은 '6·25'와 사회주의경제 건설 과정에서 많은 영웅을 배출하였기 때문이다.

이들 영웅학교는 교양교육의 시범학교로서 다른 학교의 모범 사례로 소개되고 있다. 선군정치가 강조되는 2000년대 이후에는 선군정치의 일환으로 '조국보위'의 총대를 끝없이 사랑하도록 하는 이른바 총대교육을 강조하면서 '수령결사옹위'를 강조하고 있는데, 이러한 총대교육의 모범적인 학교로서 리광수중학교가 언급된다. 리광수는 군복무 중이었던 1982년 어린이 6명과 동료 2명을 구하고 사망하였다. 이 공로로 '공화국 영웅' 칭호를 수여 받았고 이후 리광수가 졸업한 평양 송동중학교를 '리광수중학교'로 이름을 바꾸었다. 리광수중학교는 지금까지 7명의 영웅을 배출해 '영웅학교'로 불리고 있다.

이들 영웅 외에도 국가발전에 기여하거나 사회적으로 귀감이 될 만한 인물을 '사회주의 애국자'로 표창하고 있다. '사회주의 애국자'의 기본 요건은 '지도자에 대한 절대적인 충성', '혁명과 사회주의에 대한 자부심을 키워주고', '국가와 사회의 재산을 아끼고 사랑하며, 주민들의 생활 향상에 기여한 인물'이다.

최근에는 이러한 사회주의 애국자들을 경제활동 분야에서 주로 발굴하여 인민들로 하여금 본받게 하고 있다. 북한 당국에서 본보기로 삼고 있는 이들의 '애국적 소행'은 다음과 같다. '고난의 행군 시기에 문화회관, 목욕탕, 이발소 등이 갖추어진 건물 5동을 짧은 기간 동안 건설'했거나 '남새(채소) 온실, 양어장, 축산기지 등의 부업기지 건설에 뛰어난 공'을 세웠거나 '남들이 못쓰겠다고 버린 발동발전기를 수리해서 전기 문제를 자체로 해결하여 기업소의 경영활동을 정상화하고 종업원들에 대한 '후방공급사업(복지사업)'을 잘할 수 있도록 하'였거나 '여러 해 동안 매년 농업생산계획을 초과달성'하였거나 '자체로 얻은 알곡(곡물)을 국가에 바치는 애국심을 발휘하여 본보기가 되었'거나 '수백여 톤의 파철을 수집하여 제철·제강소에 보내주는 애국활동'을 한 것 등이다.[5]

〈사진 3-23〉 예술영화 〈한 녀학생의 일기〉의 실제 주인공인 과학자 김선명 (사진 왼쪽)과 출연 배우인 박미향, 김철.

---

5) 「북한에서 말하는 '자랑스런 인간'」, ≪연합뉴스≫, 2002년 3월 15일.

4장 경제 분야

1. 토지관리

북한은 1946년 3월 5일 토지개혁법을 발표하고, '경자유전(耕者有田)'원칙을 앞세우며, 무상몰수와 무상분배 원칙에 따라 토지개혁을 단행하였다. '토지개혁법'에 대해 북한에서는 '수천 년 동안 내려오던 봉건적 토지소유관계와 착취관계를 청산하고 농민들을 땅의 주인으로 내세워 준 획기적 사변'이었다고 평가한다. '토지개혁' 이후 농촌에서 사상, 기술, 문화의 3대혁명이 추진되고, 농업생산이 높아졌다고 평가하고 있다.

북한의 농지는 기본적으로 인민 소유의 국영농장과 사회적 공용소유 형태인 협동농장, 종합농장으로 이루어져 있으며, 토지는 용도에 따라서 농업토지, 주민지구토지, 산림토지, 산업토지, 수역토지, 특수토지 등의 6종류로 구분한다. 농업토지는 농업용지를, 주민지구토지는 인민들의 생활토지를, 산림토지는 산림용지를, 산업토지는 공장부지 등의 산업용 토지를 수역토지는 해안이나 강가의 토지를, 특수토지는 군용부지 등 특수목적에 사용되는 토지를 의미한다.

북한의 토지는 등급에 따라서 토지사용료를 받고 있다. 토지사용료를 받는 이유는 북한에서는 토지의 개인 소유가 원칙적으로 금지되어 있고, 국가 소유로 되어 있기 때문이다. 중국의 경우에도 마찬가지인데, 개인적인 토지 이용은 국가 소유의 토지를 일정 기간 임대하거나 토지사용에 대한 대가를 국가에 납부하는데, 이것이 토지사용료이다. 토지사용료는 논이 9등급, 밭이 8등급으로 세분화되어 있는 것처럼 각각의 토지 등급에 맞추어 징수하고 있다. 모든 토지에 사용료가 적용되는 것은 아니다. 사용료를 내야 하는 토지는 농장·협동농장의 모든 토지를 비롯하여 연구기관이 이용하는 토지와 학교의 실습토지, 약초재배용 토지와 농장이나 목장 등의 대부분 토지 등 개인이 경작하도록 허용한 텃밭 등의 일부를 제외한 대부분의 토지가 해당한다.

일부 개인 소유를 허용하고 있는 토지들로는 텃밭이나 부업밭, 뙈

〈사진 4-1〉 공장의 부업밭

기밭 등이 있다. 이들 토지들은 제한적으로 개인의 소유를 허용하고 있다.

텃밭은 집터에 딸린 밭이나 농장에서 가구별로 나누어진 작은 밭으로 인민들에게는 30평까지 허용되는 국가에서 인정하는 합법적인 경지이다. 1998년 9월 개정 헌법 제24조에 "터밭(텃밭)경리를 비롯한 개인부업경리에서 나오는 생산물과 그 밖의 합법적인 경리활동을 통하여 얻은 수입도 개인 소유에 속한다. 국가는 개인 소유를 보호하며 그에 대한 상속권을 법적으로 보장한다"고 명시하고 있다.

'부업밭'은 협동농장·공장·기업소의 작업반이나 직장 단위에서 부업으로 부치는 농사를 허용하는 합법적인 경작지로써 텃밭보다 훨씬 크며, 생산된 농작물은 작업반이나 직장의 부식물로 공급되거나 경작단위에서 나누어 갖기도 한다. 북한의 일부 협동농장에서는 담배 등의 기호작물이나 과일, 옥수수, 누에 등의 작물을 재배하여 판매하거나 물고기나 염소, 돼지 등의 가축을 길러 농사에서 필요한 비료와 설비 등을 구입하는 데 필요한 운영자금을 마련하기도 한다. 뙈기밭은 텃밭이나 부업밭에 비하여 규모가 매우 작은 자투리 밭이다. 식량난 이후 버려진 땅이나 척박한 땅을 일구어 농사를 짓는 땅을 일컫는 말이다. 뙈기밭은 공식적으로 인정하지는 않지만 현실적으로 묵인하고 있는 땅이다.

법적으로 토지는 거래대상이 아니다. 토지뿐만 아니라 북한에서 상업행위는 상당한 제약을 받는다. 시장에서 상품거래를 본격적으로 허용하기 시작한 것도 최근의 일이다. 주택 거래를 포함하여 부동산 거래는 사회주의 제도를 좀먹는 자본주의의 부정적 영향으로 엄격히 금지하고 있다.

주택은 국가 소유로 되어 있어 국가가 무상으로 장기 임대해 주는 방식으로 공급되어 왔으나 현실적으로는 주택건설에 대한 유상투자와 유상판매를 비롯한 주택 거래가 공공연하게 이루어지고 있는 것으로 알려졌다. 1990년대 들어 지방을 중심으로 임대권에 대한 암거래가 급증하기 시작해 이제는 당국의 통제에도 불구하고 임대권 거래 형식의 주택 거래가 이루어지고 있다.

2004년 4월 개정된 형법에서도 제149조에 "돈이나 물건을 주거나 받고 국가 소유의 살림집을 넘겨주었거나 받았거나 빌려준 자는 2년 이하의 노동단련형에 처한다"는 조항이 있는 것으로 보아 주택 거래가 비밀리에 이루어지고 있다는 것을 짐작할 수 있다.

2. 농업관리 개선

북한에서 농업정책은 먹거리 문제 해결과 직결되는 문제로 인식하고 국가적 차원에서 정책적 지원을 다하고 있다. 2005년에 이어 2006년 연속으로 농업을 '주공전선'으로 설정하였으며, 2006년부터 '기간공업과 농업부문'에서 3년 연속계획을 추진한다고 선포하여 농업문제를 인민생활 안정과 경제력 회복의 선결과제로 제기하였다. 이에 따라서 '과학적 영농방법'이라며 불변의 원칙이었던 주체농법을 강조하던 북한도 최근 '선군시대의 요구에 맞는 사회주의 농촌'건설을 강조하면서 내용면에서 변화하고 있다.

사회주의 농촌건설 사업에서 강조하는 것은 ① '적지적작', '적기적작', '종자혁명', '감자농사혁명', '두벌농사', '콩농사 방침 관철', ② 전국적인 토지정리 사업과 개천 −태성호, 백마−철산, 미루벌 물길공사 등의 수로개선을 통한 농업환경 개선, ③ 농장원들의 생산

〈사진 4-2〉 경지정리 사업

의욕을 높이고 실리를 중시하는 농장관리 운영방법의 개선 등이다.

농업환경 개선을 위해 역점 사업의 하나로 관개 체제 개선이 있다. 북한은 1950년대부터 '관개개발'을 농업 분야의 중점 사업으로 추진하여 서해안 7개 지구를 비롯하여 전국적으로 총 12개 지구의 대단위 관개체계를 구축하고, 연계하는 광역관개체계를 구축하였다. 그러나 북한의 관개체계는 '양수관개체계'로서 발전기를 이용하여 용수를 관리하는 것으로써 '양수관개체계'는 경제난, 에너지난으로 양수기 가동률이 떨어지면서 에너지 소비가 많고 관리비용이 많이 들었다. 이러한 문제점을 개선하기 위하여 1990년대 말부터 전력을 사용하지 않은 '자연흐름식' 관개체계 구축사업에 착수하였다.

'자연흐름식 관개개발' 사업으로는 '개천－태성호 물길(1999.11~2002.10)', '백마－철산 물길(2003.5~2005.10)'에 이어 2006년 3월 '미루벌 물길공사'를 착공하였다. 미루벌 물길공사는 강원도 판교군에서 미루벌(곡산군, 신계군, 수안군)에 이르는 220km의 물길개선 공사이다. 미루벌은 물이 귀한 현무암층의 고산지대로 물 문제 해결이 최우선 과제로 제기된 지역이다. 미루벌 물길은 대표적인 에너지 소모형 양수관계 지역으로 100여 대의 대형 양수기를 이용해야 했으나 에너지난 등으로 양수기 가동률이 낮아지면서 물 확보가 쉽지 않았다.

북한은 농업정책의 근간이었던 '주체농법'을 '자체 실정에 맞는 농

〈사진 4-3〉 경제과학화를 강조한 영화의 한 장면

사'로 해석하면서 농업관리 개선조치를 실시하였다. 대표적인 농업관리 개선조치로는 '포전(圃田)담당제 시범실시', '개인 소유 허용범위 확대', '분조규모의 축소' 등이 있다. 포전(圃田)담당제는 하나의 작물을 일시에 재배하던 것과 달리 여러 포전으로 나누고, 각 포전의 지력과 특성을 파악하여 적절한 파

종날짜와 관리 체제를 도입하는 것이다.

분조관리제는 협동농장을 분조별로 나누어 분조가 책임지고 생산과 분배를 하는 것이다. 예를 들어 100m²의 땅을 10명이 공동으로 생산하고 분배하던 것에서 20m²의 땅을 나누어 주고 2명으로 5개 조로 나누어 생산하는 방식이다. 전체 토지면적은 변화가 없지만 분조의 규모가 작으면 작을수록 개인 소유에 가깝게 되고 생산과 분배의 책임이 확실해진다. 분조관리제는 1996년 도입되었는데, 2002년에 이르러 분조규모를 축소하는 등의 개선조치가 실시되었다. 분조관리제 개선 조치의 핵심은 '분조규모의 축소 및 우대제 적용', '생산계획의 하향조정', '초과분 처분권 인정' 등이다.

3. 7·1 경제관리개선조치와 실리사회주의

북한의 여러 경제관련 개혁조치 가운데 큰 변화를 담은 것은 2002년의 '7·1 경제관리개선조치'이다. '7·1 경제관리개선조치'는 경제 분야에서는 지난 1946년에 시행된 토지개혁에 버금가는 획기적인 조치로 평가할 수 있다. 경제에 대한 인식이 달라지면서 국가의존적인 인식에서 벗어나 시장경제 원리에 접근하고 있다. '7·1 경제관리개선조치'를 개혁이나 개방과 관련되어 평가하거나 전망에 대한 다양한 견해가 있었다.

'7·1 경제관리개선조치'란 정확히 사업처럼 경제관리 체제를 개선한 조치이다. 북한의 용어로서 '개선'이라는 의미가 남측에게 낯설기에 정확한 의미를 가늠하기 어려운 것이다. 다만 '7·1 경제관리개선조치'는 1회적으로 끝난 것이 아니라 2002년 첫 조치 이후 몇 번의 후속 작업이 진행되고 있다는 점이다. '개선'이라는 용어가 의미하듯이 좋은 방향으로 고쳐가고 있는 것이다.

'7·1 경제관리개선조치' 이후 가장 큰 변화는 식량배급제도이다. 식량배급제도는 부분적으로 유지되고 있었던 것으로 알려졌으나 최근 완전 폐지한 것으로 알려졌다. 사회주의 국가에서 식량배급제가 폐지되면 어떻게 될까? 식량을 배급하는 대신 돈을 주고 직접 시장에서 구입하도록 하였다. 이것이 '7·1 경제관리개선조치'의 핵심이다. 북한에 따르면 일반 근로자의 경우에는 '7·1 경제관리개선조치' 이후 필요한 식량의 50%는 배급표를 발급받아 국정가격으로 구입하도록 했고, 나머지 50%는 개인이 농민시장 등에서 구입하도록 했었는데, 국정가격으로 구입하도록 했던 것도 개인별로 자력으로 구입하도록 하였다.

식량난으로 먹거리 구입이 어려운 북한에서 어떻게 식량을 조달할까? 북한에서도 시장에서 구입이 용이하도록 식량 유통을 활성화하기 위한 여러 조치들을 취하였다. 중국에 친인척이 있는 경우에는 개인적으로 식량을 구해 오도록 중국 통행증 발급을 완화하였으며, 외국산 식량도입에 관세를 부여하지 않으면서 식량유통을 시장원리에

〈사진 4-4〉 컴퓨터를 이용하여 디자인을 하고 있는 공장(평양애국모란피복공장)

맡기려 하고 있다.

'7·1 경제관리개선조치' 이후 임금과 물가도 상당히 높아졌다. 임금의 경우 지속적으로 상승되어 북한에서 노동자의 평균 임금은 북한 돈으로 3~4천 원, 상급(장관급)의 경우 6~7천 원, 중노동에 종사하는 광산노동자는 1만 원을 넘는 것으로 전해지고 있다.

대신 '실리사회주의'에 대한 경제개념이 자리 잡고 있다. '실리사회주의'는 사회주의의 제도 틀 안에서 실리를 최대한 살려 나가자는 것이다. 실리는 경제관리 개선 조치 이후 강조되는 것이다. 북한이 '실리'를 강조하는 것은 '사회주의경제제도를 발전시키고 경제 건설을 추진해 나가는 데 필요한 물적인 토대를 보장하는 기본'으로 보고 있기 때문이다. 실리를 중시하는 '경제 관리의 종자(핵심)'는 '건설에서 비약과 혁신을 일으키고 새로운 것을 창조하는 것'으로 규정하였다.[1] 실리를 강조한다고 하여 사회주의경제 체제를 포기한 것은 아니다. 사회주의경제원칙을 지키는 가운데서 경제 관리를 개선하여 품질을 높이는 것이다.

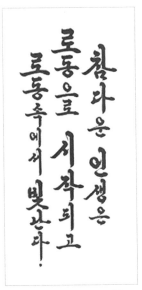

〈사진 4-5〉 노동의 중요성을 강조한 표지판

실리를 중시하는 경제정책은 실적을 중시하던 이전의 경제정책과는 분명 차이가 있다. 단순한 노동과 생산물을 양적으로 비교하던 것에서 제품의 품질향상, 질적 개념을 중시하는 것으로 전환된 것이다. 모든 생산물과 건설물의 질을 높이기 위해서는 경제부문의 일꾼들이 품질감독 체계를 바로 세워야 하는데, 경제지도 일꾼은 실리에 맞게 '경영·기업전략을 옳게 세우고 주도성·

---

1) 「실리보장은 사회주의 경제관리의 중요한 요구」, ≪로동신문≫, 2006년 4월 2일.

창조성·능동성을 발휘하여 사회주의 원칙을 지키면서 가장 큰 실리를 얻는 당의 실리주의 원칙을 관철할 것을 강조한다.

실리라고 하여도 개인의 이익을 우선으로 하는 시장경제 체제의 '개인의 실리'가 아니라 '국가의 실리'를 살리는 것이 핵심이다. 사회주의 체제를 유지하면서 실리를 살리기 위해서는 경제부문 전체의 질

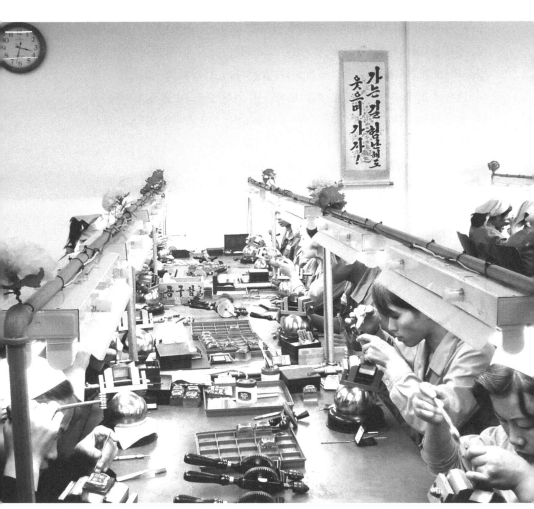

〈사진 4-6〉 개성공단의 북한 근로자들

적인 발전이 필요하다. 질적 향상을 통해 실리를 살리기 위해 강조하는 것이 '현대적 과학기술'과 '품질감독 체계를 바로 세우는 것'이다.

'현대적 과학기술'은 실리의 핵심으로 강조하는 것이다. 현대적 과학기술은 경제 건설에서 비약적 발전을 이루는 '새롭고 창조적인 묘술'을 위한 경제정책의 '종자(핵심)'라는 것이다. 이와 함께 경제지도 일꾼의 역할이 강조된다. 경제지도 일꾼이 실리를 살리기 위해서는 현실적 조건에 맞는 경제적 실리지표를 설정하고 공장·기업소에 실리 보장과제를 올바로 제시해야 한다. 이를 위해서는 경제 간부들에게는 높은 과학기술 지식을 갖추고 문제 해결을 위한 다재다능한 실력을 배양하는 3實(실리·실력·실적)에 기반한 의식변화와 경제관리·운영에서의 선도적 역할을 촉구하고 있다.

4. 근로조건

북한의 노동자들은 얼마나 몇 시간이나 일을 할까? 북한이라고 하면 '노동자들은 일만 하고 쉬지는 못할 것 같다', '새벽별 보러 나가서 저녁때가 되어서야 들어온다'는 이미지가 아직도 강하게 남아 있다. 근로조건이나 노동규정도 따로 없는 것 같다. 북한의 노동규정은 1946년 6월 24일 북조선임시인민위원회에서 8시간 노동제 등을 내용으로 한 전문 26조의 '노동자 및 사무원에 대한 노동법령'을 제정·공포하면서 제도화되었다. 이후 1978년 4월 최고인민회의 제6기 제2차 회의에서 농민을 포함한 전체노동자들을 대상으로 한 전문 8장에 79조로 이루어진 '사회주의노동법'을 채택하여 실시하고 있다.

북한의 헌법과 노동법에서 규정한 근로시간은 하루 8시간, 주 48시간으로 규정하고 있다. 일과시간은 보통 오전 8시에 시작되어 오후 6시까지이며, 점심시간은 12시부터 1시까지이다. 일반적으로 작업시간 전에 독보회와 작업준비 시간이 있으며, 기본 일과가 끝나면 직장이나 작업총회나 학습회, 강평 등이 있어 직장에서 보내는 시간은 노동시간보다 긴 경우가 많다.

사회적 약자로서 미성년자와 여성, 특히 임산부와 젖먹이를 둔 여성에 대해서는 법적으로 보호하도록 규정하고 있다. 16세 미만의 미성년자들은 채용하지 못하도록 규정하고 있으며, 위험성이 높은 작업장에서는 일을 하지 못하도록 하고 있다. 15세 이상 18세 미만의 근로자의 경우에는 근로시간도 1일 7시간, 1주일 42시간을 초과하지 못하도록 하고 있다. 휴가는 연 14일이며, 출산휴가는 산전 35일, 산후 42일 등 모두 77일이다. 특별히 어려운 직종인 경우에는 7일에서 21일의 보충휴가가 주어진다.

또한 법적으로 규정한 노동시간보다 적은 경우도 있다. 노동조건과 상황에 따라서 7시간이나 6시간으로 단축되기도 한다. 특히 3명 이상의 자녀를 둔 여성 근로자의 경우는 근로시간이 6시간이다. 이 경우 근로시간이 적다고 해서 8시간에 비해서 생활비가 적게 지급되는 것은 아니다. 생활비는 집에서 생활하는 비용이 아니라 월급에 해당한다. 생활비라고 하는 것은 기본생활 요소인 의식주는 국가에서 배급하고 기타 생활에 필요한 것을 구입하고 전기세 등의 세금은 생활비에서 낸다.

우리의 월급에 해당하는 생활비는 부분, 기능, 직급, 학위, 근속 연수 등에 따라서 세분되어 있다. 대학 졸업자에게는 기사 급수가 매겨지며, 중학교 졸업자는 기능급수가 주어지는데, 대졸 노동자가 중학교 졸업 노동자보

일 과 표
2007년 7월 1일부터 시행

No	구 분		시 간 (부터 ~ 까지)	소요시간 (분)	비 고
1	아침출근		08:00 ~ 08:30		
2	오전작업	오전작업	08:30 ~ 12:00	210분	
		작업시작	08:30 ~ 10:00	90분	
		중간휴식	10:00 ~ 10:10	10분	
		작업 끝	10:10 ~ 12:00	110분	
3	점심식사		12:00 ~ 12:45	45분	
4	오후작업	오후작업	12:45 ~ 18:00	300분	
		작업시작	12:45 ~ 15:00	135분	
		업간체조	15:00 ~ 15:20	20분	
		작업 끝	15:20 ~ 18:00	160분	
5	작업총화		18:00 ~ 18:30	30분	
6	퇴 근		18:30 ~		
7	총 소요시간			600분	(10시간)
8	총 로동시간			510분	(8시간 30분)

■ 토요일 : 08:10 ~ 12:40까지 작업 진행.
◆ 매주 토요일 : 외부 및 사업장 대청소 진행.

〈사진 4-7〉 개성공단 북한 근로자의 작업일과표

다 10~15% 정도 더 받으며, 같은 작업장이라고 해도 좀 더 위험하고 힘든 곳에서 일하는 노동자들은 조금 더 많이 받는다.

기사나 기능 급수는 직종에 따라서 급수가 다르지만 설계원, 은행원 등의 전문직은 물론, 이발사에 이르기까지 일반적으로 1급부터 7급까지 구분되어 급수별로 생활비가 달라진다. 2~3년에 한 번씩 급수 향상을 위한 시험이 있는데, 상당히 치열하다.

대학교수는 조교원, 교원, 상급교원, 부교수, 교수의 5개 직급으로 나누어지는데, 교수는 1급, 부교수는 2급이다. 교수들도 근속 연수나 학위, 직급에 따라 생활비가 차이가 난다. 기본급에다 근무 기간에 따른 추가지급금이나 학위에 따른 특별보상급이 추가된다. 당원의 경우에는 직장에서 생활비를 받는 것이 아니라 당위원회에서 지급되며, 당원이 적은 기업소의 당비서는 지배인 급의 생활비를 받는다.

생활비를 많이 받는 직장은 탄광이다. 탄광에서 15~20년 근무하면 우리나라 장관에 해당하는 내각의 상급(장관급)이나 20년 경력의 교수보다 많이 받는다. 일이 힘든 만큼 더 많이 받는 것이다. 물론 그렇다고

북한상식 **아오지 탄광**

남쪽에 익히 알려진 대표적인 탄광으로 '아오지 탄광'이 있다. 코미디 프로에서 '아오지 탄광' 노래가 인기를 끌면서 흔히 북한에서 큰 잘못을 하면 가는 곳으로 알려져 있는 곳이다. 당시 유행한 '아오지 노래' 가사는,
"오데로 갔나 오데로 갔나 오데가 / 오데로 갔나 오데로 갔나 오데가 / 땅굴파고 꺼졌나 미그기 타고 날랐나 / 나래버린 아새끼래 어데로 갔나요 / 쓴물 단물 다 빨아 먹고 눈물 콧물 다 짜게하고 / 잡히기만 해봐라 아오지 아아요. / 내 마음은 너덜너덜 걸레가 됐시오"이다.
북한에서 아오지 탄광은 중요한 석탄생산지이다. 아오지 탄광은 더 이상 '아오지 탄광'이라고 불리지 않는다. 1994년 '아오지'라는 지명이 '은덕'으로 바뀌었고, '아오지 탄광'도 '6·13탄광'으로 바뀌었다.

탄광노동자들을 더 많이 선호한다는 것은 아니다. 삶의 질이라는 것이 단순히 급여만으로 결정되는 것이 아니기 때문이다. 일이 힘든 만큼 생활비가 많아도 위험한 일이 많기 때문에 지원자가 많은 편은 못 된다. 국가의 공식적인 급여체계이며 실제 생활과는 다르다고 하여도, 탄광노동자들의 급여가 장관보다 많다는 것은 생각해 볼 일이다.

생활비가 있다고 해서 문제가 해결되는 것은 아니다. 생활에 필요한 물자가 있어야 한다. 생활의 기본 물자는 국가에서 지급한다. 결혼식이나 장례식 같은 특별한 일이 있으면 관혼상제 상점에서 물자를 지급하도록 되어 있다. 극심한 경제난을 겪으면서 식량배급을 비롯하여 국가의 생필품 공급이 중단되기도 하였다. 국가에서 물자가 충분히 공급되지 못하면 시장에서 물자를 구할 수밖에 없다.

이렇게 하여 생겨난 것이 농민시장이다. 농민시장에서는 국가에서 정한 가격 이외의 가격이 적용된다. 일반적으로 국가에서 정한 국정가격보다 훨씬 더 비싼 가격으로 거래된다. 최근에는 평양 시내에 농민시장이 활성화되면서 생필품 구입의 젖줄 역할을 하고 있다.

국가에서는 필요한 물자를 어떻게 지급할까? 일일이 집에다 축적해 놓고 보관하기는 어려울 것이다. 추수가 끝나고 가을에 분배받는

북한상식 연합회사

북한의 회사 형태 가운데 연합회사가 있다. 연합회사란 기계공업, 채취공업, 경공업과 같이 동일 분야의 업종을 통합한 연합형태의 회사이다. 반면 연합기업소는 서로 다른 업종의 공장이나 기업소로 이루어진 형태이다. 북한의 연합회사는 분야에 따라서 여러 산업 부문으로 확대하고 있다. 연합회사는 분야별로 화학공업성이나 경공업성 등의 관할을 받는다. 대표적인 연합회사로는 '전기기계연합회사', '공작기계연합회사', '윤전기계연합회사', '소금연합회사', '유색광업연합회사', '방직기계연합회사', '담배연합회사', '신발연합회사', '제약연합회사' 등이 있다.

협동농장에서는 양권이 사용되지는 않는다. 하지만 도시에서는 식량을 대신할 수 있는 권리가 있었다. 국가에서 지급하는 식량을 구입할 수 있는 권리를 표시한 것이 '량권(糧券)'이다.

양권은 식량을 대신하는 표로 '량표(糧票)'라고 한다. 식당에서 음식을 사 먹거나 식료품 상점에서 국수나 빵을 구입하거나 출장 시에 식사를 할 때 사용한다. 출장 때에는 출장용 양권을 내야 하며 식료품 상점에서 식품을 구입할 때는 가정용 양권이 필요하다. 일반 식당에서는 가정용과 출장용이 모두 통용된다. 큰 회사 구내식당에서 사용하는 식권과 비슷한 북한 사회에서 통용되는 국가에서 보증한 일종의 먹거리 구입권이다. 자녀들을 탁아소나 유치원에 맡길 때에도 자녀의 한 달분 양식용으로 양권을 낸다. 양권은 가정용과 출장용이 있는데, 각각 200g, 600g, 1kg짜리로 각각 구분되어 있다.

한편 북한은 또한 사회주의 국가로서 사회보장제도가 잘 갖추어져 있다. 북한은 1946년부터 유급휴가제, 정휴양제, 산전산후휴가제, 연로보장제 등 인민들의 복리와 관련한 사회보험제도를 실시하고 있다. 북한의 사회보험제도는 국가가 직접 운영하는데, '무료의무교육제, 무상치료제, 사회보험제'를 기본으로 한다.

사회보험제는 '연금제도'와 '보조금제도'로 구성된다. 사회보험 운영에 필요한 재원은 국가가 기본 재정(사회문화비)을 보장하고 근로자들이 매달 받는 생활비의 1%를 사회보험사업비로 지출하는 것으로 유지되어 왔었다. 그러나 사회보험제도 운영이 원활하지 않자 2006년 4월 11일 개최된 최고인민회의 제11기 제4차 회의의 결정에 따라 2006년부터 사회보험제도의 운영을 위하여 각 기관·기업소의 이익금에서 7%를 기업소 충당 몫으로 국가에 바치도록 결정하였다. 이 같은 조치는 그동안 경제난으로 유명무실해졌던 사회보험제도를 정상화시키려는 노력의 일환으로 보인다.

5. 시장과 백화점

북한의 농민시장으로 출발한 평양의 시장은 이제 상당한 규모의 시장으로 확대되었다. 협동농장이나 공장 등에서 비공식적인 물품이 농민시장을 통해 거래되자 2003년 이를 합법화하고 명칭도 농민시장에서 종합시장으로 바꾸었다. 2003년 시범적으로 조성된 6000m^2 규모의 통일거리시장을 비롯하여 약 40여 개의 상설시장이 운영되고 있는 것으로 알려져 있다.

평양에서 생겨난 첫 종합시장은 '통일거리시장'이다. 농민시장과 비교하여 훨씬 다양하고 많은 물건들이 거래되고 있다. 농민시장 시기에는 시장의 형태를 갖추고 있었지만 경제난 등으로 인해 거래되는 상품이 많지 않았다. 농민들이 집에 딸린 텃밭이나 뙈기밭에서 수확한 배추나 무, 콩나물 등의 채소류가 대부분이었다. 통일거리시장으로 바뀐 이후에는 상품이 다양해졌는데, 2003년 3월부터 쌀과 공산품의 거리를 허용하면서 더욱 활기를 띠고 있다.

통일거리시장에서 취급하는 상품 가운데서는 외국산도 있으며, 외화도 사용할 수 있도록 시장마다 외환거래소가 설치되어 있다. 이곳 외환거래소의 환율은 공식 환율보다는 비싼 가격으로 거래된다. 시장에서 거래되는 외화는 해외에 친척이 있는 경우에는 이들로부터 송금받거나 국경무역 등을 통해 유입된다. 2003년 말부터는 일반 시민들

북한상식 **하나전자합영회사**

북한을 대표하는 전자제품 생산회사로 DVD, VCD 등의 가전제품을 생산, 수출하고 있다. 전국적인 판매망을 갖춘 회사로 평양시 통일거리에 생산 공장이 있고, 각 도 소재지에 '하나'라는 브랜드의 지역판매소도 있다. 북한의 대표적인 대집단체조와 예술공연 '아리랑' DVD를 제작한 곳이기도 하다.

뿐만 아니라 기업소나 협동농장도 생산품을 판매할 수 있도록 허가해 주면서 이용자에게 시장 사용료와 소득에 따른 국가 납부금을 거두고 있다.

경제관리 개선조치 이후에는 전국에 시장을 설치하고 시장 이용을 활성화하기 위하여 영업시간을 저녁 늦게까지 연장하여 노동자들이 이용할 수 있도록 장려하고 있다. 시장과 함께 백화점 문화도 평양시민들의 일상생활의 한 부분이 된지 오래다. 북한에도 백화점이 있을까. 물론 있다. 북한도 경제활동이 있고, 경제활동이 있다면 물건을 살 수 있는 상가가 있는 것은 당연하다. 운영의 주체는 누구일까. 당연히 국가이다. 사회주의경제와 시장경제의 차이다. 백화점이나 시장, 상점은 있지만 그 경영 주체가 국가인가, 상업자본인가의 차이가 있을 뿐이다.

〈사진 4-8〉 통일거리시장

〈사진 4-9〉 화장품 품질 개선을 강조한 예술영화 〈봄향기〉

평양에서 가장 번화하고 유명한 백화점은 어디일까? 북한에서 가장 좋은 곳, 가장 유명한 것을 찾을 때는 흔히 '제일(1)'이라는 숫자를 찾으면 되는 경우가 적지 않다. 평양 제1백화점은 평소 명절 전날이나 일요일에는 약 10만 명의 사람들이 찾는다.

식료품을 비롯하여 북한에서 생산된 가정용품이나 신발, 섬유 등의 공업용품과 전자제품을 중심으로 한 평양 제1백화점의 주요 고객은 신학기를 즈음해서는 학생들도 많이 찾지만 대부분의 고객은 가정주부들이다. 백화점 층별 매장 구성은 남측과 비슷하여 '봄향기' 같은 인기 화장품 세트를 중심으로 생활용품이 1층 매장에 전시·판매된다. 상품 가격은 시장의 경우 시세에 따라 변동되기도 하지만 백화점은 국정가격으로 판매된다.

6. 은행

조선중앙은행은 북한의 중앙은행으로서 발권과 통화량 조절 등의 중앙은행 고유 업무를 기본으로 하면서 일반 은행의 업무인 예금이나 대출, 보험 등의 업무와 공기업의 수입·지출 관리 같은 정부의 재정업무도 수행하고 있다. 북한 전역에 220여 개 지점이 있으며, 2만 명이 넘는 임직원을 거느린 방대한 조직으로 발권과 통화량 조절 등 중앙은행 고유 업무와 예금, 대출, 보험 등 상업금융기관의 업무와 공기업의 수입·지출 관리와 같은 정부 재정 관련 업무도 함께 수행하고 있다.
북한의 발권은행은 조선중앙은행이지만 대외금융 사업을 총괄하고

외국환을 결제하며, 환율 등의 대외적인 업무를 총괄하는 은행은 조선
무역은행이다. 남측과의 식량차관 협정도 조선무역은행에서 담당한다.

조선무역은행은 북한에서 대외무역 사업을 전개하면서 대외경제
관리를 위한 외화관리와 외국과의 금융거래 기관의 필요성이 대두되
면서 1959년 11월에 조선중앙은행의 '외환부'로 출발하였다. 이후
1963년 7월 서방권 은행들과 본격적인 대외거래가 시작되면서 현재
의 조선무역은행에서 분리, 독립하였다. 이후 1970년대 들면서 서방
으로부터 차관 도입 등의 업무를 전담해 왔다. 조선무역은행은 평양

〈사진 4-10〉 고려신용개발은행(양각도호텔에서)

중구역에 있는 본점 이외에 각 시도에 지점을 두고 있으며, 중국 베이징과 홍콩, 마카오, 프랑스, 호주, 쿠웨이트 등지에 해외지점과 사무소를 두고 현지 은행과 환거래를 하고 있다.

북한의 외국 주재 은행으로는 유럽 내 유일한 은행이었던 금성은행 (Golden Star)이 1982년에 창설되어 환전과 북한 국적인과 북한 기업의 환전과 재정지원 등의 임무를 맡아 왔으나 2004년 2월경 업무를 중단하였으며, 2004년 7월경 면허를 반납하면서 업무가 중단되고 해외 은행은 하나도 남지 않게 되었다.

7. 복권·인민생활 공채

경제가 어려울수록 장사가 잘 되는 것 가운데 하나가 아마도 복권일 것이다. 로또복권이 폭발적인 인기를 모으면서 시작되었고, 지금도 일확천금을 꿈꾸는 사람이나 재미삼아 복권을 사는 사람들이 적지 않다. 복권 종류도 기관별·유형별로 셀 수 없을 정도로 다양하다. 복권으로 행복을 살 수 있고, 인생이 달라질 것이라는 도박적인 사회인식이 확산되는 것은 바람직한 일이라고 할 수는 없을 것이다. 그러나 서민들이 재미삼아 복권을 맞추어 보는 것도 사는 재미의 하나일 것이다.

〈사진 4-11〉 과일을 분배받는 북한 주민

북한에도 복권이 있을까. 몇 년 전 훈넷에서 북한의 '조선복권합영회사'와 합작으로 인터넷 복권사업을 추진하여 관심을 모은 적이 있었다. '인터넷 게임 소프트웨어 공동개발 및 서비스 제공'으로 남북협력사업 승인을 받았지만 사행성으로 인해 사업이 활성화되지는 못하였으나 사회적인 관심을 끌었던 일이었다.

북한에서 복권이 발행된 것은 지난 1991년 11월 '인민들의 문화정서생활을 흥성하게 하며 나라의 사회주의 대건설과 통일거리 건설에 보탬을 주자'는 것을 명분으로 '인민복권'을 발행하였다. 1992년 3월 평양인민문화궁전에서 '인민복권 전국추첨회' 주관으로 복권 추첨이 있었고, TV 생중계로 진행되었으며, 각 지역 신문에 당첨자 명단이 공개되었다.

복권은 아니지만 일종의 복권으로써 '추첨제 저금'이 있다. 추첨제 저금은 조선중앙은행이 1년 4차례, 분기마다 당첨자를 추첨하여 예금 청약액의 전부 또는 일부를 지급하는 것이다. 추첨 방식은 0부터 9까지의 숫자가 쓰인 작은 구슬이나 공을 통 안에 담고 돌려 나온 숫자를 모으는 방식으로 이루어진다.

북한 주민들에게 '복권'과 함께 관심을 끄는 것으로 '인민생활 공채' 추첨이다. 인민생활 공채는 '인민경제를 현대화하고 생산을 정상화해 나가는 데 필요한 자금수요 충족, 화폐의 유통량 조정을 통한 안정성 보장'을 목적으로 발행하는 공채이다. 인민생활 공채는 2003년 3월 '내각공보'를 통하여 인민생활 공채 발행을 발표하고 2003년 11월까지 모든 주민들을 대상으로 공채를 판매하였다.

인민생활 공채는 500원권, 1천 원권, 5천 원권 3종류로 구성되었으며 만기는 10년이다. 인민생활 공채는 추첨을 통해 원금과 당첨금을 되돌려 주는 형식을 통해 상환하며, 당첨되지 않은 공채는 2008년 12월부터 2013년 4월까지 원금을 상환하는 방식이었다. 공채를 판매한 이후 2003년 12월, 2004년 7월, 2004년 12월, 2005년 12월에 추첨을 실시하였다.

〈사진 4-12〉 사회주의 계획경제의 문제를 지적한 영화 〈월초병〉

8. 세금

공자님이 천하를 주유할 때였다. 어느 마을을 지나는데 한 여인이 울고 있었다. 공자가 연유를 묻자 여인은 호랑이가 나타나 예전엔 남편을 물어 죽였는데, 이번에는 호랑이가 아들을 물어 갔다는 것이다. 공자가 다시 물었다. 왜 이곳을 떠나지 않느냐고. 여인이 대답하였다. 이곳에는 세금이 없다는 것이다. 세금이 호랑이보다 무섭다는 말이 여기서 나왔다.

사회주의 국가에도 세금이 있을까? 북한에도 세금이 있을까? 당연히 있을 것이다. 세금이 없다면 국가예산은 무엇으로 편성할 수 있겠는가? 국가예산이 있는 한 세금이 없을 수는 없다. 있다면 아마도 북한이 유일하지 않을까 싶다.

북한은 1973년 10월 제5기 제8차 당중앙위원회 전원회의에서 세금을 완전히 없애는 문제에 대해서 결정하고 다음 해인 1974년 3월 21일 최고인민회의에서 '세금제도를 완전히 없앨데 대하여'를 발표하면서 1974년 4월 1일부터 세금을 폐지하였다. 이 날을 기념하기 위하여 4월

〈사진 4-13〉 북한의 미용실

1일은 '세금제도 폐지의 날'로 기념하고 있다. 세금이 폐지되기 전까지 소득세, 지방자치세가 있었다. 협동농장 농장원들로부터 거두었던 농업현물세는 1964년부터 3년 기간을 거치면서 완전히 없어졌다.

세금이 없는 상황에서 국가 재정은 어떻게 꾸려 나갈까? 세금은 없지만 세금과 유사한 국가 수입이 있다. 이러한 재정수익으로는 '거래수입금', '국가기업이익금', '사회협동단체이익금', '봉사료수입금' 등이 있다.

거래수입금은 '소비재를 생산 판매하는 국영기업소 등이 도매가격의 일정 비율에 해당하는 금액을 추가해 소비자에게 판매함으로써 얻어지는 부가수입'으로 북한 국가재정 가운데 가장 비중이 큰 부분을 차지한다. '국가기업이익금'이란 모든 국영기업소의 순이익 가운데 당국이 거둬들이는 것이다. '사회협동단체이익금'은 각종 사회, 생산단체가 국가로부터 공급받은 생산수단에 대한 대가로 납입하는 사용료이다.

'봉사료수입금'은 편의봉사부문 독립채산제 기업소들의 봉사료수입에서 자체 경비와 이윤을 공제하고 남는 수입금이다. 봉사료수입금은 업종별 봉사요금에 대해 일정 비율로 부과되고 있다. 북한은 주민들에게 위생, 가공, 수리, 이발 등의 서비스를 제공하기 위해 선국의 시군마다 '편의봉사관리소'를 두고 있다. 종합서비스 기관의 성격을 갖고 있는 편의봉사관리소는 1대 사업소당 약 150명 정도의 봉사원으로 구성되어 있다. 독립채산제로 운영하는데 소속 봉사자들은 연간 액상계획(금액상으로 세운 계획)에 의한 도급노동제에 의해 월간 수입액에 따라 임금을 받는다. 따라서 평의봉사 관리소에서는 동일한 직종에서 일해도 임금에서 차이가 있다. 사회주의 봉사가격은 사회주의 제도 내에서 도입되는 인센티브 제도이다.

북한은 평양시 보통강구역에 평의봉사시설인 창광원을 비롯하여 주요 도시에 목욕탕과 수영장, 미용실, 청량음료점, 의무실이 갖추어진 종합 위락시설을 건설하고 있다. 북한은 편의봉사 시설을 확대하면서 편의봉사 요금에 대한 교양을 강조하면서 가격을 지나치게 올리지 못하도록 강조한다.

봉사가격을 올려 받으면 주민들이 '사회주의 봉사가격'을 잊게 되고, 나아가 사회주의 제도의 소중함을 잊어버리게 된다는 것이다. 편의봉사요금을 제정할 때는 봉사와 관련한 봉사 원가를 보상하고 일정한 순소득을 형성할 수 있도록 고려하여 제정할 것을 교양한다. 또한 편의가격을 근로자들의 생활 필요에 따라 조절할 것을 강조한다. 즉 노동자들의 일상생활에 필요한 편의봉사요금은 낮게, 고급봉사요금은 높게 정해 수요를 조절해야 한다는 것을 강조하였다.

세금은 없지만 실질적으로 세금과 유사한 형태의 각종 재정수입을 통해 재정을 운영하고 있는 것이다. 외자기업에 대해서는 세금을 부과한다. 2004년 북한은 해외동포들의 투자를 유치하면서 최저임금을 낮추고 각종 특혜조치를 추진하겠다고 밝혔다. 무역성에서 밝힌 투자유치를 위한 특혜 조치들은 최저임금의 인하, 세제혜택, 사용료 할인, 은행설립 등이다. 최저임금은 100~120달러였던 최저 노임을 30유로

〈사진 4-14〉 편의봉사시설인 문수물놀이장의 복무원

로 대폭 할인하겠다는 것이며, 투자를 유치하는 기업에 대해서는 각
종 세율을 대폭 할인하겠다는 것이다. 이외에도 전기료 할인이나 단
독은행 설립, 광산개발권에 대한 허용 조치도 언급하였다. 외자기업
인이 물어야 하는 세금은 7가지이다. 기업이 부담하는 세금으로는 기
업소득세, 거래세, 영업세, 지방세 등이 있으며, 개인·외국인이 내는
세금으로는 개인소득세, 재산세, 상속세가 있다.

  북한은 경제 활성화를 위하여 외국인과 외국기업의 투자를 유치하
는 한편으로 국제상품전시회, 투자설명회 참가, 투자설명회 개최 등
해외시장 개척 및 투자유치를 위한 활동을 적극 전개하고 있다. 대표
적인 행사가운데 하나가 '평양국제상품전람회'이다. 1996년 5월에 개
최된 제1차 대회와 199년 5월에 개최된 제2회 대회까지는 외국업체가
참여하지 않은 단적인 행사로 그쳤지만 매년 개최되는 것으로 정례화
된 2000년 이후부터는 외국의 기업들이 참여하는 국제행사로 바뀌어
매년 열리고 있다.

9. 경제기구와 대남경협기구

  중국이 개혁·개방의 필요성을 강조하면서 시장경제 체제를 도입할
때였다. 주은래가 '사회주의라고 해서 시장이 없는 것이 아니며, 시장
경제라고 해서 계획이 없는 것이 아니다'는 말로 개혁·개방의 당위성
을 설명한 적이 있었다.

  북한의 경제구조는 사회주의 계획경제 체제이면서도 시장경제의
일부 요소를 도입하고 있다. 북한은 북한의 사회주의를 '민족자주의
사회주의'로 규정하고 있다. '민족자주 사회주의'란 '자력갱생의 혁명
정신'이 구현된 것으로 '혁명과 건설에서 나서는 크고 작은 모든 문제
를 철두철미하게 인민들 자체의 힘에 의거해서 자주적으로 해결'해

왔으며, '모든 문제들을 자체의 힘으로 풀어 나가 민족의 자주성을 확고히 견지'하는 것이다.

계획경제 체제에서 가장 중요한 문제는 무엇이겠는가? 당연히 가장 중요한 문제는 국가경제계획을 잘 세우는 것이다. 내각기관인 국가계획위원회는 북한의 경제발전 계획을 수립하고 감독하는 북한 경제의 핵심기구로 전반적인 경제사업에 대한 내각의 조직집행자로서 기능과 역할이 강조되고 있다.

남북경협의 창구는 '아태평화위원회'와 '민경협'이다. 현대와의 경협을 통해 일반인에게 널리 알려진 북한의 단체가 아태평화위원회이다. 아태평화위원회의 정식 명칭은 '조선아시아태평양평화위원회'이다. 아태평화위원회는 노동당 중앙위원회 통일전선부 산하 조직으로 '아태 지역에서의 항구적이고 공고한 평화와 안전을 보장하며 이 지

〈사진 4-15〉 우리식 방식을 강조하는 구호가 적힌 공장

역 사람들의 사회정치적, 경제적 발전에 유리한 평화적 환경을 조성하기 위해 폭넓고 다양한 활동을 적극 벌여나가기 위한' 목적으로 1994년 10월에 창립되었다. 2004년에 작고한 김용순 노동당 중앙위원회 비서가 오랜 동안 위원장을 맡았으며, 전금진, 리종혁, 송호경, 김형우 등이 부위원장으로 일하였다. 아태평화위원회는 한동안 대남 사업 협상 파트너로 폭넓은 활동을 보여주었다. 특히 금강산 관광사업과 개성공단 사업 등 현대의 대북사업 파트너로 활동하였으며, 일본과의 사업에서도 상당한 역할을 하였다.

남북경협의 북한 파트너로 아태평화위원회와 함께 최근 비중이 높아지고 있는 단체가 민경협이다. 민경협의 전신은 민경련(민족경제협력련합회)으로 대남 민간부문 교류협력 가운데 경제협력 문제를 사실상 전담하고 있다. 민경련에서 담당하던 대남 경제사업의 전반적인 사업을 총괄하는 단체로서 그 위상이 강화된 것이다. 광명성경제연합회에서 1998년 5월경 민경련으로 개칭하였는데, 1998년 6월 정주영 명예회장의 방북 시에 민경련의 존재가 알려졌다. 민경련 산하에 광명성총회사를 비롯하여 삼천리총회사, 개선무역회사, 금강산국제관광총회사, 고려상업은행 등이 있다. 2003년 경 연합회에서 위원회로 위상이 높아지면서 남북경제협력 사업에서 아태위원회가 주관하는 현대아산 사업을 제외한 대부분의 남북경협 사업을 담당하였다. 위원장은 상급(장관급)이다.

10. 과학기술과 경제관리

경제 건설에서 강조하는 것은 과학기술이다. 공장·기업소의 생산성을 향상시키기 위해서는 시설의 현대화가 절대적으로 필요하다고 보고 과학기술을 생산현장과 결합시키기 위한 다양한 조치와 운동이 벌어지고 있다. 과학기술중시 정책을 경제현장과 직결시켜 경제발전으로 이어가려는 발전 전략이다.

최근에는 '현대적 과학기술에 기초한 자력갱생'을 강조한다. '현대적 과학기술에 기초한 자력갱생'은 '김일성의 자력갱생에 대한 사상을 김정일 계승·발전시킨 것'으로 과학기술 발전을 강성대국 건설의 방도로 삼고 인민경제를 현대적 기술로 개건하기 위한 사업을 앞세워 경제기술적인 자립성을 강화하고 생산과 건설을 밀고 나가는 것을 의미한다.

북한은 21세기의 자력갱생을 맨 주먹에 의존하던 과거 자력갱생의 성격과 근본적으로 다르다고 설명한다. 자력갱생은 '노동당의 영원한 경제전략'이라고 강조하면서, 21세기 변화하는 환경에 맞는 자력갱생을 강조한다.

2007년 10월 30일자 ≪로동신문≫ 기사 「자력갱생의 기치를 더 높이 들고 나가자!」에서는 자력갱생의 의미에 대해서 "부족하거나 없는 것에 대해 낡은 기술과 방법을 동원해서라도 무조건 자체적으로 해결"하던 과거의 방식이 아니라 "현대적 과학기술과 실리에 기초한 자력갱생"이 되어야 한다고 강조하면서, "맨주먹을 가지고 생산과 건설을 다그치던 시기는 지나갔다. 자체의 힘으로 한다고 하면서 낡은 기술, 낡은 방법을 답습하고 경험주의에 매달려 현대 과학기술을 무시하는 것은 오늘의 자력갱생과 인연이 없다"고 자력갱생의 의미를 분명히 하였다. 21세기의 자력갱생은 '세계적인 첨단기술을 자기의 것으로 만들고 그것을 적극 활용'하는 것을 자력갱생의 의미로 강조하였다. 즉 21세기 자력갱생은 과학기술의 발전에 기초한 경제발전을 의미한다. 과

〈사진 4-16〉 효율적인 기업관리를 강조하는 기록영화

학기술 분야의 인재 육성은 자력갱생 전략의 핵심 과제가 되었다.

북한은 강성대국 건설을 위한 수단으로써 과학을 강조하면서 모든 분야에서 과학을 중심으로 할 것을 강조하고 있다. 과학에 대한 강조는 크게 다음과 같은 방향으로 추진된다. 하나는 시대정신으로서 과학의 중요성을 강조하는 것이다. 과학은 곧 새로운 시대인 21세기의 시대정신이므로 모든 인민들이 과학중심으로 뭉쳐야 한다는 것이다. ≪로동신문≫을 비롯하여 거의 모든 매체를 통하여 '21세기 경제과학'의 중심으로 경제강국을 건설해야 한다고 강조하고 있다. 다른 하나는 경제에서 과학발전을 결합하는 문제이다. 2003년 10월에 평양에서 개최된 전국 과학자·기술자대회에서는 2003년부터 2007년까지의 제2차 5개년 과학기술계획을 수립하면서 경제와 과학기술의 결합문제가 집중적으로 논의하면서 발전 방향을 모색하였다.

경제현장에서 과학기술을 접목하려는 것은 과학기술을 통한 기업의 생산혁신으로 이어진다. 북한에서는 과학과 경제를 연결하는 산학협력 사업은 이전부터 있었다. 과학자들은 개발한 새로운 기술을 경

북한상식 **소비전력관리사업**

북한의 에너지난은 북한 경제의 고질적 과제 가운데 하나이다. 최근 북한은 전략사정이 고난의 행군시기보다 나아졌음에도 불구하고 여전히 전력문제가 풀리지 않는 원인의 하나로 비효율적 소비전력 관리를 지적하고 개선 사업을 추진하고 있다.

소비전력 관리를 위한 사업으로는 ① 불합리한 송전체계의 개선하여 기존의 단일선로에서 분기하는 '나뭇가지식' 송·배전망에서 다중화된 선로인 '방사형식'으로 정비하고, ② 전기석탄공업성 내에 '전력지휘국'을 신설하여 전력관리의 전문성을 높였으며, ③ 카드식 적산전력계를 도입하여 전력 손실과 낭비 축소 등이 있다. 북한은 2004년 10월부터 중국과 합작으로 '평양전기기구합영회사'를 설립하여 카드식 적산전력계를 생산, 보급하고 있다.

제산업에 제공하였다. 그러나 이전의 산학협력은 일종의 '지원노동' 성격을 띠고 있었다. 지원노동이란 대가를 받지 않고 의무적으로 경제활동을 지원하는 것이다.

이러한 지원노동이 이제는 지적재산권의 일부로서 대가를 강조하는 경향을 보이고 있다. 특히 2002년의 '7·1 경제관리 개선조치' 이후로 '지적재부(지적 재산권)'에 대한 인식이 확고해지면서 경제현장에 필요한 문제 해결에 대해 상응한 대가를 지급하는 체제로 바뀌고 있다. 지적재산권 등의 관련 법률을 정비하면서 지적재산권을 보장해줌으로써 경제와 과학기술의 결합을 통해 새로운 기술을 산업발전과 밀접하게 결합시키고, 과학자들에게는 이에 상응한 대가를 지불하게 함으로써 과학기술 개발 의욕을 촉진시키는 것이다.

경제 건설과 관련한 기술보급에 앞서고 있는 주체 중 하나는 3대혁

〈사진 4-17〉 공장을 돌아보고 있는 김정은

명소조원이다. 3대혁명소조란 1973년에 조직된 소조(소규모 모임)이
다. 3대혁명이란 사상혁명·기술혁명·문화혁명이다. 3대혁명소조는
김정일의 정치활동과 밀접한 연관을 갖고서 김정일의 정치적 활동의
중요한 중심 세력이었다. 한때 해체설이 있기도 하였으나 최근 들어
강성대국 건설이 강조되면서 3대혁명소조원의 역할이 다시 강조되고
있다. 특히 최근의 3대혁명소조 활동은 북한에서 강조하는 과학기술
중시정책과 맞물려 북한 공장, 기업소를 비롯하여 농촌의 협동농장에
서 기술개발과 관련한 혁명사업을 수행하고 있다.

과학자 및 기술자들로 구성된 3대혁명 소조원들은 인민경제의 여
러 부문에 파견되어 기술혁신과 경영혁신을 이루어 냄으로써 경제활
동에 활력소가 되고 있다. 북한의 보도에 의하면 2000년부터 2005년
까지 각종 기술혁신안을 생산현장에 도입한 공로로 과학기술평가증
서를 받은 소조원들이 4,600여 명에 달한다.

북한에서 평가하는 이들의 주요 활동으로는 '국가과학원 열공학연

북한상식 **지적재부(지적 재산권)**

최근 북한에서 지적 재산권에 대한 관심이 높아지고 있다. 과학기술 분
야, 특히 정보산업 분야의 지적 소유권과 관련한 사업을 중요하게 인식하기
시작하였다. 북한은 1974년 8월 세계지적재산권기구(WIPO)를 시작으로
1980년 6월 '산업재산권 보호를 위한 파리협약', '특허협력조약(PCT)' 1997
년 6월 '의장(意匠)의 국제기탁에 관한 헤이그 협정', 2003년 1월 '문화·과
학·예술작품의 지적재산권 보호를 위한 베른협약'에 가입하였다. 내부적으
로도 지적 재산권 관련 법규를 정비하여 '상표법'(1998년 1월), '발명
법'(1998년 5월), '공업도안법'(1998년 6월)을 제정하였으며, 2004년부터
'지적재산 유통 제도화'와 함께 2004년 5월에는 '컴퓨터소프트웨어중재위
원회'를 설립하여 관련 분쟁에 대한 조정 기구를 마련하였다. 지적 재산권
에 대한 적극적인 움직임은 과학기술 개발기관과 과학자들에게 연구의욕
을 고취하여 경제문제 돌파구로 활용하기 위한 것으로 평가된다.

구소에서 평양화력발전연합기업소에 파견되어 경제적 실리를 얻을 수 있는 기술적 난제를 해결한 일', '평양강철공장의 새로운 전기로 개발에 소조원들이 지원한 일', '만경대닭공장에 파견된 소조원들이 외부 기생충을 98%까지 박멸할 수 있는 구충약을 개발한 일', '라남탄 광기계연합기업소, 무산광산연합기업소, 김책제철연합기업소, 청진 화력발전소 등의 공장 기업소에서 240여 건의 기술과제를 해결하면 서 수입에 의존하였던 원료나 부속품을 대체하는 성과를 올린 일' 등 이 꼽히고 있다.

〈사진 4-18〉 신발공장

5장 교통 분야

1. 도로 원표

'서울에서 평양까지 택시요금'은 얼마나 될까? 영화 〈간첩 리철진〉에서 리철진이 지령에 따라 친구를 암살하고, 술에 취해 몸을 가누지 못하면서 택시를 잡고 평양가자고 외치다 경찰서에 연행되는 장면이 나온다. 만약 리철진이 택시를 타고 평양까지 갔다면 택시요금은 얼마나 나왔을까? 아니 서울에서 평양까지 거리는 얼마나 될까? 개성공단을 다녀온 분들이 이렇게 가까운 줄 몰랐다는 이야기를 하신다. 남북이 마주하고 있는데, 거리가 멀면 얼마나 멀겠는가. 심리적 거리가 더 클 것이다.

서울에서 평양까지 직선거리는 200km가 조금 안 되는 194km이다. 시속 100km로 달리면 2시간 정도 소요된다는 이야기다. 물론 직선거리라 실제 거리는 이보다는 더 멀겠지만 멀어야 얼마나 멀겠는가. 한반도를 횡단하는 데 비행기 한 시간이면 어딘들 못 가겠는가.

각설하고 도시와 도시의 거리를 이야기할 때는 어떤 기점이 있다.

〈사진 5-1〉 서울-개성 표지판

강북 노원구와 강남구에서 평양까지 거리를 잰다면 서울과 평양의 거리는 '그때그때 달라요'가 정답일 것이다. 흔히 도시와 도시 간의 기준이 되는 것을 도로 원표라고 한다. 남측의 도로 원표는 서울 광화문 조선일보사 옆에 있다.

북한에서는 도로 원표를 '나라길시작점'이라고 한다. 북한의 나라길시작점은 평양시 중구역 김일성광장 주석단(연단)이다. 북한의 도로 원표는 중구역 중성동 승리거리에 있는 해방산 여관 앞마당이었던 것을 1990년대 초 고구려가 평양으로 도읍을 정한 이후 파발이 함구문을 통해 나갔다는 것을 근거로 평양시 중구역에 있는 평양성 출입문인 함구문으로 바꾸었다. 1996년에 나라길시작점을 김일성 주석의 혁명활동의 역사와 결부하여 정한다는 취지에 따라 김일성광장 주석단으로 도로 원표를 바꾸었다.

2. 교통법규

북한의 교통법규는 상당히 엄격하다. 평양 시내에 들어오는 모든 차량은 깨끗하게 세차해야 한다. 지저분한 차는 벌금을 내야 한다. 자동차의 청결상태에 따라서 국가에서 벌금을 물린다는 것에 대해서는 언뜻 생각하면 이해가 되지 않을 것이다. 자기 차를 어떻게 하든 개인의 문제라고 생각하기 때문이다.

자기 차라면 당연히 알아서 하겠지만 북한 자동차의 대부분은 국가기관 소속이다. 개인 소유가 1980년대 초반부터 일부에 한하여 허용하였지만 대부분이 국가기관 소속의 관용차이다. 국가기관 소속의 차량이 지저분하다는 것은 관리를 제대로 하지 않았다는 것을 의미한다. 입장을 바꾸어 놓고 생각해 보자. 국가에서 관리하는 물건의 보관 상태가 불량하다면 누구의 책임이겠는가.

승용차는 중앙당, 행정위원회, 국가보위부, 사회안전부, 인민무력부 별로 소속돼 있으며, 소속별로 번호판에 번호를 부여하여 구별하고 있다. 북한 자동차 번호판은 지역, 단위, 자동차 번호 순서로 되어 있는데, 단위 기관의 영향력에 따라서 매겨져 있어 번호판만 보고도 어느 기관인지 알 수 있다.

가장 앞선 번호인 '01'은 노동당 중앙당 본부가 사용하는데, 당비서, 부장, 부부장 등의 관용차가 모두 '평양 01'로 시작하며, 당 중앙당 각 부서 과장과 책임 지도원들은 '02'를 사용한다. 03~06은 중앙당 호위처에서 07은 각국 인사들과 중앙당 작전부에서 사용한다. 이외에도 '11'은 도·시·군 당 위원회, '13'은 외무성과 무역성이 사용하며, 인민보안성과 직속기관 및 도·시·군 인민보안성이 15~17을, 국가안전보위부와 직속기관 및 도·시·군 보위부가 18~20을 사용한다. '21'은 재판소와 검찰소에서 사용하며 22~50번대 초반까지는 경제부처가 55번부터는 내각 사무국을 비롯하여 해당 주요 사회단체들이 사용한다.

차량통행 제한이 있어 화물차는 낮에 평양 중심부를 지나지 못하고, 공적인 업무를 제외하고는 금요일과 일요일에는 승용차 운행이

〈사진 5-2〉 북한의 택시

금지되어 있다. 야간통행 시에는 야간통행증이 있어야 한다.

교통운전에 대한 통행제한 때문에 평양 시내나 장거리를 운전하기 위해서는 면허증이나 운행증을 비롯하여 운전수회의 참가증, 자동차 검사증 외에도 여러 증명서가 있어야 한다. 교통운행 관련 통행증으로는 야간운행을 위한 야간운행증, 평양 시내의 주요 도로를 통행할 수 있는 55호 통행증, 평양 진입 초소인 10호 초소를 통과하기 위한 10호 초소 통행증, 장거리 운행증, 금요일과 토요일, 일요일에 통행할 수 있는 금요통행증, 토요통행증, 일요통행증, 휘발유사용 허가증 등이 있어야 한다.

음주운전은 물론 금지된다. 운전 중에는 담배를 피워서도 안 된다. 음주운전은 음주측정기를 사용하지 않고 냄새로 판단하는데, 술냄새만 풍겨도 1~3개월의 면허정지에다 노동처벌을 받아야 한다. 음주사고의 경우에는 강제노동에 면허도 취소된다.

3. 육상교통

평양의 인상적인 풍경 가운데 하나가 시내 곳곳에 있는 여성도로교통원이다. 흰색 정장에 스커트 차림의 여성 교통경찰인 '교통보안원'

〈사진 5-3〉 거리 교통보안원

들은 빼어난 외모와 화려한 동작으로 깊은 인상을 준다. 이들은 인민보안성의 교통보안원(구 사회안전성 교통안전원)으로 수신호로 차량의 교통을 인도하고 보행자의 통행을 돕는 것을 주 임무로 한다. 하는 일은 교통과 관련되고 나약해 보이지만 인민보안성 소

속이기에 엄격한 교육과정을 거쳐야 한다. 교통보안원이 되기 위해서
는 중학교 졸업생 가운데 선발하여 정치대학에서 3년의 특별반의 교
육을 거쳐야 한다.

북한의 가장 보편적인 대중적 교통수단은 무궤도전차와 버스이며,
개인 교통수단으로 가장 많이 이용하는 것은 자전거이다. 궤도전차는
1991년부터 운행되기 시작한 북한의 핵심 교통수단이다. 북한의 지하
철은 1973년에 등장하였다. 지하철 노선은 2개 선으로 동서 방향의

〈사진 5-4〉 북한의 궤도전차

'혁신선'과 남북 방향의 '천리마선'이 있다. 폭격에 견딜 수 있도록 지하 150m에 건설되었다. 특히 내부가 화려하여 지하궁전이라고 불린다.

최근에는 중국과의 경제교류가 확대되면서 중국과 북한을 잇는 국제버스 노선도 생겨났다. 2004년 조선중앙통신의 보도에 의하면 평양과 중국 단둥(丹東)을 연결하는 국제 여객버스가 설립되어 화물과 여객 운송을 하고 있는 것으로 알려져 있다. 여행자들이 늘어나고 화물 운송 수요가 늘면서, 평양과 단둥 사이뿐만 아니라 함흥, 해주, 청진, 신의주 등에 지사를 설치하여 북한 내의 화물도 운송하고 있는 것으로 알려져 있다.

북한의 자전거 총 수요량은 700만 대 안팎에 이르는 것으로 추정되는데, 자전거 수요를 해결하기 위해 일본 중고자전거나 중국자전거를 수입하다가 2005년 중국과의 합영으로 평양시 서성구역에 평진자전거합영회사를 설립하여 자전거를 생산하고 있다. 평진자전거합영회사의 자전거는 구매자의 기회에 따라 경기용, 산악횡단용, 여행용, 어린이용 등 다양한 형태의 자전거 제품을 주문받아 생산하고 있다. 평진자전거합영회사는 자전거의 주문과 판매를 위하여 평양시와 강계시, 함흥시, 해주시 등에 자전거 전문 판매소를 운영하고 있다.

자전거를 타기 위해서는 자전거 면허증이 있어야 하며, 자전거에도 자동차 번호판처럼 자전거 번호판을 달아야 한다. 자전거 면허증 제도가 본격화된 것은 1990년대 후반으로 처음 평양을 중심으로 1997년부터 평양에서 시범적으로 실시하다가 1999년 전국으로 확대하여 실시하고 있다. 자전거 면허증 시험은 인민보안성에서 실시하는 자전거 운전과 교통안전 시험에 합격해야 한다.

〈사진 5-5〉 자전거를 고르는 평양시민

북한은 교통난 해소 대책의 하나로 '버스기동대'를 운영하고 있는 것으로 알려졌다. 버스기동대란 출퇴근 시간이나 기념일 등으로 교통수요가 많은 날이나 전기공급 중단 등으로 인해 전차통행이 끊어지거나 사고가 발생하여 시급한 교통수단이 필요할 때에는 버스기동대를 투입하여 수송문제를 해결하는 것이다.

　북한의 자동차 생산은 초보적인 수준이다. 자동차 산업의 시작은 남북이 비슷했다. 하지만 산업 분야에서 가장 큰 차이를 보이는 분야 가운데 하나가 되었다. 북한의 자동차 산업은 1958년 11월에 덕천자동차공장에서 구소련제 자동차를 본딴 2.5톤 화물자동차 '승리58호'를 생산하면서 본격적으로 시작하였다.

　'외국에 의존하지 않고 자체로 생산하여 쓰겠다'는 방침을 세우고 부품 국산화를 진행하였다. 승용차보다는 화물차 생산을 주로 하면서 1980년대 이후 '자주호'(10톤급), '건설호'(25톤) 등을 생산하면서 승용차 생산도 하고 있다. '금수산호', '만수대호', '삼지연호', '백두산호' 등의 자동차가 있다. 하지만 기술적인 문제나 여러 문제로 인해 생산라인이 정상적으로 가동되지 않은 것으로 알려져 있다. 현재 북한에

〈사진 5-6〉
평화자동차의 '휘파람'

서 운행 중인 승용차의 대부분은 수입자동차이다.

북한의 자동차 공장은 4개로 알려져 있다. 화물차, 승용차, 특장차를 생산하는 '승리자동차공장'이 가장 유명하다. 이외에도 버스를 주로 생산하는 '평양무한궤도전차공장', 대형트럭을 주로 생산하는 '3월 30일공장', 트레일러를 생산하는 '함남연결차공장', 화물차를 생산하는 '6·4차량종합공장'이 있다.

우리에게 가장 많이 알려진 자동차회사로는 평화자동차가 있다. 평화자동차는 남북이 공동으로 출자하여(남측 70%, 조선련봉총회사가 30%) 운영하는 합영회사이다. 2002년 4월에 연 1만 대규모의 남포공장을 완공하고 2002년 7월부터 이탈리아 피아트사의 '시에로(sielo)'를 모델로 한 승용차 '휘파람(1,580cc)'을 생산한 데 이어 2003년 9월부터 피아트사의 '도블로(Doblo)'를 모델로 한 가솔린 미니 밴인 '뻐꾸기(1,600cc)'를 생산, 판매하고 있다. 평화자동차는 최근 북한에서는 드물게 남포공장을 비롯하여 평양역과 평양대극장 등에 상업용 대형 입간판을 세워 화제가 되기도 하였다.

남북 교류가 활발해지면서 평양시내에서 남한에서 생산한 차를 자주 볼 수 있게 되었다. 특히 평양시내에서 현대자동차를 만나는 것은 낯선 일이 아니게 되었다. 소형차보다는 쏘나타, 그랜저 등의 중대형 차를 비롯하여 갤로퍼, 산타페 같은 RV차량이나 승합차를 많이 볼 수 있다. 이들 차량은 남북경협 과정에서 북측에 지원한 경우가 대부분이다. 북한에서 현대자동차는 디자인이나 성능이 독일차나 일본차에 뒤지지 않아 인기가 있다.

〈사진 5-7〉 북한의 구급차

4. 항공교통

북한의 항공사는 조선민항에서 1992년 10월에 현재의 이름으로 바꾼 고려항공이 유일하다. 고려항공은 북한의 유일한 민간용 항공회사로 승무원과 지상 근무자들을 포함하여 약 2천 5백 명으로 국제노선과 국내노선에 취항하고 있다. 고려항공은 1958년 소련과 첫 항공협정을 체결하고 1959년 2월에 조·중 항공협정을 맺었고, 1956년 4월 1일 평양~베이징 노선에 취항한 것을 비롯하여 세계 40여 개국과 항

〈사진 5-8〉 삼지연공항의 고려항공기

공협정을 맺고 1977년 국제민간항공기구(ICAO)에 가입하였으며, 베이징 등의 국제도시 10여 곳에 취항하고 있다. 1995년 6월 스위스와 항공협정을 맺었으며, 1996년 10월 국제항공운수협회(IATA)에 가입신청서를 제출했다. 평양국제공항은 평양으로부터 20~30분 정도 떨어진 순안에 있어서 순안공항으로 불린다. 2015년 7월에는 세계적 수준으로 새로 건설하고, 준공식을 가졌다.

국제노선으로는 중국 평양~베이징(화, 목, 토), 평양~선양(수, 토), 평양~블라디보스토크(목) 등의 3개 정기노선을 취항하고 있다. 유럽의 경우 평양과 모스크바를 경유하여 베를린과 소피아 노선, 평양~블라디보스토크, 평양~방콕, 평양~마카오 노선을 부정기로 운영한다. 동남아 노선인 평양~방콕, 평양~마카오 노선은 승객이 많지 않다. 평양으로 취항하는 국제항공사는 중국 항공사밖에 없다. 중국의 북방항공에서 운영하던 평양노선도 1999년 4월에 중단하였다. 부정기 노선으로 평양~나고야 노선이 있다. 2004년 4월에는 평양에서 북한과 체코 사이의 '항공로에 관한 협정'을 체결하였다.

북한으로 취항하는 국제노선으로는 중국 남방항공이 있다. 남방항공은 2003년 3월 평양~베이징 노선을, 2004년 6월 평양~선양 노선을 개설하였지만 그동안 SARS의 영향과 승객 부족으로 운행하지 못하고 사실상 중단상태에 있다가 2006년 4월부터 평양~베이징 간 노선을

〈사진 5-9〉 고려항공 승무원

〈사진 5-10〉 고려항공 기내식

주 3회(월, 수, 금) 운영하기로 하였다. 남방항공의 재취항은 북한과 중국 간의 경제교역이 활성화되면서 경제교류와 관광객 등의 인적 교류가 늘어나기 때문으로 보인다.

남북 사이에는 1997년 10월 남북 항공회담에서 '영공개방 및 안전운항 보장에 관한 양해각서'를 체결한데 이어 1998년 3월 대한항공 소속 화물기의 북한 비행정보구역(FIR) 통과를 허용한 이래 대규모 방문단의 교류에서 직항로를 이용하는 사례가 늘고 있다. 2010년 천안함 조사결과 발표 이후 우리나라 국적 항공사들이 북한영공을 통과하던 기존 노선 대신 일본 쪽 우회노선을 이용하고 있다.

세계적으로 항공기를 이용하는 사람들이 늘면서 대형항공기도 늘어나는 추세에 있지만 북한의 항공기는 단거리 국제노선이나 국내 노선에 주로 운행되는 중소형이 대부분이다. 항공기의 대부분은 1970년대 현물차관으로 구입한 IL-62기종이 주력기종이다. 프로펠러기종인 IL-18기나 AN-24기도 보유하고 있다. 유럽노선까지 취항이 가능한 기종으로는 TU-154기도 있지만 대수는 모두 합쳐서 프로펠러기 10여 대 화물기를 포함해서 제트기 10여 대를 합쳐서 20여 기 정도로 알려져 있다. 최근에는 노후 기종을 대체하기 위해 항공기 도입을 추진하고 있는 것으로 알려져 있다.

비행기가 오래되기는 하지만 비행기 조종사들의 숙련도가 높아 안정성은 높은 것으로 평가한다. 조종사들은 거의가 공군 출신으로 조종사 가운데서도 가장 우수한 사람들을 뽑아 채용하고 있다. 북한의 '민용항공법' 제8조에 의하면 항공보험에 가입하지 않은 항공사는 영업허가를 받을 수 없다고 규정하고 있다.

승객들의 위한 영상장비나 편의시설은 많이 모자라는 편이지만 고려항공 승무원들의 서비스 정신은 높게 평가한다. 친절하고 상냥하게 손님들을 대한다고 한다. 기내 서비스로는 ≪로동신문≫나 ≪민주조선≫ 같은 신문이나 『화보조선』 같은 잡지가 나온다. 음료로는 신덕샘물, 룡성맥주 같은 북한을 대표하는 간단한 음료가 나온다. 비지니스석 손님에게는 와인도 제공한다. 간단한 음료와 식사가 끝나면 기내 판매를 한다. 판매되는 상품은 북한산 술과 담배, 수공예품 등이다. 북한 항공사의 기내판매는 2002년 7월 1일, 이른바 '7·1경제관리개선조치' 이후 각 기업마다 실적제가 강화되면서 시작되었다.

5. 철도교통

남북의 분단을 상징하는 상징물로서 오랫동안 뇌리에서 자리 잡은 것이 있다면 아마도 끊어진 철도일 것이다. '철마는 달리고 싶다'는 표어는 오랫동안 교류가 끊어진 남북의 상황을 단면적으로 표현해 주는 상징과 같은 문구였다.

이제 한반도를 종단하는 철도와 시베리아를 횡단하는 연결문제가 국제적인 관심의 대상이 되고 있다. 한반도를 철도로 연결하였던 경의선과 경원선 복구공사 문제는 남북의 문제뿐만 아니라 한반도와 시베리아 철도망을 연결하여 유럽으로 향하는 이른바 '철의 실크로드' 사업으로써 동북아 경제의 지형을 바꿀 수 있는 중요한 문제로 세계경제와 문화의 유통흐름을 바꿀 세계적인 역사로 평가되고 있다. 이에 따라서 남북한과 러시아, 중국, 몽골, 일본 등의 관련 국가들은 철도경유 노선을 두고서 각국의 이익관계가 맞물리면서 치열한 국제경쟁을 펼치고 있다.

북한에서 철도는 기간교통의 핵심이다. 지형적으로 산악지형이 대부분인데다 도로연결망이 원활하지 못하지만 기간철도망은 잘 깔려져 있다. 북한의 철도 노선은 국제선과 국내선이 있다. 우리와 달리 중국, 러시아와 국경을 접하고 있어 국제선을 운영하고 있다. 평양~신의주를 경유하여 베이징과 모스크바로 연결되는 평의선 국제열차는 주 3회(베이징 1회, 모스크바 2회) 운영하고 국제선은 직행으로 운영한다. 평양~신의주 225km 구간에서 다섯 번 정차하는데, 4~5시간 소요된다. 화물열차의 경우에 종착역은 평양역이 아니라 평양역 북쪽 국제화물터미널이 있는 서포역이 종착역이다.

참고로 말하면, 중국과 러시아의 국경을 접한 지리적인 여건으로 철도교통뿐만 아니라 버스에서도 국제 여객버스를 운영하고 있다. 국제 여객버스도 운영하고 있다. 대표적인 국제 여객버스 노선으로는 2004년 6월 21일에 개통된 평양~단둥(丹東) 노선이 있다. 평양~단둥

〈사진 5-11〉 김종태기관차공장

노선은 평양시 락랑구역에 본사를 둔 '조선울림운송합영회사'에서 운영하고 있다.

국제여객버스 노선의 운영은 활성화된 것이 아니기에 대외 육상운송으로써 철도의 비중이 매우 높다. 최근에는 철도수송의 효율성은 높이기 위하여 철도구간 전철화를 추진하고 있다. 북한의 철도는 총 연장 5,224km인데, 2004년 현재 평양~부산 구간인 평부선의 평양~개성의 187km를 비롯하여 약 80% 정도인 4,211km를 전철화하였다. 철도는 전철화는 하였지만 전력공급이 불안정한 데다 설비가 오래되어 화물 수송에서 어려움을 겪고 있다.

철도의 전철화를 추진하면서 이러한 문제를 해결하기 위하여 평양

〈사진 5-12〉 북한과 중국을 오가는 국제열차

철도대학을 비롯하여 전기기관차의 전력문제 해결을 위한 기술개발도 한창이다. 최근 북한의 과학기술중시 정책과 맞물려 철도의 과학화를 통한 철도수송의 효율성을 높이기 위한 수송경로 계산 및 봉사프로그램 같은 기술개발에 힘쓰고 있다. 철도수송의 효용성을 높이기 위하여 기관차와 객차의 발전기·전동기 등을 수리, 재생하는 평양철도국 평양객화차대의 가동률을 높이도록 촉구하고 있다.

북한의 철도는 표준궤이나 특별한 구간에서는 협궤전철로 운영되기도 한다. 2000년 12월 말에 개통된 함경남도 서함흥~서호 구간은 협궤전철로 소형전기기관차 '자력갱생'이 운행되고 있다.

기관차 생산 공장으로는 김종태전기기관차공장이 있다. 평양시 서성구역에 위치한 김종태전기기관차공장은 전기·내연기관차, 전동차, 궤도전차와 객차를 전문적으로 생산하는 북한 최대의 기관차 생산 공장이다. 최근에는 전기식 신형객차고 생산하고 있는 것으로 알려졌다. 2002년 초에도 진동을 크게 줄이고, 조명과 의자 등 실내 인테리어를 개선한 신형객차를 생산하여 평양~혜산, 평양~두만강, 평양~무산 등의 노선에 운행하고 있다.

6장 과학기술과 정보통신

1. 과학기술 정책

북한의 과학기술 건설은 경제발전을 위한 절실한 문제로 인식하고 강성대국 건설을 위한 핵심사업의 하나로서 과학기술 분야를 중점적으로 지원하고 있다. 특히 전자공업, 생물공학 등의 첨단산업 분야를 국제적인 수준으로 끌어올리는 것을 목표로 국가 역점사업으로 추진하고 있다. 북한에서 과학기술정보 산업에 대한 정책적 지원이 구체화된 시기는 제3차 7개년 계획이 추진된 1985년부터 더욱 강조되었다. 제3차 7개년 계획의 과학기술 정책은 1980년대 중반까지 주체성이 강조된 결과 기술 낙후가 심화되자, 과학기술 부문의 투자를 확대하면서 특히 첨단 산업 분야의 발전을 강조하였다.

1985년 8월 과학기술 발전의 지침서인 '과학기술을 더욱 발전시킬 데 대하여'를 발표하면서 과학 기술의 중요성을 국가 발전의 핵심 문제로 간주하기 시작하였다. 이후 경제 건설을 위해서는 과학기술의 발전이 절대 필요함을 인식하고 이후 과학기술 분야에 대한 중점 지원 정책을 추진하였다.

1988년부터는 장기적 차원에서 안정적인 과학발전을 도모하기 위한 '과학기술발전 3개년 계획(1차: 1988~1991, 2차: 1991~1994)'을 수립하고 본격 투자를 시작하였다. 제1차 기간이 끝나고 제2차 기간이 시작된 1991년 10월에는 전국과학자대회를 개최하고 참가자들에게 보낸 서한 '과학 기술 발전에서 새로운 전환을 일으키자'를 통해 '2000년 과학기술 발전 전망목표'를 제시하였다. 이때 제시된 '2000년 과학기술발전 전망목표'는 ① 수학 등 기초과학 발전 토대 구축, ② 컴퓨터·원자력 이용 기술 등 첨단과학기술 발전 도모, ③ 산업 전 부문에서의 과학기술 발전, ④ 2000년까지 연간 국민소득 5%의 과학기술 분야 투자 및 전문가 양성, ⑤ UNDP 등 유엔 산하 과학기술기구와의 교류증대 및 지원기금 확보를 통한 선진기술 도입, ⑥ 연구단지 조성, 공장·기업소 등 현장 연구소의 현대화 및 연구환경 개선 등 과학에 대한 대규모 투자와 선진 기술 확보를 포함한 파격적인 내용이다.

북한은 이를 계기로 예산에서 과학 분야에 대한 비중을 높였으며, '전국과학기술축전'을 비롯한 전국 단위의 행사 개최, '과학의 해 선정', 과학원을 비롯한 주요 과학기관 방문으로 과학중시사상의 중요성을 과시하였다.

김정일 국방위원장의 과학기술 중시 정책은 '과학중시사상'으로 확산시키면서 1990년대 중반 이후 사회운동 차원에서 추진하고 있다. '과학중시사상'은 1996년 11월 "나는 과학을 중시한다"는 김정일 국방위원장의 언급 이후 공식 용어로 자리매김하게 되었다. 과학중시사상은 북한 경제가 최악이었던 1999년에 집중적으로 강조되었다. 신년 공동사설에서 "온 나라에 과학을 중시하

〈사진 6-1〉 과학을 주제로 한 텔레비죤극 〈소년탐구자들〉

는 기풍을 세우자"고 강조한 데 이어, 1월 11일 과학원을 방문하는 것으로 1999년 현지지도를 시작하였으며, 3월에는 1991년 이후 8년 만에 '전국 과학자·기술자' 대회를 개최하면서 1999년을 '과학의 해'로 선언하였다. 이어 11월에는 전자공업상을 신설하여 초대 전자공업상으로 오수용을 임명하면서 정책의 비중을 높여나가고 있다.

이후 매년 신년 공동사설을 통해서도 경제발전의 중요성을 강조하면서 강성대국 건설의 핵심으로서 정보통신기술 분야를 적극 육성하고 있다. 1988년부터 과학기술발전 계획을 수립하여 제1차 과학기술발전 5개년 계획(1998~2002), 제2차 과학기술발전 5개년 계획(2003~2007), 제3차 과학기술발전 5개년 계획(2008~2012)을 추진하고 계획하면서 과학기술 분야를 집중 지원하고 있다.

과학기술정책의 출발점은 강성대국 건설의 핵심으로서 선진과학기술의 발전이 필수적이라는 인식으로부터 출발한다. 2002년 5월 21일자 ≪로동신문≫은 「과학발전은 사회주의의 전도를 좌우하는 중대사

〈사진 6-2〉 2016년 1월에 개장한 과학기술의 전당 내부

이다」는 사설을 통해 "우리는 과학기술을 국력의 기초로, 사회주의 운명을 좌우하는 중대사로 간주하고 과학기술 발전을 선행시켜 나가야 한다"고 강조하면서 "과학기술 발전에 전당적, 전국가적, 전사회적 관심을" 갖고 "모든 과학자, 기술자들은 김정일 강성대국 건설시대에 살며 투쟁하는 사명감을 간직하고 나라의 과학기술 발전을 위해 자기의 모든 힘과 지혜, 열정을 바쳐야 한다"고 밝혔다. 컴퓨터 분야의 발전에 대해서 얼마나 많은 비중을 두고 있는지를 짐작케 하였다.

2006년 4월 개최된 최고인민회의 제11기 4차 회의에서는 '과학기술 발전을 다그쳐 강성대국 건설 추동' 보고가 있었다. 이 보고에서 강조하는 것은 제2차 과학기술발전 5개년 계획을 차질 없이 완수하고 차기 5개년 계획을 수립하기 위한 전략을 마련하는 것이었다. 보고에서 강조한 것은 '과학기술부문에서 주요 과업을 제시'하고, '다른 나라와 과학기술 협력을 강화'하는 것이다.

과학기술 부문에서 제시한 주요 과업은 '첨단 과학기술과 첨단 사업의 토대 구축', '식량문제, 에너지 문제 해결, 주요 공업부문의 개건·현대화'이다. '다른 나라와 과학기술 협력사업 강화'를 위해 강조한

북한상식 **2·16 과학기술상**

과학기술 분야의 사기진작을 통해 과학자와 기술자들의 연구 개발 의욕을 고취하고자 공로를 세운 과학자·기관을 대상으로 수여하는 과학기술 분야의 최고 권위의 상이다.

2003년 제정되어 2004년부터 '수학·물리학·화학·생물학 등의 기초과학부문에서 새로운 연구 성과나 발명 가운데서 국내외적으로 가치를 인정'받은 높은 성과에 대해서 개인과 기관을 대상으로 김정일 생일인 2월 16일을 전후하여 시상한다. 내각 명의의 증서와 메달, 상금이 수여된다. 과학자·기술자에게 수여하는 상훈으로는 '김일성 훈장', '김일성 청년명예장', '김정일 표창장', '과학상', '과학탐구상' 등이 있다.

것은 '다른 나라와의 폭넓은 과학기술 교류와 협조 진행', '외국 과학
기술 연구기관들과 공동 연구 추진', '해외동포 과학자·기술자들과의
창조적 협조 강화' 등이었다. 과학기술 분야에 대한 이러한 사업 보고
는 과학과 생산을 연계하면서 경제 분야에서 개건과 현대화를 통해서
경제 정상화를 도모하기 위한 정책추진 의지를 반영한 것이다.

북한의 강조하는 기술교육의 발전은 3T인 정보기술(IT), 나노기술
(NT), 생물공학(BT)의 발전을 통하여 '첨단 과학기술을 빨리 발전시키
고, 과학기술을 세계 선진수준에 올려 세우며, 인민경제의 기술개건(改
建)과 현대화를 힘 있게 추진하는'데 정책의 목적을 두고 있다. 3T 부문
을 발전시키면 첨단 과학기술 분야와 기계, 금속, 농업 등의 분야에서
도 응용기술을 활용한 획기적인 발전을 기대할 수 있다는 것이다.

이를 위하여 과학기술의 중요성과 과학기술 발전을 통한 강성대국

〈사진 6-3〉 인민경제 과학화를 강조한 배경대미술

건설을 위한 우선적인 정책의 발전이라는 점을 방송언론을 통해 대대적으로 보도하는 한편, 각종 사업을 통해 과학기술의 중요성을 모든 인민들에게 전파하고 있다. 조선과학기록영화촬영소에서는 과학영화를 창작하여 인민들에게 보급하고 있다. 조선과학기술영화촬영소에서 제작한 경제관련 과학영화로는 '초고전력에 의한 강철생산', '먼적외선(원적외선) 복사체', '스텐트(막힌 혈관을 뚫는 의료기기) 의학기술', '신기한 재료-무정형금속' 등이 있다.

과학기술 도입을 통해 공장 설비를 최신식으로 설비를 개선하고 있으며, 산업 현장에서 실용화할 수 있는 프로그램 개발에 주력하여 공장·기업소의 생산공정 지원, 사이버 건축 및 기계설계 보조, 과학기술연구지원이 가능한 프로그램 개발에 집중하고 있다.

또한 공장 사업소 등의 기술적인 문제 해결을 통한 과학혁명, 기술혁명을 통하여 강성대국 건설을 이루어 갈 것을 강조하였다. 북한에서 강조한 과학혁명, 기술혁명의 예로는 농업 분야에서의 '식물성 살충제 개발', '식물성 농약 개발', '다수확 콩·감자품종 개발', '인세균비료 및 식물영양강화제 개발', '농업생태환경 평가 연구', '알곡정선기 개발' 등이 있으며, 과학기술자들을 파견하면서 생산현장에서 기술적인 문제를 해결한 예로는 에너지·경공업 분야의 '새로운 채탄방법 도입', '태양전지 연구', '초음파 유량계 제작', '비누용 향료 제조', '방직용 설비공정 개선' 등이 있다.

과학기술에 대한 강조는 북한이 목표로 하는 경제강국 건설이 과학자, 기술자들에게 달려 있다고 보기 때문이다. 북한은 경제개발을 위해서 '아직도 부족한 것이 많고, 시련과 난관도 큰' 상황에서 '경제강국 건설' 사업에서 획기적인 전환을 이루기 위해서는 '과학자와 기술자의 역할이 절대적으로 높아야 한다'고 보기 때문이다.

북한 내각 기관지 ≪민주조선≫ 2006년 2월호에는 '과학기술자들이 국가의 부강발전을 좌우한다면서 지원을 강조한' 국가과학원 변영립 원장의 글이 실려 있다. 이 글에서는 "오늘처럼 과학과 기술이 중대한 국사(國事)로 부각되고 과학자, 기술자 앞에 더없이 무거운 과업이 제기된 때는 일찍이 없었다"고 하면서 범사회적 차원의 관심을 강조하였다. 과학자들뿐만 아니라 정부기관의 관계자들이 말이 아니라 실제로 과학기술을 중요시하는 관점과 태도를 갖고 과학자, 기술자를 존경하면서 과학연구 사업을 적극적으로 도와줄 것을 강조하였다. 동시에 "과학자, 기술자들은 핵심 기초기술인 정보기술, 나노기술, 생물공학과 중요 부문의 기술공학, 기초과학을 급속히 발전시키기 위한 과학연구 사업에 지혜와 열정을 바쳐야 한다"며 과학자와 기술자들에게도 연구에 매진할 것을 당부했다.

2. IT 산업 정책

김정일은 교시를 통해 과학기술을 강조하면서 예산지원과 함께 과학 분야의 중요성을 일깨우고 강조하기 위하여 과학중시 정책, 과학정치라는 용어도 등장하였다. 과학정치의 핵심사업은 컴퓨터 분야이다. 북한 언론에 따르면 김정일은 인터넷을 즐기는 등 컴퓨터에 상당

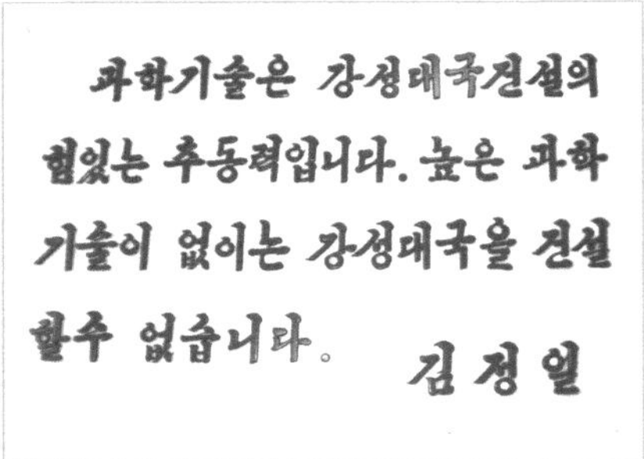

〈사진 6-4〉 과학기술의 중요성을 강조한 김정일 말씀판

한 관심을 보이고 있으며, 직접 컴퓨터 기술을 연구하고 있다고 보도하였다. 보도에 따르면 김정일은 1980년대부터 컴퓨터 기술 발전에 깊은 관심을 갖고서 1985년 8월에는 「과학기술을 더욱 발전시킬데 대하여」을 발표하면서 국가 발전에서 컴퓨터 기술의 중요성을 강조하였다.

과학기술 발전을 위한 구체적인 조치로는 1986년부터 진행하고 있던 전국과학기술축전을 더욱 확대하여 전국적인 규모로 확대하여 첨단 정보산업 전시장으로 활용하고 있다. 중앙과학기술축전은 1985년 김정일 노동당 총비서가 「과학기술을 더욱 발전시킬데 대하여」라는 제목의 논문을 발표한 것이 계기가 되어 1986년부터 매년 열리고 있다. 일 년 동안의 과학기술 성과를 평가하는 종합적인 전시회로서 중앙과학기술축전은 연말이나 연초에 시작하여 공장이나 기업소 등의 단위를 거쳐 4~5월 사이에 열린다.

중앙과학기술축전은 시군 단위의 축전을 통해 우수한 작품으로 평가받은 작품과 과학자들이 참석한다. 2007년의 경우에는 5월 3일 3대혁명전시관에서 개막되었다. 중앙과학기술축전에 앞서 2006년 12월부터 지방과학기술축전이 벌어져 5만 6천여 명의 과학자, 기술자들이 참여하여 진행하였다. 여기서 입상한 540여 명의 과학기술자들이 중

〈사진 6-5〉 경제과학화를 강조한 배경대미술

〈사진 6-6〉 북한과학기술 분야의 핵심인력양성기관인 김책공업종합대학교 전자도서관

앙과학기술축전에 참가하여 농업, 경공업, 전력, 운수, 첨단과학, 기초과학 분야 등에서 이룩한 기술성과를 선보였다. 축전은 18개 분과로 나눠 최신과학 기술성과 토론회, 과학 연구성과 발표회, 기술 혁신성과 발표회 등의 형식으로 진행되었고, 분과별 심사위원회 심의를 거쳐 종합평가가 진행되었다.

북한은 1997년을 '과학의 해'로 설정하고, 이후 수차에 걸친 과학원 시찰, 전국 과학자대회 개최 등을 통하여 과학의 중요성과 대중적 확산에 주력하고 있다. 1990년 10월에 평양 만경대구역에 설립된 '조선컴퓨터쎈터(KCC)'의 부지를 선정하는 것은 물론 최고의 기술진과 설비들을 갖추도록 하였다. 지난 1993년부터 컴퓨터 관련 기관들을 수차례 방문하였으며, 1999년 11월에는 전자공업상을 신설하고 초대 전자공업상에 오수용을 임명하였다.

김정일 국방위원장은 중국을 방문하였을 때에도 2000년 5월의 중국의 실리콘 밸리인 베이징의 '중관춘(中關村)', 2001년 1월의 상해 '포동(浦東)지구', 2006년 1월의 광동성 광주(廣州)·심천(深圳) 등의 산업단지 방문을 통하여 첨단과학기술에 대한 관심을 나타내기도 하였다.

정보산업 분야에 대한 국가적 차원의 발전을 위하여 2005년 무렵 소프트웨어 산업총국을 신설하고 한덕수 전 재일 조총련 중앙위원회 의장의 외아들인 한우철을 총국장으로 임명한 것으로 알려졌다. 소프트웨어산업총국은 최근 중국이나 러시아와의 기술협력에도 적극적으로 나서고 있다. 2006년 6월 25일부터 28일까지 인민문화궁전에서는 소프트웨어산업총국 총국장 및 러시아 정보산업부대표단이 참석한 가운데 '북-러 정보기술 공동전시회'를 개최하기도 하였다.

　과학기술 분야에 대한 김정일 국방위원장의 관심은 2006년 첫 공개활동은 김책공업대학 전자도서관 방문이었다는 것으로 나타난다. 군부대 시찰부터 시작하였던 공개활동이 2006년에는 전자도서관 시찰로 시작되었다는 것은 그만큼 의미하는 바가 크다.

　김정일 국방위원장이 2006년 첫 공개활동으로 시찰한 김책공업대학에는 전자도서관은 2005년 10월에 건립된 최첨단 시설을 갖춘 전자도서관이다. 2001년 9월 19일 김책공대를 시찰하던 김정일 국방위원장의 지시로 시작된 김책공대 전자조서관은 총 건평 1만 6천 500m²에 지상 5층에 지하층으로 이루어 건물로 12개의 전자열람실과 12개의 도서열람실, 4개의 열람홀을 갖추었다. 또한 전자도서관은 학술토론회, 과학심의, 국제교류, 도서전시회 등을 할 수도 있도록 구성되어 있다.

　김책공대 전자도서관은 1천만 건의 원문자료와 함께 200만 부의 장서를 갖추고 있다. 전자열람을 위하여 김책공대는 2년 동안 도서관에 있던 250만 부의 과학기술서적과 자료들을 정리하고 전산화하는 작업을 추진하였다. 전자도서관의 모든 서비스는 전산화되어 있으며, 메모리 용량이 크고 속도가 빠른 여러 대의 컴퓨터가 설치되어 있으며, 1기가(Gbps)의 전송망이 구축되어 있다. 전자열람 수용능력은 370여 명이며 동시에 1,650명이 도서열람을 할 수 있으며, 대학의 모든 학과, 연구실, 실험실, 행정부서에서 접속할 수 있을 뿐만 아니라 외부

북한상식 O&P 컴퓨터 훈련센터

　북한에서 가장 인기 있는 컴퓨터 교육기관의 하나로서 컴퓨터 과학기술의 발전 정책에 따라 평양시 보통강구역에 설립되었다. 평양정보센터의 강사들이 강의를 맡고 있는 것으로 알려져 있으며 1996년 7월부터 단기교육 코스가 운영되고 있는데, 연 2천여 명 이상의 수강생이 교육을 받고 있다.

의 기관, 기업소, 가정에서도 국가 컴퓨터 망을 통해 24시간 서비스를 받을 수 있다.

김책공대는 북한 내부용 인트라넷 통신망을 이용하여 사이버 강의도 실시하고 있다. 김책공대의 사이버 강의는 김책공대의 학생들을 물론 전국의 통신수강생과 연결되어 있다. 강의에 필요한 각종 프로그램은 김책공대에서 자체적으로 개발하였다. 강의 방식은 실시간으로 직접 연결하는 '직결식 방식'과 서버에 저장된 강의를 받아보는 '비직결식 방식'이 있다. 사이버 강의는 북한의 사회보장 원칙에 따라 무상으로 이루어진다.

3. 정보통신

정보통신이란 '정보(Information)'와 '통신(Communication)'의 복합어이다. 일반적으로 정보통신은 송신자와 수신자 간에 효과적으로 정보를 전달하거나 받는 과정으로써 데이터 처리하는 컴퓨터와 기존 전기통신의 결합에 의해 정보화 사회를 실현하기 위한 통신으로 정의된다. 21세기는 정보화시대라고 불릴 만큼 통신은 현대적이고 높은 가치를 지향하며 다기능을 가진 통신방법으로 진화하면서, 개인생활과 기업 활동에 편의성과 효율성을 증대시키고 있다.

〈사진 6-7〉 휴대폰 예절을 강조한 텔레비죤 토막극 〈철이 아버지였군요〉

북한의 정보통신기술은 1970년대부터 시작하여 21세기 들어오면서 급격히 확산되기 시작하였다. 최근에는 무선이동통신 사용자들도 급증하였다. 기간으로 보면 휴대전화가 상용화되기 시작한 이후로 30년도 채 안 되는 사이에 휴대전화는 더 이상 단순한 음성통화를 담당

하는 전화기로 머무르지 않고, 현대인의 생활 방식을 총체적으로 변화
시키는 문화적 테크놀로지가 되었다. 이처럼 국가 발전과 직접적인 연
관이 있어 국가마다 정보통신 산업에 대해 적극적으로 투자하고 있다.

북한의 휴대전화는 평양의 정부기관들로 부터 국방 및 체제유지용
으로 제한적으로 시작하였다. 초기 이동통신 인프라 구축을 위하여
북한은 나진·선봉경제무역지대에 진출한 태국의 록슬리(Loxeley)에
1995년 통신사업권을 제공하였고, 2002년 8월부터 태국의 록슬리사
와 북한의 체신성이 합작으로 동북아전신전화회사(NEAT&T)를 설립
하고 평양시·나선시에서 기지국을 설치하고 시험운영을 거쳐 2002년
11월 GSM방식으로 서비스를 개시하였다.

북한은 남측의 CDMA방식도 도입을 언급하여 통신 분야에 있어
남북 협력 가능성을 시사하는 등 다양한 협력이 모색되었지만 서해교

〈사진 6-8〉 김일성종합대학 전자도서관 홈페이지 화면

전 등의 주변정세가 악화되면서 무기연기 되었다. 그러던 중 2004년 4월 평북 룡천에서 열차폭발 사건을 계기로 내부정보 유출 등 보안 우려로 2004년 6월 서비스가 전면 금지되었다. 그럼에도 불구하고 조중 접경 지역에서 중국 휴대전화를 휴대하고 있는 개인들은 지속적으로 증가하고 있다.

휴대전화를 금지한 지 4년이 지난 2008년 12월 북한은 합작대상을 바꾸어 이집트의 통신사인 오라스콤텔레콤홀딩스(OTH)와 평양에서 이동통신서비스를 재개하였다. 통신망은 3세대 모바일 네트워크(WCDMA)방식으로 합영회사인 고려링크(Koryo Link)가 구축하고 있다. 고려링크는 이집트 이동통신회사인 오라스콤과 북한 체신성이 75대 25로 투자하여 설립한 합작회사이다. 휴대전화를 통해 조선통신사의 뉴스와 평양소식을 전하는 웹사이트에 접속할 수 있다고 선전하기도 한다. '삼쥐(3G)' 방식으로 운영되는데, 북한에서 이동통신 서비스 비용은 상대적으로 상당한 고가이다.

알려진 바로는 이동통신 서비스를 이용하기 위해서는 가입비와 기기비용을 포함해 1,000달러 정도가 필요하다. 1,000달러라고 하면 이는 북한의 서민층 4인 가족이 2년 정도 먹고살 수 있는 거액이기는 하나, 북한의 대도시에 널리 퍼진 가정 유선전화 가입자(20~30만 가구 추정, 가입비 약 500달러)를 감안하면 수십만 명의 가입자 확보가 불가능하지만은 않다고도 한다.

휴대전화의 가격은 일반인이 살수 없는 고가이기는 하나 당 간부와 즉시성 및 이동비용의 절약 등 경제적인 측면을 고려한 대중무역을 하는 상인을 중심으로 가입자가 급격히 늘고 있다. 최근에는 일반인들 사이에도 휴대전화는 필수품처럼 되었다. 평양을 비롯하여 주요 도시에서는 휴대전화를 사용하는 모습을 어렵지 않게 볼 수 있다고 한다. 휴대전화 가입자는 2009년 말 9만여 명, 2010년 말 43만여 명으로 늘었고, 2012년 100만 명을 넘어, 2014년 250만 명에 가까운 것으로 추정하고 있다. 평양에 국한됐던 서비스 지역도 개성 등 북한 내의 주요 도시로 확대될 것으로 알려졌다. 제한적이지만 인터넷 서비스까지도 제공하기 시작하였다.

서비스 확대에 맞추어 통신기기도 다양해졌다. 최근에는 태블릿PC '삼지연'을 출시하여 보급한데 이어 2013년에는 스마트폰과 유사한 기능을 가진 신형 휴대폰 '음성팟'도 출시되었다. 터치 버튼, 음성인식, TV시청, 외국어 사전, 게임등이 가능한 '음성팟'은 기존 휴대폰에 비해서 가격이 2배나 되어 제한된 극소수에서 사용하지만 수요도 빠른 속도로 증가하고 있다.

북한의 경우에는 정보통신 산업의 가반이 되는 IT산업 인프라는 상대적으로 열악하다. IT산업이 발달하기 위한 기본 시설인 통신망이나 장비 분야가 미흡하고 정보의 국가독점력이 높아 상호 정보의 교환에 유리한 환경은 아니다. 그러나 각급 기관이나 주요 기업소 등의 통신망은 비교적 충실하게 갖추어져 있어, 컴퓨터의 활용도가 높은 것으로 전해지고 있다. 컴퓨터 산업의 육성은 컴퓨터 관련 전문 인력 양성, 소프트웨어 개발을 통한 산업 분야의 활용, 내부용 자료교환을 위한 통신시설의 구축 등이다.

그러나 정보통신망의 구축을 위한 사업도 적극 추진하면서 주요 지역이나 지역 간 광케이블 매설 사업을 추진하고 있다. 북한은 '전화의 자동화, 숫자화, 빛섬유까벨(광케이블)화, 전자계산기화의 실현'이라는 통신 현대화 목표를 내세우고 광섬유와 디지털 방식의 전송설비 생산기술 확보에 주력하면서 1990년 이후 평양과 주요 도시 사이에 광케이블 통신선 매

〈사진 6-9〉 인민대학습당의 커퓨터실

설 사업을 추진하고 있다. 1995년부터는 평양과 함흥에 300km의 광케이블을 설치한 데 이어 평양과 남포를 비롯한 시군지역에 광케이블 설치 사업을 추진하였으며, 1998년까지 주요 50여 개 시·군에 광케이블 매설 사업과 주요 도시를 연결하는 '빛(光)섬유 통신까벨 공사'를 추진하였다.

이와 함께 '숫자식(디지털 방식) 자동전화교환기'와 대용량의 '임펄스부호변조중첩기' 등 첨단 통신설비의 도입과 설치를 통한 통신 현대화를 적극 추진하고 있다. 1997년에는 구축된 내각의 중앙기관과 지방행정기관, 김일성종합대학 등 대학, 평양정보센터 등 연구기관, 인민대학습당, 중앙과학기술통보사, 주요 공장·기업소를 연결하는 내부용 데이터 서비스망인 '광명'을 구축하였다. 전국적인 범위에서 정보통신망을 확대하고 기술 수준을 높이기 위한 사업을 적극적으로 추진하고 있다.

북한 전자공업 발전 정책의 핵심은 컴퓨터 산업이다. 북한의 컴퓨터 수준은 정확히 알려지지는 않았으나 1960년부터 컴퓨터 생산기술의 자체 개발을 시도한 것으로 알려져 있다. 북한의 컴퓨터 산업은 비교적 일찍 시작하였음에도 불구하고 바세나르 협정과 경제난 등으로 인해 크게 발전하지는 못하였다.

바세나르 협정이란 미 국무성에서 정한 적성국가와의 무역을 하는 경우에는 군수산업으로 전용 가능한 물품에 대해서는 규제를 받도록 한 협정이다. 이들 국가들과 금지품목을 교류할 경우에는 미국 정부에서 미국과의 무역에서 제재조치를 취할 수 있도록 규정하였다. 북한도 미국이 정한 적성국가이므로 북한과 교역을 하는

〈사진 6-10〉 컴퓨터 기술을 강조한 아동영화 〈누가 척척박사일까〉

경우에는 바세나르 협정에 따라 물품이 규제를 받는다. 바세나르 협정에서 규정하는 물품은 군사용으로 전용이 가능하다는 이유로 연필심도 규제품목이 될 정도로 폭넓고 애매하여 실질적으로 생활 용품 거의 대부분이 해당된다.

북한산 미국 관세율은 76% 정도인데, 이처럼 고율의 관세를 적용받는 것은 북한산 의류가 미국에서 비시장 경제국(non-market economy countries)에 대해 적용하는 초고세율 Column 2가 적용되기 때문이다. Column 1의 세율은 4.4~32% 수준인데 비하여 C2 세율은 최소 35~90%까지 적용되고 있다.

첨단 산업의 경우에는 특히 엄격한 규제 대상이 되고 있다. 국제시장에 참여할 수 있는 기회가 없는 상황에서 첨단 산업 분야가 발전할 수 없었던 것은 당연한 일이라 하겠다. 1980년대부터 과학원 등 연구기관에서 CPU, IC 등 핵심 부품을 수입하여 8비트급 컴퓨터를 조립생산하기 시작하였으며, 1988년 16비트 마이크로 컴퓨터를 자체 개발한 것으로 알려져 있다. 현재 평양컴퓨터 조립 공장에서 연간 3만여 대 정도의 컴퓨터가 생산되고 있으며, 약 10만 대 정도가 보급된 추정하고 있다. 2003년부터 중국과 합작으로 펜티엄급 컴퓨터를 조립하여 대학과 연구소에 보급하고 있다.

4. 컴퓨터 정책

1) 컴퓨터 인력 양성

1998년 2월 김정일이 컴퓨터 교육 강화를 지시한 다음부터 당시 교육위원회(현 교육성)도 컴퓨터 대학과 컴퓨터 학부, 컴퓨터 학과 및 전공반, 프로그램 센터 등을 신설하는 등 각급 학교의 컴퓨터 교육

강화 조치를 적극적으로 추진하기 시작하였다. 종합대학이지만 단과대학이 없었던 김일성종합대학에는 컴퓨터과학대학이, 김책공업종합대학에는 정보과학기술대학, 기계과학기술대학 등 정보기술(IT) 관련 단과대학을 설립한 것은 과학기술 분야에 소요될 전문 인재 육성의 필요성 때문이다.

정보화 인력 양성을 위하여 컴퓨터과학대학, 정보과학기술대학, 기계과학기술대학이나 과학원 정보기술 학교를 신설하였다. 김일성종합대학과 김책공업종합대학, 이과대학에 별도의 단과대학으로 컴퓨터 과학대학을 설립하였으며, 평양컴퓨터대학과 함흥컴퓨터대학 등 컴퓨터전문 대학을 설립하였다. 김일성종합대학, 김책공업종합대학, 평양컴퓨터기술대학에는 정보센터가 설치되었다. 대학과는 별도로 전자전을 대비한 군부대 요원 양성을 위한 '평양미림대학'을 운영하고 있다.

지역별로 주요 도시에 영재학교인 '제1중학교'에 컴퓨터반을 만들어 과학기술 영재 양성에 힘쓰고 있다. 각급 대학에도 정보공학강좌나 정보공학과를 신설하여 컴퓨터 기술 보급에 힘쓰고 있다. 황해북도 사리원에 있는 사리원공과대학은 최근에 정보통신 분야를 집중적으로 육성하고 있다. 또 전기학부에 '정보처리학과', '정보통신학과'를 신설하였다. 이들 학과에서는 이동통신을 비롯한 첨단 통신과 컴퓨터 과목을 강의하고 있다.

〈사진 6-11〉 북한의 컴퓨터 교육

국가적인 차원에서 추진하고 있는 과학기술 정책의 활성화를 위한 컴퓨터 보급을 확대하고 있다. 개인 컴퓨터의 보급을 확대하면서 만경대학생소년궁전, 인민대학습당, 각 대학 전자공학부, 영재학교인 시·도 제1중학교 등을 중심으로 PC보급을 확대하고 있다. 교육성 안에 중학교와 대학의 컴퓨터 교육사업을 총괄적으로 지도하는 '프로그람교육지도국'을 신설하여 프로그램 관련 인재양성을 전담하도록 하고 있으며, 별도로 '프로그람교육지도국' 내에 '프로그람교육센터'를 설치하여 운영하고 있다.

평양 등 대도시에서는 중학교 4학년 때부터 주당 2시간씩 컴퓨터 교육을 실시하고 있으며, 만경대학생소년궁전 등에 컴퓨터 소조가 구성되어 있다. 대학이나 중학교의 컴퓨터 관련 교사들에게도 정기적인 '컴퓨터 교육방법 토론회'나 '컴퓨터 경연'을 벌이고 있다.

컴퓨터 교육과 관련하여 컴퓨터는 '사회생활, 경제생활, 문화·정서생활 어느 분야에서나 쓰이지 않는 데가 없다'면서 '사람이 머리를 쓰고 일하는 곳이라면 모두 컴퓨터를 도입할 수 있고 그 덕을 단단히 볼 수 있다'고 강조하면서, 사회·경제 등 모든 분야에서 컴퓨터 프로그램을 적극 도입, 활용을 강조하고 있다.

〈사진 6-12〉 컴퓨터 교육중인 학생들

북한 최대의 도서관인 인민대학습당에도 최근 과학기술 관련 강좌를 들으려는 지망자 수가 부쩍 늘어났다. 2006년 1월 10일자 ≪조선신보≫의 보도에 따르면 인민대학습당의 과학기술 관련 강의는 이전에 비해서 2배, 컴퓨터 강습과 과학기술 집중강습은 1.3배, 과학기술 문답과 강의는 1.2배 정도 늘어났다고 한다.

2) 과학기술 발전을 위한 전시회와 모범

　소프트웨어 발전을 촉진하고 진흥하기 위하여 축전이나 전시회, 경진대회 등을 진행하고 있다. 2000년을 전후해서는 컴퓨터 관련 경진대회를 개최하여, '프로그램 경연 및 전시회'를 진행하고 있다. 컴퓨터에 대한 학생들의 관심을 높이기 위하여 '대학생 프로그램 경연' 대회나 '중학교 학생 컴퓨터프로그램' 대회 등을 신설하거나 개최하고 있다.
　2002년 4월 8일에는 김일성 탄생 90주년을 맞이하여 평양미술축전 컴퓨터미술 경연대회가 개막되어 김일성과 김정일의 영상을 형상화한 컴퓨터 선전화들과 컴퓨터 도안들, 컴퓨터보석화, 컴퓨터기념비형성안 등이 전시되었으며, 창작경연장에서는 환등과 컴퓨터 화면을 이용한 컴퓨터미술 동화상 작품과 창작 과정을 시연하였다.

〈사진 6-13〉
컴퓨터를 이용하고 있는
북한 주민들

국가정책적인 차원에서 컴퓨터 산업의 발전을 위하여 과학기술 사업과 컴퓨터 데이터베이스 구축에 기여한 간부들과 과학자, 기술자들에게 국가 표창을 수여하며, 컴퓨터 시범학교, 시범도시 등을 통하여 컴퓨터 사용을 권장하고 있다. 2001년에는 평안남도 안주시가 농업경영 활동의 컴퓨터화를 이룩한 모범시로 선정되어 대대적으로 소개되기도 하였다. 안주시는 각 협동농장과 공장에 컴퓨터 통신망을 구축하여 컴퓨터의 혜택을 보았으며, 시내 각 중학교도 컴퓨터를 도입하여 학생들에게 컴퓨터 기술 교육을 실시하는 등 모범적인 사례를 보였다.

컴퓨터 학습의 모범사례 학교로는 '평양 6월 9일 대성제1중학교', '장자산제1중학교', '강령농업전문학교', '평성제1중학교'가 손꼽힌다. 이들 학교들은 최신 컴퓨터를 확보하고 소조활동을 통하여 기술을 익히도록 하거나 현장 또는 교육과 관련하여 모범적으로 운영하고 있는 학교들이다.

2006년 6월 4일부터 6일까지 3대혁명전시관에서 개최되었던 제5차 평양국제과학기술도서 전람회도 과학기술의 보급을 위해 2001년 이후 2005년을 제외하고 꾸준하게 개최되고 있는 사업이다. 국제대회라는 타이틀을 걸었지만 1회부터 3회까지는 러시아와 중국의 단체들과

북한상식 2·17 과학자·기술자

노동당의 과학기술 정책을 받들고 농업생산을 늘이며 인민생활 향상에 기여하기 위하여 1978년 과학원 산하 각급 연구기관의 과학자, 공업대학 교원, 연구사, 각 지역 공장· 기업소 기술자들로 구성된 조직이다. 북한에서는 '축산, 양어, 채소, 잠업 분야에서 새로운 과학기술 성과를 도입하여 보급하였으며, 메탄가스 활용 기술 개발로 농촌의 연료문제를 해결하였고, 지방산업공장의 기술개건 사업을 통해 인민생활 향상에 기여하였다'고 평가한다.

주북한 대사관 성원들만 참여하였으나 2004년 제4차 전람회 이후 참가국이 확대되고 있다. 2006년 5차 대회에서는 러시아, 중국, 일본, 독일, 스웨덴, 폴란드 등 14개 나라에서 32개 단체가 참가하였다.

주요 언론 매체에서도 거의 매일 컴퓨터 관련 기사를 게재하며, 각급 학교나 기관에서는 '컴퓨터 학습의 날'을 마련하여 컴퓨터를 배우고 있다. 당국 차원의 컴퓨터 교육장려 정책 등의 영향으로 북한의 컴퓨터 붐은 상당히 뜨겁다.

3) 남북 및 대외 협력

개성공단이 폐쇄되기 이전까지 서울과 개성공단을 연결하는 직접 통신망이 열결되어 있었고, 2008년 무렵까지 소프트웨어 분야의 교류도 활발하게 진행되었다. 남북 통신망 직접 연결은 2005년 KT가 개성공단에 지사를 설치하면서 이루어졌다. 그동안에는 남북 간 통신 사업은 모두 위성을 이용하여 일본을 위회하는 국제전화망을 이용했었다.

소프트웨어 분야는 다른 분야에 비하여 남북한의 교류가 비교적 성공적으로 진행되었던 분야이다. 북한의 프로그램을 수입하거나 공동으로 개발하는 등의 다양한 사업이 진행되었다. 북한에서 개발한 프로그램의 수입과 판매도 추진되어 남측의 기업인 허브메디닷컴에서 조선컴퓨터센터가 만든 '체질분류 및 진단체계' 프로그램인 '금빛말'을 수입하기도 하였다. '금빛말'은 외국에 수출될 정도로 우수성을 자랑하는 전자지문인식기술을 이제마의 사상의학에 접목시켜 개발한 사상체질 분류 시스템이다.

삼성전자는 북한의 소프트웨어를 수입하여 판매하기도 하였으며, 엘칸토의 자회사인 엘사이버에서는 광명성총회사와 공동으로 3차원 애니메이션과 소프트웨어를 제작하는 '엘사이버평양소프트웨어교육센타'를 설립하는 등의 협력사업이 진행되기도 하였었다.

관련 분야의 전문 서적이 부족한 북한에서는 남북교류가 본격화된 2001년 6월 북한의 대표적인 프로그램개발 센터인 평양정보센터에서는 남측의 IT 분야 대북 전문가들의 모임인 통일IT포럼을 통해 컴퓨터, 네트워크, 프로그래밍 멀티미디어, 서체, 코드 등 IT 분야의 관련 도서 200여 종의 기증을 요청하기도 하였다.

과학기술 분야의 대외적인 교류도 어느 분야에 못지않게 활발히 추진되고 있다. 2002년에는 중국과 '과학기술협조에 관한 의정서'를 체결하였다. 북한과 중국 사이의 과학기술협정은 1957년 12월에 협정을 처음 체결하였다. 이후 1~2년마다 번갈아 관련 회의를 열고 의정서에 조인하고 있다. 1997년 11월 이후 한동안 회의가 열리지 않다가 2001년에 재개되었다.

또한 과학기술 발전을 위하여 외국과의 협력도 강화하고 있다. 2002년의 경우에는 러시아, 독일, 말레이시아, 호주, 중국 등과 과학기술 분야의 협력을 강화하였다. 2002년 상반기에 러시아, 독일, 말

〈사진 6-14〉 어린이용 컴퓨터 도서

〈사진 6-15〉 과학을 강조한 예술영화 〈존엄〉

레이시아, 호주 등 5개국의 연구소를 비롯한 관련 단체와 모두 8개의 과학기술협정을 맺었으며, 2002년 3월 터키 이스탄불에서 열린 제3차 세계통신개발총회(WTDC)에 대표단을 파견하였으며, 같은 해 4월에는 전기 분야의 국제표준화기구인 국제전기기술위원회(IEC)에 준회원으로 가입하였다.

2002년 5월 9일에는 말레이시아와 정보기술, 인공위성, 농업기술 분야에서 인력 양성과 공동 연구를 진행하기 위한 공동위원회 설립 등을 담은 '과학기술협력에 관한 양해각서'를 체결하였다. 2002년 5월에는 김책공대 대표단이 독일, 오스트리아를, 과학원 대표단이 독일을 방문하여 과학기술 협력 문제를 협의했으며, 김책공업종합대학과 미국의 시라큐스 대학이 부시행정부 출범 이후 양국 관계가 냉각되고 핵 위기가 고조되는 가운데서도 정보기술(IT) 분야에서는 꾸준하게 연구협력 사업을 추진해 오고 있다.

북한이 단기간 내에 발전 가능성이 높은 소프트웨어 개발에 주력하면서 상업성 있는 게임·언어처리·애니메이션 분야에서 공동개발이나 기술교류, 판매 등에 나서고 있다. 2004년 중국 심양시 영산중로에 소프트웨어 개발회사인 '조선6·15심양봉사소'를 설립하고 본격적인 영업에 들어갔다. '조선6·15심양봉사소'는 컴퓨터 시스템 프로그램과 멀티미디어 개발, 전자출판을 비롯하여 북한 서적을 판매하며, 웹사이트인 '우리민족끼리'를 운영하고 있다.

5. IT 기관

1) 조선컴퓨터센터(KCC)

북한의 가장 대표적인 컴퓨터 연구기관으로는 조선컴퓨터센터 (KCC)가 있다. 조선컴퓨터센터(KCC)는 1990년 10월 김정일의 지시로 재일 조총련의 지원을 받아 평양시 만경대 구역에 설립된 기관으로 북한의 컴퓨터 시설로서는 가장 큰 규모인 $23,000m^2$에 전자계산기실, 기계조종실, 화상처리실, 컴퓨터기술강습소 등을 갖추고 있으며, 산하에 전산부품과 소프트웨어 등의 대외교류 업무를 관장하는 '신흥회사'를 두고 있고 있으며, 베이징에 지사가 있다. 2000년에는 삼성전자와 공동으로 소프트웨어를 개발하기도 하였다.

조선컴퓨터센터에 대한 정확한 규모는 알려져 있지 않지만 20~30대의 젊은 프로그래머 900여 명을 포함하여 4,500여 명이 근무 중인 것으로 알려져 있다. 근무하면서 경제 분야에서 전산화 실현, 소프트웨어 개발, 컴퓨터 업체 간의 기술교류 촉진, 인력 양성의 업무, 주문 서비스 업무를 수행하고 있다.

조선컴퓨터센터(KCC)의 주요 프로그램으로는 '평양서체 프로그램', '생산공정 자동화 프로그램', '경영관리 및 계산사무처리 프로그램' 등을 개발하였으며, 최근에는 자료 검색 프로그램인 '국내 컴퓨터망에서의 발명 및 특허자료 검색체계', '심전도 자동진단체계' 등을 개발한

북한상식 남북합작 모바일 게임 <독도를 지켜라>

2004년에 선보인 남북한이 합작으로 공동으로 개발한 모바일 게임으로 (주)북남교역과 삼천리총회사와 공동으로 개발한 게임으로 독도에 침범하는 일본을 헬기와 탱크, 기관총 등을 이용해 물리치는 내용이다.

것을 비롯하여 프로그램 개발에 주력, 최근 '조·일 기계번역프로그램'을 비롯한 수백 건의 컴퓨터 프로그램을 새로 개발하였다. 이외에도 '천 문양 설계체계'(옷감 문양설계), '의료봉사체계'(질병진단 프로그램), '고구려 침구체계'(질병진단 프로그램), '지문검색체계', '전자출판체계' 등이 있다.

2) 평양정보센터

평양특별시 보통강구역 경흥동에 위치한 평양정보센터(PIC; Pyung-yang Informatics Center)는 1986년 7월에 창립된 프로그램 개발전문연구소로 '평양프로그람센터'로 불리우다 1995년 이후에는 '평양정보센터'로 개칭하였다. 1,200평 규모의 연구개발 센터와 외부에 별도의 교

북한상식 **남북 합작 만화영화 <뽀롱뽀롱 뽀로로>**

하나로 통신과 삼천리총회사가 함께 제작한 남북합작 애니메이션으로 남북 최초의 합작 애니메이션인 「게으른 고양이 딩가」에 이어 두 번째로 제작한 텔레비전 방송용 애니메이션이다. '뽀롱뽀롱 뽀로로(Pororo the Little Penguin)'는 5분짜리 52편으로 구성된 시리즈물로써 아이코닉스가 기획하고 하나로통신과 스카이라이프가 투자했으며, 남측의 오콘과 EBS, 북한의 삼천리총회사가 공동으로 제작하였다. 꼬마 펭귄인 주인공 뽀로로가 동물 친구들과 함께 탐험을 하면서 자연을 배워간다는 내용의 아동용 텔레비전 시리즈로 2003년 11월 EBS를 통해 처음 선을 보였다.

2003년 이탈리아 포지타노에서 열린 '카툰스 온더 베이', '프랑스 안시 페스티벌', '서울 SICAF 영화제' 등에서 경쟁작으로 선정되었으며, 정보통신부에서 주최하는 '2003 디지털콘텐츠 대상'에서 국무총리상을, 문화관광부 주최의 '2003년 대한민국 만화·애니메이션·캐릭터 대상'에서 문화관광부장관상을 받았다. 2003년에 프랑스 최대 방송사인 국영 TF1 방송사와 판권계약을 맺은 것을 비롯하여 해외로 수출되고 있다.

육센터를 갖추고 있는 것으로 알려져 있다.

규모에 대해서는 정확히 알려져 있지는 않지만 총 사장 최주식의 건의로 설립될 당시 총 직원이 7명에 불과했으나, 현재 연구 부문은 다매체(멀티미디어) 연구실, 문서편집프로그램실, 서체개발실, 언어정보연구실, 프로그램종합개발실 18개 연구실에서 박사급 인력 30명을 포함하여 180여 명의 전문 연구 인력과 직원을 포함하여 500여 명이 넘게 일하고 있는 것으로 알려져 있다. 싱가포르에 현지 합작법인이 있고, 일본에 연락사무소를 운영하고 있는 것으로 알려져 있으며, 식당을 비롯하여 연회장, 커피숍, 당구장, 사우나실 등의 부대시설을 갖추고 있는 동시에, 직영 농장도 경영하고 있다.

주요 프로그램으로는 1995년에는 Window95용 조선어처리프로그램인 '단군'이 있다. '단군'은 2백여 종의 한글 서체들을 포함한 한글 처리 프로그램이다. '단군95'(4.1 영문판, 일문판)를 개발하여 해외시장에 출시하기도 하였다. '단군은 계속 업그레이드되어 5.0 이상 버전이 나온 것으로 알려져 있다. 번역프로그램인 '담징1.0'도 유명하다. 매킨토시용 문서 편집프로그램인 '단군(마킨토쉬)'도 있다. '담징1.0'은 윈도98 운영 체제를 사용 환경으로 한다. 번역률 93%로 20만 개의 단어를 자료화하고 있으며 300kb(A4지 150장 분량)의 한글 문서를 3분 내에 일본어로 번역할 수 있다.

멀티미디어 프로그램으로 평양시를 소개한 '맑은 아침의 나라 조선'

북한상식 **김책공대 교육과학전시관**

최근 김책공업종합대학 안에는 교육과학전시관을 설치하였는데, 교육과학전시관에는 경제발전과 인민생활 향상에 이바지한 5,000여 종에 8,000점의 진열품들과 교육문건, 교양자료, 직관물(포스터류), 녹화물, 기념도서 1,100여 종이 전시되어 있다. 이외에도 대학에서 자체적으로 제작한 실험기구 350여 점이 전시되어 있다.

도 개발하였다. 이외에도 문서편집 프로그램인 '창덕', 조선어 문자인식, 문서인식 프로그램 등을 개발한 종합적인 조선어 정보처리센터이다.

3) 조선과학원

조선과학원은 북한의 국가종합 연구원으로 석사·박사 인원 160명을 포함하여 280명의 연구원이 근무하고 있다. 조선과학원 산하에 관련 연구소를 비롯하여 관련 부설 공장이 있다. 부속 공장으로는 반도체공장, 로봇공장, 전자부품공장 등이 있다. 함경남도 함흥시에 조선과학원 함흥 분원이 있으며, 최근에는 산하에 정보기술학교를 설립한 것으로 알려졌다.

4) 평성과학도시

평성은 평안남도 도청 소재지로서 남측의 대덕연구단지와 비슷한

〈사진 6-16〉 2016년 1월에 문을 연 과학기술의 전당

성격을 가진 과학연구 도시이다. 평양의 북쪽 약 27km 지점에 위치하고 있으며, 북한의 주요 연구기관이 밀집한 계획도시로 북한 과학기술의 중추적인 역할을 수행하고 있는 지역이다.

평성시는 1965년 평양시 용성구역 하리와 하차동, 순천군 사인리와 덕산리 봉학리, 순안군 상차

〈사진 6-17〉 김일성종합대학 전자도서관 전자열람실

리 등을 하나로 묶어 '평성구'로 출발하였다. 1967년 10월에는 순천군에서 월포리, 삼룡리, 후탄리, 청옥리, 강동군의 한왕리, 하단리를 넘겨 받는 등 확장을 거듭하여 1969년 12월에 평성구에서 평성시로 승격하였다.

과학도시 건설은 1970년 말부터 시작하여 1983년에 완공되었는데, 완공당시 단지 내에는 과학원 청사, 과학자 주택, 독신자 아파트, 국제학술행사를 위한 회관, 각급 교육기관 등이 입주하였다. 주요 교육기관은 북한의 대표적 과학교육기관인 이과대학을 비롯하여 김정숙제1중학교, 평성고등경제전문학교, 평성사범대학, 평성의학대학, 평남석탄공업대학, 평성수의축산대학 등이 있으며, 합성가죽공장, 고무중공장, 시계공장, 직물공장, 운수기재공장, 제약공장, 사진기공장 등이 위치한 산학연계형 연구도시로 구성되어 있다. 또한 평성시의 전력공급을 전담하는 평성화력발전소도 부설돼 있어서 전력 공급도 안정적이다. 김일성은 준공부터 완공된 이후 여러 차례 현지지도 방문하는 관심을 보였다. 평성이과대학이 있던 지역은 평양시 은정구역으로 편입되면서 교명도 이과대학으로 바뀌었다.

6. 주요 컴퓨터 프로그램

북한의 컴퓨터 산업은 하드웨어보다는 소프트웨어에 집중되고 있다. 윈도우즈용 조선글 처리프로그램인 '단군', 문서편집프로그램인 '창덕 5.0' 등의 소프트웨어를 개발하였다. 1998년 조선컴퓨터센터에서 개발한 온라인 바둑 프로그램 '은별'은 일본에서 열린 포스트배 세계컴퓨터 바둑대회에서 1위를 차지하여 북한의 소프트웨어 기술력을 과시하기도 하였다.

북한 소프트웨어 산업 발전의 핵심 기관은 조선컴퓨터센터(KCC)이다. 조선컴퓨터센터 산하 체계 프로그램 분소에서는 청년과학자들을 중심으로 음성인식 프로그램, 다국어번역 프로그램 등의 첨단 프로그램을 개발하고 있다. 이외에도 평양정보센터, 과학원 수학연구소, 은별컴퓨터센터, 김일성종합대학 산하 컴퓨터과학대학, 김책공업종합대학 등 각 대학의 연구기관들이 상호 연계해 프로그램 개발을 추진하고 있다.

2007년에는 김책공업종합대학에서 영어를 한글로 번역하는 프로그램 '부흥'을 개발했다. '부흥'은 영문으로 된 각종 도서와 문서, 기타 출판물을 한글로 번역하는 것을 지원하는 프로그램으로 특히 기계, 채굴, 컴퓨터, 정보기술 등 공업 분야 전문용어가 많이 수록되어 있다. 북한의 보도에 의하면 프로그램에는 200만여 개의 단어가 수록되어 있고, 번역속도도는 초당 10~30문장 수준이며, 정확성도 상당히 높다고 한다.

〈사진 6-18〉 북한의 문서프로그램 '창덕'

북한의 소프트웨어는 '과학기

술계산 프로그램'이나 '자료기지 프로그램'(데이터베이스) 등을 비롯하여 경제 분야에서 이용할 수 있는 경영업무 및 생산조종 프로그램, 과학기술계산 프로그램, 설계 프로그램, 정보처리부문 프로그램, 교육·문화·보건 분야의 응용프로그램들이 활발하게 개발되고 있다. 소프트웨어 가운데 일부를 조총련계 벤처기업과 연계하여 일본시장 진출에도 적극 나서고 있는 것으로 알려져 있다.

1) 문서·음성 인식 프로그램

문서편집 프로그램으로는 창덕, 단군 등이 있으며, 문자인식 프로그램은 용남산, 평양, 인식 등이 있다. '창덕'은 평양정보센터에서 개

〈사진 6-19〉 김책공업대학 전자도서관 안내 모니터

발한 문서편집과 전자출판에 활용할 수 있는 한글문서 편집프로그램이며, '단군'은 평양정보센터에서 개발한 윈도 95/98용의 조선글처리 프로그램 문서 프로그램이고, '용남산'은 김일성종합대학에서 개발한 문자인식 프로그램이다. '평양'은 이과대학에서, '인식'은 평양정보센터에서 개발한 음성인식 프로그램이다. 이외에도 문서 보안프로그램인 보검, 화살 등이 있다.

북한의 컴퓨터 서체는 약 300여 종으로 알려져 있다. 주요 서체로는 청봉체, 고직(고딕)체, 광명체, 율동체, 동심체, 필기체, 장식체 등으로 구분된다. 청봉체와 고직(고딕)체, 광명체 등은 출판 분야에서 주로 이용하는 서체이며, 동심체는 어린이용에 사용된다.

참고로 북한 출판물에서 사용하는 활자체로는 청봉체와 천리마체가 있다. 청봉체의 '청봉'은 김일성이 양강도 삼지연군 이면수 노동자구에서 조서해 놓은 '청봉밀영'에서 따온 용어이며, 천리마체의 '천리마'는 사회주의 노력경쟁의 효시인 '천리마운동'에서 따온 용어이다. 청봉체는 붓글씨를 원형으로 한 청봉1호체와 청봉2호체, 청봉3호체, 청봉제4호의 4종류가 있으며, 신문, 잡지의 제목이나 인용문, 구호, 선전화 등에 많이 사용되는 천리마체는 1호부터 14호까지 있다. 이들 서체에 따라 대·소가 구별된다. 출판물에서 사용되는 서체의 종류와 사용 예는 〈표 1〉과 같다.

출판 인쇄물에서는 서체를 사용할 때에는 김일성, 김정일의 말씀이나 교시 부분은 반드시 고딕으로 처리하여 본문과 구별 지으며, '김일성'이나 '김정일'이라는 글자는 반드시 주위 글자보다 크고 진한 고딕체를 사용하여 두드러져 돋보이도록 편집한다. 화보에 김일성이나 김정일의 모습이 들어간 경우에는 뒷면 인쇄를 하지 않고 백면으로 처리하는 것도 중요한 원칙이다.

〈표 1〉 북한 출판물에서 사용한 서체의 유형과 쓰임

서 체		형 태	사 용 처
청봉체	청봉 1호	가장 일반적으로 사용되는 서체로 붓글씨를 원형으로 한 바른 글씨체	제목, 본문
	청봉 2호	붓글씨를 원형으로 다듬은 서체	문예물, 교양기사 제목
	청봉 3호	붓글씨를 원형으로 흘려쓴 반흘림체로 맑고 깨끗한 느낌.	정론, 문예물
	청봉 4호	가로세로 같은 굵기의 장방형	토막기사 제목
천리마체	천리마 1호	가로세로 같은 굵기의 장방형, 대·소 구별	대: 특보제목, 소: 본문 글
	천리마 2호	가로세로 같은 굵기, 장방형	부제목
	천리마 3호	가로세로 같은 굵기, 장방형의 굵은 글씨체로 대·소가 있음.	대: 강조하는 기사 소: 부제목, 토막기사 제목
	천리마 4호	가로세로 같은 굵기, 장방형에서 장을 줌	작은 지면에 많은 글을 실을 때, 제목에 사용
	천리마 5호	가로세로 같은 굵기, 장방형에서 장을 줌	천리마 4호체와 비슷한 용도
	천리마 6호	가로세로 같은 굵기, 장방형에서 장을 줌	천리마 4호체와 비슷한 용도
	천리마 7호	가로세로 같은 굵기, 장방형에서 평을 주면서 각진 부분을 둥글게 처리	중간제목, 상표
	천리마 8호	가로세로 같은 굵기, 장방형에 장을 줌	교양자료물, 토막기사
	천리마 9호	명조체와 유사 장을 줌	제목이나 본문
	천리마10호	명조와 궁서체의 결합한 모양으로 장방형	제목
	천리마11호	명조체로 장을 많이 줌	천리마 4호체와 비슷한 용도
	천리마12호	명조체와 평을 많이 줌	지면 공간을 활용하기 위한 서체
	천리마13호	명조체와 유사, 장을 줌	제목
	천리마14호	형태는 명조체에 가까우면서 세로부분이 진함.	단신기사 제목

2) 산업 분야 프로그램

조선중앙방송위원회의 라디오방송 전산시스템으로 라디오 방송순서 편집과 방송편집물 계획 및 진행용 프로그램인 '만방 2000', 평양인민경제대학에서 개발한 프로그램으로 함경북도에 있는 김책제철연합기업소 내 여러 직장의 생산과 지휘를 최적화할 수 있는 프로그램인 '밑뿌리', 과학원 건설건재분원에서 개발한 건축설계지원 프로그램인 '봉화', 공장·기업소 등 경제부문 지원을 위한 예산지원을 예측하는 프로그램인 '날개', 원유탐사 개발계획용 프로그램인 '탐색', 토지정리 지원용 프로그램인 '만풍호', 수력발전소 전력 생산계획 지원 프로그램인 '수풍', 평양정보센터에서 개발한 2차원 CAD 엔진으로 싱가포르 아시아컴덱스에 출품되었던 '들', 평양정보센터에서 개발한 3차원 CAD 엔진으로 싱가포르 아시아컴덱스에 출품되었던 '산악'이 있다.

3) 게임 프로그램

북한에서 개발한 장기프로그램으로는 김책공업종합대학에서 개발한 부르나를 비롯하여 '조선컴퓨터센터', '국가과학원', '김일성종합대학', '컴퓨터기술대학' 등에서 '류경', '무사', '명수', '지혜' 등이 있다. '류경바둑'은 조선컴퓨터센터에서 개발한 바둑게임 프로그램이며, '류경장기'는 조선컴퓨터센터에서 개발한 게임 소프트웨어로 아마 3급 정도의 기력이다. '부르나'는 김책공업종합대학 장기프로그램 개발조에서 개발한 장기 프로그램으로 2000년 11월 평양에서 열린 '제11차 전국 프로그램경연 및 전시회'에 장기 프로그램에서 우승한 프로그램이다. 류경바둑 등이 일반인을 대상으로 한 바둑게임이라면 부르나는 수준이 높은 전문가용이다. '부루나 2.0'의 경우에는 인공지능 기술을 적용한 전문가용으로 프로 3단 정도의 수준으로 알려져 있다.

〈사진 6-20〉 컴퓨터와 경제

4) 멀티미디어 프로그램

• 국제친선전람관: 조선컴퓨터센터에서 개발한 CD 형태의 멀티미디어 프로그램으로 김일성과 김정일이 세계 각국의 국가수반이나 저명인사, 국제기구 등에서 받은 선물을 전시하고 있는 묘향산 국제친선전람관의 전시물 가운데 600점이 사진과 해설로 보여준다.

• 천하제일강산: 조선컴퓨터센터에서 개발한 CD 형태의 멀티미디어 프로그램으로 백두산, 묘향산, 금강산 등 명승지와 '대기념비적 건축물'의 사진을 배경음악과 함께 소개하는 것으로 한글, 영어, 일본어 설명이 있다. 2001년 1월부터 삼성전자가 인터넷 쇼핑몰을 통해 판매했던 작품이다.

• 콤퓨터 애호가의 벗: 조선컴퓨터센터에서 개발한 CD 형태의 멀티미디어 프로그램으로 여러 컴퓨터 프로그램의 사용법과 컴퓨터와 관련한 상식 100여 가지를 음성과 화면으로 보여준다.

• 조선우표: 조선우표사에서 제작한 멀티미디어 프로그램으로 1946년부터 2000년까지 북한에서 발행된 우표들을 2만5천여 장의 사진과 관련 문헌자료를 담고 있다.

• 조선지명유래전자사전: 지명관련 검색용 멀티미디어 프로그램으로 북한의 각종 지명을 김일성과 김정일이 지은 지명, 행정구역에 따른 지명, 자모순에 따른 지명 검색과 없어진 지명까지 찾아볼 수 있도록 제작되어 있다.

• 백두산: 백두산의 사계절과 백두산에 서식하고 있는 동·식물, 백두산 자연과 지리, 백두산의 전설 등을 담은 멀티미디어 프로그램이다.

• 혁명의 성산 백두산: 북한이 자랑하는 국보급 컴퓨터 총서로 '백두산 3대장군', '혁명전통 원문 자료', '혁명전통올림말', '구호문헌' 등 모두 11개 편과 100편의 예술영화·기록영화의 주요 장면과 3천500장의 사진, 미술작품, 100곡의 혁명가요로 구성되어 있다. '백두산 3대장군'

편에는 김일성·김정일·김정숙의 약력과 사진, 미술 작품 및 동화상 등
으로 구성되어 있다. '혁명전통올림말'편에는 혁명전통 용어 8천여 단
어가 전자사전 형태로 내장되어 있다. '혁명전통 원문자료'와 '백두산
전설'편에는 김일성의 회고록 『세기와 더불어』를 비롯하여 김일성과
김정일의 노작과 주요 혁명전통 도서, 600여 건의 혁명전설이 수록되
어 있다. '구호문헌'편에는 천여 건의 구호문헌과 지도 등이 있다.

5) 기타 프로그램

이외에도 김책공업종합대학에서 개발한 농구 전술 지도체계 프로
그램인 '예지', 평양정보센터에서에서 개발한 학생용 컴퓨터 타자연
습 프로그램인 '타자학교'가 있다. '타자학교'는 '학습실', '훈련장', '시
험장', '오락실' 등의 메뉴로 구성되어 있다.

종합정보시스템인 '광명'도 북한의 과학기술 정책이 결집된 종합정
보시스템의 결정판이다. '광명'은 1997년에 구축된 내각의 중앙기관
과 지방행정기관, 김일성종합대학 등 대학, 평양정보센터 등 연구기
관, 인민대학습당, 중앙과학기술통보사, 주요 공장·기업소를 연결하

북한상식 발명총국

발명총국은 지적 상품과 관련한 실무를 맡아보는 기관으로 1954년 6월
내각 직속 '창의고안심사위원회'로 설립되었다. 과학기술중시 정책이 추진
되면서 지적 상품의 보호 문제가 현안 문제로 대두되면서 독립적인 기구로
확대되었다. 각 기관이 발명한 기술과 관련한 문건을 분야별로 심의하여
등록시키고 관리한다. 현재 북한에서는 발명법, 상표법, 공업도안법, 소프
트웨어법 등을 제정하여 지적 상품에 대한 보호를 강화하고 있다. 한편 북
한 국적이 아닌 외국인이나 외국기업의 특허와 상표 신청을 대리하는 '특허
및 상표대리소'도 운영되고 있다.

는 내부용 과학기술 자료 검색 시
스템으로 수학, 물리학, 화학, 생
물학 등의 기초과학으로부터 전
기, 석탄, 농업, 양어 등에 이르는
3천만 건 이상의 과학기술 자료
들과 8백여 종의 최신 과학기술
잡지들의 내용이 모두 입력되어
있다. 영어, 프랑스어, 독일어, 일
본어, 중국어, 러시아어 등 6개 국

〈사진 6-21〉 북한의 전자편집물

어가 동시번역이 되는 시스템이 가동되고 있는 것으로 알려져 있다.

7. 컴퓨터 언어

남북이 공유하고 있는 것 가운데 가장 큰 것은 같은 언어를 사용하
고 있다는 것이다. 남북이 표준어와 문화어로 구분되어 있으며, 한글
과 조선글로 부르고 있지만 말의 소중함을 알고 지키려는 노력이 필
요하다. 순 우리말을 지키려는 노력은 북한이 남측보다는 보다 체계
적으로 진행되었다.

컴퓨터 분야에서도 남북이 공동으로 우리말을 지키기 위한 노력이
진행되고 있다. 남측에서도 학회차원에서 컴퓨터 용어를 우리말로 바
꾸려는 시도가 있었다. 몇 가지 예를 들면 컴퓨터는 '슬기틀'로 하는
것이었다. 예전에는 컴퓨터를 전자계산기로 번역하였으나 컴퓨터를
전자계산기로 보는 사람이 없었다. 아마도 핸드폰도 머지않아 손전화
라는 말이 어색해질 것이다. 이런 고민을 반영하여 찾은 것이 슬기틀
이었다. 컴퓨터의 기능이나 슬기라는 의미가 잘 어울린 것이다. 마우
스는 '쥐'라고 하기에는 어감이 좋지 않아 '다람쥐'로 불렸다.

국어 관련 학회의 우리말 지킴 노력은 참신성에도 불구하고 사회적으로 통용되지 못해 보편화되지는 못하였다. 언어는 사회적 약속인 만큼 일방적으로 규제할 수 있는 부분이 아니기 때문이다. 또한 하루가 다르게 변화, 발전되는 첨단산업의 발전에 일일이 대응할 수는 없을 것이다.

북한에서 사용하는 컴퓨터 용어는 다음과 같다. 건반(키보드), 건·누르개(키), 유표(커서), 공백건(스페이스 바), 조종건(엔터 키), 기능건(F1~F12 키), 자판 연습(건반 훈련), 데이터베이스(자료기지), 디지털(동기수자식), 광케이블(빛섬유통신선로), 멀티미디어 프로그램(다매체편집물), 오퍼레이터(컴퓨터 타자수), 프로그램기사(컴퓨터 프로그램 작성원) 등이다.

또한 컴퓨터 보급에 따라서 컴퓨터와 관련한 새로운 업종이 생겨났다. 새로 생겨난 업종으로는 '컴퓨터 조종운영기사(자동설비 관리자)', '컴퓨터 타자수(오퍼레이터)', '컴퓨터 프로그램 작성원(프로그램기사)'이라는 직업도 새로 나타났다.

〈사진 6-22〉 컴퓨터를 활용한 교육

7장 교육체계

1. 교육정책

북한 교육의 목표는 '노동계급을 자주적이며 창조적이고 의식적인 사회적 존재로, 즉 주체형의 공산주의 혁명가로 키워 주체의 혁명위업, 사회주의 공산주의 건설위업을 달성하는 인간', 즉 공산주의적 도덕적 인간에 맞추어져 있다.

북한 교육 이념의 기본이 되는 것은 1977년 9월 5일 전원회의에서

북한상식 **교육신문**

북한의 교사와 교수, 교육 관료 등 교육계 종사자들을 대상으로 한 교육 전문 주간지로 매주 목요일에 4면으로 발행된다. 1948년 4월 15일 '교원신문'이란 제호로 창간되었다가 2004년 3월 4일 지령 제3289호부터 '교육신문'으로 개명하였다. 1978년 4월 창간 30주년을 맞아 '사회주의 교육에 관한 테제' 관철과 '온 사회의 주체사상화'에 기여한 공로를 인정받아 '국기훈장 제1급'을 받았다.

〈사진 7-1〉 12년제 교육을 선전하는
북한의 방송물

발표한 '사회주의 교육에 관한 테제'
이다. 북한에서는 이 테제가 발표된
이후 교육의 기본 원리로 '사람들을
혁명화, 노동계급화, 공산주의화하
는 것'이 천명되면서 교육에서 사상
교육이 대폭 확대되었다. 1999년에
는 교육과 관련한 여러 문건을 정리
한 '교육법'(6장 52조)을 채택하였다.
이 날을 교육절로 기념하고 있다. 한편 김일성은 중등일반 교육의 내
용에 대해 강조한 내용은 다음과 같다.

> 중등일반교육의 내용은 청소년들을 지덕체를 겸비한 전면적으로 발
> 전된 공산주의적인간으로 키울수 있게 구성되여야 합니다. 사회주의교
> 육은 사람들에게 자주적인 사상의식과 창조적능력을 키워주는 사업인
> 것만큼 중등일반교육의 내용은 반드시 청소년들에게 자주적인 사상의
> 식과 창조적능력을 키워주어 그들을 지덕체를 겸비한 전면적으로 발전
> 된 공산주의적인간으로 육성할 수 있도록 구성되여야 합니다. 중등일
> 반교육에서 가장 중요한것은 정치사상교육을 강화하는 것입니다. 정치
> 사상교육을 강화하는 것은 우리 당의 일관한 방침입니다. 정치사상교
> 육을 강화하여야 청소년들을 혁명적세계관이 서고 고상한 품격을 갖춘
> 공산주의적혁명인재로 키울수 있습니다. 중등일반교육에서는 자라나
> 는 새 세대들을 주체사상과 당의 로선과 정책으로 튼튼히 무장시키며
> 혁명교양, 공산주의교양을 강화하여 그들을 당과 혁명을 위하여, 조국
> 과 인민을 위하여 모든것을 다 바쳐 투쟁하는 참다운 공산주의적혁명
> 인재로 키워야 합니다,
>
> —김정일, 「교육사업을 더욱 발전시킬데 대하여」, 전국교육일군열성자회의 참가자들에게 보낸 서한
>
> 1984년 7월 22일.

북한 교육제도의 특징은 '무상교육'과 '평생교육'이다. '무상교육'은 의무교육으로 대표되나. 북한의 무상교육은 12년이다. 2012년 9월 25일 평양 만수대의사당에서 열린 최고인민회의 제12기 제6차 회의에서 '혁명발전과 시대의 요구에 맞게 중등일반교육을 개선, 강화'하고, '사회주의 교육제도를 더욱 발전시킨다'는 것을 명분으로 의무교육 확대를 결정하였다.

2012년의 결정에 따라 의무교육기간은 기존 11년에서 12년으로 확대하였다. 의무교육은 만 5세 '유치원 높은 반'부터 소학교 5년, 초급중학교 3년, 고급중학교 3년으로 개편되었다. 중학교 3년 고등중학교 3년으로 분리되어 실시하던 중등교육과정을 통합하여 6년의 중학교 과정으로 운영하다가 2012년부터 다시 초급중학교 3년, 고급중학교 3년으로 분리하였다.

북한의 첫 무상의무교육제도가 시작된 것은 1956년으로 4년제의 '전반적 초등의무교육'을 실시했다. 4년제의 '전반적 초등의무교육' 제도는 1949년 9월의 최고인민회의 제1기 4차 회의에서 법령으로 채택돼 1950년 9월부터 시행키로 되어 있었으나 '6·25'의 영향으로 1956년에 시행되었다. 이어 1958년 10월의 최고인민회의 제2기 4차 회의에서 인민학교 4년과 초급중학교 3년을 대상으로 한 '전반적 중등의무교육'을 공포하였고, 1966년 11월 최고인민회의 제3기 6차 회의에

북한상식 교육절

교육절은 1977년 9월 5일 전원회의에서 발표한 '사회주의 교육에 관한 테제' 발표일이다. 이 날을 '사회주의 교육발전에서 획기적인 전환을 가져온 역사적인 날'로 기념하고 있다. 교육절 이전에는 학생절이 있었다. 1963년부터 10월 첫 번째 일요일을 학생절로 정하고 기념하여 오다가 1977년부터 교육절로 개정되었다. 교육절이 되면 다양한 결의모임과 보고회 등이 진행된다.

서 '전반적 9년제 기술의무교육'이 선포되었다. '전반적 9년제 기술의무교육'이란 인민학교 4년과 기술교육체계를 강화한 5년제 중학교 교육을 의무화한 것이다. 이어 1972년 9월 9년제 기술의무교육제를 폐지하고 현재와 같은 '전반적 11년제 의무교육'을 실시하였다.

'평생교육'은 일하면서 배우는 교육제도로서 생산활동 사업을 계속하면서 배움의 과정을 진행하는 것이다. 일반인을 상대로 한 성인교육으로서 야간 교육 및 통신 교육이 제도화되어 있으며, 근로자들을 위한 근로자중학교, 공장고등전문학교, 공·농·어장대학 등이 세워져 있다. 무상교육을 기본으로 하는 북한에서는 교복도 원칙적으로는 국가에서 지급한다. 교복은 1년에 두 번씩, 동복은 3년마다 한 번씩 국정가격으로 배급하도록 되어 있다. 그러나 경제가 어려워지면서 현실적으로는 잘 이루어지지 않아 시장에서 사서 입는 경우가 많아졌다.

최근 북한에서 강조하는 것은 외국어와 컴퓨터를 중심으로 한 조기교육이다. 교육을 통한 인재 양성에 초점을 맞추면서 과거의 주입식교육에서 벗어나 경제 발전에 필요한 실질적인 인재 양성을 강조하고 있다. 기존의 주입식교육으로는 시대의 변화를 따라가지 못한다는 판단 하에 교육개혁을 강도 높게 추진하였고, 이에 맞추어 2000년대 초

〈사진 7-2〉
경상유치원을 방문한
김정은

232

반부터 교육개혁을 강조하였다.

교육 개혁에서 강조하는 것은 외국어 교육과 컴퓨터 교육이다. 정보기술시대에 부응하는 컴퓨터 교육을 통해 경제를 살리는 인력으로 양성하겠다는 것이 핵심이다. 이를 위해 기존의 주입식 교육 방식에서 벗어나 창의력과 실용성을 강조하는 교육으로 전환하고 있다.

외국어에 대해서는 글로벌시대 인재 양성의 필수 조건으로 강조하고 있다. 외국어 능력 없이는 경제발전을 이룰 수 없다는 인식 아래 중학교 과정에서 실시했던 외국어 교육과 컴퓨터 교육을 한 학년 내려 소학교 3학년에서부터 시작하고, 수재 중심으로 진행하던 컴퓨터 교육을 일반 학생들을 대상으로 한 일반 교육으로 진행하여 학생들의 컴퓨터 능력의 향상을 꾀하고 있다.

2007년경부터는 새로운 교육정책에 맞추어 현장 교육을 개선하고 있다. 2012년의 결정은 교육개혁 조치의 결정판이었다. 북한은 교육개혁의 목표를 '지식경제시대 교육발전의 현실적 요구와 세계적 추이에 맞게 교육의 질을 높여 새 세대들의 중등일반 지식과 현대적인 기초기술지식, 창조적 능력을 소유한 혁명인재를 양성하는 것'이라고 하였다. 기존의 4년 교육으로는 경제발전을 위한 인력양성에 필요한 교육시간을 확보할 수 없다는 현실적인 판단을 한 것이다.

교육내용 역시 '변화하는 시대의 추세'에 맞춘 변화를 예고하였다. 수학, 물리, 화학, 생물 등의 기초과학 분야의 일반기초지식 강화, 첨단 과학시대에 맞는 컴퓨터 교육의 강화, 영어를 중심으로 한 외국어 교육의 강화하겠다는 방침을 밝혔다.

북한은 영어교육을 강화하는 한편으로 영어권 국가인 캐나다, 미국, 영국 등의 국가에 원어민 영어 교사의 파견과 북한 학생과 교사의 해외 영어 연수 등을 요청하기도 했다. 북한의 요청에 따라 캐나다의 민간 영어교육기관인 'ELIC(English Language Institute in Canada)는 2000년대 중반부터 비정기적으로 영어 교사를 파견해왔고, 2009년 4월 말에는 캐나다인으로 구성된 5~6명의 영어 원어민 교사를 파견하여 교육을 진행하기도 하였다. 이들은 3주 일정으로 평양의 대학 교수와 영어 교사를 대상으로 영어교육법과 영어회화를 가르쳤다. 또한 영국 정부에서도 북한에 대한 영어 원어민 교사 파견 지원 사업에 따라서 영국문화원에서 2002년부터 북한에 영어 강사를 파견했으며, 3명의 강사가 평양 내 주요 3개 대학에서 교수와 학생을 대상으로 영어교육을 실시하기도 했다.[1]

북한은 지식경제시대의 요구에 맞게 교과서와 참고서를 새로 집필하는 사업, 변화하는 세계적인 추세에 맞추어 새로운 과목을 개설하는 사업을 추진하고 있다. 또한 지식인들에게도 국제학술지의 논문투고, 국제학술대회 적극 참가, 해외과학자들과의 공동연구도 강조하고 있다. 2012년 북한은 평양에서 유라시아-태평양대학연합과 공동으로 국제학술대회를 개최하기도 하였다.

〈사진 7-3〉 새로 지어진 창전소학교를 현지지도하는 김정은 기록영화

1) 신효숙, 「북한 교육 실태와 남북 교육협력의 경험」, 이장로·김병로 엮음, 『체제 전환국의 경험과 북한 교육개혁 방안』, 한울아카데미, 2012, 275쪽.

2. 유치원 교육

　북한의 의무교육은 유치원 과정부터 시작한다. 유치원 교육의 의무화는 1976년 4월 최고인민회의 제5기 6차 회의에서 공포된 6장 58조의 '어린이 보육교양법'에 따른 것이다. '어린이 보육교양법'에 따라서 북한의 어린이들은 출생 3개월부터 5세까지의 취학 어린이들을 탁아소와 유치원에서 교육받도록 제도화했다. 북한의 유치원은 낮은 반 1년, 높은 반 1년으로 되어 있는데, 높은 반은 의무교육에 포함되기에 모든 어린이들이 다녀야 한다.

　유치원의 교육 내용은 '정치사상교양', '지적교육', '정서교육', '체육교육' 등이 중심이다. 이 가운데서도 노래와 춤, 그림그리기와 만들기

〈사진 7-4〉 평양애육원의 수업 장면

등의 정서교육이 가장 높은 비중을 차지한다.

　유치원 낮은 반에서는 것은 '경애하는 수령 김일성 원수님 어린 시절 이야기', '친애하는 지도자 김정일 선생님의 어린 시절 이야기', '노래와 춤', '놀이', '체육' 등의 과목을 배운다. '경애하는 수령 김일성 원수님 어린 시절 이야기', '친애하는 지도자 김정일 선생님의 어린 시절 이야기' 등은 교양원 선생들이 책을 읽어 주듯이 어린 시절의 일화를 이야기 해 주고 내용에 대한 반복적인 질문을 통해 외우도록 한다. 유치원 높은 반에서는 학교생활에 필요한 기초 지식을 연마하는 과정으로 '우리말', '셈세기', '그리기', '만들기' 등의 과목을 배운다.

　유치원생과 소학교는 두 번의 방학이 있다. 겨울방학은 주로 12월 말에 시작해서 한 달반 정도 된다. 방학은 휴식기간이 아니라 조선민속박물관, 조선중앙역사박물관을 찾아가 전통문화에 대해서 배우거나 '최우등생의 벗', '풀면 수재', '수학 학습'과 같은 교재로 보충학습을 받는다.

〈사진 7-5〉 12년제 의무교육을 강조한 퍼레이드

3. 소학교, 중학교

1) 학교 수업

우리의 초등학교에 해당하는 북한의 소학교는 5년 과정이다. 2012
년까지는 4년 과정이었다가 교육과정을 개편하면서 5년으로 1년 늘
였다. 2012년 교육과정 개편에 따라서 중등과정도 6년으로 통합 관리
하던 것에서 분리하여 초급중학교, 고급중학교로 나누었다. 중학교 3
년과 고등중학교 3년으로 분리되었던 것을 통합하여 운영하다가 다
시 분리한 것이다.

북한의 교육은 실습, 실용 중심이다. 수업과목은 사상교육을 제외
하면 국어, 영어, 수학 등 남한과 비슷하다. 소학교에서 가장 중요시하
는 과목은 국어와 수학이고, 중학교에서도 비슷하다. 특히 수학과 과

〈표 1〉 북한의 소학교 교육과정

번호	교과명	학년학기별 수업주수 및 주당 수업시간			
		1학년	2학년	3학년	4학년
1	경애하는 수령 김일성 대원수님 어린 시절	1	1	1	1
2	위대한 령도자 김정일 장군님 어린 시절	1	1	1	1
3	항일의 녀성영웅 김정숙 어머님 어린 시절	1	1	1	1
4	사회주의 도덕	1	1	1	1
5	수학	5	5	6	6
6	국어	8	8	7	7
7	자연	2	2	2	2
8	위생	1	1	1	1
9	음악	2	2	2	2
10	체육	2	2	2	2
11	도화공작	1	1	1	1
12	영어			1	1
13	컴퓨터			1	1

※ 출전: 『북한 이해 2013』, 통일부 통일교육원, 196쪽.

학 과목의 비중이 높다. 북한의 중학교에는 문과와 이과가 나누어져 있지 않아 모든 학생들이 수학과 과학을 배워야 한다. 수학은 일주일

〈표 2〉 북한의 중학교 교육과정

번호	교과명	학년학기별 수업주수 및 주당 수업시간					
		1학년	2학년	3학년	4학년	5학년	6학년
1	위대한 수령 김일성 대원수님 혁명활동	1	1	1			
2	위대한 수령 김일성 대원수님 혁명력사				2	2	2
3	위대한 령도자 김정일 원수님 혁명활동	1	1	1			
4	위대한 령도자 김정일 원수님 혁명력사				2	2	2
5	항일의 녀성영웅 김정숙 어머님 혁명력사				1		
6	사회주의 도덕	1	1	1	1	1	1
7	현행 당정책				1주	1주	1주
8	국어	5	5	4			
9	문학				4	3	2
10	한문	2	2	1	1	1	1
11	외국어	4	3	3	3	3	3
12	력사	1	1	2	2	2	
13	지리	2	2	2	2	2	
14	수학	7	7	6	6	6	6
15	물리		2	3	4	4	4
16	화학			2	3	4	4
17	생물		2	2	2	3	3
18	체육	2	2	2	1	1	1
19	음악	1	1	1	1		
20	미술	1	1				
21	제도				1	1	
22	컴퓨터				2	2	2
23	실습(남·여)	1주	1주	1주	1주	1주	1주

※ 출전: 『북한 이해 2013』, 통일부 통일교육원, 197쪽.

에 7시간 내지 6시간으로 가장 많다. 일주일에 7시간인 경우에는 하루에 두 시간씩 배우기도 한다. 과학은 화학, 물리, 생물로 나누어져 있는데, 각각의 시간을 합하면 수학만큼이나 많다.

소학교는 8시에 1교시를 시작하는데, 과목당 시간은 45분 수업에 10분 휴식으로 진행한다. 일반적으로 7시 30분까지 학교에 도착하여, 7시 40분까지 10분 정도 학급별 조회를 한 다음 8시부터 시작한다. 3교시와 4교시 사이에는 수업시간 중간에 별도의 체육시간인 업간체

〈사진 7-6〉 북한의 청소년들

〈사진 7-7〉 북한의 운동회(드라마의 한 장면)

조 시간을 두어 15분 동안 체조를 한다. 5교시를 마치면 12시 35분이 되는데, 12시 35분부터 2시 20분까지 1시간 45분 동안 점심시간을 갖는다. 중학교의 경우에는 6교시가 끝나는 1시 30분이 되어서 점심을 먹는다. 급식은 이루어지지 않는다. 대체로 학교와 집이 멀지 않기에 점심시간에는 집에 가서 점심을 먹고 오거나 도시락을 싸서 교실에서 먹는다.

소학교의 경우 오후 1시 30분부터 4시까지 과외활동 시간인데, 오전에 배운 것을 복습하거나 과목별로 소조활동을 한다. 중학교의 경우에는 오후 3시부터 4시 40분까지 오후 과외활동 시간으로 자습이나 과외체육, 소조활동, 소년단이나 청년동맹활동, 대총소를 한다. 토요일은 소년단원의 날로 주로 사상학습이나 생활총화를 한다.

일 년 중에 봄, 가을로 두 번에 소풍을 간다. 북한에서는 소풍이라는

〈사진 7-8〉 북한의 학용품(통일전망대)

말보다는 '원족(遠足)', '등산', '들놀이'라고 부른다. 소풍은 전교생이 같은 곳으로 가서 반별로 나누어서 수건돌리기나 운동회, 밧줄당기기 등으로 반별로 놀고 오후에는 전교생이 모여서 반별 장기자랑을 한다. 김밥이나 삶은 계란을 가져와서 먹는데, 특별하게 떡을 가져오는 학생도 있다. 북한에서 떡은 귀한 음식으로 인기가 높다.

2) 방학생활

방학은 여름방학과 겨울방학, 봄방학으로 나누어져 있다. 겨울방학이 되면 소학교의 경우 유치원과 마찬가지로 보충학습이나 과목별 소조활동을 한다. 여름방학은 대개 8월 15일부터 8월 30일까지 15일 정도로 짧다. 겨울방학은 12월 말부터 2월 중순까지 45일 정도이다. 겨울이 길고 춥기 때문에 상대적으로 겨울방학이 훨씬 길다. 봄방학은 3월에 1주일 정도 있다. 북한은 개학일이 4월 1일이기에 3월에 봄방학하고, 3월 말에 학기말 시험을 본다. 시험은 주로 암기력을 측정하는 것이었으나 최근에는 단순 암기력 측정 방식에서 탈피하여 외국어는 구답시험(구술시험), 자연과학은 실험 및 관찰시험, 컴퓨터 및 국어는 실기시험 등을 위주로 한 다양한 평가방법을 도입하고 있다.

방학이라고 해서 개인 일정이 자유로운 것은 아니다. 방학 중에도 '좋은 일하기 운동', '학습검열', '소집' 등에 동원되고, 선생님으로부터 방학숙제를 검열 받는다. 방학 동안에는 학교에서 내준 '방학동안의 일과표'에 따라 생활을 하는데, 같은 동네에 사는 학생들끼리 6~7명으로 학습반을 구성하여 단체로 아침달리기, 오전학습, 오후학습을 한다. 방학 동안 가족과 같이 여행을 가거나 다른 일이 생기면 담임선생님께 허락받아야 한다.

3) 입학시험

대학입시는 특수대학을 제외하고는 철저히 실력 본위로 한다. 예전에는 사상적인 측면을 강조하기도 하였지만 이제는 철저히 실력 위주로 학생을 선발하는 것으로 알려져 있다. 대학 및 전문학교 입시는 인물심사(면접)와 체육시험, 신체검사를 거친 다음 필기시험을 본다.

필기시험은 필수과목인 김일성 혁명역사, 김정일 혁명역사가 중심이며 시험과목은 국어, 물리, 화학, 역사, 지리 등인데, 대학의 특성에 따라서 한 과목을 대학의 특성에 맞는 다른 과목으로 선택할 수 있다. 즉 김일성종합대학의 문학대학인 경우에는 화학 대신 창작실기를 선택할 수 있으며, 이공계열의 대학에서는 국어 대신 수학이나 대학의 특성에 맞는 다른 과목을 선택할 수 있으며, 외국어를 배우지 않은 학생들이 대학이나 전문학교에 추천된 경우에는 외국어 대신 화학으로 입시를 치를 수 있다. 2006년부터는 대학입학 시험에서 객관식도 등장하였다.

입시일정은 대학과 전문학교 주간이 2월 29일~3월 4일이며, 공장대학과 공장전문학교 입시가 3월 1일~3일, 평양외국어대학 학원반, 함흥컴퓨터기술대학 학원반 입시가 3월 14일~18일, 대학과 전문학교 통신교육 입시가 4월 27일~29일이다. 그리고 제대군인들의 입시는 8월 1일~5일이다. 대학과 전문학교 통신 현지학습반 입시는 각 학교

북한상식 **7·15 최우등상**

김정일 국방위원장이 평양 남산고급중학교를 졸업한 1960년 7월 15일을 기념하는 상으로 1987년 제정한 상훈으로, 품행이 단정하면서도 물리, 수학, 화학, 외국어 과목 등에서 우수한 성적을 올린 학생에게 수여되고 있다. 또 학급 전원의 성적이 우수할 경우에는 '7·15 최우등학급'(중학교 4학년 이상) 및 '7·15 최우등분단'(중학교 3학년 이하) 칭호를 수여하고 있다.

실정에 맞게 결정하며, 농장대학은 영농시기를 고려하여 7월~9월 사이에, 해운수산부문 대학은 어로 일정을 고려하여 정한다.[2]

4) 북한 최고의 명문 중학교 평양제1중학교

북한에도 남측처럼 치열한 입시경쟁이 있을까. 당연하다. 예부터 우리 민족의 교육열은 세계 제일이라고 할 수 있는데, 북한이라고 예외는 아니다. 공부 잘하는 자식을 둔 부모만큼 부러운 일이 있을까 싶다. 북한에도 강남 8학군 같은 최고의 명문학교가 있다. 각 시도에 있는 제1중학교들이 영재학교들이다.

제1중학교는 '뛰어난 소실과 재능을 가진 학생들을 옳게 선발, 체계적인 교육을 시키라'는 김정일의 지시에 의해 1984년 9월 평양부터 시작하여 지역별로 확대하고 있다. 1984년에 첫 영재육성 학교인 평양제1중학교를 설립하였으며, 1985년에 청진, 함흥 등 각 도 소재지에도 제1중학교를 1개교씩 신설하였다. 이어 1980년대 말에는 영재학교를 평양시 각 구역에 신설하였고, 1999년 3월부터는 각 시(구역)·군까지 영재학교를 확대하였다.

2003년 평양을 방문하였을 때 옆에 앉았던 북한 안내원도 아들이 제1중학교에 다닌다며 자랑이 대단하였다. 북한의 대표적인 영재학교로는 평양제1중학교, 금성제1중학교, 금성제2중학교가 있다.

제1중학교 가운데서도 가장 우수한 학생이 다니는 학교가 바로 북한의 첫 영재학교인 평양제1중학교이다. 평양제1중학교는 보통강구역 신원동에 위치한 대표적 영재학교로서 북한에서는 과학 분야의 첫 영재학교이기도 하다.

평양제1중학교는 1987년에 제정된 '7·15 최우등상' 수상자를 200명

---

2) ≪연합뉴스≫, 2003년 12월 30일.

이 넘게 배출하여, 북한에서는 최고의 엘리트 학교로 통한다. 평양제1
중학교의 전신은 남산고급중학교이다. 남산고급중학교는 김정일 국
방위원장이 졸업한 학교로 평양시 중구역 남산동에 있었다. 남산고급
중학교는 부상(차관)급 이상 고위 간부 자녀들만이 다닐 수 있는 전용
학교이었으나 주민들과의 위화감을 조성한다는 이유로 1984년경에
폐쇄된 것으로 알려져 있다. 남산고급중학교가 있던 자리에는 노동당
중앙위원회 청사가 들어섰다.

〈사진 7-9〉 북한의 청소년들

5) 예체능 교육의 산실, 금성제1, 2중학교

금성제1, 2중학교는 예체능계 인재를 양성하는 엘리트 학교이다. 금성제1중학교는 만경대구역 금성동에 위치한 만경대학생소년궁전 부속학교이며, 금성제2중학교는 중구역 종로동의 평양학생소년궁전 부속학교이다. 이들 학교의 교육과정은 4년제 인민(초등)반, 6년제 중고등반, 4년제 전문부로 구성돼 있다.

북한에서는 일반적으로 소학교가 중학교와 분리돼 있거나 중학교에 인민반으로 포함돼 있다. 전문부는 금성제1, 2중학교나 평양외국어학원과 같이 특수학교에만 설치돼 있다. 전문부에는 중학교 졸업생 가운데 기악이나 무용, 성악부문에서 뛰어난 재능을 가진 선발된 학생들로 구성되는데, 이들은 대학 과정의 교육을 받고 졸업한 후 각 예술단체에 배치된다.

금성제1, 2중학교는 1966년 11월 설립된 금성중학교를 전신으로 한다. 1989년에 만경대학생소년궁전이 건립되면서 1990년 9월에 제1, 2중학교로 나뉘었다. 금성제1, 2중학교 학교 학생들은 수업 후에는 의무적으로 학생소년궁전에서 예체능 소조에서 기량을 익히게 되어 있다. 교사들의 수준도 높고 교육시설도 현대적이어서 부모들의 선호 대상이 되고 있다. 1993년 4월에는 금성1중학교 4학년 림명진 학생이 불가리아 치르판에서 열린 제14차 국제손풍금콩쿠르에 참가하여 특

북한상식 창광원청소년체육학교

수중발레(싱크로나이즈) 선수를 양성하는 전문학교로 2001년 2월에 개원하였다. 수중발레에 관한 실기와 전문지식을 가르치는 수중발레 전문학교로 북한의 각종 청소년체육대회를 비롯하여 각종 대회에서 두각을 나타내고 있다.

등상을 수상함으로써 개인적인 음악적 재능과 금성1중학교의 실력을 대외적으로 과시하기도 하였다.

최근에는 컴퓨터 교육의 강화 조치와 함께 금성제1중학교, 금성제2중학교에 특수학급으로 '컴퓨터반'을 신설하여 운영하고 있는 것으로 알려져 있다. '컴퓨터반'의 신설은 소학교와 중학교의 컴퓨터와 과학기술 교육의 확대 차원에서 추진하는 사업으로서 시도별 2~3개 '본보기학교(시범학교)' 조성 계획의 일환으로 '컴퓨터 수재양성기지' 조성 사업의 하나로 알려져 있다.

4. 고등교육

북한의 고등교육은 2~3년제 고등전문학교와 3년제 교원대학(초등교육과정), 4~6년제 대학(종합대학, 단과대학, 사범대학, 공장대학 등)이 있

〈사진 7-10〉 만경대학생소년궁전

다. 대학 수는 약 280여 개 정도이고 대학생은 30만 명 정도로 일반대학, 교원대학, 예체능계 대학 등으로 구분된다. 이 가운데 종합대학은 김일성종합대학, 김책공업종합대학, 고려성균관대학(구 개성경공업단과대학) 3개 대학이나 사실상 사회, 인문, 이공계를 총괄하는 종합대학은 김일성종합대학뿐이며 김책공업종합대학은 공업 분야, 고려성균관은 경공업 분야의 종합대학이다.

남측에서는 종합대학교 내에 법대, 의대 등의 단과대학이 분리되어 있지만 북한에서는 종합대학이라도 하여도 단과대학 체제로 운영하고 있지는 않다. 사회, 인문, 자연 계통의 실질적인 종합대학교인 김일성종합대학의 경우에도 1998년까지 별도의 단과대학 없이 학부제로 운영돼왔었으나 과학기술 분야의 전문적인 인력양성의 필요성이 대두되면서 첨단산업 분야를 중심으로 김일성종합대학과 김책공업종합대학에 단과대학을 신설하기 시작하였다. 김일성종합대학의 경우는 1999년 자동화 학부를 중심으로 한 컴퓨터과학대학을 처음 신설한데 이어 같은 해

〈사진 7-11〉 평양학생소년궁전

법학부를 법률대학으로, 다시 2001년에는 조선어문학부를 문학대학으로 각각 승격시키면서 단과대학 체제를 갖추게 되었다. 김책공업종합대학의 경우에는 최근 컴퓨터공학부를 확대 개편한 '정보과학기술대학'과 기계공학부를 모체로 한 '기계과학기술대학'을 설치하였다.

이처럼 종합대학 이외의 대부분의 대학은 대신 평양외국어대학, 평양의학대학, 건설건재대학, 기계대학, 평양교통대학, 화학공업대학, 인쇄공업대학, 석탄공업대학, 수의축산대학 등과 같이 전문 분야별로 대

〈사진 7-12〉 김원균명칭평양음악대학

학이 설립되어 있으며, 설립목적에 따라서 공산대학(당일꾼 양성), 사범·교원대학, 의학대학, 농·수산대학, 예체능대학 등으로 세분되어 있다.

정규대학에 포함되지는 않지만 주요 기업에 부설된 공장·농장·어장대학이 있다. 대학교육은 실질적인 기술교육이 중심인 이공계열의 단과대학이 대부분이며, 인문계 대학의 비중이 상대적으로 낮다. 대학원 석·박사 과정은 3년의 연구원 과정(석사과정)과 2년의 박사원과정(박사과정)이 있다. 이외에 예술, 체육, 외국어 분야에서 필요한 요원을 양성하는 특수학교가 있다. 음악·무용·조형예술 대학은 11년제로 체육 분야는 4년제로 외국어대학은 7년제로 운영되고 있다.

예술대학으로는 중앙 단위로 평양연극영화대학, 김원균명칭평양음악대학, 무용학원, 평양미술대학, 평양교예학원 등이 있고, 각도에는 신의주예술대학, 2·16강계예술대학 등의 예술대학이 있다. 김원균명칭평양음악대학은 1949년 3월 국립음악학교에서 출발하였다. 1972년 2월 평양음악무용대학으로 개편되어 음악과 무용의 전문 기관으로 통합 운영되었다. 2004년 무용학원과 분리되면서 5년제로 전환한 평양음악대학으로 독립하였다.

2006년 6월에는 현대적 시설을 갖춘 신교사로 이전하였다. 평양음대를 이전하면서 김정일 국방위원장이 음악대학 앞에 '김원균'의 이름을 붙일 것을 직접 명령하면서 '김원균명칭평양음악대학'이 되었다. 성악학부(6년), 민족기악학부, 양악학부, 작곡학부(5년)의 4개 학부 38개 학과 과정으로 이루어져 있다. 특설학부인 박사원(3년 6개월) 과정에 박사반, 학사반, 독연가반이 있다. 학생숫자는 800여 명, 교원은 180명 규모로 알려져 있다. 부속 건물로 350명 규모의 음악당이 있다.

특수교육을 받은 자는 대부분 해당 분야의 대학에 진학하여 대학졸업 후 해당 분야에서 근무한다. 특수교육을 받은 요원은 외국 왕래가 많기 때문에 사전에 신원조사가 철저하게 이루어진다.

북한의 대학생들은 방학기간 동안 공장이나 기업소 등에 나가 강연활동을 하거나 제대군인들을 중심으로 기동선전대를 구성하여 소규모 공연을 하는 등 사회활동에 동원되기도 한다. 그러나 최근에는 과학기술 열풍과 함께 과학기술 지식 습득 활동에 많은 시간을 보내고 있다. 컴퓨터 보급이 일반화되면서 방학이 되면 학기 중에 접촉이 어려웠던 북한 내부 네트워크에 접속하여 채팅을 즐기는 학생이 크게 늘어났다고 한다.

〈사진 7-13〉 김일성종합대학 전시관

대학 운영은 김일성종합대학, 김책공업대학 같은 중앙 단위 대학은 교육성에서 직접 관할하며, 기타 대학은 도에서 관할한다. 학제 운영은 인문, 이공 계열에 따라 차이가 나는데, 일반적으로 제대군인이나 직장인 출신을 위한 1년의 예비과정을 설치한 대학이 많아 보통 3~7년제로 운영된다. 김일성종합대학의 경우 예비과 1년에 인문사회과학 분야는 5년, 자연과학 분야는 6년으로 알려져 있다. 최근에는 교육기간을 축소한 것으로 알려져 있다.

강의과목은 학교에서 제시한다. 학교에서 짜여진 교과목에 따라서 강의를 진행하는데, 대학 교육의 40% 정도가 정치사상 과목으로 구성되어 있으며, 일반 과목도 기술기능교육에 치중하고 있다. 1교시는 90분으로 운영되는데 대개 하루 3교시 정도의 강의를 진행한다. 학생들은 엄격한 기숙사 생활을 하며, 3개월 정도의 노력동원에 참가하고 6개월간의 군사교육을 이수해야 한다.

대학졸업생의 경우 학위를 수여하지 않고 전문가(인문계통)나 기사(이공계통)의 자격증을 부여한다. 학사는 남측의 석사에 해당하는데, 각 대학·연구소 등의 연구원 과정(3년)을 마치고 논문이 학위학직수여위원회의 심사를 통과한 자에게 수여한다. 박사는 박사원 과정(2년)을 수료하고 해당 분야에서 5~10년간 연구 업적을 쌓고 논문이 학위학직수여위원회 심사를 통과한 자에게 수여된다.

학위 수여는 연 5~6회 정도로 김정일 생일(2.16), 김일성 생일(4.15), 정권창건일(9.9), 당 창건일(10.10), 김정숙 생일(12.24) 등의 주요 기념일에 즈음하여 평양에서 학위수여식을 개최한다. 학위 수여는 최고인민회의 상임위 소속의 '학위학직수여위원회 결정'으로 위원회 명의로 수여한다. 다만 내각 직속으로 되어 있는 김일성종합대학은 '김일성종합대학 학위학직수여위원회' 결정으로 김일성종합대학 명의로 학위를 수여한다. 북한의 학위제도 가운데는 '원사'가 있다. 원사는 박사학위 소지자로서 해당 분야에서 특출한 연구성과 후진양성 등 업적을 쌓은 원로 학자에게 수여하는 명예 칭호이다.

5. 원격교육

의무교육을 강조하는 것과 함께 강조하는 것이 컴퓨터를 중심으로 한 평생교육체계이다. 북한이 강조하는 평생교육 체계에서 원격교육은 대단히 중요한 의미가 있다. 최근에는 컴퓨터를 중심으로 한 원격교육을 적극적으로 도입하고 있다.

북한은 2006년 1월 김책공업종합대학 전자도서관 준공을 시작으로 원격교육센터, 원격대학을 세웠다. 김책공업종합대학 원격대학은 김책공업종합대학 홈페이지 '리상'을 중심으로 운영된다. 리상은 '컴퓨터망을 통해 강의가 전송되는 원격강의체계', '강의에 대한 질문을 여러 도구를 이용하는 질문하고 답하는 질의응답체계', '학습에 필요한 참고서들을 컴퓨터로 볼 수 있는 참고자료 학습체계', '이론과 실천을 컴퓨터상에서 실습해 보는 실험실습체계', '컴퓨터 망을 통해 원격 카

〈사진 7-14〉
인민대학습당의
방송통신 강좌

메라 등을 이용하여 학습을 평가하는 시험관리체계', '교육관리 프로그램으로 진행되는 교무행정관리체계'의 6개 체계로 이루어져 있다. 원격대학은 기존의 방송통신고등교육기관인 통신대학, 공장대학, 텔레비죤 방송대학, 야간대학, 재교육학교와 함께 일하면서 배우는 형태의 대학이다.

김책공업대학의 원격교육대학 이외에도 김형직사범대학, 보건성, 인민대학습당에서 원격교육을 실시하면서, 전산망을 통해 교육체계를 연결하고, 전국의 도서관과 컴퓨터를 통해 필요한 자료를 받아볼 수 있도록 하였다.

6. 북한의 학교들

1) 북한 최고·최대의 종합대학 김일성종합대학교

평양시 대성구역 용남동 금성거리변에 위치한 북한 최고의 종합대학으로 김정일 국방위원장을 비롯하여 정무원 부부장(차관급)의 1/3 이상이 김일성종합대학 출신이다. 1946년 7월 8일 북조선인민위원회 결정에 따라서 10월 1일 개교하였다. 개교 당시에는 7개 학부 24개 학과 교수 60명, 학생 수 1,500여 명이었으나 현재는 교원연구사 2,300여 명에 학생 수가 12,000명 정도이다.

총장 아래 제1부총장을 비롯하여 교무부총장, 과학부총장, 경리부총장 등 4명의 부총장을 두고 있다. 과학부총장은 각 연구소를, 교무부총장은 교무행정을, 제1부총장은 학부당위위원회를, 경리부총장은 예산문제를 담당하는 등 분업화되어 있다.

학부는 크게 사회과학부와 자연과학부로 구분되는데, 사회과학 계열에는 경제학부, 철학부, 역사학부, 법학부, 조선어문학부, 외국어문학부가 있으며, 자연과학 계열에는 물리학부, 화학부, 핵물리학부, 수학부, 생물학부, 지리학부, 지질학부가 있다. 각 학부에는 4~5개의 학과가 있다. 부속기관으로 역사연구소, 경제학연구소, 철학연구소 등 10여 개 연구소와 박사원 과정을 두고 있다.

최근에는 과학기술중시 정책에 따라서 '컴퓨터과학대학'이 최근 김일성종합대학 안에 별도의 단과대학으로 설립한 것으로 알려졌다. 김일성종합대학은 종합대학이면서도 학부제로 돼 있으며 지금까지 대학 안에 단과대학을 설립하지 않았던 것으로 보아 과학기술중시 정책이 반영된 영향으로 보인다.

〈사진 7-15〉 북한 최고·최대의 종합대학교인 김일성종합대학교

2) 북한 최고의 공업종합대학 김책공업종합대학

북한의 3대 종합대학 가운데 하나로 북한 최초의 기술대학이자 최대의 공업종합대학이다. 과학기술 분야로는 최고 수준의 대학으로 가장 열심히 공부하는 학교로 알려져 있다. 김책공업종합대학은 평양에 있다. 간혹 함경북도로 오해하시는 경우가 있는 이는 김책시가 함경북도에 있어서 이런 오해가 생긴 것이다.

김책공업종합대학은 평양 중구역 영광거리에 위치하고 있다. 1948년 9월 김일성종합대학 공학부에서 분리되어 평양공업대학으로 출발하였고, '6·25'가 진행 중이던 1951년 1월 전사한 전선사령관 김책의 이름을 따서 김책공업종학대학으로 개칭하였고, 1988년 종합대학으로 승격되었다. 대학 총책임자인 총장 아래 3명의 부총장을 두고 있다. 학생 수는 1만 명, 교직원은 2천 명 정도인 것으로 알려져 있으며,

〈사진 7-16〉 김책공업종합대학 전자도서관

213개 학부에 80여 개의 강좌를 개설하고 있다. 과학기술 분야와 기계 분야의 인력 양성을 목적으로 컴퓨터공학부를 확대 개편한 '정보과학 기술대학'과 기계공학부를 모체로 한 '기계과학기술대학'의 2개 단과 대학을 비롯하여 지질탐사학부, 광업공학부, 금속공학부, 재료공학부, 열공학부, 선박공업부, 체신학부, 전기공학부, 물리공학부, 기초학부, 공업경영학부 등의 10여 개 학부가 설치돼 있다.

주요 학과로는 원자로공학과·지구물리탐사학과·정밀기계학과·핵 전자공학과 등이 있다. 6층짜리 1호 교사와 각 5층 규모의 2·3호 교사 를 비롯하여 종합강당(2천 석), 각종 실습공장 및 실험실(54개), 도서관 (장서 60만 권) 등의 시설을 확보하고 있다. 이공계열의 연구소와 연구 원과 박사원 과정을 두고 있다.

3) 경공업 분야의 최고대학 고려성균관

고려성균관은 개성시(직할시에서 특급시로 바뀜)에 있으며, 1992년 8 월 고려의 성균관을 계승한다는 취지 아래 개성경공업대학에서 종합 대학으로 승격하면서 고려성균관으로 개칭하였다. 고려성균관이라는 교명은 김일성 주석이 직접 지었으며 또 한글과 한문으로 쓴 '친필지 문'도 보내 주었다.

고려성균관은 학교의 특성에 맞추어 경공업 부문, 실생활에 적용되 는 실용적 연구를 통하여 북한 경공업의 발전을 도모하는 것을 목표 로 삼고 있다. 학부도 고려인삼학부, 고려도자기학부, 고려수예학부, 고려방직학부 등의 실용학부 중심이다. 특히 고려성균관은 경공업 분 야의 교수진과 교육 설비와 자재를 거의 완벽하게 갖추고서 이론교육 과 함께 실기교육에도 많은 비중을 두고 있다. 이러한 학교 개편을 통하여 그동안 각종 경공업관련 기술을 개발하는 등 경공업 분야의 인재를 양성하는 종합대학으로 확고하게 자리를 잡았다고 평가한다.

4) 과학기술 인력 양성의 핵심기지 이과대학

이과(理科)대학은 1967년 1월에 설립된 전자자동화학부, 수학학부, 물리학부, 생물학부 등의 8개 학부와 컴퓨터센터 등 4개 연구소를 갖춘 북한 최고의 과학기술대학으로 평양시 은정구역에 있다. 학생은 약 2,000여 명이며, 예전에는 6년제로 운영되었는데, 최근 '과학기술 발전이라고 하는 국가적 요구에 부응하기 위한 차원'에서 4년으로 학제를 축소하는 한편으로 박사원 과정을 2년에서 3년으로 조정하였다.

이과대학이 있는 은정구역은 예전에는 평안남도 평성시여서 평성이과대학으로 불렸다. 평성은 평양에서 32km 떨어진 평양과 인접한 도시로 남측의 대덕 과학단지와 비슷한 과학기술 분야의 대학과 연구기관이 밀집한 과학도시이다. 평성은 평양의 위성도시라는 의미를 담고 있는데, 지난 1963년부터 새로 조성된 북한의 대표적인 과학문화도시이다. 이과대학이 있던 은정구역은 1993년 11월 과학원 단지가 들어서면서 평양시에 편입됐다.

5) 대외사업 전문가 양성을 위한 평양외국어대학

평양외국어대학은 1993년에는 김일성종합대학 외국어학부에서 분리되어 설립된 북한 유일의 4년제 외국어전문대학이다. 북한에서도 유

〈사진 7-17〉 도서관에서 공부하는 북한 대학생   〈사진 7-18〉 공부를 강조한 김정일위원장 말씀판

행에 민감하며 국제적인 감각을 갖춘 학생들로 알려져 있다. 학생 수는 약 2,000명 정도로 대부분이 평양 외국어학원 출신이고, 10% 정도가 지방중학교 출신이라고 한다. 전공으로는 영어, 러시아어, 일어, 독일어, 불어, 중국어, 아랍어 등이 있는데, 영어 전공학생이 가장 많다.

북한에서도 영어는 매우 중요한 외국어이다. 갈수록 외국어로서 영어의 중요성이 부각되고 있다. 국제공용어로서 영어의 중요성을 실감할 수 있는 대목이다. 대학 입학을 위한 예비 시험 과목에도 당연히 영어가 포함되어 있다. 북한에서의 영어 교육은 1964년부터 시작되었다. 1964년 1월 노동당 중앙위원회에서 외국어 교육을 대폭 강화하는 결정을 채택하였다. 이때부터 러시아어와 영어를 중학교 제1외국어로 지정하여 학교별로 선택하게 하였으나 영어의 중요성이 점차 높아지면서 1975년부터는 러시아어·영어를 병행 교육에서 영어 위주로 전환하였다. 1980년대 중반부터 러시아어반이 폐지되었다. 1991년에는 영어와 함께 제1외국어였던 러시아어가 제2외국어가 되었고, 영어만이 제1외국어로 지정되었다. 1993년 평양외국어대학을 설립한 이외에도

〈사진 7-19〉 북한 대학의 교재들

대외사업에 필요한 전문가 양성을 위하여 평양, 청진, 함흥, 신의주에 제한되었던 6년제 외국어학원을 각 도마다 설립하였다.

최근 북한에서 외국어는 외국어 대학뿐만 아니라 일반 대학에서도 열풍이라고 할 정도로 많이 이루어지고 있다. 이공계 대학은 물론 모든 대학에서 교수들에게 영어나 중국어로 전공 강의를 하도록 하고 있으며, 학생들에게도 한 가지 이상의 외국어를 배우도록 주문하고 있다. 외국어 관련 대학이나 학원에서는 원어민 교육을 강화하고 교원들을 외국에 파견도 실시하고 있다.

6) 정치대학 금성정치대학, 김일성고급당학교

정치대학으로는 '금성정치대학', '김일성고급당학교'가 있다. 금성 정치대학은 근로단체 간부 양성기관으로 1946년에 설립되어 민청중 앙학교-사로청대학을 거쳐 1974년에 현재의 이름으로 바뀌면서 직 총간부학교에서 발전한 근로단체중앙학교를 통합하여 현 체제로 운영하고 있다. 청년동맹과 근로단체 간부를 양성하는 정규과정과 현직 간부를 위탁 교육하는 단기과정, 한 달 기간의 강습회 등의 코스를 운영하고 있다. 정규과정 학생 대부분이 제대군인과 산업현장의 노동 자 출신이다.

김일성고급당학교는 당 간부 재교육기관으로 평양시 동대원 구역 에 위치하고 있다. 북한의 최고 정규 교육기관은 물론 김일성종합대 학이나 가장 권위 있는 교육기관으로는 '김일성고급당학교'가 꼽힌 다. 북한 사회를 움직이는 노동당 간부들은 모두가 '김일성고급당학 교'를 거쳐야 하기 때문이다. 김일성고급당학교는 1946년 6월 1일 '북 조선공산당 중앙당학교'로 출발하여 1972년 4월 15일 김일성 주석 60 회 생일을 기념하여 현재의 이름으로 개칭되었다. 창립 당시에는 2, 3, 6개월의 단기코스였으나 1955년부터 3년제 기본반과 4년제 통신학부를 기본으로 하면서 현직 당일꾼을 위한 6개월 재직반이나 한 달 강습반 같은 단기코스도 운영하고 있다.

학생 수는 약 1,200명 정도이며, 중앙당의 고급간부, 과학원이나 기타 김일성대학 등의 권위 있는 교수들로 강사진이 구성된다. 교과과정은 당 간부 재교육이라는 특성을 고려하여 사상과 당 정책을 기본으로 한 이론과 지방 당조직에 대한 견학과 실습과정을 거쳐 졸업한다. 이 학교 외에 당 간부 양성 및 재교육 기관으로 각 시·군에 당 학교가 있다.

7) 군간부 양성 최고대학 김일성정치대학, 김일성군사종합대학

군사 분야의 최고대학은 김일성정치대학과 김일성군사종합대학이 손꼽힌다. 김일성정치대학은 인민군 내의 고급 정치장교인 정치군관 양성을 목적으로 설립되었으며, 김일성군사종합대학은 일반 고급 군

〈사진 7-20〉 북한의 교실(오두산통일전망대)

지휘관 양성 기관이다. 김일성정치대학이 정치장교라고 한다면 김일성군사종합대학은 실전 지휘관 양성기관이라고 할 수 있다.

최고의 군간부 양성대학은 김일성정치대학이다. 김일성정치대학이 인민군 내의 최고 파워를 과시하는 것은 정치군관을 양성하기 때문이다. 북한에서는 군대에 대한 당의 지도를 관철하기 위한 조직으로서 일반군관과 달리 정치군관을 두고 있다. 정치군관은 사병과 장교에 대한 사상지도와 당조직의 운영을 책임지고 있어 상당한 파워를 과시한다. 김일성정치대학은 바로 이 정치군관을 양성하는 유일한 기관이다.

김일성정치대학의 전신은 김책정치군관학교로서 인민군대 내의 중대정치지도원 양성을 목적으로 한 초급 정치 장교 양성기관으로 설치되어 총정치국에서 관장하였다. 중학교를 졸업하고 입대한 군인 가운데 1~3년 사이의 사병 가운데서 선발하여 초급간부를 양성하였다. 김일성정치대학으로 이름을 바꾼 지금은 북한의 유일한 정치군관학교로서 위상이 강화되었다. 김일성정치대학은 중등반과 대학반으로 운영된다. 중등반은 사병 가운데서 선발하여 2년제로 운영하며, 대학반은 기존의 정치군관이나 대학출신자들 가운데서 선발하여 3년제로 운영하고 있다. 소좌(소령) 이상의 고급 정치 장교들을 양성한다. 정치 장교의 양성과 함께 정치 장교들을 대상으로 한 재교육도 실시한다. 교과과정은 혁명역사, 주체사상, 주체건군이론, 당정책, 주체전법, 전쟁사, 군사학 등으로 구성되어 있다.

이외에도 사회안전성정치대학, 국가안전보위부정치대학, 철도공산대학 등이 당 규약에 따라서 정치 간부를 양성하고 있다.

8) 혁명유자녀를 간부로 양성하는 혁명학원

혁명학원은 국가와 사회에 이바지하다 사망한 '혁명가' 자녀들을 대상으로 한 교육기관이다. 대표적인 혁명학원으로는 만경대혁명학원, 강반석유자녀대학, 남포혁명학원, 새날혁명학원, 해주유자녀혁명학원 등이 있다.

만경대혁명학원은 1947년 10월에 당시 민족보위성 산하 교육기관으로 설립된 북한 최초의 혁명학원이며, 빨치산 1세대의 혁명전통을 잇는 핵심 후계교육기관이다. 8년제로 운영되는 특수학교로 입학과 동시에 전원 기숙사생활을 하고 엄격한 군사조직아래 교육을 받으며, 최고의 환경을 갖추고 있다. 700~800명 정도의 학생들로 구성되어 있는 것으로 알려져 있는데, 소학교 졸업 후에 입학하는데, 중앙당 부부장급 이상 고위간부와 '항일혁명투사'의 자녀들이 입학대상이 된다. 이외에도 특별한 공이 있거나 대규모 공장 기업소 지배인과 기사장 자녀들에게 입학 기회가 주어진다. 별도의 시험은 없으며, 6학년까지는 중학교와 같고, 7~8학년은 군사교육과 기술교육 위주로 진행한다.

강반석유자녀대학은 남포혁명학원을 모태로 여성 정치간부들을 양성하기 위해 설립된 4년 과정의 여자대학이다. 강반석혁명학원, 강반석정치대학으로 불리다가 1992년 8월에 개칭되었다.

9) 산학협동대학 공장대학·어장대학·농장대학

직장인이나 일반인을 위하여 근로자중학교, 공장고등전문학교, 공장·농장·어장대학을 비롯하여 야간 교육 및 통신 교육 등의 성인교육체계를 갖고 있다. 공장·농장·어장대학은 '일하면서 배우는 교육형태'로 남측의 '산학연' 연계 대학이나 사내대학이다. 교육과 산업체를 연계한 교육기관으로 산업체와 학교, 연구기관을 하나로 묶어 생산현장과 교육현장을 연계하는 것이다. 공장대학은 공장이나 기업소에, 농장대학은 협동농장에, 어장대학은 수산기업소나 수산협동조합에 설치된다. 생산현장에 근무하면서 교육을 받을 수 있게 한 것이다.

공장·농장·어장대학 등 모두 100여 개가 설립돼 있는데, 일종의 산업체 부설 교육기관으로 인정하여 정규대학에 포함되지는 않는다. 북한에 있는 280여 개 대학에 30만 명 정도의 대학생 수도 공장대학이나 어장대학, 농장대학이 상당수 포함된 것이다.

　이들 산업체 부설 대학은 6개년 경제 건설에 필요한 기술인력 양성을 목적으로 1960년 9월에 처음 설립되었다. 경제 건설을 추진하며, 이에 필요한 기술인력의 필요성이 대두되면서 교육과 생산을 결합한 고등교육 기관으로 공장대학이 신설되었다. 대학은 해당 기관이나 기업소에 소속되며 교육 사업에 대한 지도는 교육위원회에서 담당한다. 1명의 학장과 경리와 교무를 담당하는 2명의 부학장을 두고 있는데, 학장은 해당 기업의 지배인이 겸직한다. 공장대학이나 농장대학, 어장대학은 야간대학으로 교육 여건이 상대적으로 열악하다.

　수산대학의 하나인 원산수산대학은 강원도 원산시에 위치한 수산 부문 기술자 양성대학으로 원산농업대학 수산학부를 토대로 1959년 9월 창립되었다. 350,000m²의 부지에 어로학부, 수산물가공학부, 양어양식학부, 기계공학부와 연구소, 실습공장이 있다.

〈사진 7-21〉
소년단 학생들에게
둘러싸인 김정은

10) 김일성방송대학

남측의 방송통신대학과 비슷한 성격으로 김일성방송대학이 있는 것으로 알려져 있다. 김일성방송대학은 1970년대 초에 창립된 것으로 알려져 있으며, 대학에 진학하지 못한 청소년들과 일반인을 대상으로 한 방송교육을 목적으로 하고 있으며, 2004년으로 42회 졸업생을 배출한 것으로 알려져 있다.

1년을 연한으로 하면서 별도의 입학식 없이 김일성종합대학교 김일성방송대학 교무부에서 김일성의 생일을 앞두고 방송강의 기간이나 과목, 시간 등을 담은 '교육강령 및 과정 조직안'을 발표하는 것으로 새 학년을 시작하여 김정일의 생일을 전후하여 졸업한다. 별도의 입학식 없이 졸업식만 있는 것으로 알려져 있으며, 구성원과 교육 체제에 대해서는 별로 알려진 바 없다. 강의는 주로 김일성 부자의 혁명 역사와 혁명사상 등을 중심으로 밤 11시부터 시작하며, 새벽 2~4시에 재방송한다.

11) 영웅학교

북한의 교육기관은 국가에서 관리하므로 필요에 따라서 대학의 분리나 결합, 학교의 개명이 당국의 지시에 따라 바뀐다. 북한의 대학이름 가운데서 가장 많은 것은 김일성이나 김정숙의 이름을 따거나 항일혁명투쟁 인물이나 그 학교 출신의 영웅이 있으면 '영웅' 이름을 따서 학교 이름을 고친다.

북한에는 현재 김일성 주석의 이름을 딴 교육기관이 모두 6개교가 있는 것으로 알려져 있다. 평양 보도매체들에 따르면, 이 6개교는 '김일성종합대학', '김일성고등물리학교', '김일성고급당학교', '김일성고급군사종합대학', '김일성정치대학', '김성주소학교' 등이다.

김성주는 김일성 주석의 본명이다. 김성주소학교는 지난 1997년 7월 평양 대동문인민학교를 개명한 것이고, 김일성종합대학은 1946년 7월 8일 설립된 북한 최초이자 아직도 유일한 종합대학이다. 김일성고등물리학교는 '6·25' 중인 1952년 4월 12일 김일성고급중학교에서 이름이 바뀐 것이고, 김일성고급당학교는 당 간부 재교육기관이었던 중앙당학교를 개칭한 것이다. '군사과학교육의 최고전당'으로 평양 보도매체에 의해 소개되는 김일성군사종합대학은 1954년 8월에 세워진 김일성육군대학이 그 전신이며, 김일성정치대학은 해방 직후에 설립된 평양학원을 1972년 2월에 개명한 것이다. 김정일 국방위원장의 이름을 딴 교육기관은 아직 없는 것으로 보인다.

김정일의 생모인 김정숙의 이름을 딴 학교로 김정숙사범대학, 김정숙여자중학교(구 신파여자중학교), 김정숙교원대학(구 회령교원대학), 김정숙제1중학교(평안남도 평성시)가 있으며, 작은할아버지인 김형권의 이름을 딴 김형권사범대학(구 함경남도 제1사범대학), 삼촌인 김철주의 이름을 딴 김철주사범대학(구 평양사범대학) 등이 있다. 김철주사범대

〈사진 7-22〉 북한의 입학식

학은 북한에서도 학생들에게 예절교육을 가장 잘하는 학교로 알려져 있다. 원래 평양사범대학이었는데, 1990년 10월 김일성의 동생인 김철주의 이름을 따서 교명(校名)을 바꾸었다.

항일혁명투사나 '6·25'와 사회적인 모범인물의 이름을 딴 학교로는 차광수대학(구 신의주제1사범대학), 장철구대학(구 평양상업대학), 최희숙대학(구 함흥제1교원대학), 마동희대학(구 청진교원대), 오중흡대학(구 청진제1사범대), 조옥희대학(구 해주교원대학), 김제원대학(구 해주농업대학), 계응상대학(구 사리원농업대학), 리수복대학(구 순천화학대학), 정준택원산경제대학(구 원산경제대학), 한덕수경공업대학(구 평양경공업대학) 등이 있다.

인명을 딴 학교의 경우가 있는데, 반드시 지명과 학교가 있는 곳이

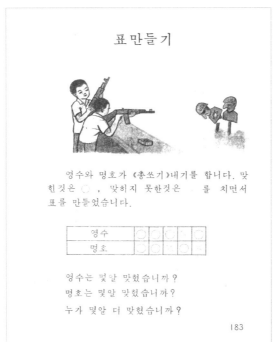

표 만 들 기

영수와 명호가 《총쏘기》내기를 합니다. 맞힌것은 ⊙ , 맞히지 못한것은 　 를 치면서 표를 만들었습니다.

| 영수 | ⊙ | ⊙ | ⊙ | ⊙ |
| 명호 | ⊙ | ⊙ | ⊙ | ⊙ |

영수는 몇알 맞혔습니까?
명호는 몇알 맞혔습니까?
누가 몇알 더 맞혔습니까?

|83

〈사진 7-23〉
북한 소학교 수학교과서

일치하지는 않는다. 지명이나 학교명으로 많이 사용되는 '김정숙'의 경우를 살펴보면 김정숙사범대학(양강도 혜산시), 김정숙군(양강도 신파군을 개칭), 김정숙여자중학교(신파여자중학교), 김정숙교원대학(회령교원대학 개칭), 김정숙탁아소(평양시 모란봉구역 칠성문동 안태상거리), 김정숙제1중학교(평남평성시), 김정숙휴양소(금강산), 김정숙요양소(함북 경성군) 등으로 그 위치가 각기 다르다.

〈사진 7-24〉 답사에 나선 북한 학생들(묘향산)

8장 생활문화

1. 통과의례

1) 결혼

북한에서 결혼은 연애결혼이 늘고 있다. 예전에는 중매결혼이 많았지만 최근으로 올수록 연애결혼이 늘고 있다고 한다. 청춘남녀의 결혼에서 가장 큰 문제는 군 복무이다. 북한에서는 남자들의 군 복무기간이 길어서 이성교제를 할 수 있는 시간이 부족하다. 능력 있는 남자들은 군복무 하는 기간 동안 연애를 하다가 제대할 때 고향으로 오는 경우도 제법 있다고 한다. 대학생이나 일반 젊은이들은 연애결혼은 선호하지만 연애도 쉽지 않다. 대학생의 경우에는 원칙적으로 연애가 금지되어 있으며, 잘못하면 퇴학을 당할 수도 있다. 그래서 남의 눈에 걸리지 않게 몰래 도둑연애를 하기도 한다.

배우자의 조건으로는 출신성분을 우선으로 꼽았으나 최근에 와서는 경제적인 능력도 상당히 중요하게 평가하고 있다. 결혼을 앞두고

양가 부모님들의 허락이 떨어지면 궁합을 보기도 한다. 북한에서 사주와 궁합은 '사회주의 생활방식'에 맞지 않는다는 이유로 금지되어 있으나 민간에서는 몰래 궁합을 보기도 한다. 약혼식은 식량난 등의 영향으로 많이 사라졌다.

　결혼식은 주로 일요일을 비롯하여 공휴일에 치른다. 대부분 전통혼례식으로 치러진다. 결혼식에서는 특별히 주례가 없고, 주례가 사회를 겸하여 친구나 직장상사가 맡아서 진행한다. 전통혼례를 따르지만 복식은 달라져 신부의 경우에는 전통한복을 착용하지만 신랑은 양복으로 대신한다. 신랑신부 맞절 등의 절차는 없다.

　결혼식은 신랑과 신부 측 가족과 친척, 친구, 직장 동료들이 참석한 가운데 신랑 집이나 신부 집 또는 직장이나 문화회관을 비롯한 대중시설에서 치러진다. 조금 여유가 있는 계층에서는 평양 시내 경흥관, 문수식당, 청류관에서도 결혼식을 올리기도 한다. 특히 경흥관에서는 한 해 약 천 건 정도의 결혼식이 치러질 정도로 인기가 높다. 결혼식장에서 신랑과 신부의 새 출발을 축하하는 의미에서 하객들이 신랑신부에게 꽃가루를 뿌려주는 것이 일반적인 풍습이 되었다.

　예전에는 신랑과 신부가 목에 화환을 걸고 결혼식을 치르는 것으로 알려졌으나 최근 들어 '신혼부부의 행복을 바라는 마음이 반영된 우

〈사진 8-1〉
결혼식을 마치고
하객과 함께 유람선 일주를
하는 신랑신부

〈사진 8-2〉 집을 잘 가꾸자는 주제의 텔레비전극
〈이것이 우리 집이오〉

리나라를 비롯하여 세계 여러 나라 사람들 속에서 결혼식 풍습으로'으로 자리 잡아 거의 모든 결혼식장에서 볼 수 있다.

예단과 예물은 결혼식 당일에 교환되며 생활수준에 따라 차이는 있으나 신랑 양복감, 신부 한복감, 가족 양복감, 화장품 정도를 주고받는다. 집은 국가에서 배정하여 주며, 부엌 살림살이나 가구, 이불, 베개 등의 살림살이는 신부 쪽에서 장만하는 것이 일반적이다. 지역별로 차이가 있다. 평안도나 황해도 지역에서는 신랑이 살림살이 일부를 해가지고 가기도 하지만 함경도에서는 살림살이 모두를 신부가 장만하는 것이 일반적이다.

혼기를 앞둔 자녀가 있는 집에서는 미리 살림살이를 장만하였다가 시집갈 때 보낸다. 경제적 형편이 나은 집안에서는 오장육기를 해 주는 경우도 있으나 일반적인 일은 아니다. 5장은 찬장·이불장·옷장·책장·신발장이며, 6기는 냉동기·세탁기·텔레비전수상기·녹음기·선풍기·사진기로 호화혼수를 상징한다. 시간이 지나면서 혼수품도 많이 달라졌다.

결혼식을 앞둔 신랑과 신부 그리고 가까운 일가친척들에게는 3~5일 정도의 휴가가 주어지며, 친구들이 결혼식을 도와준다. 결혼식에서 가장 중요한 음식은 술이다. 결혼식이나 명절에 맞추어 국가에서 술이 배급되지만 결혼식에 사용하기에는 부족하여 별도로 구입한다. 결혼식 하객들에게는 떡, 국수, 강냉이, 술 등이 주로 나오며, 하객들은 축의금은 돈으로 내거나 강냉이, 쌀 등을 내기도 한다.

2) 장례 문화

북한에서 장례는 3일장을 기본으로 하며, 종교적 의식은 금지되어 있으며 양초나 향을 사용하지는 않는다. 상례에 입는 상복(喪服)은 일찍부터 사라져 상례복을 지어입거나 굴건제복을 하지 않고 남자는 상장(喪章)과 검은 천을 팔에 두르고 여자는 머리에 흰 리본을 단다. 장례에 필요한 물자들은 국가에서 지급하는데, 병원이나 해당 진료소에서 사망진단서를 발급받아 장례비와 술 등의 물자를 관혼상제 상점에서 구입하여 사용한다.

장지는 개인 또는 문중묘지는 허용되지 않으며, 각 도·시·군별로 일반 주민들을 대상으로 한 공동묘지가 조성되어 있다. 매장을 선호하는데, 북한도 묘지난이 심하다. 화장을 공식적으로 권장하고 있으며, 평양을 비롯한 각도 단위별로 화장터 건설을 확대 추진하고 있으나 매장을 선호하는 풍조가 강하다. 장례풍습은 현대에 맞게 달라졌다. 비석을 새기는 경우에도 예전처럼 한자로 새기는 대신 한글로 새기며, 석물을 세우지 않고, 소박하게 이름과 생몰 연대를 새긴 비석을 세운다.

북한에서는 법정상속과 유언상속을 모두 인정하고 있으며, 상속재산은 개인 소유 재산 중 개별재산에 국한, 사실상 소비품으로 한정하며 가정재산은 상속되지 않고 나머지 가족들이 소유하게 된다는 점이 우리와 다르다.

〈사진 8-3〉 올바른 예의를 강조한 텔레비전 토막극 〈인사를 받아주십시오〉

2. 생활예절

1) 인사법

절을 하는 방식은 전통적인 엎드려 절하기와 선채로 허리를 굽히는 간편한 절이 함께 통용된다. 북한에서도 설이나 추석 때면 차례상을 차리고 조상에게 큰 절을 올린다. 특이한 것은 북한에서 보편화된 '선절'이다. 선절이란 큰절 대신 서서 머리를 깊이 숙여 인사하는 것으로 전통적인 예의범절로 소개되었다.

북한 『조선말대사전』(1992년 판)에서는 선절에 대해서 '서서 하는

> **북한상식** **북한의 금연 열풍**
>
> 2000년 이후부터 북한에서도 금연운동이 활발하다. 북한은 20세 이상 남성들의 흡연율이 약 80%로 매우 높은 것으로 알려져 있다. 흡연율을 줄이기 위하여 2000년 8월 '담배근절 봉화운동'을 처음 실시한 이래로 세계 금연의 날인 5월 31일을 전후하여 담배의 해독성에 관한 사진자료와 금연제품을 전시하면서 금연을 장려하고 있다. 2008년에는 금연 바람에 맞추어 평양시 서성구역 산신동에 금연제품 전시장도 개관하였다. 전시장에서는 담배가 인체에 미치는 해독성을 홍보하고, 금연을 권하는 녹화물과 출판물, 선전포스터 등을 통해 금연을 권장하고 있다.
>
> 금연제품으로는 '금연영양알', '금연물주리' 등이 있는 데, 금연영양알은 서성고려약관리소에서 개발한 금연치료제로 인체에 무해하면서도 효과가 뛰어난 것으로 알려져 있다. 금연조치 가운데서 가장 강력한 것은 2005년 7월 제정된 '담배통제법'이다. 담배통제법은 금연장소를 확대하고 미성년자에 대한 담배판매를 금지하며 흡연자에 대해서는 대입자격 박탈을 포함한 강력한 규정을 두고 있다. 최근에는 '민족금연조정위원회'라는 단체까지 만든 것으로 알려졌다. 민족금연조정위원회는 산하에 '담배연구중심(센터)' 부서를 두고서 담배통제 활동 계획과 전략, 규정에 대한 연구와 금연구역 설정, 담배 해독성 홍보 사업 등을 벌이고 있다.

절'이라고 하였으며, 2000년 11월호 『천리마』에서는 인사예절에 대하여 소개하면서 절의 형식을 큰절, 반절, 선절로 구분하였다. 이 가운데 '선절'은 '말 그대로 선 자리에서 몸을 숙여 예의를 표시하는 절로 우리 인민들 속에서 가장 널리 쓰여 온 전형적인 인사 예법'이라고 소개하였다. 선절은 실내보다는 실외에서 하는 것으로 '윗몸을 깊숙이 굽이는 형식', '절반 정도 굽히는 형식', '고개만 숙이는 형식'이 있으며, 윗몸의 굽히는 정도가 클수록 정중한 태도가 된다고 소개하고 있다.

남한에서는 일반화되어 있는 악수에 대해서는 '조선민족은 악수를 하지 않았다'면서 '머리를 숙여 인사를 하는 것은 전통적으로 내려오는 우리 민족의 인사법'이라고 하면서 악수보다는 허리를 굽혀 인사하는 것을 권장하고 있다. 김정일도 인사법과 관련하여, '인사를 조선식으'로 할 것을 권장하면서, '사람들이 서로 만나 악수하는 것은 구라파식'으로, '악수하는 것은 위생적으로도 좋지 않다'고 말한 것으로 알려졌다. 악수와 함께 포옹이나 키스 등에 대해서도 '조선식 인사법'과는 거리가 먼 방식으로 적합하지 않다고 보고 있다.

2) 공중도덕

공중도덕과 예의범절을 잘 지키지 않은 현상은 청소년 사이에서 더욱 심하게 나타난다고 하면서 청소년들의 공중도덕을 강조하였다. 청소년들의 도덕성 강조로서 생활에서 직접 발생하는 구체적인 사례들로는 '청년들이 버스 줄에 새치기하는 것', '남보다 먼저 자리를 차지하려고 질서를 지키지 않는 것', '담배꽁초를 함부로 버리는 것', '노인이 있는 데도 자리에 앉아 조는 시늉을 하는 것' 등이다. 이러한 행동들은 '비(非)도덕적'일 뿐만 아니라 '이런 것은 다 초보적인 공중도덕도 지킬 줄 모르는 문명치 못한 행동', '대중을 무시하는 무례한 행동'이라고 비판했다.

젊은이들에게 전통적인 미풍양속의 중요성을 잘 알리고 이를 장려하기 위한 해설, 담화 등의 교양 사업을 전개할 것도 강조하고 있다. 미풍양속에는 우리 민족의 고상한 생활기풍이 다 반영되어 있으므로 우수한 민족적 전통과 풍속을 알려주기 위하여 미풍양속의 우수성을 알리고 장려하도록 유도하고 있다.

북한에서도 청소년들의 도덕성에 대해서는 상당한 관심을 갖고서 청소년들에게 '공산주의 도덕'을 철저히 준수할 것을 강조한다. 특히 북한의 경제난이 심각해지면서 도덕의식이 많이 약해진 것으로 알려졌다. 하여 경제난으로 국정가격과 배급과 함께 예의가 없어졌다는 소리도 나오게 되었다.

청소년들에게 공중도덕 의식을 강조하는 가장 중요한 이유는 공산주의 도덕을 지키는 것이 공동생활의 바른 행동일 뿐만 아니라 사회주의 제도를 지키기 위한 것이기 때문이다. 다시 말해 북한에서 '사회질서와 공중도덕을 지키도록 하는 사업은 단순히 사람들이 도덕규범과 생활세칙대로 살게 하는 실무적인 사업이 아니라 온 사회에 사회주의 사회의 본성적 요구에 맞는 사회문화 생활기풍을 세우고 우리의 사회주의 제도와 우리 인민이 이룩하여 놓은 귀중한 창조물들을 지키고 빛 내이기 위한 정치적인 사업'의 하나인 것이다.

〈사진 8-4〉 금연을 주제로 한 예술영화
〈이런 현상을 없앴시다〉

〈사진 8-5〉 공중도덕을 강조한 토막극
〈일요일에 있은 일〉

공연장에서의 예의도 강조하고 있다. 영화관람이나 예술공연 관람도 문화정서 생활의 하나라는 점에서 에티켓을 강조한다. 영화나 예술공연 관람할 때 가장 유념해야 하는 것은 단정한 옷차림이다. '옷차림이 지저분하면 다른 사람의 기분을 상하게 할 수 있기'에 옷을 항상 단정하게 차려 입어야 한다. 입장권에는 좌석이 지정되어 있지만 그렇지 않은 곳에서는 먼 곳에서 오는 '연로자'에게 자리를 양보하는 것이 미덕으로 꼽힌다.

관람 중에는 주위 사람들과 잡담을 피하고 불가피한 일이 아니면 일어나 돌아다니는 행동을 피해야 한다. 신발을 벗거나 과자를 소리 내어 먹는 것도 눈총을 받는 행동이다. 공연 도중에 흥이 난다고 해서 휘파람을 불거나 발을 구르는 것도 피해야 한다. 축하를 하려면 공연 도중에는 '열렬한 박수'를 보내고 공연이 끝나면 '꽃다발 전달'을 하는 것이 관람예절로 꼽힌다.

3) 가족예절

최근 여성들의 이혼이 증가하면서 가정문제가 사회문제로 제기되면서 신문 방송을 통해 부모와 시부모를 잘 모시는 것을 강조하고 있다. 북한에서도 고부간의 갈등이 있는데, 여성의 사회참여가 커지면서 가사분담 문제 등으로 이혼에 이르는 경우가 생기자 전통적인 가족윤리로서 부모와 시부모에 대한 예의도덕을 강조하고 있다.

부모와 시부모에 대한 예절에서는 특히 며느리들이 시부모에게 인사예절을 잘 지키는 것이 중요하다고 강조한다. 며느리들이

〈사진 8-6〉 직장생활을 소재로 한 예술영화 〈그 동무가 온 후〉

갖추어야 할 말과 태도로는 "어머니, 아침은 제가 하겠어요. 들어가 좀더 쉬세요", "아버님, 다녀오겠습니다", "어머님 좋아하시는 사과 사 왔어요. 들어 보세요" 등과 같은 구체적인 예를 제시하기도 한다. 또한 며느리들은 자기 생각대로 임의로 일을 처리하지 말고 "어머니, 오늘 아침 찬은 무엇을 할까요?", "어머니, 오늘 친정집에 들려와도 일 없을까요?"와 같이 언제나 물어보고 행동하는 습관을 가져야 한다고 권장하고 있다.

자식으로서 부모를 대할 때에도 정성을 다해야 하는데, 아침에 일어나면 공손한 자세로 문안 인사를 여쭙고, 식사할 때에도 부모님들을 위하는 마음으로 맛있는 것을 먼저 권해야 하며, 직장에 출근할 때나 퇴근할 때에도 반드시 인사말을 드려야 한다. 부모님의 생일을 소홀히 하지 말며, 부모님의 말씀을 잔소리로 생각하지 말고 귀담아 들어야 한다. 설혹 부모님과 의견이 맞지 않을 경우에는 부모님의 의사를 따라야 한다고 강조한다.

이와 같은 전통예절뿐만 아니라 새로운 법령이 만들어지는 경우에는 인민들에게 새로 제정된 법과 규정, 명령 등에 대한 선전 작업을 실시한다. 2000년대로 들어서면서 북한 인민들에게 각종 법규를 잘 지키도록 계도하기 위한 '법해설 선전사업'을 전개하고 있다. 이에 따르면 매월 첫 주를 '법무해설원의 날'로 정하고 각 시도 인민위원회에서 각급 단체와 공장, 기업소에 법무해설원들을 파견해 법무해설과 시범교육, 경험토론회 등을 통하여 다양한 형식과 방법으로 법 해설 선전사업을 실시하여 모든 종업원들이 국가의 법 규범과 규정을 자각적으로 지켜 나가도록 하는 준법기풍을 세워 나가고 있다.

법무해설원들은 해당 단위 종사자들에게 새로 나온 법 규범과 결정, 지시 등을 알려주면서 예술소품 공연과 직관물(선전화, 표어), 법해설 담화자료, 카드 등을 통하여 교양사업을 전개하고 있다. 이들이 벌이는 법해설 사업은 사업장의 특성에 따라 다른데, 근로자들의 경우에는 인민경제계획법, 사회주의 노동법, 노동규율규정 등이 대상이 되며, 교통관련 종사자의 경우에는 교통규정 등이 해당한다. 노동자들이 해당사업에 필요한 법 해설을 해 주민들이 사회주의 제도와 질서를 잘 지키는 준법정신을 발휘하도록 유도하고 있다.

3. 국가기념일

1) 사회주의 명절

남한에서 명절은 주로 민속명절을 의미하는 것과 달리 북한에서는 전통 민속명절 외에도 김일성생일, 김정일 생일, 정권수립일, 당 창건일, 헌법절 등의 국가경축일, 국제기념일 등의 사회주의 명절을 포함하는 개념이다. 명절의 사전적 의미는 ① 나라와 민족의 융성발전에서 매우 의의 깊고 경사스러운 날로써 국가적으로나 사회적으로 경축하는 기념일, ② 사회의 일정한 부문이나 인민 경제의 한 부문에서 경축하는 기념일, ③ 국제노동계급과 인민들의 사회계급적 해방과 전투적 연대성을 강화하기 위하여 경축하는 기념일, ④ 음력설을 이르는

〈사진 8-7〉
기념식수를 하는 김정은

말로 구분된다.

명절은 쉬는 형태에 따라 법정 공휴일, 휴식일, 기념일로 나눌 수 있다. 휴식일은 나중에 작업량을 보충해야 하는 대체 휴일이며, 기념일은 단순히 기념만 하는 날이다. 기념일은 국제부녀절(3·8), 국제아동절(6·1)을 비롯하여 모두 30일이다.

명절 가운데 특히 국가적인 기념일로 중요시하는 명절로는 김일성 생일(4월 15일), 김정일 생일(2월 16일), 국제노동자절(5월 1일), 정권창립일(9월 9일), 당 창건일(10월 10일), 해방기념일(8월 15일)과 헌법절(12월 27일)도 등이다. 이들 주요 명절을 가리켜 '사회주의 7대 명절'이라고도 부른다. 여기에 양력설을 포함하여 8대 명절로 꼽기도 한다. 모두 공휴일로 되어 있다. 다만 기념일이 5, 10년 주기일 때에는 특별히 2일간 쉬는 경우가 많다. 사회주의 명절은 법정 공휴일로 정해져서 배급품이 나온다. 주요 명절에는 만수대 언덕의 김일성 동상이나 혁명열사릉을 찾아 화환을 증정하고 참배하는 것이 관례화되어 있다.

이외에도 각 분야별 주요 기념일로는 소년단 창립일(6월 6일), 토지개혁법령 발표일인 농업근로자절(3월 5일), '사회주의교육테제' 발표일인 교육절(9월 5일), 식목일에 해당되는 식수절(3월 2일), 공군절(8월

〈사진 8-8〉
명절을 맞이하여
축하대회를 벌이는
북한 주민

20일), 해군절(8월 28일), 청년절(8월 28일), 광부절(7월 1일 1957년에 지정), 해양절(7월 12일, 1999년 지정) 등의 기념일이 있다. 이 날에는 해당 부분 근로자들이 기념식을 하거나 휴식을 취한다.

사회주의 관련 명절로는 국제부녀자절(3월 8일), 국제노동자절(5월 1일), 국제아동절(6월 1일), 비동맹의 날(9월 1일), 평화의 날(9월 1일) 등이 있다. 이 날은 국가적 명절로, 공휴일로 지정돼 있다. 민속명절에는 신정, 구정, 한식, 단오, 추석 등이 있다. 북한에서 설은 양력설로 가장 중요한 명절로 김일성과 김정일 생일과 같이 2일간 쉰다.

북한 명절 가운데 가장 큰 명절은 '나라와 민족의 융성발전에서 매우 의의 깊고 경사스러운 날로 국가적으로나 사회적으로 경축하는 기념일'로 '민족 최대의 명절'이라 불리는 김일성 생일과 김정일 생일이다. 1974년 2월 중앙인민위원회 정령 제469호로 김일성의 생일을 '민족 최대의 명절'로 결정하였으며, 김정일의 생일은 1975년 정무원 결정 제715호에 의거하여 임시휴무일로 정했다가 1976년부터 정식휴무일로, 1982년부터는 다시 공휴일로 제정했다.

김정일의 생일인 2월 16일부터 김일성의 생일인 4월 15일까지 두 달은 축제기간으로 정해 놓고 있다. 김일성의 생일이나 김정일의 생일에는 경축 분위기에 맞추어 평양과 지방의 모든 극장에서 예술단체들이 공연을 여는 것을 비롯하여, 체육대회, 집회 등의 모든 행사들이 진행된다.

〈사진 8-9〉 북한인민군 창설기념행사 기록 비디오

2) 민족 최대의 명절: 4월 명절 '태양절'

'당과 인민과 수령'이 일체를 이루는 '주체시대'의 명절로는 '수령님의 생일'을 최고 명절로 친다. 이른바 4월 명절이라 부르며 북한 사회의 중심인 혁명적 수령관에서 비롯된 것으로 이 날에는 전역에서 대대적인 행사가 펼쳐진다. 김일성 주석의 생일이 '태양절'로 제정된 것은 김일성 주석 사망 3주기인 1997년 7월 8일이었다. 노동당 중앙위원회, 노동당 중앙군사위원회, 국방위원회, 중앙인민위원회, 내각 등 5개 기관의 공동결정으로 주체연호의 사용과 함께 김일성 주석의 생일을 '태양절'로 제정하였다. '태양절'이라고 한 것은 '민족의 태양'인 김일성 주석의 영생을 바란다는 의미이다. 더불어 김일성 주석의 상징물에서도 '태양상'으로 명명됐다.

축전을 위한 준비위원회는 통상 3월 중순경 구성된다. 위원장은 부총리가, 그 아래 조직위원장은 문화예술부장이 맡는다. 북한의 보도에 따르면 태양절을 앞두고는 해외 각국에서 '태양절 기념 준비위원회'를 결성하는데, '태양절 기념 준비위원회'는 6개월 내지 1년을 기념일로 정하고, 이 기간에 기념집회, 회고모임, 사진전시회, 논문토론회, 영화감상회 등 각종 행사가 열린다고 한다. 북한의 보도에 따르면 이런 나라들은 콩고, 기니, 마다가스카르 등 아프리카 지역과 인도네시아, 캄보디아, 몽골, 방글라데시 등 아시아 지역에 집중돼 있다.

태양절을 맞이하여 여러 행사들이

〈사진 8-10〉 북한 최대의 명절 '태양절' 기념 포스터

벌어지는데, 주요 행사로는 충성의 편지 이어달리기, 배움의 천리길 답사행군, 4월의 봄 친선예술축전, 전국요리축전, 만경대상 체육대회, 중앙미술전시회, 학위·학직수여식, 만경대상 체육경기대회, 1급 팀 남녀 축구경기 등의 중앙 단위 차원의 행사가 벌어지며, 인민보안성이나 청년동맹, 인민무력부 등의 부문별 단위, 시도 단위에서는 일 축하를 하는 중앙보고대회, 김일성화전시회, 경축무도회, 경축대회와 생각 지방에서의 군중집회, 무분별토론회 등이 열린다.

4월 명절 행사 가운데 가장 큰 행사는 '수령님의 혁명업적을 길이 전하려는 세계 진보적 인민들과 예술인들의 염원을 반영한 예술축전'이라고 하는 '4월의 봄 친선예술축전'이다. 김일성 주석의 70회 생일인 1982년 4월 처음 시작하였다. 처음에는 비경쟁 성격으로 진행되다가 1990년 제8차 축전 때부터는 우수한 성적을 얻은 단체에게 '4월의 봄 친선예술 축전대회상 컵과 상장'이 각 개인에게는 '4월의 봄 친선예술축전 상장과 상금'을 시상하기 시작하였다.

'4월의 봄 친선예술축전'은 북한에서 진행하는 최대규모의 국제 문

〈사진 8-11〉 태양절 경축 공연

화예술행사로 1983년을 제외하고 해마다 개최되어 왔다. 1989년 제7차 축전 때에는 기념은화가 발행되기도 했었다. 행사기간은 김일성 주석의 생일인 4월 15일을 전후한 일주일 정도이며, 참가 대상은 북한의 문화예술인과 외국서 초청되는 예술공연 단체로 40여 개국에서 참여한 80여 개 정도의 단체가 참가한다.

개막에 앞서 각국 예술단을 환영하는 시가행진이 열린다. 행진에 참가할 예술단은 개선문에서 메인행사장인 4.25문화회관 사이를 행진하고, 거리에 시민들이 나와서 환영하는 시가 퍼레이드가 진행된다. 평양을 중심으로 함흥·원산 등지에서 성악, 기악, 무용, 교예 공연을 벌인다. 공연종목은 '단독공연'·'조별 합동공연'·'연환공연'·'명배우 공연' 등으로 구분된다. 개막공연이나 폐막공연, 퍼레이드에 〈김일성장군의 노래〉, 〈어디에 계십니까 그리운 장군님〉 등이 반드시 연주

〈사진 8-12〉 태양절 음악회

된다. 조별로 나누어서 이루어지는 연환공연에서는 성악 분야(남녀독창 및 합창), 무용, 기악부문(독주), 기악과 노래 등의 분야에서 경연을 벌인다. 비제나 모차르트의 작품도 공연되지만 친선이라는 성격에 맞추어 주로는 북한의 노래나 〈김일성동지께 삼가드립니다〉, 〈장군님 만년청춘 바랍니다〉과 같은 송가적 성격의 작품이 많이 공연된다.

1995년부터는 축하행사에서 추모행사로 성격이 바뀌어 열리고 있다. 2001년과 2002년에는 가수 김연자 씨가 이 축전에 초청을 받아 평양서 공연을 갖기도 했다. 2004년 '4월의 봄 친선예술축전'은 '4·25 문화회관에서 개막식을 열고 4월 10일부터 18일까지 중국, 러시아, 몽골 등 40여 개국에서 참가한 성악, 기악, 무용, 교예 분야의 80여 개 예술단체가 참가하여 10여 일간 음악과 무용, 미술, 서커스 등 다양한 공연이 진행된다. 1990년 제8차 축전 때부터는 우수한 성적을 얻은 단체에게는 '4월의 봄 친선예술 축전대회상 컵과 상장'이 각 개인에게는 '4월의 봄 친선예술축전 상장과 상금'을 시상하기 시작하였으며, 1997년부터는 개막공연에서 〈김일성장군의 노래〉를 지휘하는 사람에게 '지휘봉'과 '목란(국화)띠'가 주어진다.

3) 2월 명절 '광명성절'과 김정일 국방위원장 관련 기념일

김정일의 생일인 2월 명절(2월 16일) 역시 4월 명절과 함께 민족최대의 명절로 불린다. 김정일 생일을 비롯하여 김일성 생일, 주요 명절에는 주민들에게 생일선물이 배급된다. 최근에는 경제사정이 나아지면서 '김정일 생일선물'의 품목 수도 예년에 비하여 다양해지고, 질도 좋아졌다고 선전한다. 김정일 생일에 배급되는 선물로는 술과 맥주, 사이다와 엿, 기름, 과자, 껌을 비롯한 식료품과 생활필수품 등이다. 2월 명절이 되면 전국의 주요 당과류 공장들은 인민들에게 공급할 당과류 생산에 몰두한다. 일 년 중에서도 공장이 제대로 가동되는 기간이 제한되지만 이때만큼은 선물 생산을 위해서 최대한 가동된다. 선물 배급은 해당 시의 시인민위원회 상업관리국 산하 국영식료상점에서 동시에 진행되는데, 김정일 생일 전날인 15일까지 완료된다. 식료품이나 생필품의 공급과 함께 생일에 맞추어 장화, 천운동화, 방신(슬리퍼), 하이힐이나 부츠 등도 김일성의 생일이나 김정일의 생일에 맞추어 공급되기도 한다.

김정일의 생일은 해가 갈수록 규모면에서 더욱 커지고 형식도 다양화되고 있다. 민족최대의 명절로 지정된 1995년 이후 행사 종류가 꾸준히 증가하여 1990년대 50여 건이었던 행사내용이 2000년에 이르러 60여 건으로 늘었고, 2000년대 중반에는 80여 건에 달하기도 하였다.

김정일의 생일에는 중앙당 보고대회를 비롯하여, '백두산 밀영 고향집'과 '정일봉' 답사행군, 혁명사적지 답사활동, 김정일화 전시회, 정일봉 달리기, 2·16경축 영화상영주간, 2·16경축 미술전시회, 2·16경축 중앙사진 전람회, 중앙연구토론회, 경축연회, 백두산상 국제피겨경기대회, 백구산상 체육경기, 조선소년단 전국연합 단체대회, 전국청년학생집회, 한민전 및 조총련의 축하문 전달 등이 연례행사로 펼쳐진다. 선군정치가 시작된 이후에는 중앙보고대회와 군민결의대회 등을 통해 선군정치의 구현과 수령결사옹위 등을 다짐하는 행사도 진행하였다.

김정일 국방위원장 생일을 비롯하여 김정일 국방위원장과 관련한 행사가 점점 늘어나고 있는 추세이다. 대표적인 행사가 김정일 당사업 개

〈사진 8-13〉 광명성절 기념 포스터

시일(6월 19일)이다. '당사업 개시일'은 1964년 6월 19일 김정일 국방위원장이 김일성종합대학교 경제학부를 졸업하고 노동당조직지도부에서 첫 업무를 시작한 것을 기념하는 것이다.

2004년 6월 19일에는 김정일 국방위원장의 '당사업 개시' 40주년을 맞이해 대내외적으로 다양한 행사를 본격적으로 개최하였고, 이후 매년마다 의미가 확대되었다. 2006년의 주요 행사로는 당·정·군 주요 간부들이 참석한 가운데 열린 '중앙보고대회'를 비롯하여 '청년학생들의 경축무대', '농업근로자들의 경축모임', '주러 북한대사관의 영화감상회', '주중대사관의 사진전 및 영화감상회 개최', '기록영화 선군혁명령도로 위대한 전환을 마련하시어' 상영 등의 행사를 진행하였다.

크리스마스 이브에 해당하는 12월 24일은 북한에서 다른 의미의 기념일이다. 남한에서는 매년 12월 24일이 되면 크리스마스이브로 축제분위기가 연출된다. 그래서인지 북한에서도 12월 24일은 크리스마스이브일 것이라고 생각한다. 크리스마스가 세계적인 명절로 지구촌이 함께 기뻐하는 명절이지만 북한에서는 크리스마스가 없다. 북한에서 12월 24일은 김정일의 생모인 김정숙의 출생일이자, 김정일 국방위원장이 조선인민군 최고사령관에 추대된 날이다.

김정일 국방위원장은 1990년 5월 최고인민회의 제9기 1차 회의에서 조선국방위원회 제1부위원장에 추대되었다. 이어 이듬해인 1991년 12월 24일 노동당 제6기 19차 전원회의에서 조선인민군 최고사령관으로 추대되었다. 인민군 최고사령관 자리는 실질적인 권력 최고의 자리에 올랐다는 것을 의미한다. 참고로 김정

〈사진 8-14〉 백두산3대장군의 한 명인 김정숙 밀랍상

은 제1위원장의 '조선인민군 최고사령관' 추대일은 12월 30일이다. 김
정은은 2011년 12월 30일 최고사령관으로 추대되면서 김정은 시대를
열었다.

　김정일 국방위원장의 최고사령관 추대 행사는 김일성 주석의 사망
이후 특히 선군정치가 시작된 이래로 특별히 강조되고 있다. '김정일
최고사령관 추대'에는 '중앙보고대회'를 비롯하여, 경축연회·경축야
회, 축하공연, 중앙미술전시회를 비롯한 각종 전시회, 토론회, 기념우
표 발행, 현지지도 사적비 건립 등이 행사가 열린다. 군을 선행하는
선군정치의 특성상 군의 비중이 확대되는 것이 당연한 일이라 할 수
있다. 나아가 선군정치의 지도자로서 김정일 국방위원장과 관련된 기
념일 가운데서 군의 최고 지위인 최고사령관 추대일의 의미는 각별하
기 때문이다.

　참고로 말하면 김정일이 국방위원회 위원장으로 추대된 날은 1993
년 4월 9일이다. 그러나 1993년의 국방위원회는 북한의 권력 핵심 기
구가 아니었고, 북한을 대표하는 자리도 아니었다. 김정일 국방위원
장은 1997년 10월 8일에 노동당 총비서로 추대된 데 이어, 1998년 9월

〈사진 8-15〉 김일성 김정일 그림비 제막식

5일에 국방위원장에 재추대되었다. 1998년은 헌법개정을 통하여 주
석직을 폐지하고 국방위원회의 권한을 강화시킨 실질적인 최고 자리
로서 1993년의 국방위원장과는 격이 다르다.

4) 국가명절: 정권창립일, 당창건일, 인민군창건일, 헌법절, 조국 해방전쟁 승리기념일

정권창립일은 9월 9일이다. 정권창립일에도 각종 행사들이 진행되
는데, 북한의 주장에 따르면 정권창립일 때가 되면 한 달 전부터 해외
각국에서 정권수립 기념 '전국준비위원회'를 결성하여 행사를 준비한
다. 정권기념일이 되면 제3세계 국가를 중심으로 해외 각국에서 경축
집회, 강연회, 토론회, 사진전시회, 영화감상회 등 다양한 행사를 진행
하며, 북한 내에서는 중앙보고대회, 당·정 간부들의 혁명열사릉, 애국
열사릉 참배, 중앙미술전람회, 화초전시회, 평양과 지방의 각 극장에
서의 영화상영, 기념 축구경기대회 등의 개최행사를 진행한다.

인민군 창건일은 4월 25일이다. 1995년까지만 해도 군인들만의 명
절로 휴무해 왔으나 1996년부터 국가적인 명절로 제정하였다. 이에
따라서 4월 25~26일 이틀을 쉬면서 공식 행사를 비롯한 각종 행사를
진행한다. 이 시기를 즈음하여 장성급 인사를 단행하고, 대규모 군사
퍼레이드를 행한다.

인민군 창건일은 처음 2월 8일이었다가 4월 25일로 변경되었다.
1948년 2월 8일 '조선인민군'의 창건을 공식 선포하면서 이 날을 인민
군창건일로 기념해 왔었다. 그러다 1978년 2월 '조선인민군은 조선인
민혁명군의 직접적인 계승자'를 명분으로 '반일인민유격대(조선인민
혁명군)'를 결성한 날이라는 1932년 4월 25일로 변경했다. 1996년부터
국가적 명절로 제정하고 국가 차원의 기념행사로 진행하고 있다. 주
요 행사는 인민무력부 주최 경축대회·영화감상회를 비롯하여 조선인

민군협주단의 공연 등의 경축공연이 진행된다. 인민군창건일 외에 군 관련 기념일로는 해군절(6·5), 공군절(8·20), 포병절(6·20) 등이 있다.

'당창건일'은 10월 10일이다. 북한의 대표적인 명절로 주요 인사들이 참여하는 경축행사가 각 분야에서 진행된다. 당창건기념탑 광장을 비롯한 주요 지역에서 당창건을 기념하는 다양한 행사가 벌어진다.

'사회주의 헌법절'(12월 27일)은 북한 헌법 제정을 기념하는 날이지만 우리의 제헌절과는 성격이 조금 다르다. 제헌절은 헌법이 처음 공포된 날(1948년 7월 17일)을 기념하지만 북한의 헌법절은 북한 헌법이 처음 공포된 날을 기념하는 것이 아니다. 북한에서 헌법이 제정된 것은 정권수립 하루 전인 1948년 9월 8일이다. 북한에서 헌법절로 규정한 12월 27일은 1972년 12월 27일 최고인민회의 제5기 1차 회의에서 기존의 헌법을 '사회주의 헌법'으로 개정한 날을 기념하는 날이다. 따라서 그 명칭도 '사회주의 헌법절'이다. 이 시기는 유일사상지배 체제의 확립이 본격적으로 시작된 시기로서 헌법이 개정되었다는 것은 대

〈사진 8-16〉 주요 명절에는 김일성 동상을 찾아 참배한다.

외적으로 북한 체제의 정체성을 주체로 확정하였다는 의미가 있다. 특별히 헌법이 처음 제정된 것을 기념하지 않고 사회주의 헌법으로 개정된 날을 기념하는 것은 사회주의 헌법이 갖는 의미가 각별하기 때문이다.

북한이 특별히 사회주의 헌법에서 강조하는 것은 ① 노동당의 우월적 지위 명시, ② 사회주의적 소유제도의 확립, ③ 주체사상의 헌법규범화, ④ 국가주석제의 도입 및 국가 주석의 권한 강화, ⑤ 집단주의원칙 강조 등이 실현되었다고 보기 때문이다. 즉, "사회주의 헌법이 제시됨으로써 조선인민은 인민정권을 강화하고 사회주의 건설을 다그쳐 나갈 수 있는 힘 있는 무기를 가지고 국가사회생활과 정치, 경제, 사상문화생활에서 커다란 전변을 이룩해 나가게 되었다"고 평가한다. '사회주의 헌법절'은 하루를 쉴 수 있는 국경일이면서도 여타의 국가적 명절과 달리 특별한 행사 없이 보낸다.

북한의 헌법은 이후 1992년 4월 최고인민회의 제9기 제3차 회의에서 사회주의 헌법을 대폭 개정하였으며, 김일성의 사망 3년 상이 끝난 1998년 9월 최고인민회의 제10기 제1차 회의에서 사회주의 헌법을 수정, 보완하여 '김일성 헌법'으로 선포했다. 헌법절은 겨울이기에 헌법절과 관련한 중앙보고 대회와 함께 스피드 스케이팅, 아이스하키 등 축하 동계 체육대회를 개최하고 있다.

이밖에도 정전협정 체결일인 7월 27일은 1973년부터 '조국해방전쟁승리 기념일'로 지정했다. 1990년대 초까지만 해도 정년(5년이나 10년 주기)에만 중앙보고대회를 하는 등 기념행사를 간소하게 치러 왔다. 그러다 1993년부터 1998년까지는 매년 중앙보고대회

〈사진 8-17〉 설명절 경축무대

를 개최하면서 행사 규모를 확대하였다. 1996년부터 '국가적 명절'로 선포하면서 공휴일로 지정하였다.

5) 사회주의 명절: 국제부녀자절, 국제노동자절, 국제아동절

국제부녀자절은 3월 8일이다. 국제부녀자절은 '세계여성의 날'로 '3·8국제부녀절', '국제부녀절', '3·8절' 등으로 불린다. '평화와 민주주의 및 사회주의를 위한 투쟁에서 전 세계 근로 여성들의 국제적 단결을 강화하며 그 위력을 시위하는 국제적 명절'이다. 1910년 덴마크의 코펜하겐에서 진행된 제2차 국제사회주의자 여성 대회에서 1909년 미국 시카고 여성근로자들이 남녀평등권과 자유를 요구하며 대대적인 파업과 시위를 단행한 3월 8일을 전 세계 여성노동자들의 국제적 기념일로 기념할 것을 결정하였다.

북한에서는 조선민주여성동맹 중앙위원회를 중심으로 기념 중앙보고회를 비롯하여 관련 행사를 진행한다. 1995년부터는 매년 중앙보고회를 개최하면서 여성들의 역할을 강조한다. 중앙보고회에서 강조하는 여성의 역할은 '혁명의 한쪽 수레바퀴'로서 여성은 '혁명과 건설'에서의 역할을 강조한다. 북한에서 따라야 할 전형적인 여성으로 강조되는 인물은 김정숙이다. 북한에서는 '김정숙 동지의 모범을 따라 수

〈사진 8-18〉
명절을 맞이하여 열린
전시회를 둘러 보는
북한 주민들

령결사 옹위를 통하여 참된 여성혁명가, 선군혁명의 동지가 되어야
할 것'이라며, '어려운 때일수록 공장과 일터, 거리와 마을, 가정을 알
뜰하게 꾸려 나가고 민족의 우수한 문화전통과 미풍양속을 살려나갈
것'을 강조한다. 2006년 중앙보고회에서는 '여성의 다산과 수뇌부 결
사옹위, 사회주의 생활기풍 확립에 솔선수범할 것'을 강조하였다.

한편 북한에서 세계여성의 날은 정치적 성격의 공식적인 행사를 떠
나 연중 유일하게 여성, 특히 기혼여성을 배려하는 날로 인식돼 있다.
권위적인 것으로 유명한 북한 남자들도 이날만큼은 아내를 위해 밥을
직접 짓거나 외식을 하며 간단한 선물을 주기도 한다. 또 직장 남성들
은 함께 일하는 여직원을 위해 가까운 식당 등에서 점심 외식을 시켜
주기도 한다.

국제노동자절은 5월 1일이다. 1866년 5월 2일 미국 시카고에서 대
파업을 실시하여 8시간 근무제를 실현한 이후 1989년 파리에서 이를
기념하기 위하여 5월 1일을 국제노동절로 규정하고 있다. '5·1절'로
일컬어지는 국제노동자절은 북한의 노동자들에게 편안하고 부담없이
지내는 명절이기도 하다. 평양 시내와 공장이나 기업소 등에는 국제
노동자절을 기념하는 플래카드가 걸리고 노동당기와 북한의 국기, 붉
은기가 나부끼면서 축제분위기가 고조된다. 노동자들의 노고를 치하
하는 체육대회가 열리며, 피바다가극단, 국립민족예술단, 평양교예단
의 축하공연이 열린다.

국제아동절은 6월 1일이다. 국제아동절에 대해서는 '1949년 11월
모스크바에서 열린 국제민주여성동맹이사회 회의에서 6월 1일을 국
제아동절로 선포했으며 1950년부터 세계 진보적 여성들과 인민들이
이날을 맞이하고 있다'고 설명하면서 '제국주의를 반대하고 평화를
수호하며 어린이들의 생명과 권리를 지키고 그들의 행복과 건강을 도
모'하기 위한 명절로 규정하고 있다.

국제아동절은 탁아소나 유치원에서 명절로 즐기는 날이고, 어린이

날에 해당하는 날은 소년단창립일인 6월 6일이다. 이런 날에는 어린 들의 문화체육행사가 개최되어 어린이들이 준비한 노래와 춤, 기악연 주 등을 공연하거나 달리기, 줄다리기 등의 체육행사가 개최된다. 탁 아소와 유치원에서는 야외에서 행사를 열기도 하고, 특식을 마련하기 도 한다. 평양주재 외국인 자녀들과 김정숙탁아소나 창광유치원생 사

북한상식 **식수절**

식수절이라고 하면 혹 먹는 물을 생각할지도 모르겠지만 북한에서 식수 절은 나무를 심는 날, 남측의 식목일이다. 지금은 많이 푸르러졌지만 몇 년 전까지만 해도 북한의 산은 상당히 헐벗어 있었다.

북한의 사업이 헐벗게 된 것은 크게 두 가지 원인으로 보인다. 하나는 부족한 땔감의 확보이며, 다른 하나는 농지면적 확대를 위한 개간사업이다. 북한의 농업정책은 예전까지는 주로 농지면적 확보에 초점을 맞추었다. 농 사지을 수 있는 농지 확보를 통하여 생산면적을 넓혀 생산량의 증대로 이어 가는 것이 중요한 정책 방향이었다. 1970년대 중반부터 경지면적 확보를 위한 다락밭 가꾸기 운동이 벌어지면서 작은 산이나 경사가 얕은 곳은 산림 을 베어내고 밭으로 일구어졌다. 여기에 기관이나 기업소 등에서 자체적으 로 생산물을 조달하기 위하여 가꾸기 시작한 부업밭 가꾸기로 인한 산림훼 손과 연료채취용이나 중국 수출용으로 산림이 훼손되었다.

실제 농지확보 사업을 통해 상당한 양의 농지가 확대되는 효과를 거두기 도 하였지만 긍정적인 측면 못지 않게 부정적인 영향도 많이 나타났다. 무 엇보다 국토환경이 헐벗게 되면서 홍수(큰물)나 가뭄 같은 자연재해에 취 약점을 드러내게 되었다. 농지면적 확대와 땔감으로 훼손된 국토환경을 회 복하기 위하여 조림사업을 적극 추진하면서 매년 3월부터 나무식미 월간이 시작되면서 매년 수 억 그루의 나무를 심고 있다.

북한의 식수절은 3월 2일이다. 식수절이 처음 제정된 1971년에는 4월 6일이었으나 나무심기 사업이 국가적 차원에서 추진되면서 좀 더 많은 나 무를 심기위하여 식수절을 3월로 당겼다. 북한에서 추진하는 주요 식수목 들은 경제생활에 유용한 품종들로 감나무, 단풍나무, 포플러, 잣나무, 아카 시아, 은행나무, 느티나무 등이다.

이의 '친선련환' 모임이 열리기도 한다.

조선소년단은 1946년 6월 6일 발족된 김일성사회주의청년동맹 소속 단체다. 소년단은 만 7세에서 13세까지의 아동들이 의무적으로 가입하며, 단원 수는 약 300만 명 정도로 파악되고 있다. 소년단창립일에는 '전국학생소년예술축전', '소년호 장갑차 증정식', '경축 소년무도회' 개최, 기념우표 발행 등의 행사를 진행한다.

4. 군중문화

1) 군중문화 활동

군중문화 활동이란 '전문예술인이 아닌 일반 군중이 참가하여 진행하는 문화사업'으로 말 그대로 일반 군중들이 즐길 수 있는 문화사업으로 각급 학교나 기관과 공장, 기업소, 협동농장 등에서 활동하고 있는 아마추어 예술가들에 의한 문화활동이나 인민들이 참여하는 문화활동이다. 아마추어 예술인들에 의한 활동으로는 예술기동선전대가

〈사진 8-19〉
행사를 위해 모인
북한 주민들

있으며, 인민들이 참여하는 예술활동으로는 예술소조가 있다.

북한은 주민들의 군중문화예술활동 참여를 독려하기 위하여 노래수첩 지참, 노래보급원 임명, 철참 노래경연, 1인 1개 이상 악기다루기, 그림해설모임, 영화주인공 따라 배우기 등등의 대중운동을 시행하고 있으며, 학교나 공장, 기업소 단위별로 예술소조를 조직하여 조직적인 예술활동을 전개하도록 지원하고 있다.

이러한 군중문화 사업은 문화예술의 선전선동의 효율을 극대화할 수 있는 방법으로 활용되고 있다. 즉, '혁명 발전의 매시기 매단계마다 군중문화예술활동을 통한 교양사업을 적극화'하여 인민대중으로 하여금 혁명의 필요성을 가슴으로 느끼고 참여할 수 있도록 선전하는 것이 예술가들의 중요한 역할 가운데 하나이다.

문학예술 작품이 선전선동의 기능을 다하기 위해서는 무엇보다 쉽고 친근해야 한다. 이것이 인민성의 원칙이다. 북한의 모든 예술은 인민성의 원칙에 따라서 인민들이 이해할 수 있는 예술, 인민을 위한 예술의 원칙이 강조된다. 인민성이란 한마디로 대중들이 쉽게 접할 수 있도록 창작하고 전달하는 것을 의미한다. 예를 들어 음악에서는 어려운 교향곡이나 가요를 그대로 부르기보다는 쉽게 따라 부를 수 있도록 하는 것이며, 미술에서 생활과 관련된 작품을 창작하는 것이다.

인민성의 일반적인 원칙은 예술의 선전선동성과 관련된다. 예술은 그 자체의 목적보다는 당에서 결정한 사항과 이념들을 선전하고 인민들을 선동하는 데 목적이 있다. 즉, 작가, 예술가들에게 수령의 사상과 영도의 위대성을 체득키 위한 사상 교양이 강조되고, 자체학습을 생활화, 습성화하는 등 선전 선동원들의 역할이 강조되는 것이다. 인민성이 예술전반에 걸친 일반적인 원칙이라면 군중문화 활동은 여기서 나아가 적극적으로 군중을 대상으로 하거나 군중의 문화활동을 진작시키는 것을 의미한다.

군중문예 활동은 군에서도 활성화되어 있어 군내에서의 문예소조

운동과 1인 1기 운동이 활발하게 전개되고 있어 군인들로 하여금 적어도 한 가지 이상의 악기를 다룰 수 있도록 하고 있다. 또한 매일 노래와 춤, 매달, 그리고 분기마다 충성의 노래모임, 시낭송모임, 악기연주회, 독창·독주경연대회 등을 개최하여 예술활동을 통한 교양사업을 진행한다. 군단이나 독립 사단·여단에는 약 50~60여 명으로 구성된 선전대라는 정식 편대가 있고 중대에는 중대예술소조가 별도로 편성되어 있다.

군중문화 사업을 활발히 벌이는 목적은 근로자들이 문화적이면서 도덕적으로 올바른 생활습관을 들일 수 있도록 하기 위해서다. 선전선동활동에서 구태여 예술을 활용하는 것은 당의 정책이나 이념을 인민들이 심정적으로 잘 받아들여 적극적으로 반영할 수 있도록 하기 위해서이다. 이러한 군중문화 사업을 통하여 낡은 사업 방법을 없애고 새로운 혁명적 사업 방법을 철저히 확립해서 자기 앞에 맡겨진 혁명과업을 당이 요구하는 수준에서 훌륭히 수행할 수 있게 하는 것이

〈사진 8-20〉 주요 명절에 열리는 모란봉악단 공연

다. 이러한 군중문화 사업은 사회주의 위업을 옹호고수하기 위한 것으로, 사회주의 사상을 인민대중의 확고한 신념이면서 도덕적 의무로 인식하게 만드는 것이다.

군중문화 사업의 구체적인 방법으로는 강연, 담화, 보고, 해설 독보, 영화 감상, 방송 청취, 전시회 관람, 기술전수회, 체육경기 등이 있다. '독보회'는 매일 아침 직장에 출근(하절기 6시 30분, 동절기 7시 30분)하여 10분간 청소, 20분간 독보회를 갖는데, 신문·잡지 등에서 대내문제, 교시사항, 국제정세 등과 관련한 기사를 읽는 것이다. 주로 선동원이 낭독하며, 선동원이 없을 경우에는 비서 또는 세포비서(책임자)가 낭독한다. 특별하게 인민들에게 반드시 강조할 내용의 영화나 서적이 있으면 의무적으로 감상하게 하고 총화시간이나 토론시간에 발표하도록 한다.

군중문화 활동을 독려하기 위하여 인민들이 취미생활 차원에서 자유롭게 다룰 수 있는 생활악기인 손풍금(아코디언), 하모니카, 기타, 북, 피리, 단소, 저대 등의 대중악기 보급사업을 전개하며, 또한 ≪로동신문≫에서도 한 달에 약 10여 곡 정도의 혁명가요를 게재하여 각종 노래모임의 자료로 활용하도록 하고 있다.

2) 기동예술선전대

기동예술선전대는 1961년 12월에 처음 조직되어 활동하기 시작한 이후 각 공장·기업소나 시·군 단위로 확대되었다. 기동예술선전대는 전쟁노병기동예술선전대, 학생기동예술선전대, 여성기동예술선전대 등으로 다양한데, 여성들로 구성된 여성기동예술선전대도 약 1천 500여 개가 있는 것으로 확인되었다.

기동예술선전대는 음악, 무용, 기악, 연극 등의 각종 공연작품을 갖고 '현장경제선동', '축하공연', '출근길 환영모임' 등을 통해 다양한 예술선동활동을 한다.

예술선전대는 중앙단위 조직과 별도로 각 시도별 '예술선전대'가 꾸려져 있으며, 직업총동맹 산하에 '노동자예술선전대'가 있다. 북한에서 사회주의 건설을 위한 기동선전대가 결성된 것은 이미 1960년대 초이다. 1961년 12월 28일 개최된 전국청년기동선전대 종합공연을 관람한 김일성의 지시로 각 공장·기업소 단위나 시·군 등의 행정 단위별로 기동선전대가 구성되어 생산 현장에서 다양한 예술 공연과 당정책 해설 등의 활동을 전개한다. 이러한 예술선전대 활동을 독려하기 위하여 1992년부터 '전국 시·군기동예술선전대 경제선동경연'과 '전

〈사진 8-21〉 경제활동을 선동하는 예술선전대(회화)

국 청년기동예술선동대 집중경제선동경연' 등의 경연대회를 개최하고 있다.

출·퇴근 시간이나 점심시간 혹은 근무 시간에도 선전대 공연이 이루어지는데, 예술선전대는 순수 아마추어 중심의 '기동예술선전대'와 전문예술가 중심의 '예술선전대'가 있다. 이들의 공연내용은 음악과 무용, 그리고 재담이나 촌극 등을 공연한다. 휴일이나 국가명절 날에는 일반인을 대상으로 공연을 한다.

3) 예술소조

예술선전대가 군중을 대상으로 노력동원을 증진하기 위한 외부 조직의 활동이라면 내부조직으로는 예술소조가 있다. 소조란 '근로 인민 대중의 자주성을 실현하기 위한 목적으로 문학예술활동을 하기 위한 자원적 대중조직'으로 군중문화 사업의 핵심 역할을 수행하는 모임이다.

생산효율을 높이고 사상을 고취하도록 하기 위하여 학교나 단체별로 직장 내에서 소규모로 예술 조직을 조직하여 예술활동을 전개하도록 지원하고 있다. 일종의 동아리 활동 단위인 '소조'는 취학 전 학생 소년 단위로부터 각급 학교와 사회단체 등 전국 대부분의 단위에서

〈사진 8-22〉 문학통신원 출신으로 북한을 대표하는 작가가 된 한웅빈

〈사진 8-23〉 군중문학통신원의 영화문학으로 제작한 아동영화 〈남이가 띄운 배〉

소조활동이 이루어지고 있다. 소조활동은 음악, 미술 등의 예술 분야와 체육종목의 소조 운영이 활성화되어 있다. 노동자, 농민, 군대, 청년, 학생 등 광범위한 인민대중이 자기의 취미와 능력에 따라 임의의 문예소조에 들어가서 '본신과업(본업)'을 수행하면서 문학예술활동을 하게 된다.

김일성은 "군중문화 사업을 활발히 전개하며 인민 속에 있는 재능을 찾아내고 발양시켜 로동하는 사람들 자신이 가는 곳마다에서 문학예술활동에 참가하고 예술을 마음껏 즐길 수 있게 하여야 하겠습니다"라고 인민들의 문예활동을 강조한 바 있다. 그러나 문학예술소조의 기본적인 임무는 '당의 주체적 문예사상과 독창적 문예방침을 연구학습하며 그에 기초하여 문예작품들을 감상하고 보급하며, 그 과정을 통하여 소조원들의 사상이론의 수준과 미학적 소양을 부단히 높이는 것'을 주요 목적으로 삼고 있다. 문학예술소조의 기능이 여가활용이나 개인의 재능을 발굴하기보다는 정치교육을 통한 혁명교육에 목적을 두고 있는 것이다.

문학예술소조는 전국적으로 조직되어 있어 청소년들과 근로자들은 각자의 취미와 능력에 따라 문학예술소조에 소속되어 활동하게 된다. 청소년들의 소조활동 공간으로는 학생소년궁전이 대표적인 기관이며, 각 지역의 노동자 문화회관을 비롯하여 군중문화회관, 선전실, 학교 등을 이용하여 활동하고 있다. 예술소조는 문학소조, 연극소조, 음악소조, 무용소조, 사진소조, 교예소조 등 장르에 따라 나뉘어지는데, 보통 20명에서 30명 정도를 한 단위로 구성된다. 학생들로 구성된 '예술소조' 대원들은 방학 기간에는 공장이나 기업소, 건설현장을 찾아가 예술선전대 활동에도 참여한다.

4) 전국경연대회

소조활동을 진작시키기 위해서 김일성 주석·김정일 국방위원장의 생일, 당창건기념일 같은 국가적 명절을 앞두고 문학예술 분야의 전국 단위 현상모집이나 전국 규모의 각종 예술축전을 개최하여 다양한 주제의 음악이나 무용, 화술소품 경연대회를 벌인다.

문학의 경우 조선문학예술총동맹과 같은 단체에서는 주요 명절을 계기로 전국 군중문학작품 현상모집을 실시한다. 현상모집은 보통 일년을 단위로 시행되는데, 참가 분야와 자격은 '요강'을 통해 공고된다. 태양절을 기념하는 '전국문학축전'의 경우에는 소서, 시, 가사, 동화, 평론 등을 대상으로 하며, 조선작가동맹원과 문학창작 기관에 소속된 작가들은 모두 참여한다.

조선음악가동맹 중앙위원회에서는 해당 연도 1월부터 다음해 1월까지 1년 동안 진행한다. 현상모집 분야는 가요, 성인가요, 아동가요, 기악곡, 독주곡, 중주곡, 경음악곡, 취주악곡, 관현악곡, 음악이론, 논설, 평론 등으로 음악과 관련한 모든 분야가 해당된다. 현상모집의 대상은 "조선민주주의 인민공화국 공민은 누구나 다 참가할 수 있으며 학생소년들도 해당 청년동맹 소년단 조직의 추천을 받아 참가할 수 있다"고 하여 모든 학생들이 참여할 수 있도록 하고 있다.

현상모집 주제는 '백두산 3대 장군'에 관한 것, '노동당의 혁명전통과 위대성', '사상·총대·과학기술 중시사상', '강성대국 건설에 나선 근로자·군인들', '공산주의 계급교양, 사회주의 애국주의 교양', '군민 일치 미풍' 등 선군정치, 사회주의 체제 고수, 반미 계급교양, 조국통일 등을 주제로 한 작품이면 형식과 주제에 제한이 없다.

전국단위의 예술축전은 주로 김일성 생일이나 김정일 생일, 당창건기념일 같은 국가적인 명절을 계기로 진행된다. 김일성 생일을 즈음하여 열리는 '전국노동자예술축전'은 주로 김일성의 업적, 사회주의 체제의 우월성과 사회주의경제 건설을 주제로 한 성악, 무용, 기악 공연을 위주로 진행되는 직장 단위를 거쳐 시도 단위 경연에서 우수한 평가를 받은 노동자들은 중앙노동자문화회관에서 태양절 경축행사로 열리는 종합공연에 참가하게 된다.

전국 단위 예술경연대회로는 '전국인민예술축전', '전국 농업근로자 예술축전'을 개최하는데, 이들 경연대회는 지방예선을 거쳐 평양에서 진행되는 중앙경연대회까지 수개월에 걸쳐서 진행된다. 전국 규모의 경연대회는 주로 민요와 기악을 중심으로 경연대회를 개최한다. 가요 분야는 독창, 중창, 제창, 합창 등으로 '민족성악'을 중심으로 경연이 진행되며, 기악은 독주, 중주, 합주 등의 '민족기악'으로 진행된다. 역대 경연대회 가운데 가장 규모가 컸던 2000년 9월 노동당 창건 55주년을 기념해 열린 '전국인민예술축전'의 경우에는 지방과 평양에서 약 7,700여 개 단위의 예술소조원 362,600여 명이 참여하여 36,000여 편의 작품으로 경연하였다.

드물기는 하지만 경우에 따라서는 전국 단위의 군중문예 현상 모집이나 문학통신원제도, 경연대회를 통하여 전문예술인으로 발탁되기

〈사진 8-24〉
북한 예술단의
공연 장면

도 한다. 하지만 예술소조활동은 순수한 아마추어의 활동을 기본으로 한다. 김정일도 "예술소조공연을 전문화하는 현상을 결정적으로 없애고 통속화하는 방향으로 나가야 하겠습니다. 그래야 군중이 인차 따라 배울 수 있고 예술을 대중화할 수 있습니다"라고 하여 전문적인 예술집단화하는 것을 경계한 바 있다. 이는 이것은 예술소조가 전문예술인을 양성하기 위한 조직이 아니라 예술을 통하여 인민의 교양과 사상학습에 그 목적이 있음을 분명히 한 것이다.

이러한 차원에서 전국 단위의 현상모집이나 경연대회는 전문예술가 발굴보다는 예술소조활동을 진작시키기 위한 차원에서 진행되는데, 이러한 전국 단위 군중문예작품 현상모집으로 문학예술경연대회로는 '전국군중문학작품현상모집', '전국영화문학작품현상모집', '전국아동영화문학현상모집', '전국음악작품창작경연', '전국희곡작품현상모집', '전국인민예술축전', '전국웃음극경연', '전국로동자예술소조종합공연', '전국농업근로자예술소조축전', '전국농촌 청년분조·청년작업반 예술소품중앙경연', '조선인민군군무자예술축전', '전국청년예술축전', '전국학생소년예술축전' 등이 있다. 전국군중예술소품은 문화성 군중문화국에서 주관하며 평양시 모란봉구역 월향동의 '중앙예술선동사'에서 접수한다.

공모의 소재는 백두산 3대 장군이라고 하는 김일성, 김정숙, 김정일

〈사진 8-25〉 연주 중인 예술대 학생

의 위인상과 영도 업적 및 덕성에 관한 것, 고난의 행군과 근로자들의 투쟁모습, 국토건설과 환경보호 사업에서의 혁신, 공산주의 미풍양속과 혁명 전통 교양, 6·25에서의 영웅담, 김정일의 노작에서 제시된 과업의 수행 등이었다. 북한에서는 이런 공모를 전국 규모로 대대적으로 실시

하여 관심을 고조시키면서 심사결과를 김일성이 생일인 태양절, 노동 당창건일 등의 주요 명절에 발표한다. 문학의 경우 문학통신원 제도를 통해 문학작품 현상모집을 실시하고 당선된 작품을 출판해 주기도 하며, 일반인을 대상으로 한 공모 등을 통해 전문예술인으로 진출할 수도 있도록 제한적으로 길을 열어 두는 것이다.

5. 종교문화

1) 종교정책

사회주의 국가에서 종교는 크게 활성화되어 있지 못하다. 인민생활에서 종교는 불건전한 것으로 인식하기 때문이다. 북한에서도 광복 이전까지 불교나 개신교, 천주교 등의 신자들이 상당하였지만 지금은 그 숫자가 현저하게 줄었으며, 종교행사도 일반화되어 있지는 않다. 1986년 김정일 위원장이 김일성 교시를 통해 종교를 긍정적으로 해석하면서 종교에 대한 공식화가 이루어졌다고 평가한다. 그러나 실질적으로 외부세계의 거센 비난을 직면하면서 종교에 대한 정책이 표면적으로 바뀌었다고 보는 것이 타당하다. 김일성 자신도 기독교 집안 출신으로 기독교계 인사들과 친밀한 관계를 유지하고 있었기 때문에 종교적인 문제를 신앙적 차원이 아닌 인간적 차원에서 정책적 변화를 모색하게 된 것으로 보고 있다.

북한이 종교에 대한 인식이 부정적이었음은 사전을 통해서도 확인된다. 『조선말대사전』에서 불교는 '반동적이며 노예적 굴종사상과 무저항주의를 설교하여 인민대중의 계급의식과 투쟁의식을 마비시킨다'고 비판했다가 1992년 개정하면서 '동방에 퍼져 있는 세계 3대 종교의 하나'로 규정하면서 불교의 기원과 전파, 중심사상에 대해서 상세히 설명하는 방향으로 개편하였다. 종교에 대한 평가가 달라졌음을 반영한다.

1981년부터는 평양에 교회와 성당을 세우고, 사찰을 복원하였다. 1988년 9월에 평양에 봉수교회와 장충성당을 건축하였다. 1988년 이후 그동안 공식화될 수 없었던 종교행사가 공식적으로 성소, 즉 교회, 성당, 사찰에서 종교 고유의 의식을 공식적으로 드릴 수 있게 되었다. 종교인들을 해외 순방시키거나 국제종교회의에 참석하면서 북한에 종교가 있다는 것을 적극 알리기 시작하였다. 성경번역을 비롯하여 불교경전 해제집을 출간하면서 국내외 종교인들의 방북을 허용하기 시작하였다.

〈사진 8-26〉
장충성당 내부

북한의 종교단체들은 노동당 중앙위원회 통일전선부 제6과에서 관할하고 있으며, 교직자들은 조선불교도연맹이나 조선그리스도교연맹과 같이 종교연맹 소속으로 해당연맹으로부터 생활비를 받는다. 1989년 9월에 김일성종합대학에 종교학과가 신설되었다. 종교학과는 매년 20명씩을 선발하여 불교를 포함한 기독교, 천주교, 이슬람교, 유교 등 동서양의 종교 과목을 강의하고 있다.

2) 불교

　　제도적으로는 북한에도 불교가 있고, 부처님오신날도 있다. 부처님오신날이 되면 남북 불교도에서 공동 법회문을 발표하기도 한다. 북한에서 종교는 한동안 공식적인 행사를 찾기 어려웠으나 지난 1988년 석가탄신일을 맞이하여 40년 만에 기념법회를 개최한 이후 매년 각 사찰에서 불교의 3대 의식인 석탄절, 열반절(음력 2월 15일), 성도절(음력 12월 8일. 29살에 출가한 부처가 6년간 수도, 고행한 끝에 진리를 깨달은 것을 기념하는 날)을 맞아 기념법회를 진행하고 있다.

　　석가탄신일을 맞이해서는 기념법회를 하고 연등도 단다. 연등은 연

〈사진 8-27〉
북한의 스님
(개성 관음사에서)

꽃모양이 아니고, 육각형의 모양으로 청사초롱의 형태로 단다. 연등에서는 성인이신 부처님의 탄생을 축하하는 의미로 성탄절(성인이 탄생한 날)이라는 글자를 써서 부처님오신날을 축하한다. 개인적인 소원을 비는 경우는 별로 없으며, '영생'이나 '충성', '수령결사옹위', '우리민족끼리', '강성대국' 등의 구호를 적기도 한다.

북한의 불교 관련 최고 기관은 조선불교도연맹으로 북한 내의 모든 불교관련 행사를 조선불교도연맹에서 주관한다. 조선불교도연맹은 중앙위원회와 각 도·시·군 위원회로 구성되어 있다. 조선불교연맹은 당에서 밝힌 관련 사업과 남북·해외 불자들과 연대한 사업을 추진하고 있다. '조선불교도연맹'은 북한 최초의 종교단체로서 1945년 12월 26일 결성된 '북조선 불교도연맹'의 후신단체로 북조선불교도연맹과 북조선불교연합회가 연합하여 결성한 단체이다. 단체는 창립되었지만 공식적인 활동이 없이 창립 20여 년 만인 1965년에 폐쇄되었다가 1972년에 조선불교도연맹으로 개칭하였고, 1973년 8월에 부활되었다. 1986년 제15차 세계 불교도교우회(WFB)를 통해 정식으로 가입했으며, 1988년 부처님오신날 등의 주요 절기 기념행사를 공개적으로 개최하기 시작하였다. 보현사에 보관 중인 팔만대장경의 번역을 완역하였다. 1989년 1월에는 처음으로 불교의 성도절 기념법회를 전국 사찰에서 가졌다.

해방 당시 북한의 사찰은 360여 개에 50만 명 정도의 신도가 있었으나 전쟁 등의 영향으로 많은 사찰이 파괴되었고, 사회주의 정책을 추진하면서 신자 수도 급감하여 현재는 묘향산의 보현사, 평양 대성산의 광법사, 금강산의 표훈사 등의 사찰을 비롯하여 전국 각지에 60여 개의 사찰에 200여 명의 승려가 있으며, 신도는 약 1만 명 정도인 것으로 알려져 있다.

북한 승려기관으로는 불교학원이 있다. 불교학원은 1989년 량강도 삼수군 중홍사에 최초의 승려교육기관으로 설립되었다가 1991년 평

양에 광법사가 복원되면서 이전하였다. 불교학원은 3년제로 운영하
는데, 학생들을 지속적으로 모집하는지는 파악이 되지 않았다. 대체
로 30명 정도의 학생들이 한 기수를 이루는 것으로 파악하고 있다.
1996년부터는 전국 사찰에 배치한다. 승려들은 결혼한 대처승으로 조
선불교도연맹에서 월급을 받는다. 복색에 있어서도 머리를 기르며,
양복 위에 승복을 착용한다.

조선민족제일주의가 강조되기 시작하던 1980년대로 접어들면서
문화유산 보존 차원에서 각지의 주요 사찰인 묘향산 보현사, 금강산

〈사진 8-28〉 묘향산 보현사

표훈사·정양사, 평양 광법사·용화사, 개성 천마산 관음사, 량강도 삼수군 중흥사 등 현재 북한에 있는 60여 개의 사찰 대부분을 복원하였다. 고구려 문화유산에 대한 발굴 보존이 강조되면서 고구려시대의 사찰인 안국사(평남 평성시), 동명성왕의 원찰인 정릉사(평양 중원군) 등도 복원하였다.

북한에 있는 사찰로는 묘향산 보현사가 유명하다. 청천강 이북 지역의 불교를 전파시킨 중심 사찰로서 보현사에는 불가에서 3보라고 하는 불·법·승을 한 자리에 모은 사찰이기도 하다. 보현사에는 부처님의 진신사리를 모셨고, 팔만대장경 복제본이 보관되어 있었으며, 훌륭한 스님들을 배출하였다. 보현사는 고려시대에 세워졌는데, 사찰 이름에서도 알 수 있듯이 보현보살의 이름을 딴 사찰이다.

보현사는 1042년에 세워진 사찰로 11세기 건축을 대표한다. 대웅전을 비롯하여 극락전, 보현사 8각 13층 석탑, 9층 석탑 등이 있는데, 고려 초에 세워진 8각 13층 석탑은 화강암으로 만들어진 높이 8.58m의 탑으로 탑의 각층 처마 끝마다 방울을 달아 놓은 독특한 형식을 갖추고 있어, 우리 역사상 가장 아름다운 탑 중 하나로 평가 받고 있다. 북한에서는 국보유적 143호로 지정되어 보호받고 있다. 보현사 영산전 오른쪽에는 임진왜란 때 의병장이었던 서산대사를 비롯하여 사명당 등을 제사하기 위해 세운 사당인 수충사가 있다.

3) 개신교

북한의 불교관련 행사를 집행하는 기관으로 조선불교도연맹이 있다면 기독교도 관련 행사는 조선그리스도교연맹에서 주관한다. 조선그리스도교연맹의 보도에 따르면 북한의 기독교 현황은 목사 30명과 교직자 300명에 신도는 약 1만 2천여 명이다. 북한 교회의 목사는 1972년에 복원한 평양신학원 출신이다.

평양신학원은 평양시 만경대구역 건국동에 위치한 조선그리스도교연맹 중앙위원회에서 운영하는 교직자 양성기관이다. 1972년 9월 3년제로 개원했으며 2000년 9월 5년 학제로 개편되었다. 신학원을 졸업하게 되면 전도사의 자격이 주어지고 조선기독교도연맹에서 교직자로 활동하게 된다. 2003년 남측의 장로회 등의 후원을 받아 642m² 규모의 2층짜리 새 교사를 건립하기도 하였다.

〈사진 8-29〉 조선기독교도중앙위원회에서 발행한 구약성서

북한의 교회로는 남측에도 많이 알려진 평양 봉수교회와 칠골교회 이외에도 전역에 5백여 개의 가정교회가 있는 것으로 알려져 있다. 봉수교회와 칠골교회는 목사, 부목사, 전도사, 장로, 권사, 집사가 있으며, 성가대와 부인전도회 등을 갖추고 있다. 예배과정은 남측의 것과 크게 다른 게 없다. 다만 목사의 설교 중간 중간에 수령에 대한 은혜와 배려를 강조한다는 것이 특징이다. 목사나 전도사 등 교직자들은 그리스도교연맹 소속이고 생활비도 조선그리스도교연맹에서 지급한다.

2003년에는 남한측교회의 지원으로 남북이 합의하여 민간교회인 평양제일교회 건립을 추진하였다. 남북의 사정으로 지연되다가 2004년 말부터 당국의 허가를 얻고 추진하고 있다. 평양제일교회는 평양 청류동 동평양극장 앞 대동강변에 위치한 200평 규모의 2층으로 지어졌다.

9장 언어생활

1. 언어관과 언어정책

북한의 언어정책 역시 정치적 상황과 맥락을 같이 한다. 북한은 언어에 대해 '사람들이 사상을 나타내며 서로 교제하는 데 쓰는 중요한 수단'으로 인식하고 있다. 즉 언어는 민족을 이루는 공통성의 하나이며 나라의 과학과 기술을 발전시키는 힘 있는 무기이자 문화의 민족적 형식을 특징짓는 중요한 표징이라는 것이다.

북한에서도 우리말의 우수성과 역사성에 대해서는 높이 평가한다. 북한 언어학계에서는 우리 민족어의 가장 큰 특징을 오랜 역사를 갖고 있으면서도 단일계통이라는 점을 꼽는다. 북한의 주장에 따르면 동북아시아에 흩어져 살던 우리 선조들은 국가가 형성되기 이전부터 같은 언어를 사용했었는데, B.C. 3천여 년 초 우리 민족의 시조 단군에 의해 평양을 중심으로 첫 노예 소유 국가인 고조선이 세워지면서 우리말은 그 이전의 단순한 종족어의 테두리를 벗어나 당당한 '민족어'로 발전했다고 본다. 이 시기에 첫 민족글자인 '신지 글자'를 갖게 되었는데, 민족글자를 갖게 되면서 우리말과 글은 새로운 발전단계에 들어서게 됐다는 것이다.

우리말은 적어도 수만 년 전에 형성된 이후 다른 나라의 말들과 통합되거나 갈라진 적이 없이 한 갈래로만 발전하면서 단일한 조선말을 사용했다는 것이다. 즉, 우리말은 고대부터 고조선, 부여, 마한, 진한, 변한 등의 여러 종족어와 국가어로 갈라져 쓰이다가 신석기시대에 이르러 확고하게 자리를 잡았는데, 원시시기나 고대시기의 말을 분석해 보아도 비슷한 갈래나 다른 갈래의 말이 섞여 있는 것을 찾을 수 없다는 것이다. 비록 삼국시대에는 고구려어, 백제어, 신라어로 갈라져 있

〈사진 9-1〉
거리의 구호비

었으나 지역적 방언의 차이였지 계통은 하나였는데, 이러한 언어의 단일성은 일제강점기에도 굳건히 지켜지고 보존되어 왔다는 것이다. 최근에는 고구려 중심의 언어 발전을 주장하고 있다. 고구려어 중심설이란 고구려말이 우리말의 원류로서 고조선 시기의 조선말을 이어받아 더욱 발전시켰으며 조선말 발전에서 원줄기를 이루고 주도적인 역할을 하였다는 것이다.

북한에서는 언어를 "혁명과 건설의 힘 있는 무기로써 사람들의 자주적이며 창조적인 생활에 힘 있게 복무한다"고 인식한다. 즉, '고유한 우리말을 적극 살려 쓰는 사람이 유식하고 민족적 긍지와 자부심, 애국심이 높은 사람'이며, 이처럼 '자기 민족의 언어를 사랑하는 것이 곧 애국자이며, 공산주의자'라고 강조한다.

김일성은 1966년 5월 14일 언어학자들과 한 담화「조선어의 민족적특성을 옳게 살려나갈데 대하여」에서 "참다운 애국자는 공산주의자

〈사진 9-2〉 문화어로 표기한 북한의 상점

입니다. 오직 공산주의자들만이 자기 나라 말을 참으로 사랑하고 발전시키기 위하여 힘쓰는 것입니다. 공산주의자들인 우리는 우리말의 민족적특성을 살리고 그것을 더욱 발전시켜 나가야 합니다. 공산주의자가 아니라고 하더라도 민족적량심을 가진 조선사람치고 우리말의 민족적 특성이 없어져가는 것을 좋아할 사람은 하나도 없을 것입니다"라고 하여 언어의 중요성을 강조하였다.

북한은 북한 정권수립기부터 언어 분야의 사대주의 부르주아적 요소를 없애고 말다듬기 사업을 진행하여 왔다. 북한의 언어정책은 1947년 2월 인민위원회 결정에 따라 창립된 조선어문연구회로부터 시작한다. 이후 1952년 과학원이 창립되어 조선어 및 조선문학연구소가 이를 이어 받았다.

남북한의 언어가 차이를 보이게 된 결정적인 계기는 1966년 5월의 문화어 제정이었다. 1966년 5월 14일 언어학자들과 한 담화인 「조선어의 민족적특성을 옳게 살려나갈데 대하여」에서 김일성 주석은 표준어로 사용하는 서울말은 '남존여비사상 썩어빠진 부르주아적 생활이 지배하는 말', '고유한 우리말은 얼마 없고 영어, 일본말 한자어가 섞인 잡탕말'이라고 지적하면서 사회주의적 민족문화가 꽃피는 혁명의 수도 평양의 아름다운 말을 표준어로 삼을 것을 지시한다.

우리는 우리 혁명의 참모부가 있고 정치, 경제, 문화, 군사의 모든 방문에 걸치는 우리 혁명의 전반적 전략과 전술이 세워지는 혁명의 수도이며 요람지인 평양을 중심지로 하고 평양말을 기준으로 하여 언어의 민족적특성을 보존하고 발전시켜 나가도록 하여야 하겠습니다. 그런데 ≪표준어≫라는 말은 다른 말로 바꾸어야 하겠습니다. ≪표준어≫라고 하면 마치도 서울말을 표준하는 것으로 그릇되게 리해될 수 있으므로 그대로 쓸 필요가 없습니다. 사회주의를 건설하고 있는 우리가 혁명의 수도인 평양말을 기준으로 하여 발전시킨 우리말을 ≪표준어≫라고 하는 것보다 다른 이름으로 부르는 것이 옳습니다. ≪문화어≫란 말도 그리 좋은 것은 못 되지만 그래도 그렇게 고쳐 쓰는 것이 낫습니다.

평양말이 언어적 우수성, 인민성, 발전성, 역사성 등을 갖고 있기 때문으로 설명한다. 평양말의 우수성은 첫째, 민족어의 모든 말소리와 각이한(서로 다른) 지역의 방언들의 말소리를 충분히 나타낼 수 있다는 것이다. 둘째, 다른 나라 말의 발음도 원만히 표현할 수 있다. 셋째, 어휘구성이 풍부하다. 넷째, 정치, 경제, 문화, 군사 등 사회생활의 모든 대상과 현상들을 전부 민족글자로 표기할 수 있다.

북한은 문화어가 제정된 1960년대 이래 표준어를 '문화어' 혹은 '평양문화어'라고 표현해 왔으며, 2000년대로 들면서 '평양말'이란 표현

〈사진 9-3〉 북한 전역에 세워진 말씀판

도 자주 등장하였다. 이는 문화어 자체가 평양을 기준으로 한 것이지만 평양의 언어임을 강조함으로써 '민족어의 중심지'가 평양임을 강조하려는 것으로 볼 수 있다.

한편 조선어는 정보화시대에도 완벽한 언어라고 평가하고 있다. 조선어는 사람이 내는 1만 개 이상의 소리마디(음절)를 모두 표기할 수 있기에 어떤 발음소리라도 모두 정보자료화하여 전송할 수 있다는 장점이 있다는 것이다. 또한 정보입력 과정에서도 정보양이 적어서 한 화면에서 다양한 정보를 열람, 이용하는 데 편리하다는 것이다.

2. 말다듬기 사업

문화어가 '문화적으로 다듬어진 우리 민족어의 최고형태'로 규정되면서 문화어를 적극적으로 살리기 위하여 말다듬기 사업을 지시한다. '말다듬기 사업'은 정무원 산하인 '국어사정위원회'에서 주관하였는데, 사회과학원 언어연구소의 의학·약학 분과위원회, 일반용어 분과위원회 등 18개 분과위원회가 설치되어 말다듬기 사업을 전개하였다. 말다듬기 사업의 주요 원칙은 크게 네 가지로 요약된다.

첫째, 한자어는 한글 고유어로 대체하고 고유가 없을 때에는 풀이말로 한다. 한자어로 계속 사용할 것과 그렇지 못한 것을 구분하여 버릴 것은 버리며, 한자말로서 이미 우리말로 인식된 것은 그대로 사용한다. 한자어와 고유어의 경우에는 서로 뜻이 꼭 같지 않은 경우에는 그대로 두지만 많이 쓰이고 있는 한자라 하더라도 우리말이 있을 경우에는 고유어로 새로 만들어 쓴다는 것이다.

우리말의 특성상 한자어가 상당부분을 차지하는데, 우리말 다듬기 사업에서 우선적으로 진행한 것이 한자어를 고유어로 대체하는 것이었다. 인쇄매체에서 한자를 쓰지 않고 있지만 어쩔 수 없이 한자로 표

현해야 하는 경우도 있기는 하지만 원칙적으로 한자 사용을 금지하였
다. 북한에서 한자 교육이 완전히 폐지된 것은 아니다. 정규교과 과정
에서는 한자를 배운다. 중학교까지 기본 한자 2,000자, 대학까지 1,000
자를 추가하여 익히도록 하고 있다. 대학에서는 김일성종합대학이나
사범대학 내 어문학부와 역사학부 1~2학년에서 강의를 하고 있다.

　그 결과 많은 한자어들이 다듬어졌다. 큰물(홍수), 가을걷이(추수),
무른 고약(연고), 조선옷(한복), 어김돈(위약금), 세운돈(적립금), 옮겨지
음(각색), 짐승그림(동물화), 속감(골재), 지붕마당(옥상) 등이 그 예이다.
문화어 다듬기 사업을 통해 생겨난 새로운 용어들은 모두가 생활 속
에 정착된 것은 아니지만 상당히 많은 부분에서 우리말이 살아났으
며, 지명에서도 과일군(황남), 솔모루동(자강도 희천시), 꽃핀동(황북 송
림시), 샘물리(황남 장연군), 솔밭리(함남 금야군) 같은 명칭이 비교적 잘
정착되었다.

　식물이름에서도 한자어나 외국어 등 어감이 좋지 않은 것을 듣기
좋은 말로 바꾸어 개오동은 향오동으로 백당나무는 접시꽃나무로 바
뀌었으며, 사광이풀은 '참가시덩굴여뀌'로, 박태기나무는 '구슬꽃나
무'로, 쥐똥나무는 '검정알나무'로, 미치광이풀은 '복뿌리풀'로, 노루
오줌은 '노루풀'로, 쥐오줌은 '바구니나물'로, 개똥쑥은 '잔잎쑥'으로
각각 개명됐다. 일본식 이름으로 써 왔던 벼와 과수의 이름도 바뀌어

〈사진 9-4〉
김형직의 어록으로
알려진 '志遠',
북한에서 거의
유일하게 볼 수 있는
한자이다.

316

벼 품종으로 '평남종', '강원1호' 등으로 바뀌었으며, 사과의 욱, 국광, 인도는 각각 '구월', '북청', '덕성'으로 각각 고쳤다.

둘째, 외래어는 고유어로 대체한다. 새로 들어오는 외래어는 그때 그때 우리말로 고친다. 외래어를 문화어로 고친 말로는 큰마루(클라이맥스), 모서리뿔(코너 킥), 던지기뿔(서브), 살결물(스킨로션), 손기척(노크), 여성고음(소프라노) 등이 있다. 이러한 언어들은 고유어를 살린다는 점에서 언어발전에 긍정적인 면도 있다. 하지만 국가 정책에 의해 진행되면서 일상 생활과는 다른 면을 보이기도 한다. 일부 언어는 생활 깊이 정착하지 못한 경우도 있다. 아이스크림의 경우에도 '아이스크림'에서 '얼음보숭이'로 바뀌었지만 일상에서는 '아이스크림'이나 '에스키모'가 많이 쓰인다.

외래어의 경우 순 우리말 사용을 권장하고 있으나 외래어를 그때그때 새로운 언어로 표기하고 이를 일반화한다는 것은 사실상 불가능한 일이다. 이런 점 때문에 언어의 자주성을 강조하는 북한에서도 최근 들어 국제공용어의 사용이 확대되고 있다. 국제공용어는 일상생활 분야보다는 학술 분야를 비롯하여 스포츠, 외교 분야에서 국제적으로 통용되고 있는 외래어를 그대로 사용하는 것이다.

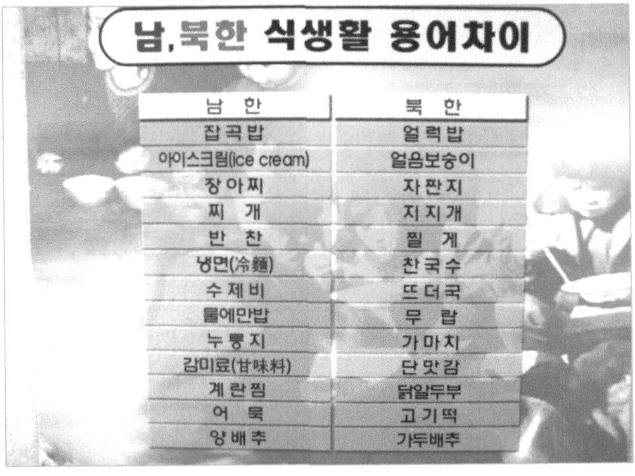

남.북한 식생활 용어차이

남 한	북 한
잡곡밥	얼럭밥
아이스크림(ice cream)	얼음보숭이
장아찌	자짠지
찌 개	지지개
반 찬	찔 게
냉면(冷麵)	찬국수
수제비	뜨더국
물에만밥	무 랍
누룽지	가마치
감미료(甘味料)	단맛감
계란찜	닭알두부
어 묵	고기떡
양배추	가두배추

〈사진 9-5〉
통일전망대에 붙어 있는
남북언어 비교판

    1990년대부터 국제공용어의 필요성이 제기된 이후 국제교류에서 국제공용어의 필요성이 제기되면서 최근 공용어 사용의 빈도수가 높아지고 있다. 북한의 주장에 따르면 1997년 1월 김정일이 태권도 경기에서 '태권', '시작' 등의 우리말 용어가 그대로 사용되고 있는 것을 예로 들면서 '국제체육 공용어를 잘 살려 쓰는 것'이 중요하다고 강조한다.

    한때 외국어를 북한식으로 고쳐 사용하던 것에서 국제공용어를 그대로 사용하는 경우가 많아졌다. 스포츠 분야와 과학기술 분야가 대표적이다. 축구용어인 '페널티 킥'을 한때 '11미터벌차기'라고 하였다가 '패널티 킥크'로, '코너 킥'을 '구석차기'로 하였다가 '코너 킥크'로 사용하기 시작하였다. 권투경기에서도 '경기시작'을 '복스(box)'로, '서로 상대방을 떼어 놓을 때'라고 풀어서 사용하던 것을 '쁘랙'으로 한다. 과학기술 분야에서는 한때 '컴퓨터'를 '전자계산기'라고 하기도 하였지만 지금은 '콤퓨터'로 사용한다. 이외에도 '경자기원판'은 다시 '하드디스크'로, '기계적 장치부분'은 '하드웨어'로, '글자전송기'라고 했던 것도 원어를 살려 '텔렉스'라고 한다. '두제곱뿌리'도 '루트'로, '빼기'도 '미누스'로, '중앙처리소자'도 '씨피유'로, '콤팩트 디스크'도 '씨디'로, '전자계산기단층촬영'도 '씨티'로, '자기공명영상'도 '엠아르아이' 등을 사용한다. 북한식 외래어 표기로는 변화하는 시대상을 따라갈 수 없으며, 소통도 어렵기 때문이다.

    셋째, 정치용어는 사상교육에 활용하기 위해 한자어라 할지라도 수정을 금한다. 정치용어에서 한자사용을 예외로 한 것은 정치용어인 '수령', '지도자', '주체사상', '강성대국', '광폭정치', '령도', '유일사상', '인덕정치' 등등의 용어를 풀어서 사용하는 경우, 의미전달은 쉽지만 구호로 사용하기에는 적당하지 않기 때문이다. 풀어서 사용할 경우에는 음절이 길어지며, 강한 어감이나 응집력이 약해지기 때문으로 보인다.

    넷째, 과학기술용어 및 대중화된 한자어·외래어는 그대로 사용한

다. 다만 외래어를 불가피하게 사용하게 되는 경우에는 그 나라 발음
을 따른다. 북한이 사용하는 외래어로서 국가표기의 예를 살펴보면
'덴마크'를 '단마르크', '폴란드'를 '뽈스까', '스웨덴'은 '스웨리예', '멕
시코'는 '메히꼬', '캄보디아'를 '캄보쟈'로 부르고 있다. 1998년 9월에
'그 나라에서 부르는대로 사용하기 위한 것'을 이유로 10개국의 표기
를 바꾸었다. 바뀐 표기는 '독일' → '도이췰란드', '체르노고리아(세르
비아공화국)' → '쯔르나고라', '토이기(터키)' → '뛰르끼예', '호르바찌야
(크로아티아)' → '호르바쯔까', '희랍' → '그리스', '화란' → '네데를란
드', '오지리' → '오스트리아', '인도' → '인디아', '애급(이집트)' → '에
집트', '웽그리아(헝가리)' → '마쟈르'로 바꿨다.

  이외에도 언어사용에 있어서 '뜻이 모호하거나 발음이 까다로운 말',
'군더더기가 많으면서도 복잡하고 긴 문장', '외래어에 의한 단어 조성
등 대중이 이해하기 힘든 어휘'의 사용은 적극적으로 삼가고 있다.

〈사진 9-6〉 북한의 언어상황을 알 수 있는 구호판

3. 언어와 민족

언어는 민족을 구분하는 가장 중요한 징표 중에 하나이다. "우리가 한 민족이라고 울타리를 칠 때 무엇을 기준으로 한 것인지"에 관해서는 다양한 의견이 있을 것이다. 민족은 사회적이고 역사적인 개념이며 언어, 풍속, 문화, 관습, 종교 등을 공유하는 문화 공동체를 의미하기도 한다. 또 같은 자연환경 속에서 살며 동일한 삶의 양태를 보이거나 운명을 함께하는 공동체로서 일체를 이루고 있는 것이라 할 수도 있다. 어떤 의미를 갖든 구성원들끼리 자유롭게 의사소통할 수 있게 하는 '언어'가 민족을 구획 짓는 데에 가장 유력한 기준의 하나라고 할 수 있다.[1]

남북의 언어를 이야기할 때에도 언어의 공통성을 부정하는 사람은

〈사진 9-7〉 남북의 언어 동질성을 강조하는 배경대미술

---

1) 김주미, 「한국어의 북방기원설 담론」, 『한민족문화연구』 제27집, 한민족문화학회, 2008, 6쪽.

많지 않다. 하지만 남북의 언어는 분단 기간 동안 상당히 달라졌다. 언어에 대한 인식, 언어에 대한 습관 등에서 차이를 보이고 있다. 북한에서는 문화어의 적극적인 사용과 언어의 자주성을 강조한다. 언어의 자주성을 강조하는 것은 북한의 언어 정책이 우수하다는 것을 강조하는 동시에 민족문화 계승에 대한 우월성을 강조하기 위한 것이다.

북한에서는 언어의 자주성을 강조하는 것은 언어 혁명의 중요한 요소로 보기 때문이다. 따라서 언어생활에서 의식적으로 사용하고 있는 '일본어 잔재와 어려운 한자어, 외국어'를 철저히 배격하고 '평양문화어(북한 표준어)를 적극 살려' 쓰는 것을 강조한다. 즉, 일제강점기를 지나며 일본어투의 말이 생겨났는데, 이러한 언어를 그대로 사용하는 것은 '낡은 언어잔재'를 유지하는 것이라는 것이다. 또한 대화 중에 어려운 한자어나 외국어를 섞어 사용하는 것은 '사대주의적 현상'으로 규정한다. 이러한 '낡은 언어잔재'와 '사대주의적 현상'에 맞서 철저히 투쟁해서 '뿌리를 빼'는 것이 언어생활에서의 '주체'를 바로 세우는 길이 된다는 것이다.

북한이 이러한 말다듬기 사업을 통해 민족어의 순수성을 강조하고 장려하는 것은 상대적으로 남한의 언어가 오염된 언어로서 민족적 자주성이 없다는 시각도 크게 작용하고 있다. 즉 언어의 순수성을 지키는 것을 민족적 문화를 지키는 것으로 인식하고 있다.

서울은 다른 나라 말들이 판을 치고 있으며 외래어의 '홍수지대'로 전변되었다. 서울말은 영어와 일본어, 한자어가 뒤섞인 잡탕말로 변질되었으며 우리말의 민족적 특성과 고유성이 점차 사라진 말로 되었다. 각종 간판이나 상품광고 같은 것도 다른 나라 말로 써붙이고 있으며 일상적으로 주고받는 말도 영어나 일본어를 뒤섞어 하는 것이 유행되고 있다. 심지어 야비하고 비속한 여러 가지 말마디들과 유행어들이 망탕 쓰이고 있는 형편이다.

—최정후, 「민족어발전에 관한 리론」, 『위대한 령도자 김정일동지의 사상리론: 언어학』, 사회과학출판사, 1996, 54쪽.

언어에 대한 기본 인식은 김정일 시대에서 변함없이 적용되고 있다. 언어의 순수성을 지키는 것은 제국주의 침략에 맞서 민족의 순수성을 지키는 전투인 것이다.

낡은 언어 잔재를 뿌리 뽑지 못하고 그대로 방치한다면 제국주의만이 좋아할 것이며, '지난날의 착취와 압박을 받아보지 못한 새 세대들이 이전 세대들의 본을 따서 그런 말을 망탕(마구)되도록 외운다면 그것이 훗날 유래가 희박해지고 습관적으로 고정돼 낡은 언어 잔재가 우리의 언어생활 속에 깊숙이 끼어들 수 있다'고 경계하고 있다.

이에 따라 '힘들고 파악 없는(알기 어려운) 한자어, 외래어들, 일제강

〈사진 9-8〉 북한의 사탕 '금컵 코코아 젖사탕'

점기의 잔재인 일본식 한자어와 일본말 찌꺼기들, 지난날 봉건통치배들을 내세웠거나 외래침략자들이 남긴 고장이름들, 비속하고 비문화적인 말을 비롯하여 우리말의 주체성, 민족성을 좀 먹고 인민들의 사상의식과 문화정서 교양에 부정적 영향을 주는 어휘들'이 정리되었고 인민성의 원칙에 따라서 알기 쉽고 편한 말로 다듬어졌다.

언어는 곧 제국주의 침략의 다른 수단의 하나라는 것이다. 제국주의자들은 각종 선전수단과 상품광고를 통해 퇴폐적인 부르주아 생활방식과 자유화의 독소를 우리 내부에 유포시키려고 책동하고 있다.

언어이자 곧 민족이며 주체성과 민족성을 철저히 고수해 나가는 것이 민족어문제를 빛나게 해결하는데서 틀어쥐고 나가야 할 근본원칙으로 된다는 것이 경애하는 김정일장군님의 확고한 립장이다. 우리 민족어를 끝없이 빛내여 나가시는 경애하는 장군님의 령도의 현명성은 무엇보다도 우리말과 글의 순결성을 철저히 고수해 나가도록 이끌어 주시는 데 있다.

─「민족어를 빛내이는 위대한 령도」, ≪로동신문≫, 2000년 5월 22일.

이처럼 조선어의 순결성을 철저히 고수하기 위해서는 '말 한마디, 표현 하나라도 분명하게 사용하여야 한다. 그렇지 않다면 이는 제국주자들의 장단에 춤을 추는 것'밖에 되지 않기에 언어를 사용할 때에는 '낡은 언어 잔재 요소를 빠짐없이 찾아내 고유한 우리말로 정리하며 새로운 말들이 언어생활 속에 고착되도록 의식적으로 사용할 것'을 강조한다. 평양문화어는 민족어로서 우수한 요소들을 갖춘 언어로서 평양문화어를 기준으로 '언어생활을 진행해 나갈 때 우리 말의 순결성과 주체성이 고수되고 민족적 특성도 살려 나갈 수 있다'는 것이다.

언어사용에서 강조하는 것은 '인민성의 원칙'이다. 인민성의 원칙이란 인민대중에게 복무하는 언어, 인민들이 알기 쉽게 통속적으로

북한상식 훈민정음 창제일

북한의 한글날은 1월 15일이다. 정식 명칭으로 한글날이 없고, 대신 '훈민정음 창제일'이 있다. 남한에서는 훈민정음이 반포된 세종 28년(1446년) 음력 9월의 마지막 날인 29일을 양력으로 환산하여 10월 9일로 한글날을 제정하고 기념하는 데 비하여 북한에서는 훈민정음 창제일인 세종 25년 음력 12월을 양력으로 환산하여 가운데 날인 1월 15일을 훈민정음 창제 기념일로 정했다. 훈민정음에 대해서는 북한에서는 '과학적인 글자'라고 하여 한글의 우수성과 과학성을 높이 평가한다.

글을 쓰는 것이다. 김정일은 1977년 12월 12일 조선로동당 중앙위원회 조직지도부, 선전선동부 책임일군들과 한 담화, 「글을 알기 쉽게 통속적으로 쓰는 기풍을 세워야 한다」에서 인민성의 원칙과 의미를 다음과 같이 규정하였다.

> 글을 알기 쉽게 통속적으로 쓰는 기풍을 세워야 합니다. 우리나라에서 글은 착취사회에서처럼 극소수의 착취자들과 중산층에 복무하는 것이 아니라 인민대중에게 복무합니다. 우리나라에서는 글이 글을 위한 글, 지식인들만 보고 리해할 수 있는 글이 되어서는 안 되며 반드시 인민대중이 보고 쉽게 리해할 수 있는 글이 되어야 합니다. 우리가 100만의 인테리대군을 양성하여 놓았지만 온 사회를 인테리화하자면 일정한 시일이 걸려야 합니다. 우리 당원들과 근로자들의 일반지식 수준에서도 아직 차이가 적지 않습니다. 그러므로 우리는 글을 전문가들이나 지식수준이 높은 사람들만 볼 수 있게 쓰지 말고 누구나 다 보고 쉽게 리해할 수 있게 써야 합니다.

〈사진 9-9〉 훈민정음 창제과정을 소재로 한 박춘명의 중편소설 「훈민정음」

최근에도 언어에 대한 예절을 강조하고 있다. 2005년 12월 9일자 ≪민주조선≫은 「언어 생활의 문화성」이라는 논설을 통하여 '언어는 사람들의 사상의식과 교제의 수단이며 혁명과 건설의 힘 있는 무기'라고 하면서 '언어생활의 문화성을 높이는 문제를 소홀히 해서는 선군시대에 맞는 사회주의 생활문화를 세울 수 없다'고 강조하면서 언어생활에서의 예절을 강조하였다.

≪민주조선≫이 강조한 언어예절은 비속어, 사투리, 한자어와 외래어를 사용하지 말고, 말을 너무 빠르게 하지 말라는 네 가지였다. 비속어의 사용은 문화어에 대치되는 비문화적인 말로서, '사람들 사이에 인품을 떨어뜨리고, 몰상식을 표현하며 집단과 동지들 사이에 오해와 불신을 조성하고 사회와 집단의 단결과 화목을 약화시키는 결과를 초래한다'고 지적하였다.

사투리에 대해서는 지역적인 특성이 있기는 하지만 부정적인 면도 있다고 하였다. 사투리는 "해당 지역이나 지방 인민들이 오랜 옛날부터 써온 말로서 민족고유의 우수한 인민적인 언어적 요소가 담긴 긍정적 요소가 있는 반면 비규범적이며 비문화적인 요소가 있는 것으로 하여 민족어휘 구성의 문화성을 흐리게 하는 부정적 측면도 있다"는 것이다. 그런 만큼 "사투리를 망탕(함부로) 쓰게 되면 언어생활에서 혼란이 생기고 언어의 통신적 기능을 제대로 수행할 수 없게 하며 사람의 인품도 떨어지게 한다"는 것이다.

다음으로 어려운 한자말과 외래어의 사용에 대한 금지도 여전히 강조하고 있는 언어생활의 한 부분이다. "한자말과 외래어는 민족어의 어휘구성에 들어온 이질적인 외래어적 요소로서 민족어의 고유성과 순결성을 파괴하고 좀먹는 독소"라고까지 하면서 '한자말과 외래어를 사용하게 되면 민족어의 발전을 이룩할 수 없고 사대주의가 조장돼

〈사진 9-10〉 번호판에 아르씨(RC)라고 쓰인 북한 적십자 자동차

사람들의 민족자주의식을 마비시키며 자주적이며 창조적인 언어생활 기풍을 확립할 수 없게 된다'고 하였다.

화법(話法)에서는 말을 너무 빠르게 하지 말 것을 강조한다. "말을 너무 빨리하게 되면 이야기 내용을 상대방에게 잘 전달할 수 없으며 그에 따르는 언어생활에서 문화성과 예의 도덕을 옳게 지켜나갈 수 없기 때문"이다. 신문은 또한 "지금 학생이나 일부 사람들이 말마디들을 씹어서 발음하지 않고 너무 빨리하기 때문에 무슨 말인지 잘 알아듣기 힘든 경우가 적지 않다"고 지적하였다. "1분당 평균 260~270개의 말소리 마디를 발음하는 것을 절대속도로 정하였다"고 보도하였다

4. 문화어의 특징

북한이 본 우리 민족어의 특징은 오랜 역사를 갖고 있으면서도 단일계통이라는 점이다. 한국어의 기원에 대해서는 남북한 학자들의 견해에서 상당한 차이가 있다. 학자들 사이에서도 견해가 다르기는 하지만 한국어가 알타이어족이라는 설이 가장 기본적이다. 반면 북한 학자들은 '조선 반도'를 중심으로 한 지역에서 오래전부터 뿌리를 내려 형성되었다고 주장한다. 한국어의 기원에 대해서는 남북의 입장이 대립하고 있는 것이다.

〈사진 9-11〉 바른 언어생활을 주제로 한 텔레비죤 토막극 〈과장이 된 후〉

북한의 주장에 따르면 동북아시아에 흩어져 살던 우리 선조들은 국가가 형성되기 이전부터 같은 언어를 사용했었는데, B.C. 3천여 년 초 우리 민족의 시조 단군에 의해 평양을 중심으로 첫 노예 소유 국가인 고조선이 세워지면서 우리말은 그 이전의

단순한 종족어의 테두리를 벗어나 당당한 '민족어'로 발전했으며, 첫 민족글자인 '신지 글자'를 갖게 됨으로써 우리말과 글은 새로운 발전 단계에 들어서게 됐다는 것이다.

이처럼 우리말은 적어도 수만 년 전에 형성된 이후 다른 나라의 말들과 통합되거나 갈라진 적이 없이 한 갈래로만 발전하면서 단일한 조선말을 사용했다는 것이다. 즉, 우리말은 고대부터 고조선, 부여, 마한, 진한, 변한 등의 여러 종족어들과 국가어들로 갈라져 쓰이다가 신석기시대에 이르러 확고하게 자리를 잡았는데, 원시시기나 고대시기의 말을 분석해 보아도 비슷한 갈래나 다른 갈래의 말이 섞여 있는 것을 찾을 수 없다는 것이다. 비록 삼국시대에는 고구려어, 백제어, 신라어로 갈라져 있었으나 지역적 방언의 차이였지 계통은 하나였다는 점이다. 이러한 언어의 단일성은 일제강점기에도 굳건히 지켜지고 보존되어 왔다는 것이다.

북한상식 **'한국어의 북방기원설 담론'에 대한 입장 차이**

김주미, 「한국어의 북방기원설 담론」, 『한민족문화연구』 제27집(한민족문화학회, 2008), 19쪽: "참고로, 리득춘(리득춘, 『조선어력사연구』, 도서출판 역락, 2006)에서는 남북한 학자들의 계통 연구에 대해 다음과 같이 논의하고 있다. 남한과 북한 학자들의 한국어에 대한 논점은 심각하게 대립되고 있다. 남한 학자들 사이에서도 견해가 다르지만 한국어가 알타이어족이라는 설이 가장 기본적이다. 따라서 한국어는 만주·퉁구스어, 몽골어, 터키어와 함께 알타이계어에 속하며 부족하기는 하지만 이들 언어와 공통특질을 보유하고 있다는 것이 남한의 학설이다.

북한 학자들은 한국어가 알타이어족에 속한다는 것을 분명히 논증한 사람이 없으며 한국어가 알타이 산맥 너머와 같은 먼 지역에서 형성되어 옮아온 '나그네'가 아니라 조선 반도를 중심으로 한 지역에서 인류역사의 아득한 여명기부터 뿌리를 내려 형성되었다고 한다. 따라서 한국어 계통의 문제는 알타이족설과 관계를 끊고 근본적으로 반성해 볼 것을 주장하고 있다."

최근에는 고구려 중심의 언어 발전을 주장하면서 삼국시기의 역사가 고구려를 중심으로 전개되었음을 강조한다. 고구려어 중심설이란 고구려 말이 우리말의 원류로서 고조선 시기의 조선말을 이어받아 더욱 발전시켰으며 조선말 발전에서 원줄기를 이루고 주도적인 역할을 하였다는 것이다.

문화어의 특징은 무엇보다 두음법칙을 인정하지 않는다는 점이다. '력사', '녀자', '료리사', '락원',

〈사진 9-12〉 정기종의 장편소설 『녀가수』

'룡성맥주', '로인' 등과 같이 발음상에서 두음법칙을 인정하지 않고 한 자어의 어두에서 'ㄹ'과 'ㄴ'을 원음대로 적는다. 우리말에서 두음법칙은 아주 오래된 자연스러운 현상으로 받아들여져 1933년 한글맞춤법통일안을 제정시에도 표준적인 맞춤법으로 인정했었던 것인데, 북한에서는 원음대로 발음한다.

성씨의 경우에도 '리'를 표기한다. 또한 문화어에는 '원쑤', '뚝'과 같이 된소리가 많다는 점도 특징이다. 남한에서도 발음에서는 된소리가 많이 늘어나는 경향을 보이고 있다. 즉 '학과', '과사무실', '문법' 등을 된소리로 발음하려는 경향이 강하다. 이런 경향을 막기 위하여 된소리 발음을 하지 않도록 권장하고 있다.

화법에서는 문장을 짧게 나누어 발음을 분명하게 하면서도 억양이 있어 강한 효과를 낸다. 특히 초두음이라고 하여 문장의 첫소리에 강한 액센트를 준다. 셋째, 접사의 결합과 어근 합성에 의한 조어가 많으며 '-할 데 대하여'나 '-할 대신에' 등과 같은 특수구문이 많다는 점이다.

5. 언어 이질화

남북의 언어정책의 차이와 분단이 길어지고 왕래가 없는 동안 남북의 언어는 상당히 달라졌다. 남북한의 언어 이질화 양상을 구분하면 다음과 같다.

첫째, 남북한 사이에 완전히 차이가 나는 경우이다. 남북한 한쪽에서 완전히 없어졌거나 거의 사용하지 않아 쉽게 통용되지 않은 경우이다. 북한에서 먹는 채소를 의미하는 '남새'의 경우 북한 지방의 사투리였었는데, 문화어 제정 과정에서 문화어로 편입되었다. 상대적으로 남새를 알아듣는 남측 사람은 거의 없는 상황이다. 방언이 문화어로 정착된 예로는 게사니(거위), 되우(몹시, 심하게), 마사지다(부서지다), 봉창(보충, 벌충) 등이 있다.

둘째, 같은 어휘로 사용하지만 의미가 큰 차이를 보이는 경우이다. '사변'이라는 말은 북한에서 '역사적으로나 사회적으로 큰 의미가 있는 일'이라는 뜻으로써 긍정적인 의미인 반면 남한에서는 '큰 변고나 난리를 뜻하는 부정적인 사건'으로 이해하고 있다. 남북한의 기본 합

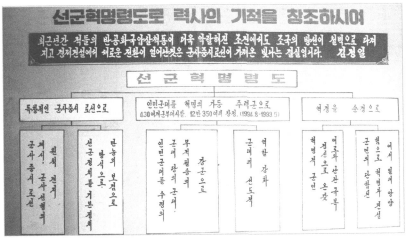

〈사진 9-13〉 북한의 언어문화를 엿볼 수 있는 정치구호판

의서에 용어에 대한 해석을 담고 있는 것도 남북한의 의미 차이를 염두에 둔 것이다.

셋째, 부분적으로 공유하는 점이 있으면서도 다른 의미가 포함되는 경우이다. 뜻이 반만 통하는 경우라고 할 수 있다. '동무'와 같은 말이다. 동무라는 말은 전래동요에서도 찾을 수 있는 친근한 말로 '어깨동무', '길동무' 등으로 쓰이던 말이다. 예전에는 두 사람이 같이하는 장사를 '동무-장사'라고 하였다. 요즘으로 하면 동업이라는 뜻이다. 이처럼 친근하게 쓰이던 동무라는 어휘가 분단으로 인해 이념적으로 이해되면서 마음대로 사용할 수 없는 언어가 되었다.

이처럼 달라 지게된 것은 북한에서 '동무'라는 말에 정치사상적인 의미를 부여하였고, 남측에서는 이에 대한 거부감으로 사용을 기피하면서 '동무'는 한자어인 '친구', '동료' 등에 밀려나게 되었기 때문이다. 그러나 완전히 의미가 부정되거나 상반되는 것이 아니라 용어의 사용폭이 다른 경우이다. 북한에서 '동무'는 남북이 함께 써 왔던 '같이 어울려 다니는 친구'라는 뜻 외에도 '주로 정치사상적 견해나 행동을 같이하는 사람', '남을 무간하게(허물없이) 부를 때 쓰는 말'이다. "김 동무 기사장 동무가 오시랍니다"와 같이 남·녀, 상·하의 구별 없이 두루 통용되

〈사진 9-14〉
'우리민족끼리',
'조국통일'. '6·15' 등의
구호가 걸린 등

330

어 남을 부르는 용어로서 사용되는 '동무'에 대응하는 말이 없다.

참고로 동지라는 말은 "혁명대오에서 함께 투쟁하는 혁명가. 동지라는 말은 혁명전우들 사이에서 불리우는 영예롭고 고귀한 칭호이며 혁명전우에 대한 믿음과 사랑의 표시로 된다"고 규정하고 있다. 북한에서 동지는(성함 아래에 쓰이어) '존경과 흠모의 정'을 나타내는 말 또는(이름 아래에 쓰이어) '동무'의 뜻을 높여 이르는 말이다. 일반적으로 동지는 호칭으로서 '동무'보다 높임의 뜻으로 쓰이고, 또한 특별히 수령을 비롯한 일부 특정인에게 붙이는 존칭어로 바뀌었다.

이외 의미 범주의 차이가 나는 어휘로는 다음과 같은 예가 있다.

- 부자: 낡은 사회에서 착취와 협잡으로 긁어모은 재산을 많이 가지고 호화롭게 진탕치며 살아가는 자, 자기 노력으로 살림을 늘려 매우 넉넉하게 잘살게 된 형편을 가리키는 말.
- 선동: 혁명과업을 잘 수행하도록 대중에게 호소하여 그들의 혁명적 기세를 돋구어 주며 당정책 관철에로 직접 불러일으키는 정치사상 사업의 한 형태, 어떤 행동에 나서도록 부추켜 움직이는 말.
- 세포: 당원들을 교양하고 당원들의 사상을 단련하여 그들의 일상생활을 지도하는 기본조직, 일정한 조직이나 집단에서 기층단위로 되는 조직, 생물체의 구조상으로나 기능상으로나 기초가 되는 단위.

넷째, 어휘 사용의 측면에서 주로 사용하는 어휘의 차이이다. 북한에서 사용어휘의 측면에서 볼 때 빈도수가 많은 언어들 가운데는 인민, 당, 혁명, 투쟁 같은 일반명사와 함께 '총폭탄', '결사옹위', '간고분투', '불요불굴', '총대중시', '자폭용사', '붉은기', '선군' 등의 낯설고 전투적인 용어가 많아 거부감을 준다.

이러한 용어들이 만들어지는 것은 시대의 요구에 따른 것이다. 시대가 변화되면서 거기에 맞는 새로운 용어들이 창조되기 마련인데,

<사진 9-15> 북한 과학영화의 한 장면

선군시대에 들어서면서 '고난의 행군', '선군혁명', '혁명적 군인정신', '혁명적 군인가정', '총대 가정', '총대 처녀', '군관의 안해(아내)', '강계 정신', '성강의 봉화', '라남의 봉화'와 같은 선군시대 시대어가 등장했다고 강조한다. 봉화는 새로운 사업기풍의 시작

을 의미하는 것으로서 '성강의 봉화(1998)', '낙원의 봉화(2000)', '라남의 봉화(2001)', '선군봉화상(2003)' 등이 있다. 6·25 전쟁 직후에는 천리마 기수, 평양속도 등이, 1960년대 이후 사회주의 건설시기에는 속도전, 70일 전투, 1980년대 속도, 영웅 등의 시대어가 생겨나 북한을 강력한 사회주의 공업국가로 만들었다고 주장했다.

다섯째, 전통적인 가족 호칭에서의 차이이다. 남북한이 갈라져 있는 동안 호칭도 달라져서 남한에서 사용하지 않은 호칭이 사용되기도 한다. 이러한 호칭으로는 '씨 다른 동생', '시형', '아저씨', '고모4촌', '안해', '가시아버지' 등이 있다. '씨 다른 동생'은 동모이부(同母異父), 즉 같은 어머니에 다른 아버지로 개가한 어머니의 개가 후에 의붓아버지에게서 난 자식을 일컫는 말로 '배다른 동생'과 대비되는 용어이다. '시형'은 남편의 친형을 가리키는 용어이다.

일상생활 속에서는 '시아주버니'나 '아주버님'으로 부르지만 다른 사람 앞에서나 호적 등의 공공기록에서는 '시형'이라는 호칭을 쓴다. '아저씨'는 언니의 남편, 즉 형부를 가리키는 용어이다. '고모4촌'은 고모에게서 난 4촌, 즉 고종사촌을 가리키는 말이며, '안해'는 아내를, '가시아버지'는 공인을 가리키는 용어이다.

10장 역사·문화재

1. 고대사

1) 대동강문화론

　대동강문화론이란 대동강 유역이 인류문화의 요람으로서 대동강 유역을 중심으로 발전한 문명이 세계 4대 문명 발생지와 대등한 인류 문명 발생지라는 것이다. 대동강 유역에서 발견된 초기 인류의 흔적과 대동강 유역의 구석기 문화는 중국과는 다른 특징을 보여주고 있고, 이는 동아시아에서 독특한 인류문화의 발생지라는 것을 의미한다는 것이다.

　대동강문화론은 조선역사학회에서 1998년 3월 평양을 중심으로 한 대동강 일대의 고대문화의 발굴과 연구 성과를 토대로 하여 이 지역 문화의 우수성을 언급하면서 '대동강문화'로 명명하였다. 역사적으로 볼 때 고대 선진문명은 산천이 수려하고 땅이 비옥한 강 유역에서 형성되었기에 강 이름과 결부한 문화로 명명하였다. 즉, 구석기시대 초기부터 고대시기의 수많은 문화유적과 유물들이 드러난 평양을 중심으로, 대동강의 중·하 유역을 포괄하는 광활한 지역을 인류와 고대문명의 발상지 및 중심지의 하나라고 보면서 세계 4대 문명과 더불어 찬란한 고대문화를 형성한 세계 5대 문명지의 하나라는 것이다. 대동강문화가 세계 문명의 하나로 밝혀진 것은 '고고학자들이 대동강 유역에서 발굴된 수많은 원시문화와 단군 및 고조선시기의 유적·유물에 대한 연구를 심화시킨 결과'라고 하였다.

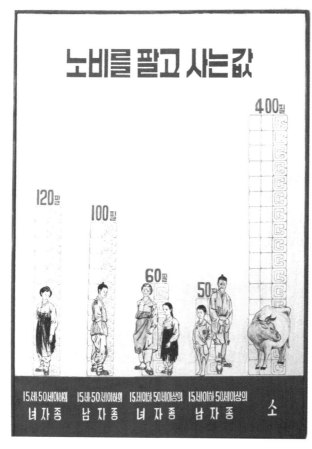

〈사진 10-1〉
고려박물관 전시물

2003년 11월에도 평양시 삼석구역 호남리에서 지금으로부터 약 6천년 전 신석기시대 것으로 추정되는 질그릇 가마터가 발견되었다고 보도하였다. 이는 지금까지 한반도에서 발견된 가장 오래된 가마터로 알려진 충청북도 진천군에 있는 삼국시대 초기 가마터보다 앞선 것이라고 주장하면서 '질그릇을 직접 구워내던 가마터가 발굴되기는 이번이 처음이며 세계적으로도 발견된 사례가 매우 드물다'고 강조하였다. 2004년 7월에도 평양시 승호구역 리천리에서 신석기시대의 가마터 등 유적·유물을 대거 새로 발굴했다고 보도하였다.

중앙방송의 보도에 따르면 발굴된 유적유물로는 신석기 이전으로 추정되는 질그릇 가마터, 고인돌무덤, 벽돌무덤, 신석기부터 고조선 시기의 집터, 고려 말 기와가마터, 조선 초기의 기와가마터 등과 유물 수천 점이었다. 신석기시대 질그릇 가마터에는 직경이 약 1m, 깊이 80~90cm의 커다란 불구덩이가 있고 주변에는 당시 소성된 질그릇 10여 개가 고스란히 남아 있다는 것이다. 방송은 신석기시대의 가마터가 발견된 것은 2003년 11월 평양시 삼석구역 호남리에 이어 두 번째라고 소개하면서 이 가마터의 구조와 가마터에서 발견된 질그릇의 모양으로 볼 때 신석기시대보다 더 이전 시기의 것으로 추정된다고 하

〈사진 10-2〉
고려박물관 전시 그림

였다. 고(단군)조선 시기의 대규모 집터에서는 돌로 만든 단검, 창끝, 활촉 등 무기류와 도끼, 자기, 대팻날, 끌, 그물추 등이 발견됐다고 보도하기도 하였다.[1)

최근에는 평양 일대가 고대 철기문화의 중심이라는 주장을 제기하여 관심을 모으기도 하였다. 평양시 강동군 송석리의 돌관(석관)무덤에서는 기원전 12세기의 것으로 추정되는 쇠거울이 나왔으며, 강동군 향목리 고인돌무덤에서는 기원전 7세기경의 쇠작살과 쇠줄칼, 쇠활촉 등 철기시대 유물들이 대거 발굴되고 있다는 것이다. 특히 쇠거울은 지금까지 출토된 철기유물 가운데 가장 오래된 것으로, 그 제작시기로 미뤄 평양 일원에 철기문화가 매우 오래 전에 창조되고 철기제품 생산도 활발했던 지역이라는 것을 시사한다고 보도하였다. 세계적으로도 우리 민족처럼 유구하고 우수한 철기문화를 창조한 민족은 드물다고 강조하였다.

북한의 문화보존지도국은 2004년에 개성시와 평양시 일대의 역사유적과 고인돌무덤, 금강산 등 6개소를 세계유산 임시목록에 기재해 유네스코에 제출하기도 하였다.

〈사진 10-3〉
남북 역사학자들의 공동 발굴
(개성 만월대)

---

1) ≪연합뉴스≫, 2004년 7월 19일.

2) 단군조선(고조선)

북한 역사학계에서는 단군조선(고조선)은 기원전 30세기에 일어난 세계 최초의 국가 중 하나로 본다. 기원전 3천 년기에 단군은 평양을 중심으로 한반도 서북지역에 고조선을 건국한 이래 우리 민족은 고조선의 형성과 함께 핏줄, 언어, 문화, 영토의 공통성을 형성하면서 대동강 유역을 중심으로 민족문화를 형성하여 왔다는 것이다. 고조선의 문화는 북으로는 요하유역과 중국 만리장성까지 영향을 미쳤으나 고조선의 수도는 평양지역에 계속 유지하였다는 것이 북한 학자들의 평가이다.

〈사진 10-4〉
고조선의 건국을 소재로 한
역사화

단군릉 발굴 이전에 북한에서는 '단군신화'를 인정하지 않았다. '단군신화'는 "우리나라 역사의 유구성을 반역"하고 있으나 "고조선 통치배들이 계급적 지배를 합리화하기 위하여 꾸며낸 것"이며, "단군조선과 단군을 봉건사가나 부르주아 민족주의 사가에 의하여 실재한 인물인 것처럼 과장한 것"으로 평가하였다. 그러다 1980년대 중반 이후 1988년을 넘어서면서 단군에 대해서 관심을 기울이기 시작하고 연구가 다시 본격화되었다.

　　현재 북한의 단군릉은 구전으로 전해지던 단군릉을 개건한 것이다. 개건된 단군릉으로부터 약 3km 정도 떨어진 곳에 구전으로 전해 오던 단군릉이 있었다. 광복직후인 1946년에 촬영된 사진을 보면 담장으로 울타리가 쳐지고 단군릉이라고 적힌 비가 서 있는 규모가 큰 무덤이었다. 그동안 구전으로 단군릉이라고 전해지던 옛무덤에 대해서 1993년 1월 조사를 벌였다. 조사 결과 무덤 속 남자의 유골이 5011년 전 단군의 유골이라는 것을 밝혀냈다고 하면서 단군을 신화적 존재가 아닌 실존인물이라고 인정했다. 단군릉 발굴보고서가 발표된 이후 1994년 1월에 '단군릉 복구위원회'를 구성하고 피라미드 형태로 단군릉을 개건 확장하기로 결정하였다. 이어 개축공사를 추진하여, 1993년 10월 11일 준공식을 갖고 단군릉에 대한 대대적인 개축작업을 거쳐, 이듬해인 1994년 10월 11일에 준공하였다.

　　북한에서 새롭게 개건한 단군릉은 평양 북동쪽으로 약 40km 떨어진 강동군 문흥리 대박산에 있다. 현재의 단군릉은 고구려의 첫 수도인 집안(지안)지역의 장군총 모양(동양의 피라미드)을 본 땄다. 개건된 단군릉은 높이가 70m(18층 높이)에 달하고, 아랫부분의 한 변은 50m이고, 높이는 22m인 9층의 계단식 무덤으로 1,994개(1994년 완공)의 화강암으로 돌을 짜 맞추었다. 289개의 화강암 계단을 통해 능을 오를 수 있도록 하였다. 계단 양쪽에는 선돌에 해당하는 돌기둥이 좌우 5개씩 세워져 있고, 8명의 신하와 네 아들상이 좌우로 단군릉을 호위하듯이 세워져 있다. 그리고 고조선의 청동기 문명을 상징하는 높이 7m의 비파형 단검을 능 옆에 세웠다.

무덤 안으로 내려가는 문은 단군릉 뒤쪽에 있다. 석실을 몇 번 꺾어 돌아 내려가면 석실 중앙에 맨 아래층에 단군과 부인의 유골을 안치한 거대한 두 개의 나무관이 놓여 있다고 한다. 이곳에서 발굴된 단군과 부인의 뼈는 아르곤 가스가 채워진 밀폐된 유리관 속에 보관되어 있는데, 빛과 습기로 인한 손상을 막기 위해서 다시 나무 관을 씌워 놓았기 때문에 직접 참관을 할 수는 없다고 한다.

북한에서는 '기자조선'설을 부정한다. 북한에서 기자설을 부정하는 근거로 기자릉에 대한 발굴 결과 아무런 유적이나 유물을 발견하지 못하였기 때문으로 설명한다. 이 논리에 따르면 단군의 경우에도 역사적 실체를 규정할 수 있는 물질적인 증거가 있어야 한다. 단군은

〈사진 10-5〉 고려박물관의 돌관

시기적으로 5000년 전의 사람이고, 확인할 수 있는 방법도 제한되어 있는데, 그 유적을 발견했다고 함으로써 단군이 공식적인 역사로 인정받게 된 것이다.

단군릉의 발굴과 함께 단군 사당으로서 단군의 제사를 지냈던 황해남도 구월산의 삼성사(三聖祠) 복원사업을 완료하는 등 단군 관련 유적지 관리에 관심을 쏟고 있다. 단군제도 다시 지내고 있다. 남측에서도 개천절 행사를 벌여 단군을 추모하는 행사를 벌이고 있는데, 북한도 마찬가지이다. 다만 하늘이 처음 열린 날이라는 개천절 대신에 북한에서는 단군제라고 부른다.

북한에서 단군의 존재를 인정하면서 유골 발굴을 기점으로 삼은 것은 유물론적 인식 때문이다. 우리는 역사의 존재를 기록으로도 인정하지만 북한의 경우에는 역사적 존재임을 확인할 수 있는 물적 토대가 있어야 한다. 따라서 단군의 존재를 역사기록만으로 존재를 확정할 수

〈사진 10-6〉
단군릉개건기념비

340

없으며, 반드시 존재를 확인할 수 있는 물적 근거가 있어야 하는 것이다. 단군의 존재를 단군의 유골을 통해 인정하는 것도 이 때문이다.

북한의 주장에 따르면 단군릉 발굴이 시작된 것은 김일성 때문이었다. 역사학자들은 강동지구의 단군릉을 후세에 만들어 놓은 무덤으로 여겼었는데, 김일성이 단군을 실재 인물로 보고 단군릉의 발굴을 지시함으로써 본격적으로 진행되었다는 것이다. 1993년 10월 2일 사회과학원은 이어 평양시 교외 강동지구에 있는 단군릉을 발굴하고 무덤에서 발굴된 남녀 한 쌍의 유골이 단군과 부인이라는 '단군릉 발굴보고서'에서 단군이 5011년 전에 실재한 인물이라는 입장을 전개하였다.

단군릉은 일제의 민족문화 말살정책과 관리소홀로 많은 부분이 도굴되고 몇 점의 고조선 유물과 사람뼈밖에 없었는데, 발굴된 뼈를 전자상자성공명법을 비롯한 최신형 연대 측정설비로 측정한 결과로 검증한 결과 단군 유골의 연대가 5011년이라는 것을 확증하게 되었다고 한다. 5천년 동안 유골이 보존될 수 있었던 것은 '석회암 지대에 묻혀 있었고 매장되어 있던 지점의 토양이 뼈를 삭이지 않는 특성을 가지고 있었기 때문이다'고 설명했다.

단군의 존재가 갖는 의미에 대해서도 '우리 민족이 하나의 핏줄을 이어온 단일민족임을 세상에 널리 과시하게 되었다'고 평가하면서 단군의 유해가 발굴된 이후에 고조선의 수도가 평양이었다는 학설을 주장하고 있다. 1993년 12월 20일 이후 매년 단군제를 지내고 있다. 단군제는 단군민족통일협의회(회장 류미영, 단군민족통일협의회 회장 겸 천도교청우당 중앙위원장)에서 주관하며 '단군성왕'에 대한 추모와 연설, 단군릉에 대한 해설, 예술단의 축하공연 등으로 진행된다.

단군에 대한 연구는 남북한 역사학자들의 공통된 관심사로 남북 사이에 공동연구도 진행되었다. 남쪽의 단군학회와 북쪽의 조선역사학회는 1998년 이래로 학술대회를 개최하였고, 2005년에는 공동의 연구성과를 담은 '단군과 고조선연구'를 출판하였다.

3) 삼국시대, 발해

북한은 삼국시대 국가 가운데 고구려에 대해 높이 평가한다. 지리적으로 고구려의 연관성도 크지만 고구려가 수나라와 당나라에 맞서 싸웠다는 것도 큰 이유이다. 고구려는 봉건국가임에는 틀림없지만 수나라와 당나라의 침략에 맞서는 용기를 보여주었으며, 옛땅을 회복하고 평양으로 천도하여 삼국통일의 의지를 보여주었다고 평가한다.

반면 백제나 신라에 대한 평가는 부정적이다. 특히 신라에 대해서는 당나라와 연합한 반민족적 행위를 통해 사대적 외교의 결과로 생긴 반동적 정권으로 간주하고 있다. 삼국통일을 부정하고 고구려의 정통을 이어받은 발해를 높이 평가하게 하고 있다.

북한도 중국 정부가 이른바 동북공정을 통하여 고구려사를 중국사의 일부로 편입하려는 움직임에 대해서 비판하면서 '고구려는 조선민족의 당당한 천년강국'이라는 점을 강조하였다. 북한의 입장을 보면 '고구려는 중세 초기에 건립된 조선민족을 대표하는 첫 국가'로서 중국의 '소수민족 정권'이나 '지방정권', '속국'이 아닌 당당한 자주적인 독립국가라는 것이다.

고구려는 진나라가 중국을 통일한 기원전 200년 이전부터 국력이 중국에 알려질 정도로 강한 나라였으며, 고구려를 비롯하여 중국을 위협하던 여러 나라와 종족의 진출을 막기 위하여 만리장성을 쌓았다는 것이다. 일부 역사서에 고구려가 중국의 어떤 군에 속했다거나 '책봉', '조공' 등의 기록을 근거로 '주종관계'로 해석하는 것은 역사를 객관적으로 보지 못하고 자국의 역사를 근거로 아전인수격으로 해석한 것이며, 이는 동방의 여러 나라들 사이의 관례에 따라 고구려가 맺은 외교무역 관계라는 것이다. 이는 『구당서』에서도 고구려와의 전쟁을 피하고 화목을 도모할 것을 희망했다는 것에서도 나타난다는 것이다.

고구려의 역사적 전통을 계승한 발해에 대한 연구도 상당한 수준에 이른 것으로 평가된다. 발해를 '조선역사에서 가장 강했던 첫 봉건국가인 고구려가 멸망한 후 그 유민들이 옛 고구려 영토에 세운 봉건국가로, 고구려를 계승한 당당한 주권국가이자 유구한 조선역사 체계에서 뗄 수 없는 구성부분을 이루고 있다'고 평가한다. 지리적으로 발해의 연구가 어려운 남측과 달리 북한에서는 지리적으로나 국가정책적인 이점으로 발해연구가 활발하다. 우리 민족의 역사를 고조선-고구려-발해-고려-조선-사회주의 조선으로 파악한다.

1980년대까지만 해도 발해 연구는 고구려의 정통성을 계승한 후속 국가로서 의미가 강하였으나 1990년대로 들면서부터는 유물 발굴 작

〈사진 10-7〉
고구려 건국을 주제로 한
역사화

업과 함께 독립적인 성과들이 나왔다. 발해와 관련한 각종 성과물과 전시회가 집중적으로 개최된 것은 1998년이다. 1998년은 698년에 건국한 발해의 건국 1300년이 되는 해이다. 발해 건국 1300주년을 맞아 1998년 7월에는 7권으로 된 『발해사연구』를 발간하였다. 제1권부터 4권까지는 발해의 건국과 영역 및 주민, 정치, 경제, 문화에 대해서 다루었으며, 제5권부터 7권까지는 발해의 역사와 지리를 중심으로 발해와 관련한 연구 성과를 집약하였다. 또한 중앙력사박물관에서는 1990년대 북한에서 출토된 마구류와 도자기 등 발해 관련 유물 300점을 전시하는 유물전시회도 개최하였다.

〈사진 10-8〉
고구려동명성왕사적비

2. 근현대사

1) 3·1 운동

북한은 항일혁명에서 김일성의 항일무장 혁명투쟁만이 유일하고 올바른 투쟁이었음을 인정한다. 유일하고 올바른 투쟁이었다는 것은 항일혁명이 조직적이고 무장투쟁이 유일한 법이었다는 것을 의미한다. 따라서 비무장적이거나 비조직적 투쟁은 비록 항일투쟁이었다고 하더라도 한계가 있는 것으로 평가한다. 이러한 평가는 독립운동과 관련한 모든 사건의 해석에서 동일하게 적용되는 원칙이다.

북한에서는 3·1 운동에 대해 '나라의 독립과 민족의 자주권을 위해 온 민족이 떨쳐 일어나 일제 침략자들 반대해 싸운 전 인민적 항쟁이었다. 민족의 기개를 과시한 거족적인 애국투쟁'이라고 규정하고 있다. 그러나 "3·1 운동은 당시 피압박 민족에게 큰 영향을 미치기는 했지만 실패할 수밖에 없는 한계를 가지고 있었다"고 평가한다.

3·1 운동에 대한 북한의 평가는 김일성 가계와 연결하여 의미를 부

북한상식 『조선전사』

역사에 대한 북한의 공식적인 입장을 대변하는 책으로 사회과학원 역사연구소가 원시시대부터 1982년까지의 역사를 망라하여 1979년부터 1992년까지 34권의 역사서와 2권의 연표를 포함한 36권으로 편찬한 역사서이다. 조선전사는 김일성의 70회 생일인 1982년 4월 15일을 목표로 편찬작업이 시작되어 1982년까지 33권이 출판되었다. 이후 1991년부터 개정판을 내고 있다. 북한의 역사인식에서 특징적인 것은 주체사상을 중심으로 서술하고 있다는 점이다. 1권부터 15권까지는 원시부터 조선까지이며, 16권부터 34권까지는 '현대'를 다루고 있다. 현대의 기점은 1926년 김일성이 결성한 '타도제국주의 동맹'을 기점으로 한다는 점이다

여한다. '3·1 반일시위'가 처음 시작된 곳은 파고다공원이 아니라 평양으로 평양의 청년학생들을 비롯한 군중들이 숭덕여학교에 모여서 학생대표가 독립선언서를 낭독하고 독립을 선언하였다는 것이다. '3·1 반일시위'를 주도한 학생들이 평양 숭실학교 학생들인데, 평양 숭실학교는 김형직이 중퇴하기 전까지 학교에 다니면서 반일독립운동의 거점으로 조성하여 결과적으로 '3·1 반일시위'로 이어졌다는 것이다. 이때 김일성은 8살의 "어리신 몸으로 거족적인 반일인민봉기 대렬에 참가하시여 보통문까지 갔다"는 사실에 의미를 부여한다.

　민족대표 33인에 대해서도 '일제에 대해 민족의 독립을 구걸한 나약한 부르주아'로 평가절하하며, '유관순'에 대해서도 잘 알지 못한다. 3·1 운동 당시 민족대표 33인에 대해서는 윌슨의 민족자결주의의 영향을 받아 무저항 운동으로 이끌어졌다고 보면서 이들의 행동은 '철두철미 반민족적이며 반인민적인 배신행동이었으며, 일제 강점자들에 대한 비굴한 투항행위'로서 결과적으로 '3·1 운동'이 실패할 수밖에 없었다는 것이다.

　윌슨이 주창한 '민족자결주의'에 대해서도 피압박민족이 국제적 조

〈사진 10-9〉 타도제국주의 동맹의 약자인 'ㅌ·ㄷ'을 형상한 배경대미술

정에 의해 독립될 것처럼 그릇된 환상을 가지게 하고 그들의 '반제투쟁의식'을 마비시킴으로써 '식민지 나라들에 대한 미제의 새로운 팽창야욕을 실현하는 데 유리한 정세를 마련하려는 흉악한 목적을 추구한 것'이라고 주장하고 있다. 한계란 조직을 이끌 '당지도자가 없어 운동에 실패'할 수밖에 없었다는 것이다.

'3·1 운동'이 실패한 원인에 대해서도 산발적으로 두 달 정도 일어났기에 조직적이고 지속적인 무장투쟁으로 이끌 지도세력이 없었으며 일제의 무자비한 탄압으로 실패하게 되었다는 것이다.

2) 친일파 해법

역사인식에서 고대사 분야만큼이나 근대사 부분에서도 큰 차이를 보인다. 특히나 친일파에 대한 해법은 극명한 대조를 보인다. 남측의 친일파 문제가 아직도 진행 중에 있다면 북한은 적극적으로 청산했

북한상식 'ㅌ·ㄷ'

북한을 여행하거나 문건을 보면 암호같은 기호로서 'ㅌ·ㄷ'가 나온다. 'ㅌ·ㄷ'는 '타도제국주의 동맹'의 약칭이다. '타도제국주의 동맹'은 김일성 주석이 14살이던 1926년 10월 만주에서 결성하였다는 최초의 공산주의 청년조직이다. 북한의 보도에 따르면 김일성 주석은 화성의숙에서 공부하였는데, 화성의숙이란 일제강점기 시절 민족주의자들이 독립군 간부 양성을 위하여 1925년에 세운 2년제 군사정치학교이다. 김일성은 1926년 이곳에 입학하면서 혁명을 시작하였다. 화성의숙에서 비밀리에 혁명적 독서토론회 등의 모임을 갖으면서 그 해 10월 17일 '타도제국주의 동맹(ㅌ·ㄷ)'을 결성하였다고 한다. 김일성은 그 해 12월에 중퇴하였다.

1982년 10월 김정일 국방위원장은 「조선노동당은 영광스러운 'ㅌ·ㄷ'의 전통을 계승한 주체형의 혁명적 당이다」라는 문건을 통하여 '타도제국주의 동맹'이 당 조직의 출발임을 선언하였다.

〈사진 10-10〉 옛이야기를 소재로 한 아동영화
〈소년과 어영대장〉

다. 북한에서 친일파 청산이 적극적으로 이루어질 수 있었던 바탕에는 항일혁명투쟁에서 정권의 정통성을 찾았던 것이 결정적인 이유라고 할 수 있다.

친일파에 대해서는 '1945년 이전 일제강점기에 반민족적 행위를 한 무리'로 규정한 남측과 달리 북한에서는 '일본제국주의의 식민지 통치를 의식적으로, 적극적으로 협력한 자들로서 그 통치기관에 충실히 복무하면서 조선인민의 반일민족해방운동을 탄압하고 인민들을 억압하였으며 일제의 리익(이익)을 위하여 조선민족의 리익을 배반하고 팔아먹은 민족반역자'로 규정하고 1945년 해방 직후부터 친일파 청산을 시작하여 정권 수립 전인 1946년 3월 '친일파, 민족반역자에 대한 규정'을 채택하였다.

'친일파, 민족반역자 규정'을 보면 친일행위자는 '조선총독부 중추원 부의장·고문·참의, 일본국회 귀족원·중의원 의원', '경찰·헌병 고급관리', '군사고등정치경찰 밀정책임자·의식적으로 밀정 행위한 자', '혁명투사 학살·박해한 자 및 도운 자', '친일단체 간부', '군수산업 책임경영자 및 군수품 조달 책임자', '일제 관리로 있으면서 원한의 대상으로 된 자' 등이다. 다만 이에 해당하는 사람이라도 일제의 강압에 못 이겨 일했거나 먹고 살아가기 위해 어쩔 수 없었던 상황임을 감안하여 나쁜 행동을 하지 않은 자이거나 건국사업에 적극 협력한 자에 한해서는 죄를 감면한다는 부칙도 달았다.

친일청산과 관련하여 1946년의 토지개혁과 산업국유화 법령을 통하여 친일파, 지주, 자본가로 분류된 이들의 토지와 공장 등의 시설을 국유화한데 이어 선거권을 박탈하였다.

3. 역사 인물 평가

남북이 화합하기 어려운 분야 중 하나가 바로 역사이다. 그 이유는 광복 이전까지는 남북이 공통의 역사를 지니고 있지만 역사를 바라보는 시각의 차이가 너무 크기 때문이다. 역사인물 평가에서도 남북은 극명한 차이를 나타낸다. 이러한 극명한 인물평가로 인해 남북이 공통으로 존경하는 역사적 인물이 거의 없을 뿐만 아니라 상반되고 있다.

북한에서는 통일신라 대신 '후기신라'로 본다. 역사적 사건에서 명칭 또한 '임진왜란' 대 '임진조국전쟁', '홍경래의 난' 대 '평안도 농민전쟁', '갑신정변' 대 '1884년 부르주아혁명', '3·1 운동' 대 '3·1 인민봉기' 등으로 상이하다. 역사인물에 대한 평가 역시 현격한 차이를 보인다. 세종대왕과 같은 인물에 대해서는 우리나라 과학문화 발전에 기여한 인물로 평가하면서 집현전을 확장하여 젊고 유능한 선비들의 학문연구를 도와 결과적으로 훈민정음을 만들 수 있었다는 것이다. 이러한 차이는 역사인식의 차이에 의해 발생한 것이다.

북한은 기본적으로 조선−고구려−발해−고려를 정통으로 인정한다. 따라서 이 정통성에서 벗어난 통일신라나 신라에 의한 삼국통일을 외세인 당나라의 힘을 빌은 사대주의의 결과로 보고 있다. 이러한 시각에 의해 김춘추와 김유신에 대해서는 '사대주의가 골수에 사무친 인물', '젊어서부터 권세욕에 불탔던 야심가로 우리 역사에 큰 죄악을 남긴 반역자, 사대주의자'로 평가절하하고 있다. 반면, 고구려의 인물인 광개토

〈사진 10-11〉 사육신을 소재로 한 역사소설 『삭풍』

대왕과 연개소문에 대해서는 높이 평가한다.

조선시대를 봉건국가로서 착취와 피착취계급 사회로 규정하기에 대부분의 인물이 봉건시대 양반계급의 이익에 복종한 인물로 평가된다. 세종대왕의 경우에도 '고구려와 발해의 옛 영토를 회복하는 데 기여한 봉건국가의 국왕'으로 정도로 평가한다.

조선시대 인물 가운데 높게 평가하는 것은 실학파 인물이다. 특히 연암 박지원(1737~1805)에 대해서는 "18세기 우리나라의 이름 있는 작가이며 실학자의 한 사람"으로 "당시 봉건사회의 사회 경제적 변화를 반영한 우수한 진보적 작품들을 유산으로 남기고 여러 사회개혁 이론을 내놓아 후세 사람들에게 널리 알려진 인물로 진보적 작품을 쓰고 사회개혁 이론을 전개한 인물"로 평가한다. 연암은 "진보적 입장에서 무너져 가는 사회현실을 반영하여 양반 사대부들의 부패성과 죄행을 폭로하고 인민들의 비참한 생활과 그들에 대한 일정한 동정을 표시한 수많은 우수한 문학 작품들을 창작"했으며, "다른 실학자들과 함께 실사구시, 실용지학(實用之學: 실생활에 이용할 수 있는 학문)을 주장하면서 뒤떨어진 우리나라를 발전시키기 위한 학문연구에 힘써 나라의 과학과 문화의 발전, 사회적 진보에 일정한 기여"를 했다고 평가한다.

〈사진 10-12〉 안중근 의사의 일대기를 그린 예술영화 〈안중근 이등박문을 쏘다〉

연암 박지원 함께 다산 정약용에 대해서도 이들의 "사회개혁 이론과 문학작품은 지금으로부터 200여 년 전에 나온 것이지만 당시로서는 매우 진보적인 것이며 세상에 자랑할 만한 것"이라고 평가한다.

이외에 역사인물에 대한 북

한의 평가를 살펴보면 다음과 같다. '이순신: 반지주계급, 무관으로 봉건왕권에 충성하며 양반지주 계급을 위해 싸운 장군', '신사임당: 조선화의 발전에 기여한 여성화가', '이황: 관념론적이며 반동적인 철학으로 이조봉건통치배들의 사상적 도구로 복무하면서 당시 인민들의 자주적인 사상의식의 발전과 창조적 활동에 해독을 끼친 학자', '이이: 16세기 양반 계급 안에서 일부 진보적인 계층의 이해관계를 대표한 사상가. 철학사상 자체에 근본적인 결함을 가지고 있었으나 당시로서는 일정한 진보성을 가지고 있었던 학자', '김옥균: 부패한 봉건통치제도를 청산하고 나라의 독립과 사회적 진보를 위하여 노력한 부르주아 혁명의 지도자', '신채호·박은식: 일제 강점 후 인민들 속에서 반일 애국사상을 고취하기 위한 언론·출판 활동을 정력적으로 벌인 양심적인 민족주의자', '안중근: 반일애국운동가이며 조선침략의 원흉인 이토 히로부미를 처단한 애국청년', '김구: 김일성 수령을 흠모하면서 미제의 민족분열 책동을 폭로하며 싸우다가 피살된 애국통일지사'. '안창호·조만식: 대표적인 친미 사대주의자, 민족개량주의자'로 평가한다.[2]

갑신정변에 대해서도 '부패한 봉건제도를 근대적인 사회제도로 교체하며 나라의 독립을 공고히 하려는 목적에서 개화파들이 주인이 되어 일으킨 정변'으로 규정하면서 '우리나라의 첫 부르주아 개혁'이라는 평가를 내리고 있다. 갑신정변에 따라서 '우리나라에서 부르주아 개혁운동은 새로운 발전단계에 들어'서게 되었다는 것이다.

---

2) 《연합뉴스》, 2000년 9월 19일.

4. 민족문화의 수용과 계승

남북은 반만년의 문화유산을 공유하고 있으면서도 민족문화정책에서는 차이를 보이고 있다. 남측의 전통문화정책은 원형 그대로의 보존에 중점을 두고 있다. 반면 북한의 민족문화정책은 현재성에 초점을 두고서 현시대에 적합하도록 수정과 변용을 원칙으로 한다.

민족문화유산을 '그 나라의 민족성을 규정하는 중요한 징표의 하나'로 인식하고 민족문화유산의 계승과 발전을 강조하고 있다. '인민적이고 건전한 민속을 발굴하고 정리하며 오늘의 현실에 맞게 발전시키는 것이 중요하다'고 하면서 민족전통 계승의 중요성을 강조하고 있다. 민족문화에 대한 강조의 하나로서 최고지도자의 유적지 방문과 민족문화유산 관리에 대한 현지지도를 포함하여 문화유산의 개건과 복원, 민속놀이의 장려 등의 정책을 추진하고 있다. 북한이 추진하는 민족문화 정책의 기본 방향은 민족문화 유산의 계승 발전의 적임자로서 정통성을 확보하면서 민족문화의 정통성과 사회주의 혁명의 정통성을 결합한 민족주의의 고양에 있다.

북한에서는 전통문화라는 말 대신 민족문화유산이라는 용어를 사용하는데, 민족문화유산이라는 개념 속에는 근대이전의 '고전문화유산'과 함께 사회주의·공산주의를 위한 혁명투쟁 속에서 창조된 '혁명적 문화유산'이 포함되어 있다.

전통문화 정책의 초점을 현대에 두는 것은 발전론적 역사관 때문이다. 발전론적 역사관이란 인류역사를 발전의 역사로 보는 관점이다. 역사에 대한 다양한 해석들이 있지만 크게 보아 발전과 퇴보의 두 가지로 분류할 수 있다. 발전으로 보는 견해는 인류역사가 발전되어 간다는 관점이며, 퇴보의 역사는 인류가 퇴보한다는 개념이다.

간단한 것 같지만 미래에 대한 문제로 접근하게 되면 의미는 달라진다. 미래에 대한 전망에서 장밋빛 낙관적인 전망을 갖는 것은 발전론의 관점이다. 반대로 미래를 인류 멸망이나 더없는 타락으로 보는 것은 퇴보론의 관점이다. 퇴보의 관점에서 보면 가장 이상적인 세계, 유토피아는 인류발생 초기에 있다. 성경의 에덴동산이며, 동양에서 도불습유(道不拾遺: 길거리에 물건이 떨어져 있어도 줍지 않았던 시절)의 요순시절을 최고의 이상으로 친다.

북한의 역사관은 발전론에 있다. 막시즘에 입각하고 있기 때문이다. 인류역사는 과거의 모순을 극복해 오는 과정인 것이다. 과거의 잘

〈사진 10-13〉 묘향산 보현사의 팔만대장경보존고

못을 고치면서 현재에 이르렀기에 과거의 유산은 그 당시에는 아무리 훌륭했었다고 하더라도 시대적인 한계를 가질 수밖에 없다는 것이다. 그렇다고 하여 과거의 것을 무조건적으로 배척하자는 것은 아니다. 오늘의 문화가 과거를 토대로 하여 이루어졌기 때문에 과거가 없었다면 오늘의 문화도 없었기 때문이다. 또한 과거의 문화유산은 오랜 기간 동안 인민대중의 생활이 반영되어 있는 것이다. 인민대중과 함께 형성된 문화유산은 역사발전의 주체인 인민들의 정서에 가장 잘 맞는다는 것이다.

전통문화의 한계와 가치 사이에서 어떤 자세로 전통문화를 취해야 할까? 북한은 민족문화유산 가운데서 본받을 만한 것을 찾아서 오늘날 인민들의 정서에 맞게 고쳐나가야 한다는 입장이다. 그렇다면 무엇이 좋은 것인가? 이 좋고 나쁨의 가치판단에서 남북의 차이가 확연하게 드러나며, 그것이 결국 문화정책의 차이로 나타나는 것이다.

북한은 사회주의 국가로서 국가의 주인은 노동자를 비롯한 인민대

〈사진 10-14〉 개성 남대문

중이 중심인 국가로 규정하고 있다. 따라서 좋은 문화란 인민대중의
이익과 미감에 맞는 작품이어야 한다. 사회주의적 민족문화 건설에서
선택되는 민족문화유산은 어떤 것이며, 그 기준은 무엇인가? 당성과
노동계급성, 인민성에 반하지 않은 유산이어야 한다. 역사유물을 발
굴, 계승함에 있어서도 인민성과 민족성의 원칙이 적용되는 것이다.
　북한에서 말하는 올바른 민족문화유산은 사회주의적 애국주의, 공

〈사진 10-15〉 동명왕릉

산주의 교양사업에 이바지할 수 있는 문화유산이다. 또한 아무리 인민의 교양에 도움이 되는 문화유산이라고 하더라도 과거의 한계를 극복하고 오늘날의 인민의 취향에 맞도록 내용을 고쳐주어야 한다. 이것이 바로 민족적 형식에 사회주의적 내용을 담은 사회주의적 민족문화인 것이다.

민족문화유산 가운데서 북한에서 높이 평가하는 가면극을 예로 들어 보자. 가면극을 높이 평가하는 이유는 '봉건사회 인민들의 계급적 이해관계와 사상 감정을 반영한 우수한 인민창작으로서 인민들의 낙천적이고 패기에 찬 투쟁정신이 담겨 있기 때문'이며 '봉건착취에 대해 폭로·규탄하고, 근로생활에 대한 염원을 담고, 고상한 인도주의와 진실에 대한 지향을 담고 있으며, 또한 작품에 삽입된 서정가요를 통하여 아름다운 조국산천을 찬양하고 있기 때문'이라고 평가한다. 가요를 통한 조국산천의 찬양은 곧 우리 민족의 애국사상을 표현한 것이다.

정책적 방향에서 시작되었던 민족문화 정책은 각 분야별로 우수한 민족문화유산을 적극 발굴하고 보존하는 것으로 구체화되고 있다. 이미 개건한 단군릉이나 동명왕릉 등의 문화재뿐만 아니라 생활문화 분야에서도 적극적으로 민족문화유산을 살리려는 노력을 추진하고 있다. 문화유물 보호를 위하여 4월과 11월을 '문화유적애호월간'을 지정하고 문화유산 보호와 관리사업을 대대적으로 전개하고 있다. 문화유적애호월간이 되면 문화유적 주변을 깨끗이 정리하고, 여름철 장마에 대비하거나 겨울 월동기간을 대비한 보호조치들을 취한다.

북한이 문화정책에 강조를 두는 것은 시기적으로 고구려이며, 계층적으로는 민중문화이다. 역사유물의 경우에는 단군릉에 대한 조사와 함께 1990년대 들면서 역사유적에 대한 복구 작업을 전개하고 있다. 북한의 역사유적 발굴은 주로 고구려, 고려, 발해와 관련된 것이다. 1993년 5월에 고구려 동명왕릉을 개축하였으며, 이듬해인 1994년 2월에 고려 왕건릉을 복원하였다. 고구려 유적에 대한 복원과 함께 1993

년 5월에는 고구려의 정통성을 이은 발해유적지에 대한 발굴조사를 벌이는 등 역사유적과 유물 발굴 및 복원에 주력하고 있다.

고구려 문화에 대한 관심은 이전부터도 높았지만 평양의 고구려 고분 벽화를 비롯한 고구려 문화유산들이 중국 집안의 고구려 유산과 함께 세계문화유산으로 등록된 이후 고구려 문화에 대한 보존에 적극 나서고 있다. 중국의 동북공정에 맞서 남북이 힘을 모아 세계문화유산으로 등

〈사진 10-16〉 고구려 고분벽화 모형

록한 고구려의 고분벽화는 찬란한 고구려 문화의 진수를 보여준다.

고구려의 고분벽화는 평양시에 22기, 남포시에 20기, 평안남도에 12기, 황해남도에 11기 등 북한 전역에 60여 기가 있는 것으로 알려져 있다. 고구려의 고분벽화로는 황해남고 안악군에 있는 안악 1, 2, 3호 고분과 남포시 강서구역에 있는 강서고분, 약수리고분, 덕흥리고분 등이 대표적인 고분들이다. 이들 고분벽화는 풍속화, 동물화, 풍경화 등이 그려져 있다. 7세기 초 고구려 벽화가 그려진 고분으로는 강서세무덤이 대표적인 무덤이다. 강서세무덤은 평안남도 강서군 삼묘리에 위치한 강서대묘, 강서중묘, 강서소묘로서 강서세무덤의 청룡, 백호, 주작, 현무의 사신도와 비천의 천녀도가 유명하다. 고구려의 우수한 건축기술과 회화기법을 보여준다.

문화보존지도국은 2004년 개성시와 평양시 일대의 역사 유적과 고인돌무덤, 금강산 등 6개소를 세계유산 임시목록에 기재해 유네스코에 제출했으며, 고구려 고분 벽화의 보전과 연구를 위하여 '고구려벽화무덤보존센터'를 건립하고 있는 것으로 확인되었다.

5. 국보와 보물

북한에서 문화재는 '사회주의적 민족문화건설'의 원칙에 따라 '역사상, 예술상 가치가 있는 문화 유적 및 유물'이다. 문화유적은 국보급, 보물급, 사적, 명승지, 천연기념물 등으로 구분하여 보호하고 있다. 2000년 현재 북한의 지정 문화재는 국보급 50건, 보물급 53건, 사적 73건, 명승지 17건, 천연기념물 445건 등 모두 638건이다.

북한의 국보 1호는 평양성이며, 보물 1호는 평양종이다. 몇 해 전가지만 해도 국보 1호는 평양성의 동문인 대동문이었었는데, 국가지정 문화재를 개정하면서 평양성으로 바뀌었다. 국보 1호와 보물 1호가

평양성과 평양종으로 바뀐 것은 혁명의 수도인 평양의 문화적 전통을
혁명역사와 일체화하려는 조치의 하나로 보인다.

평양성은 국내성에서 천도한 이후 고구려의 수도성이다. 고구려는
427년 평양으로 천도하여 쌓은 성이다. 평양성은 금수산 모란봉에서
출발하여 모란봉에 이르기까지 총길이가 23km에 이른다. 평양성은
내성, 중성, 외성, 북성으로 나누어져 있다. 현재 대동문, 칠성문, 보통
문 등이 있다. 평양종은 대동문 문루에 달려 있던 종으로 1714년 소실
되었던 것을 1726년에 다시 만들었다.

〈사진 10-17〉 평양 보통문

국보 1호인 평양성 이외에 국보급 문화재로는 보통문(평양시 중구역 보통문동), 강서대묘(남포시 강서구역 삼묘리), 강서중묘(〃), 강서소묘(〃) 등이 있다. 보물급으로는 보물 1호인 평양종을 비롯하여, 숭인전, 오순정, 칠성문 등이 있으며, 사적으로는 평양성, 평양성외성, 평양성내성, 평양시북성, 연광정, 숭녕전, 을밀대, 모란봉, 약산동대, 묘향산 등이 있는데, 전체 명소 73곳 가운데 평양시가 20곳이다. 천연기념물에는 능라도 산벗나무와 전나무, 옥류수양버들 등이 있다.

남북한의 지정 문화재 수량만을 비교하면, 남한이 단연 많다. 남한에는 국보 251개, 보물 1,013점, 사적 326점, 명승지 7개 처, 사적 및 명승 6개 처, 천연기념물 272개 처, 중요민속자료 221점, 중요무형문화재 90종, 시·도 지방문화재 2,461점, 문화재 자료 1,157점, 전통건조물 22점 등이 지정되었다.

남한이 북한보다 문화재가 많은 이유는 문화재 수량 자체에 의한 것이기보다는 문화유산에 대한 관점과 인식의 차이 때문이다. 앞서 언급했듯이 북한의 문화유산 정책은 계급적 관점에 기초하기 있기에 오늘날 인민들의 교양에 도움이 되는 것을 가치 있는 문화유산으로 인정한다. 상대적으로 종교성이 강하거나 착취계급의 산물로 보는 문화유산에 대해서는 긍정적으로 평가하지 않는다. 이러한 관점에서 착취계급 사회로 규정된 조선시대의 문화와 불교와 관련한 문화유산들은 부정적으로 되는 것이다.

역사유적은 평양과 개성지역에 많이 분포되어 있다. 평양에는 세계문화유산으로 등록된 고구려시대의 고분을 비롯하여 대동문과 보통문, 숭인전, 칠성문, 대성산성, 연광정, 안학궁터, 을밀대, 최승대 등의 유적이 있다. 국학궁터는 고구려시대인 427년에 건립된 한반도에 유일하게 남아 있는 삼국시대의 궁터이다. 고구려가 국내성에서 평양으로 천도하면서 건립하였는데, 총연장은 약 2.4km, 면적 약 38만km^{2}이다. 돌과 흙을 이용하여 축조하였는데, 석재는 평양성과 마찬가지로 사각추 모양의 석재를 이용하여 '들여쌓기' 방식으로 축조하였다.

개성지역에는 고려 성균관을 비롯하여 왕건릉, 공민왕릉, 개성성, 선죽교, 대흥산성, 만월대, 개성남대문, 표충비, 숭양서원 등이 있다. 금강산과 묘향산에는 광법사, 표훈사, 석왕사, 보현사 등의 사찰이 남아 있다.

북한도 민족문화의 중요성을 강조하기 시작한 1990년대에 접어들면서부터는 전통문화에 대한 평가에서 유연한 자세를 보이면서 전통문화유산의 개념에서 계급적 관점이 상대적으로 약화되고 있다.

문화재의 보존과 관리는 철저히 국가에 의해 이루어지며 개인 소유

〈사진 10-18〉 개성 선죽교

가 엄격히 제한된다. 또한 문화유적의 체계적인 보존 및 관리를 위해 1994년에 '문화유물보호법'을 제정하였으며, 매년 4월과 11월을 문화 유적 애호월간으로 정해 놓고 문화재에 대한 관리를 하고 있다. 대외적으로는 1974년 10월 유네스코 회원국, 1998년 세계유산협약에 가입한 이후 2004년 7월 고구려 고분군에 63기를 처음으로 세계문화유산에 등록하였고, 2013년 6월 개성역사유적지구를 2번째로 등록하였다.

북한의 문화유산 관리정책은 상대적으로 고조선과 고구려, 고려에 집중하고 있다. 김일성은 1987년 6월 7일 「력사 유적과 유물을 발굴복원하는 사업을 잘할데 대하여」을 통해 고구려 유적 발굴을 강조하면서 고조선의 유적유물 발굴 사업을 독려하였다. 그 이후 왕건릉의 복원, 동명왕릉의 개건, 단군유적 발굴 및 복원 사업이 추진되었다. 1992년 5월에는 김일성이 황해도 개풍군에 소재한 고려태조 왕건의 무덤을 방문하고 "왕건이 우리나라의 통일국가를 세운 첫 사람"이라고 강조하면서 왕건릉의 증축을 지시하였다. 이 지시에 따라 1994년 1월 31일 왕건의 생일 1117돌을 맞이하여 완성하였다고 대내외적으로 공포하였다. 1992년에는 5월에는 발해유적에 대한 대대적인 발굴조사 사업을 연해주에서 실시하였으며, 1993년 5월 14일에는 평양시 력포구역에 있는 '동명왕릉 개건' 보고서를 발표하였다.

역사유적 발굴과 보호에서 북한의 정책을 가장 분명하게 보여주는 것이 단군과 관련된 사항이다. 1980년대까지 단군은 북한 역사학계에서 신화적인 인물로 취급되었으며 봉건역사가나 민족주의 역사가에 의해 실재한 인물로 과장되어 있다는 입장을 견지해 왔다. 그러던 것이 김일성의 이 교시에 따라서 단군에 대한 연구를 추진하였고 1993년 9월 28일 단군의 유골과 유물이 출토되었음을 발표하였다. 이어 같은 해 10월 4일자 ≪로동신문≫에서 "당과 수령의 령도를 받들고 유구한 민족사를 빛내어 나가자"는 사설을 통해, "단군 유골 및 유물의 발견은 평양이 조선민족의 발상지며, 우리 민족의 국가형성과 발

전의 중심지였다"는 것을 선언하
게 되었다.

이후 1995년 10월 3일부터 '단
군제'를 개최하기 시작하였고,
1997년부터는 단군민족통일협의
회를 구성하여 '단군제'를 주관하
면서 공식적으로 개천절 행사를
진행하고 있다. 이에 대해서 북한

〈사진 10-19〉 독도가 우리땅이라는 것을 주제로
한 예술영화 〈피 묻은 락패〉

에서는 단군을 발굴하여 단군의 실재성을 확인하고 요동지역에서 고
조선의 중심지를 찾았던 것에서부터 평양지방이 고조선의 중심지였
음을 증명함으로써 이제까지 요동지역이 '조선반도보다 문화적으로
더 발전하였고, 고조선의 수도가 요동지역에 있었다는 낡은 관점으
로부터 벗어나 민족사를 주체적 입장에서 정립'하게 되었다고 평가
한다.

이러한 역사관은 사회주의 조선의 정통성으로 이어진다. 2001년 8
월 15일 ≪로동신문≫ 사설을 통해 "위대한 김일성 동지를 사회주의
조선의 시조로, 건국의 어버이로 천세만세 높이 모시고 수령님의 생
전의 뜻을 받들어 희망찬 21세기를 조선의 세기로 빛내이려는 것이
경애하는 김정일 동지의 확고부동한 결심이다"라고 강조하였다.

6. 남북의 문화재 보존과 복원 노력

남북관계가 변화되면서 남북 공통의 노력이 결실을 맺는 분야 중
하나가 문화재 부분이다. 중국의 고구려사 편입에 맞서 남북이 한 목
소리를 냈던 것이나 고구려 고분벽화의 세계문화유산 등록을 위한 남
북의 노력, 개성과 금강산 지역의 주요 사찰에 대한 복원 사업 등이

그 성과들이다.

2004년 중국 장쑤(江蘇)성 쑤저우(蘇州)에서 열리는 유네스코 (UNESCO) 세계문화유산위원회 회의에서 남북의 노력으로 중국 집안의 고구려 고분벽화와 함께 평양의 고구려 고분벽화가 공동으로 등재되었다. 2002년 프랑스 파리에서 열린 세계문화유산위원회 회의에서 고구려 유산에 대한 등재를 시도하였지만 중국의 방해로 실현되지 못하였었다. 현실적으로 중국에 있는 고구려 유산에 대해서까지 우리의 소유권을 주장할 수 없어 아쉬운 점이 많았지만 평양에 있는 고구려 고분의 가치를 세계에 알릴 수 있는 기회가 되었다. 남측에서도 북한의 문화재 보전과 발굴을 위하여 지원하는 등의 노력으로 남북이 결실을 맺은 사업이었다.

예술적 가치가 뛰어난 고구려의 고분벽화무덤은 모두 100여 기로 중국 지안(集安)현 일대에 20여 기가 분포되어 있으며, 평양을 중심으로 한 대동강과 재령강 일대에서 80여 기가 분포되어 있다. 주요 벽화무덤으로는 안악 3호 무덤, 덕흥리 벽화무덤, 수산리 벽화무덤, 약수리 벽화무덤, 우산리 2호무덤, 금옥리 벽화무덤 등이 있다.

북한에서는 이들 벽화무덤의 체계적인 보존을 위하여 2005년 말 완공을 목표로 2004년 6월 15일에 '고구려벽화무덤 보존센터'를 착공하였다. 고구려 벽화무덤 보존센터는 고구려 벽화무덤에 대한 학술 연구 사업을 비롯하여 전문가 교육과 양성, 일반인을 대상으로 한 홍보사업을 주로 하게 된다.

2000년대 들어서는 남북공동의 문화재 조사사업이 본격적으로 진행되었다. 국립문화재연구소와 대한불교 조계종의 주도로 사찰 등의 고건축물 단청 조사 및 금강산 신계사터 발굴조사 등이 진행되었다. 또한 개성공단사업이 본격화되면서 개성공단 부지에 대한 문화재 조사가 남북 공동으로 진행되기도 하였다. 금강산 신계사터에 대한 발굴조사 사업이 성과를 거두면서 발굴조사 사업을 토대로 복원이 추진되었다. 개성 영통사에 대한 복원작업도 남북이 공동으로 이루어졌다. 영통사는 대각국사 의천이 천태종을 창시하기 전에 불경을 공부했던 천태종의 성지이다.

〈사진 10-20〉 고려태조 왕건릉

11장 민족문화

1. 민족문화정책

북한에서는 통일의 기초로서 민족성의 중요성을 강조하고 있다. 민족성이 민족 단합과 조국 통일의 기초가 되기 위해서는 무엇보다도 '민족 자주 정신과 민족 문화 전통이 체현되어 있는 민족성을 고수해 나갈 때' 가능하며, 이렇게 될 때 '하나의 민족으로 살려는 겨레의 지향과 요구를 실현해 나갈 수 있다'고 보고 있다. 북한이 역사인식에서 강조하는 것은 복고주의와 민족허무주의의 극복이다. 복고주의란 '지난날의 것을 무조건 되살리고 찬미반동적인 사상조류'이다. 문학예술 분야에서 복고주의는 민족문화유산을 계승한다는 구실 아래 과거의 '낡고 뒤떨어진 것을 미화분식하며 그대로 옮겨놓으려는 것'에서 나타난다.

민족허무주의란 '우수한 민족문화유산과 전통을 무시하고 부정하는 경향'이다. 민족문화 전승에서 허무주의가 부정되는 것은 허무주의의 풍조가 기본적으로 착취계급으로부터 생겨났으며, 다른 나라의 것을 맹목적으로 우상화하며 따르는 사대주의에 뿌리를 두고 있기 때문이다. 즉, 민족허무주의에 빠지게 되면 우수한 자기 민족의 문화를 무시하고 다른 나라의 것을 맹목적으로 따르게 된다는 것이다.

민족허무주의는 결국 다른 나라의 것을 좇아 국가와 인민을 팔아먹는 반역행위로 이어져 제국주의자들의 침략정책을 정당화하고, 반동적 세계주의를 수용하는 입장에서 자국의 문화유산을 부정하는 태도로 이어져, 민족문화예술 발전을 저해한다는 것이다. 특히 민족허무주의는 사회주의적 애국주의 사상 사업의 엄중한 방해가 된다는 것이다.

민족적 자존심을 높이기 위해서는 '노예적 굴종사상인 민족허무주의와 외세의존 사상인 사대주의의 사소한 표현도 절대로 소홀히 하지 말고 철저히 배격해야 한다'고 강조했다. ≪청년전위≫는 특히 자기 민족이 다른 민족보다 뒤떨어졌다고 위축되거나 낙심하지 말고 나라와 민족의 부흥과 번영을 위해 더욱 분발하는 자각과 의지를 가져야 한다는 것이다. 민족허무주의와 사대주의에 빠져들게 되면 자기 힘을 보잘 것 없는 것으로 여기는 대신 남의 힘을 과대평가함으로써 자기 것을 발전시킬 생각을 못하게 하고 남의 힘만 쳐다보는 무력한 존재가 된다는 것이다.

이러한 원칙에 의해서 북한의 민족문화는 민족문화 원형 그대로 보존되고 있는 것이 아니라 주체의 시대 혁명과 교양에 기여할 수 있도록 주체문예 이론에 따라 개작된 형태로 존재한다. 문학예술은 역사

북한상식 조선문화유물도집성

2002년에 출간한 문화유물과 유적을 수록한 책으로 전 4권으로 구성되어 있다. 제1~2권에는 원시시대부터 고려시기까지의 유물, 유적 1천 500여 점을 실었으며 제3권은 '리조편'으로 조선시대 유적과 유물들이, 제4권에는 일제강점기 김일성 주석의 항일무장혁명투쟁 시기의 미술 분야의 업적인 '항일혁명미술'과 사회주의 계열 화가들의 활동과 작품을 실었다.

발전의 주체이며, 사회발전의 동력인 인민대중에 의하여 창조되고 그들의 생활감정을 반영한 '인민적이며 혁명문화 건설에 필요한' 것이어야 하는데, 착취사회나 자본주의사회는 그렇지 못하다는 것이다. 착취사회나 자본주의사회의 문화예술은 인민의 창조적 노동과 지혜, 기술에 의해 창조되기는 하지만 전적으로 인민의 요구와 지향에 맞게 창조된 것은 아니었다. 착취사회가 철두철미하게 반인민적인 사회인 만큼 이를 반영한 문화유산도 반인민적인 성격이었다는 것이다.

민족문학이 의미 있는 것도 당대 사회의 계급적 모순을 보여줌으로써 인민들의 계급적 각성에 기여할 수 있기 때문이다. 당대 사회의 모순을 보여주고, 인민의 교양에 이바지할 수 있도록 한다는 원칙에 따라서 고전문학은 당에서 정한 몇 가지 원칙과 기준에 의하여 현대적인 의미를 부여받고 현시대 인민교양에 도움이 되도록 개작된, 현대화된 고전문학, 개량된 형태로 존재하는 것이다.

북한의 문화정책은 사회주의적 민족문화건설에 있다. 사회주의적 민족문화건설은 북한정권 수립기부터 시작되어 현재까지 지속되고 있는 절대 원칙이다. 김정일 국방위원장도 "민족문화유산을 시대의 요구에 맞게 비판적으로 계승하여 사회주의적 문학예술을 민족적 바탕에서 발전시키며 사회주의적 내용과 민족적 형식을 옳게 결합시키는 것을 문예정책에서 중요한 원칙의 하나로 내세우고 있다"[1]는 점을 여러 차례에 걸쳐 강조하였으며, 헌법을 통해 국가정책에서도 기본 방향으로 규정하고 있다.

〈사진 11-1〉 민속명절놀이를 소개한 영상물
〈조선의 민속명절놀이〉

---

1) 김정일, 「주체사상에 대하여」, 1982년 3월 31일.

1998년 9월 5일 개정된 이른바 김일성 헌법 제3장 '문화' 제41조에서도 "조선민주주의 인민공화국은 사회주의 근로자들을 위하여 복무하는 참다운 인민적이며 혁명적인 문화를 건설한다. 국가는 사회주의적 민족문화 건설에서 제국주의의 문화적 침투와 복고주의적 경향을 반대하며 민족문화유산을 보호하고 사회주의 현실에 맞게 계승 발전시킨다"고 규정하였다.

이러한 일련의 정책과정의 핵심은 민족적 정통성과 혁명적 정통성의 일체화이다. 북한의 고전문학자들은 혁명역사의 민족사적 정통성 확보를 위하여 고전의 개념과 범주를 김일성 주석의 항일무장 혁명투쟁 시기까지로 규정하고 있다. 이는 일반적으로 20세기 초를 근대문학으로 취급하는 남측의 견해와는 상당한 차이를 보이는 것이다.

이러한 차이에 대해서는 '일제식민통치 시기에는 현대문학 작품만 창작된 것으로 파악하였다는 것은 잘못'이라는 견해를 제기하면서 일제강점기 시기에도 구전문학들이 창작되었다는 것을 강조한다.

항일혁명 투쟁시기에 창작된 구전문학에 대해서는 "김일성 동지를 형상한 백두산의 태양전설과 공산주의의 태양이신 친애하는 지도자 김정일 동지를 형상한 백두광명전설을 비롯한 혁명설화와 인민송가, 혁명적인 군중놀이와 인민가요들로 풍부화된 새로운 력사적 시기의 구전문학"[2]으로 정리하면서 전통 민요와

〈사진 11-2〉 백두광명성전설집

---

2) 사회과학출판사, 『조선구전문학개요: 항일혁명편』, 사회과학출판사, 1994년.

설화의 범주에 혁명설화, 혁명적 가요의 개념을 적용하고 있다. 혁명역사를 민족문화의 범주에 포함시킴으로써 민족문화의 정통을 계승하고 있음을 강조하고 있다.

더불어 '우리 인민들이 과거 계급사회에서 어렵게 살아왔지만 미래에 대한 낙관적인 희망을 갖고 살아왔고, 이러한 인민들의 사상적 입장과 낭만적인 지향으로 문학예술에서 어둡고 무거운 것이 아니라 밝고 경쾌한 색조와 선율, 미적 정서를 불러일으키는 형식을 창조하였고, 이것이 부단히 발전되어 우수한 민족적 형식을 이루었'는데, 김일성 주석과 김정일 국방위원장에 의해 옳게 살리게 되었다는 것을 강조한다.

형식적 측면에서 민족적 특성은 아름답고 유순한 민요조의 노래, 우아하고 점잖고 기백 있는 춤가락, 섬세하고 힘 있고 아름답고 고상한 조선화의 필법, 흐리멍덩하지 않는 인간관계와 사건조직이 명백한 고전소설의 구성수법으로 형식화되었다는 것이다.

감정·정서적 측면의 민족적 특성을 몇 가지로 규정한다. 첫째, 향토를 사랑하고 나라를 사랑하는 애국주의 정신이 강하며, 외래침략자들을 물리치는 싸움에서 용맹스럽다는 것이다. 둘째, 진리에 대한 탐구심이 크고 정의를 사랑하는 마음이 강하며 자기희생적인 고상한 도덕적 품성을 가장 훌륭한 미덕으로 알고 살아 왔다는 것이다. 셋째, 우리 인민은 노동을 사랑할 뿐만 아니라 풍부한 예술적 재능을 가지고 있었다. 유순하고 밝고 명랑한 민요에 표현된 조선식 장단과 리듬, 아름답고 율동적인 춤가락, 연하고 선명한 색깔을 좋아하는 미

〈사진 11-3〉 고구려시대를 배경으로 한 아동영화 〈소년장수〉

감, 작품의 양상에서 무거운 것보다 가벼운 것을 좋아하는 것을 민족적 관습으로 꼽는다.

이러한 우수한 민족문화를 살리고 인민들에게 교양하기 위하여 평양에 조선중앙역사박물관과 조선박물관을 세우고 역사에 대한 교양교육 사업에 힘쓰고 있으며, 민족의 얼과 풍습이 담겨 있는 민속놀이를 장려하고 있다.

최근에는 새 세대 교양사업에서 민족적 풍습과 전통을 적극 장려할 것을 강조하는 등 전통적 미풍양속을 새 세대 교양사업에 활용할 것에 대해 관심을 기울이고 있다. 조선중앙방송은 2001년 5월 17일 "우리의 우수한 민족적 풍습과 전통을 잘 살려 나가자"라는 캠페인성 보도물을 내보내고 젊은 세대들에 대해 전통적 미풍양속의 중요성을 잘 알리고 이를 장려하기 위한 구체적인 방안들을 상세히 소개하면서 "오랜 세대들이 새 세대들에게 대를 이어 전해 오는 우수한 민족적 풍습과 전통을 잘 알려 주어야 한다"고 강조하였다. 모든 당원들과 근로자들이 미풍양속에 대한 깊은 인식과 자존심을 갖고 일상생활에서 이를 철저히 실천해야 하며, 특히 여성들은 명절이나 기념일 행사들만이 아니라 언제나 '조선옷(한복)'을 입는 기풍을 살리는 것을 생활화, 습성화할 것을 강조하고 있다.

민족문화의 전통 계승 차원에서 관심을 기울이고 있는 것은 '조선옷(한복)'이다. 한복을 '민속옷'으로 지정하고 평양 시내와 전국에 '조선옷판매점'을 설치하였으며, '조

〈사진 11-4〉 주몽을 소재로 한 역사화

선옷 품평회'와 조선민족옷전시회 등을 개최하여 여학생들에게 한복 입는 방법과 손질하는 방법을 가르쳐주면서 여성들에게 착용을 권장하고 있다.

　참고로 북한 최고의 한복 디자이너로는 조선피복센터 소장 '양일순'이 유명하다. 한복뿐만 아니라 의류 분야의 최고 디자이너 가운데 한 사람인 양일순 소장은 일상생활에서 불편하였던 한복의 단점을 개선하여 편하고 맵시 있는 생활한복을 연구하였다고 평가한다. 북한의 자료에 의하면 양일순 소장은 한덕수평양경공업대학 방직공학부 피복학과에서 체계적인 교육을 받은 후 조선피복센터 디자이너로 활동하면서 '맵시 나면서도 생활에 불편이 없는' 한복을 개발하기로 마음먹고 전통복식과 관련한 연구와 수만 명의 여성을 대상으로 체형연구를 하였다. 양일순 소장은 체형연구 끝에 여성 의상에 관한 연구논문을 발표하여 '피복공학박사'학위를 받기도 하였다. 양일순 소장이 근무하는 조선피복센터는 한복 디자인 개발과 응용을 위해 『조선옷본보기』라는 책자와 복식디자인 프로그램인 '혜성'을 개발, 보급하고 있다.

　민족옷에 대한 보급을 위해 전시회도 개최하고 있는데, 2002년 4월 10일부터 19일까지 김일성 주석의 90회 생일을 전후하여 평양 모란봉극장에서 개막된 '조선민족옷 전시회'는 '현대민족의상'과 '전통민족의상' 등 150여 점이 전시되었다. 북한은 이 전시회에 대해서 '주체성과 민족성을 고수하는 데서 민족옷은 중요한 자리를 차지하며 이번 전시회는 민족의 뛰어난 슬기와 유구한 민족전통을 과시하는 계기가 될 것'이라는 의미를 부여하였다.

〈사진 11-5〉 한복옷가게

2. 민속명절

민속명절이 갖는 의미에 대해서도 계급적 관점이 적용된다. 노동으로부터 출발한 명절이 후대로 오면서 명절의 의의를 높이려고 사건과 전설을 꾸며 덧붙이면서 명절과 관련한 전설이나 미신, 격식적인 의례가 덧붙여져 전해지게 되었다는 것이다. 본래 명절은 노동생활 속에서 생겨난 것으로 본다. 노동하는 사이에 필요한 휴식을 하고 새로운 기분으로 일하기 위하여 농사 과정 사이사이를 합리적인 명절로 설정하였다는 것이다. 그런데 명절이 정착되면서 허황된 이야기와 미신이나 격식 등이 생겨나기 시작했다는 것이다. 따라서 명절의 원래적인 의미를 살리면서 민속명절 가운데서 의미에 맞게 지켜 나갈 만한 것을 찾아 현대적인 의미에 맞게 살려나가는 것이 필요하다는 것이다.

명절에는 누구나가 즐겨야 하지만 착취사회에서는 명절을 맞이하는 계급적 입장에 따라서 명절을 맞는 감정이 서로 달랐다는 것을 강조한다. 즉, 얼마 안 되는 봉건귀족들, 착취계급들은 인민들에게서 빼앗은 공물과 선사품 등을 가지고 좋은 옷을 입고 진귀한 음식을 장만

북한상식 **민속거리**

전통 문화사업의 보존을 위하여 추진하고 있는 사업. 북한의 대표적인 민속거리로는 황해북도 도청 소재지인 사리원의 민속거리가 있다. 사리원시 민속거리는 2001년 10월 '전국의 본보기 도 소재지로 조성하라'는 김정일의 지시에 따라서 민속거리와 교양거리로 조성되었는데, 민속거리는 거리 입구의 문루를 포함하여 전통적 민족음식을 전문으로 하는 민속거리 식당과 야외무대, 씨름터, 그네터, 널뛰기터, 조선옷점(한복집), 찻집, 사진관 등으로 구성되어 있으며, 역사박물관도 새롭게 개수 및 확장공사를 진행하였다.

하여 마음껏 차려 먹었지만 근로인민들은 명절이 되어도 새 옷 한 벌 차려입지 못하고 입던 옷이나 빨아 입는 것이 고작이었다는 것이다. 근로인민들은 빈궁과 억압 속에서 비록 잘 먹고 잘 입지는 못하였어도 선조들이 쇠던 명절을 잊지 않고 소박하게 지내왔다는 것이다. 따라서 오늘날 명절을 계승하는 것은 민족의 고유한 관습을 존중하고 살려 나가며 생활을 즐기면서 낙천적으로 살아가는 데 도움이 되며, 민속명절에서 지켜오던 예의 도덕을 계승하는 데에도 도움이 된다는 입장이다.

1) 민속명절의 개념과 의미

북한의 민속명절로는 설(1월 1일), 음력설(음력 1월 1일), 한식(동지로부터 105일째), 단오(음력 5월 5일), 추석(음력 8월 15일) 등이 있다. 북한에서 명절 앞에 '민속'을 붙이는 것은 우리와 달리 북한에서는 명절이 민속명절은 물론 국가경축일, 국제기념일까지 포함하기 때문이다. 민속명절을 강조하는 추세이다. 2003년부터 정월대보름을 민속명절로 지정하였고, 2012년에는 청명절을 민속명절로 지정하는 등 민속명절을 강조하면서 행사도 확대하고 있다.

설은 해방 직후인 1946년 2월 24일에 명절로 제정되었다. 3일을 쉬는 공휴일로 제정되었다. 하지만 그 외 고유의 명절이라고 할 수 있는 음력설, 단오, 한식, 추석은 1967년 7월 '봉건잔재를 뿌리 뽑아야 한다'는 김일성의 지시에 따라서 공식적으로 사라졌다. 1980년대 후반 다시 부활하였다.

〈사진 11-6〉 설명절 경축무대 방송

북한이 민속명절을 없앤 이유는

374

크게 세 가지였다. 첫째는 민간명절과 종교미신적 행사의 관련성이다. 과거 명절들은 "속신적인 행위와 제사 등의 미신"적인 요소가 많았고 이것은 사람들의 사상의식 발전을 방해한다는 것이었다. 둘째는 명절에 소요되는 낭비적 측면에 대한 비판이었다. 민간명절은 낭비적 측면이 많았다는 것이다. 셋째는 민속명절은 시대적으로 뒤떨어진 것이며, 비문화적인 측면이 적지 않다는 것이다. 즉, 봉건제 사회에서 전래된 오랜 관습들은 사회주의의 이념과는 맞지 않으므로 그대로 계승할 필요가 없다고 보았다.

북한에서는 유교적 잔재를 부정적으로 인식함에 따라서 유교적 전통도 대부분 사라졌으며, 문벌, 문중, 가문 등을 봉건적이라고 하여 의도적으로 해체하였다. 전통적인 가정의례에 대해서 사회주의적 생활양식 정착에 장애가 되는 것으로 인식하고 봉건적 잔재라 하여 규제하고 있다. 특히 친족이 모여서 제사를 치루는 것을 물자의 낭비, 봉건 잔재, 종파주의나 분파주의 조성 등의 이유를 들어서 규제하고 있다. 이에 따라서 친족의 관계가 매우 제한되고 있다.

1960년대 말까지는 직계존속에 대한 제사를 묵인했었지만 1960년대부터 항렬이나 촌수를 따지는 풍습이 사라졌으며, 친족은 대개 6촌 이내로 제한되며, 4촌만 넘어서면 '먼 친척'으로 인식되고 있다. 봉건제 사회에서 전래되었던 유습들이 새로운 사회주의 문화건설기에 부합될 수 없으므로 자체 그대로를 계승할 필요가 없다고 보는 것이다.

1974년 김일성은 사회주의적 제사 방식을 제기하였는데 핵심은 "음식을 많이 차려놓고 제사 지내는 것은 낡은 습성 중의 하나이다. 죽은 사람의 무덤이나 사진 앞에 많은 음식을 차려놓고 절을 하는 것은 아무런 의미가 없다. 제삿

〈사진 11-7〉 조선민속박물관 소개 영상물

〈사진 11-8〉 민족전통의 중요성을 강조한 예술영화 〈우리의 향기〉

날에 무덤에다 꽃을 갖다 놓든가, 가족들이 한자리에 모여서 경건한 마음으로 죽은 사람의 지난날의 투쟁을 회상하면서, 그가 다하지 못한 일을 살은 사람들이 마저 하기 위한 노력을 하자는 결의를 가지는 것이 좋을 것이다"는 것이었다.

제사 자체도 사회주의 교양 교육의 장으로 인식한 것이다. 금지되었던 민속명절도 1980년대 후반으로 들어서면서 조선민족제일주의가 국가지도 이념으로 떠오르면서 민속에 대한 정책적 관심이 작용하면서 민속명절이 다시 부활하였다. 1989년부터 음력설이 3일 휴무의 명절로 지정되었고, 추석은 1988년 1일 휴무의 명절로 지정되었다. 1970년대에 들어 남북대화가 추진되면서 정치적 필요에 따라서 민속명절을 사회주의 생활양식의 테두리 안에서 부분적으로 허용하기 시작했었다.

북한에서 명절을 다시 지내게 된 것은 대내외적인 여러 이유가 있겠지만 조선민족제일주의의 등장이 가장 큰 역할을 하였다. 민족문화에 대한 재평가 속에서 민속명절을 쇠는 것은 '민족의 고유한 관습을 존중하고 살려나가면 생활을 낙천적으로, 문화정서적으로 조직해 나가는 데서 의미가 있다'고 재평가되었으며, 민속명절에 지켜오던 좋은 예의도덕과 민속놀이 등을 찾아내 오늘날에 맞게 계승 발전시키기 위해서도 중요하다는 것으로 인식되면 다시 휴일로 지정되었다. 추석이 1988년부터 휴무일로 지정되었으며, 음력설과 한식, 단오가 1989년부터 공식 휴무일로 지정되었다.

2) 절기와 명절

전통적으로 내려오던 절기란 무엇인가. 태양력을 중심으로 하면서
도 태음력의 전통이 오랫동안 유지되고 있다. 계절이 바뀌는 것을 아
직도 절기를 통해 실감하게 되는 경우가 적지 않다. 절기란 태양년(太
陽年)을 기준으로 태양이 일 년 동안 움직이는 길인 황경(黃經)에 따라
서 24등분한 것으로 '시령(時令)', '절후(節侯)'라고도 한다. 1년을 24등
분하여 24절기로 구분하였기에 대략 15일 단위로 절기가 돌아온다.
각 절기는 달력이 흔하지 않았던 시절, 계절의 변화를 알려주어 농사
를 준비하고 철에 맞는 농사를 짓도록 하였다.

절기 가운데 특별히 의미 있는 날을 가려 명절로 크게 행사를 하면
서 한 철의 매듭을 지었다. 명절로는 설, 한식, 단오, 추석이 으뜸이었
는데, 이를 4대 명절이라고 한다. 명절 가운데서도 특히 한 해의 시작
인 설과 한 해 농사의 첫 수확을 거두는 추석이 가장 성대한 명절이었
으며, 한식과 단오는 상대적으로 그 의미가 많이 약해졌다.

오늘날 북한에서 평가하는 민속명절은 '절기의 이름 있는 날'이라

〈사진 11-9〉
인민대학습당에 전시된
민족고전자료

는 뜻으로 '맛있는 음식을 먹고 좋은 옷을 입으며 일정한 행사도 하면서 즐겁게 지내는 특별한 날'로 명절 가운데서 '주로 인민들이 즐겨 맞는 명절'로 규정하고 있다.

민속명절이 갖는 중요한 의미는 그 기원이 노동활동 속에서 출발하였다는 점이다. 민속명절은 '근로인민들이 자연을 정복하기 위한 로동활동' 속에서 발생하여 역사를 두고 흐르면서 오늘에 이른 것으로 역사적 연원이 매우 깊은 것으로 보고 있다. 옛 기록에 의하면 이러한 민속명절은 '한 해의 일'을 의미하는 '세사', '민간의 명절'이라는 '속절', '다달이 행사를 적은' 이라는 '월령' 등으로도 불리기도 하였는데, 이러한 명절이 생긴 것은 자연기후 조건, 농사철 등을 참작하여 의미 있는 날을 정하고 명절로 지냈다는 것이다. 즉 '한 해를 봄, 여름, 가을, 겨울 네 계절로 나누고 다시 이를 세분하여 24절기로 나누고 각 절기에 맞추어 농사의 흐름을 조절해 왔다고 설명한다.

봄 절기에 접어들면 농사일을 시작했고 가을철이 되면 곡식을 거두어들여 겨울나기 준비를 서둘렀으며, 겨울에는 새해 농사준비를 했다는 것이다. 사람들이 명절을 정한 것은 바쁜 속에서도 필요한 휴식을 취하고 새로운 기분으로 다음 일을 계속하기 위한 목적이었으며, 이

〈사진 11-10〉
개성 12첩반상

에 따라서 농사를 짓는 과정 사이사이에 합리적으로 명절을 설정하였다는 것이다. 조상이 정한 명절을 보면 기수달에 숫자가 중복되는 날, 즉 1월 1일, 3월 3일, 7월 7일, 9월 9일이거나 함께 모여서 즐겁게 휴식할 수 있는 음력 보름인 1월 15일, 6월 15일, 7월 15일, 8월 15일 등을 명절로 정하고 계절에 맞는 놀이와 행사를 즐겼다는 것이다.

역사적으로 볼 때, 고대 이전 시기에도 소박한 형태의 명절이 있었을 것으로 추정되지만 기록이 없어 알 수 없으며, 고대시기(고조선, 부여)의 민속명절은 안녕을 기원하며 하늘에 제사를 지내고 가무를 즐기는 것으로써 '추수감사제' 같은 명절이었을 것으로 보고 있다. 삼국시기의 민속 중에서는 고구려를 비롯한 삼국시대의 민속은 상무적인 기풍이 많았으며, 제천의식과 결부된 것이 많았다는 점을 특징으로 꼽고 있다.

고려시대에는 불교적 색채의 명절이 많았고, 조선시대에 이르면 종교적인 명절이 많이 없어지고, 근로인민의 생산활동과 관련된 명절이 많아졌다는 점을 특징으로 보고 있다. 근대에 이르면서는 이전의 명절이 거의 그대로 계승되었고, 국가적으로는 1896년부터 양력이 채택되었지만 사회적으로는 여전히 음력이 통용되었기에 음력으로 계산되는 명절이 기본이 되었다는 것이다. 그러나 일제의 민족문화 말살정책에 의하여 음력을 사용하지 못하게 되었고, 적지 않은 민속명절이 자취를 감추게 되었다는 것이다.

3) 차례와 제사

명절이 되면 설이나 추석에는 조상에게 차례를 지내고 기일에는 기제사를 지낸다. 차례나 제사에서 향을 피우는 것은 천상신에게 고하는 것이요, 모사에 술을 따르는 것은 지상신에게 고하는 상징적인 행위이다. 차례와 제사는 지내는 시간이 다르며, 올리는 음식도 차이가 있다. 제사에는 메와 갱을 올리지만 차례의 경우 추석에는 송편을, 설에는 떡국을 올린다. 제사는 초헌, 아헌, 종헌으로 세 번에 걸쳐 술을 올리지만, 차례에서는 초헌 한 번으로 끝나며, 합문(문을 닫고 나섬)과 계문(문을 다시 열고 들어감)과 독축(축문읽기)이 없다.

차례 지내는 방법이나 차례 상차림, 진설 음식은 가가례(家家禮)에 따라 지방이나 가문별로 약간씩의 차이가 있다. 따라서 제사에 올리는 음식을 갖고 반상을 논할 수 없다. 중요한 것은 지내는 사람의 마음가짐에 있는 만큼 과대한 상차림보다는 내용이 중요하다. 형식에 치우치거나 과례한 예식을 피하되 정성으로 지내야 한다. 추석 차례는 햇곡식과 햇과일을 조상에게 올리며 음덕을 기리는 가례이므로 격식에 얽매이기보다는 분수에 맞게 정성껏 차리는 자세가 중요하다.

〈사진 11-11〉 고려 충신 정몽주를 모신 개성 숭양서원

차례 상차림의 몇 가지 원칙을 보면 첫째, 병풍은 글씨가 있는 쪽으로 하고, 고인의 사진이나 지방은 가장 위쪽에 놓고 앞에서부터 과일, 포와 나물, 탕, 전이나 적, 메와 갱의 순서로 놓는다. 음식의 배열(진설)은 홍동백서(紅東白西), 조율시이(棗栗柿梨), 어동육서(魚東肉西), 좌포우혜(左脯右醯), 두동미서(頭東尾西)로 한다. 예로부터 제사에 올리는 과일 가운데는 복숭아를 쓰지 않았다. 복숭아는 신선의 과일로 음기인 귀신이 싫어하기 때문이며, 제사음식에는 양념을 하지 않는데, 붉은색은 밝은 색으로 역시 귀신들이 싫어하기 때문이다.

과일이나 나물의 종류는 홀수로 한다. 나물은 삼색 나물로 하고, 탕은 고기, 생선, 채소 등의 종류별로 육탕, 어탕, 소탕을 썼으나 하나만 올리는 단탕도 무방하다. 전도 마찬가지이다. 나물의 경우에는 삼색나물로 시금치·고사리·무나물 등을 삶아서 올린다.

4) 양력설

북한에서 설은 양력설을 의미한다. 양력설은 북한에서 가장 크게 쇠는 민속명절로 이틀간 공휴일이다. 양력설에는 쌀과 술, 고기 등의 특별배급이 있고, 가정에서도 만두나 떡 같은 설음식을 만들어 먹는다. 양력설이나 김일성, 김정일 생일 때에는 결혼한 자녀들이 가까운 곳에 살고 있는 부모님을 찾아가 인사도 올리고 음식도 나눠 먹는다. 연말이 되면 신해를 축하하는 현장을 보내는 것이 하나의 문화로 자리 잡았다. 북한에서 연하장은 12월 초부터 우체국에서 판매하며 통상 12월 중순부터 1월 말까지 보낸다.

북한에서 설은 양력설인 1월 1일

〈사진 11-12〉 설날을 배경으로 한 아동영화 〈동생이 쓴 축하장〉

을 의미한다. 1895년까지는 조선에서 음력을 사용하였다. 설을 맞으며 정월 초하룻날에는 새해의 첫 인사로 세배를 올리는 것은 남북이 다르지 않다. 북한에서도 '새해 설날에 웃어른들을 찾아가 세배를 드리고 조상에게 차례를 지내는 풍습이 전통화'되어 있다고 소개하고 있다.

새해를 맞이하면서 웃어른을 찾아 세배를 드리고 덕담을 나누는 풍습은 남북한이 공통으로 유지하고 있는 풍습이지만, 새해를 맞이하여 주고받는 덕담에서는 차이가 난다. 북한에서 새해에 주고받는 덕담 가운데 가장 일반적인 것이 '새해를 축하합니다'는 말이다. 남한에서 많이 쓰이는 '새해 복 많이 받으세요'는 잘 쓰이지 않는다. 또한 '새해 건강하십시오'도 많이 쓰이는 새해 인사법이다. 이외에도 '새해를 축하한다. 부디 행복하거라', '새해에도 몸 건강하시고 사업에서 큰 성과를 이룩하시길 바랍니다', '새해에 동무의 사업과 생활에서 기쁜 일이 많길 바랍니다', '새해를 축하하오. 한번 본때 있게 일해 봅시다', '새해에는 더욱 건강하시기 바랍니다', '새해에는 복 많이 받으시고 오래오래 사십시오' 등의 인사가 오고간다.

설날 아침의 풍경과 예절은 남북이 대동소이하다. 설날 풍습에 대해서는 설날 아침에 온 가족이 새 옷을 갈아입고 자리를 정돈하여 앉은 다음 윗사람부터 순서대로 정중히 절을 하였으며, 부부와 형제·자매 사이에는 맞절을 하였다. 차례를 지낸 설음식으로 아침식사를 한 다음 일가친척과 이웃 어른들을 찾아가 세배를 드렸다.

세배드릴 때는 아랫사람이 웃어른에게 절을 하고, 절이

〈사진 11-13〉 설날을 맞아 텔레비전으로 중개된 윷놀이 경기

끝나고 나서 인사말을 하면 세배를 받은 사람은 답례인사를 하였다. 다만 증조부모, 조부모, 부모, 큰아버지, 작은아버지 등은 답절을 하지 않고 앉아서 세배를 받을 수 있는 어른들이며, 그 외의 어른들은 맞절 또는 반절로써 답례하는 것이 상례였다.

세배를 드려야 할 어른이 먼 곳에 살고 있을 경우에는 정월보름날까지 찾아가서 세배를 하면 예절에 어긋나지 않는 것으로 여겼다. 세배를 하러 온 사람들의 경우 어른들에게는 술과 음식을 대접하였지만 아이들에게는 약간의 세뱃돈이나 떡과 과일을 주었다고 기록하고 있다.

이즈음 북한의 새해 첫날 풍습에서 달라진 것이 있다면 설날 아침에 김일성, 백두산 3대 장군이라 불리는 김정일, 김정숙의 동상이나 초상화 앞에 꽃바구니와 꽃다발을 바치고 정중히 인사를 올리는 것이다. 이에 대해서 북한에서는 새롭게 전통화되고 있는 '우리 식의 새로

〈사진 11-14〉 설날을 배경으로 한 방송드라마 〈새해를 축하합니다〉

운 세배풍습'이라고 전하고 있다. 그리고 가정에서는 친척들과 이웃을 찾아 세배를 하며 혁명동지들 사이에는 축하와 축원의 인사를 나누고 민속놀이를 즐기고 있다.

민속놀이 중 윷놀이는 남녀노소를 불문하고 누구나 놀 수 있는 가장 대중적인 오락이다. 널뛰기 역시 설날 행해지는 민속놀이 중의 하나이다. 오랜 동안 양력설을 설로 지내왔기에 양력설에 비하여 음력설은 상대적으로 크게 쇠지 않는다. 음력설이라고 하여 특별한 배급도 없으며, 별도로 설음식을 만들어 먹지도 않는다. 방송에서는 양력설이나 음력설에는 북한 주민들이 김일성 동상에 참배하고 시내 곳곳에서 연날리기, 팽이치기, 제기차기, 줄넘기 등을 즐기는 모습을 보여주지만 전국적인 현상은 아니다.

최근 북한 방송이 전한 설 풍경은 예전에 비해 한결 활기차 보인다. 경제사정이 예전에 비하여 나아졌기 때문으로 보인다. 북한 방송이 전하는 설풍경은 '혁명의 수도'라고 하는 평양을 비롯하여 각 도와 시를 포함하여 북한 전역에서 김일성 주석의 동상에 꽃바구니와 꽃다발, 꽃송이 등을 들고 참배하는 주민들의 모습과 명절을 맞아 꽃과 경축등, 경축판, 선전화로 장식된 거리 풍경이 소개된다. 북한의 거의 모든 주민들이 참여하여 축하의 꽃을 바치고, 전국의 거리에는 꽃장식과 함께 '경축', '축하', '주체성', '민족성'이라고 쓴 여러 축등과 경축판, 선전화들이 곳곳에 세워져 설 분위기를 자아낸다. 평양체육관 앞마당이나 개선문광장처럼 광장이 있는 곳에서는 연날리기, 제기차기, 줄넘기, 팽이치기 등 민속놀이도 다채롭게 펼쳐진다.

명절보다는 양력설은 신년사가 발표된다. 많은 나라에서 한 해의 첫날에 발표하는 신년사와 마찬가지로 지난해 각 부분의 성과를 평가하고 새로운 해의 정책 방향과 국정 지표가 담겨져 있다.

북한의 신년사는 광복 이듬해인 1946년부터 발표되기 시작하였다. 처음 신년사는 1946년 1월 1일 평양종 타종 후 '신년을 맞으면서 전국

인민에게 고함'이라는 제목으로 김일성 주석이 행한 연설이 첫 신년사였다. 이후 1956년 8월에 있었던 '종파사건'의 영향으로 그 이듬해인 1957년과 1987년 두 번을 제외하고 매년 신년사가 있었다. 1987년의 경우에는 1986년 12월에 최고인민회의 제8기 제1차 회의에서 시정연설이 있었는데, 이 시정연설이 신년사로 대체되었다.

신년사의 형태는 시대에 따라서 '신년사', '축하문', '연설', '신문사설' 등으로 형식이 조금씩 바뀌었다. 김일성 주석이 사망한 1994년 이후에는 공동사설 형태로 당보(黨報)인 ≪로동신문≫, 군보(軍報)인 ≪조선인민군≫, 청년보(靑年報)인 ≪청년전위≫의 3개 신문의 공동사설로 실렸다. 김정일 국방위원장이 총비서에 추대된 이듬해인 1998년에는 청년보인 ≪청년전위≫가 빠지고 ≪로동신문≫와 ≪조선인민군≫ 공동사설로 발표되었다.

5) 음력설

양력설에 비하여 음력설은 명절의 의미가 약하다. 이는 오랫동안 양력설을 명절로 쇠어 왔기에 음력설을 설로 여기지 않은 인식이 많이 남아 있기 때문이다. 그러나 우리민족제일주의가 강조된 이후에는 음력설의 비중이 높아지고 있으며, 명절로서 자리를 잡아가고 있다. 설은 묵은해를 보내고 새해 첫 아침을 맞는 명절로 민속명절 가운데서도 주요한 명절이다.

민속적으로 설은 새해를 맞아 조상과 어른들에게 인사를 드리고 모든 사람들이 기쁨을 나누며, 농사일을 앞두고 마음껏 즐기며, 농사준비를 하는 날이다. 북한에서는 음력설에도 양력설과 마찬가지로 김일성 주석의 동상을 참배하며, 어린이들은 인민학습당, 개선문 등의 광장에서 연날리기, 팽이치기, 제기차기, 줄넘기 등 각종 민속놀이를 즐기거나 집에서 쉰다.

6) 한식

　북한의 전통문화가 상당 부분 달라졌지만 기본적으로 효와 조상에
대한 숭배의 전통은 뿌리 깊게 남아 있다. 한식은 4대 명절 가운데
하나이면서 상대적으로 북한에서 성행한 명절이다. 한식에는 조상 성
묘 날로 성묘와 차례 등의 조상 숭배 전통도 여전하다. 한식은 특별한
명절이기보다는 성묘 가는 날로 인식되어 있으며, 한식 이튿날 행해

〈사진 11-15〉
민속무용 〈물동이춤〉

졌던 〈돈돌라리춤〉은 남한에서 볼 수 없는 것으로 누구든지 북 장단과 노래에 맞추어 춤판에 뛰어들어 마음대로 춤출 수 있는 간단한 것이었다. 이 춤은 남한의 민속춤의 특징인 날씬하고 우아한 춤사위와 대조되는 활발하고 움직임이 잦고 절도가 명료한 낙천적이고 경쾌한 성격을 지녔다. 〈돈돌라리춤〉은 현재도 전승되면서 최근 새롭게 개작되어 북한의 전 지역에서 각광받는 가무놀이로 부상되었다.

7) 단오

단오는 음력 5월 5일로 한국, 중국, 일본에서 주로 지키는 명절이다. 수릿날·천중절(天中節)이라고도 하고, 중국에서는 중오(重午)·중오(重五)·단양(端陽)·오월절이라고도 한다. 단오는 초오(初五)의 뜻으로 5월의 첫째 말[午]의 날을 말한다. 음력으로 5월 5일은 기수(奇數: 홀수)의 달과 날이 같은 수로 겹치는 것을 중요시한 데서 5월 5일을 명절날로 하였다.

단오는 가장 오래된 민속명절로서 기록에 의하면 삼국시대부터 단오 명절의 기록을 찾을 수 있다. 단오는 가장 오래된 전통 명절의 하나로 무형문화재 제13호인 강릉단오제는 2005년 유네스코 인류구전 및 무형유산 걸작으로 지정될 정도로 의미 있는 명절이다. 북한에서는 단오는 오랜 역사를 지닌 전통 명절로 봄철 파종이 끝난 다음에 즐겨 놀았던 것에서 유래를 찾고 있다. 북한에서도 "추석날에 선조들의 산소에 찾아가며 단오 날에 즐겁게 노는 것은 예로부터 내려오는 우리 인민들의 풍습"이라고

〈사진 11-16〉 단오에 열리는 민족씨름대회

하면서 단오를 중요한 명절로 평가하고, 민속놀이를 비롯하여 씨름, 그네 등의 민속놀이를 행하고 있다.

언론에서는 "북반부에서는 오늘도 전통적인 풍습을 살려 단오 명절을 쇠면서 쑥떡, 수리취떡 등 민속음식을 먹으면서 씨름, 활쏘기, 윷놀이, 그네뛰기, 널뛰기, 봉산탈춤 같은 민속놀이"가 벌어진다고는 하지만 일반인들 사이에는 단오에 쉬는 대신 가까운 일요일에 근무를 해야 하기에 큰 의미를 두고 있지는 않은 것으로 알려져 있다. 단오에는 씨름, 줄다리기, 널뛰기, 그네뛰기, 윷놀이, 장기, 제기차기 같은 민속놀이가 벌어진다.

민속놀이로 씨름은 오랜 역사를 가진 민속놀이로 평가한다. 역사적으로 씨름은 중국 지린(길림)성 집안현에 있는 고구려의 무덤에서 발견된 벽화에서 나타나듯이 멀리 삼국시대이전부터 시작되어 고려와 조선시대에도 주로 대중들을 통하여 즐겨오던 민속놀이이다.

그네를 뛰는 방법에는 한 사람이 단독으로 뛰는 외그네와 한 그네에 두 사람이 함께 타고 마주 향하여 뛰는 쌍그네 또는 맞그네가 있다. 그네의 경기방법으로는 크게 세 가지가 있다. 첫째는 그네를 적당한 높이의 나뭇가지에 매어 앞의 나뭇가지 또는 꽃가지를 목표물로 정하고 그것을 발끝으로 차거나 입에 물게 하는 방법이다. 둘째는 그네 앞쪽에 방울줄을 높이 달아놓고 그것을 발로 차도록 하는 것이다. 밑에서 줄을 조종하여 방울줄을 점점 높여감으로써 그네가 오르는 최고 높이를 측정하였다. 셋째는 그네줄 발판 밑에 자눈이 찍혀있는 줄을 매어놓고 그네줄의 정지점에서부터 공중 몇 자나 올라갔는가를 측정하여 승부를 가르는 것이다. 널뛰기는 높이를 잴 수 있는 막대를 세워놓고 누가 높이 올라가나 경합을 벌이기도 한다.

단오 날에 행해지는 〈봉산탈춤〉은 황해도 지방의 대표적인 민속놀이로서 '고려 말엽부터 황해북도 봉산지방을 중심으로 서북조선에서 널리 퍼졌던 우리나라의 대표적인 탈놀이의 하나'로 평가하고 있다.

봉산탈춤의 의미에 대해서는 양반통치계급을 직접적으로 욕할 수 없었던 인민들이 가면을 쓰고 '그들의 위선과 반인민적 만행'을 신랄히 폭로하고 풍자 조소하는 이야기를 다양한 춤과 극형식으로 극화한 것으로서 '인민들의 행복에 대한 지향과 봉건통치배들을 반대하는 항거의 정신을 반영한 진보적인 내용과 인민적인 춤동작이 들어 있다'고 강조한다. 1960년대 중반 전승이 끊어진 것으로 알려진 봉산탈춤은 1989년 평양에서 개최된 제13차 세계청년학생축전을 계기로 복원됐으며, 민속놀이 장려 정책에 따라 활기차게 전승되고 있다. 복원된 봉산탈춤은 템포도 빨라지고 내용도 바뀌었다.

8) 추석

추석은 설과 더불어 우리 민족 최대의 명절로 북한에서도 추석은 전통적으로 민족명절 가운데 설과 함께 가장 의미 있는 명절의 하나로 평가한다. 추석의 다른 말은 중추, 중추절, 가위, 가윗날, 한가위 등이다. 중추나 중추절은 가을의 한 가운데라는 의미이다. 한가위라고 할 때 '한'은 크다는 의미이다. 한글이나 한강이라고 할 때의 '한'도 크다는 의미이다. '가위'는 가운데라는 의미이다. 한가위는 8월의 한 가운데라는 뜻이다.

〈사진 11-17〉 북한에서 재현한 탈춤

〈사진 11-18〉 장기를 소재로 한 텔레비죤 단막극
〈흥취끝에〉

추석에는 일 년 동안 기른 곡식을 거둬들인 햇곡식과 햇과일로 조상들에게 차례를 지내고 이웃들과 서로 나눠 먹으며 즐겁게 하루를 지냈다. 아무리 가난한 사람도 떡을 빚어 나눠 먹었다고 해서 속담 중에 "일 년 열두 달 365일 더도 말고 덜도 말고 한가위만 같아라" 말도 생겼다. 새로 나온 과일과 곡식으로 차례상을 차려서 한 해 동안 거둬들인 것을 보고 드리고 아침을 먹은 후 조상의 산소에 성묘를 하러 갔다. 우리의 명절인 추석은 즐겁고 신나는 날인 동시에 그런 즐거움을 얻은 것에 대한 감사를 잊지 않은 날이기도 하다.

추석에는 아침 일찍 일어나 새 옷으로 갈아입고 햇곡식으로 빚은 송편과 술, 과일을 차려 놓고 조상에게 차례를 지냈고, 성묘를 갔으며 보름달을 보면서 여러 놀이를 즐겼다. 추석놀이로는 강강수월래가 대표적이다. 강강수월래는 마을 부녀자들이 수십 명씩 모여 서로 손을 잡고 둥글게 원을 그리면서 부르는 노래로 4·4조로 되어 있다. 선창자를 중심으로 후렴을 부르면서 원을 그리면서 도는데, 진양조로 느리게 춤을 추다가 빨라져서 중모리, 중중모리, 자진모리 등으로 다양한 리듬으로 춤춘다.

추석의 대표적인 음식인 송편은 새로 수확한 햅쌀을 가루로 반죽한 다음 콩이나 밤, 대추, 깨 등을 속에 넣고 쪄서 먹는다. 시루에 찔 때는 깨끗한 솔잎을 켜켜이 앉혀 들러붙지 않도록 한다.

추석은 1989년에 부활된 것으로 알려졌으나 이와 달리 북한 정권수립 이후 한 번도 추석을 민속명절에서 제외하거나 성묘를 금지한 적이 없었다는 견해도 있다. 추석날 성묘 전에 김일성 동상이나 혁명열

390

사룽, 애국열사룽을 찾는 것은 핵심계층과 선발된 근로자나 청소년 학생층의 일이며, 많은 인민들은 차례를 지내지 않고 바로 성묘하러 가는데 한복을 입는 풍속은 없어졌다. 성묘는 상석에 음식을 차려 놓고 묵념을 하며, 음식을 한 점씩 떠서 묘 주변의 땅에 묻는다.

추석에는 조상의 무덤을 찾아 풀도 베고 제사를 지냈으며, 보름달 아래에서 놀이를 즐겼는데, 추석의 민속놀이로는 소놀이, 강강수월래, 조리놀이, 거북놀이 등을 좋아하였다. 또한 이러한 추석놀이들은 비

〈사진 11-19〉
리승희의 조선화
〈봉산탈춤〉

록 소박하지만 마을 사람들의 단합과 화목을 이룩하고 하루를 즐겁게 보내는 데 기여하였다. 햇곡식으로 송편, 떡, 노치(평양지방의 특선음식으로 찹쌀가루와 엿기름을 반죽하여 기름에 지진 것), 단자 등을 만드는 풍습도 강조하였다.

동시에 민속행사로서 조상들의 무덤을 찾는 일도 강조하였다. 추석에는 농촌은 물론 일부 도시민 가운데 차례를 지내는 풍습을 지키고 있으며 추석날 성묘는 거주지 시·군을 넘어 다른 지역으로 성묘를 다녀올 수 있도록 허용되고 있다. 북한 주민들은 차례를 지내지 않고 바로 성묘하러 가는데 한복을 입는 풍속은 사라졌으며, 성묘는 묘 상석에 음식을 차려 놓고 묵념을 하며, 음식을 한 점씩 떠서 묘 주변 땅에 묻는다.

3. 민속놀이

1) 민속놀이의 계승과 보존

북한은 '일제 강점시기에 빛을 잃었던 조선의 미풍양속은 해방 후 김일성 영도 밑에 민족적 형식에 사회주의적 내용을 담은 새로운 민족적 풍습으로 빛나게 계승 발전되고 있다'고 강조하면서 우수하다고 평가한 민속놀이를 현대적인 양식으로 계승하고 있다. 특히 윷놀이는 현재 북한 각지에서 즐기는 민속놀이가 됐으며 여러 가지 경기까지 행해지고 있다.

북한은 윷놀이뿐만 아니라 연 띄우기(연날리기), 제기차기, 팽이치기, 알치기(구슬치기) 등의 민속놀이를 적극 장려하고 있다. 전통 민속놀이의 활성화를 위하여 매년 '전국민속체육경기대회'를 개최하여 씨름, 바둑, 장기, 널뛰기, 그네 등의 민속경기를 단체전·개인전·단식·

복식 등의 경기형식으로 진행한다. 1960년대 이후에는 민속놀이를 '군중적 집단놀이' 등으로 현대화하였으며, 교예 종목에도 활용하여 민족교예 종목을 새로 개발하였다. 노동절이나 정권창건일 등의 국가적 명절에는 민속체육 경기를 진행하고 있다.

민속놀이, 민속무용, 민요 등은 서민계층을 중심으로 전승되어 왔다는 점 때문에 예전부터 높은 평가 속에서 적극적으로 보존과 장려정책이 추진되었다. 전통적으로 북한에 전승되는 민속놀이로는 〈시절 윷놀이〉(황해 장연), 〈봉죽놀이〉(평남 온천), 〈돈돌라리〉, 〈달래춤〉, 〈관원놀이〉, 〈횃불싸움〉(이상 함남 북청), 〈마당놀이〉(함남 광천) 등이 있으며, 북한 지역의 민요로는 황해도의 〈긴난봉가〉, 〈자진난봉가〉, 〈사설난봉가〉, 〈산염불〉, 〈몽금포타령〉, 〈양산도〉, 〈해주아리랑〉, 평안도의 〈수심가〉, 〈배따라기〉, 〈영변가〉, 〈기나리〉, 〈메나리〉, 함경도의 〈어랑타령〉(신고산타령), 〈애원성〉, 〈궁초댕기〉, 〈돈돌라리〉 등이 유명하다.

전래의 민속놀이는 크게 경기놀이·겨루기놀이·가무놀이·어린이놀이의 4가지로 구분된다. 경기놀이는 씨름, 널뛰기, 그네뛰기, 줄당기기, 활쏘기, 말타기, 격구 등이 포함되는데, 이 경기놀이의 대부분은 '인민들이 창조하고 계승발전'시킨 민속놀이로서 '강한 인내력과 육체적 단련을 요구하므로 게으르고 나태한 양반통치배들은 일부 놀이

북한상식 **회소곡**

추석을 의미하는 한가위나 가윗날은 신라시대부터 시작된 순 고유어로서 가비(嘉俳) → 가위 → 가윗날 → 한가위로 표기가 변이된 것이다. 가위는 신라시대의 길쌈놀이인 가배에서 유래하였다. 신라 유리왕 때 궁궐의 여인들을 두 편으로 갈라 한 달 동안 베짜기 내기를 하여 한가윗날에 그동안 베를 짠 양을 겨루어진 편에서 이긴 편에게 잔치를 벌였다. 이때 부른 노래가 「회소곡」이었다.

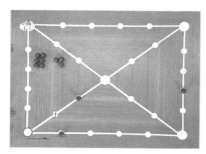

〈사진 11-20〉 현대식으로 만들어진 북한의 윷놀이판

들을 유흥거리로 하는 데 지나지 않았지만 인민들은 언제나 노동을 통해 단련된 체질에 맞는 씩씩하고 용감한 놀이들을 즐겨해 왔다'고 강조하고 있다.

겨루기놀이는 윷놀이, 바둑, 장기 등이 포함된다. 윷놀이는 남녀노소를 불문하고 누구나 다 쉽게 놀 수 있는 민속놀이로서 '조선 인민이 가장 즐기는 민속놀이의 하나'로 설 명절에 행해지는 주요한 놀이로 여기고 있다. 김정일 역시 '윷놀이는 옛날부터 설명절 때마다 조선인민들이 즐겨하는 좋은 오락의 하나'로 '윷놀이는 민족의 슬기와 재능이 깃든 우수한 지능 겨루기 놀이'라고 하면서 권장한다.

북한은 윷놀이가 함경도 지방에서 처음 시작된 놀이로 '집짐승을 타고 세상을 돌아보고 싶은 사람들의 소박한 염원'에서 만들어졌다고 주장한다. 북한의 주장에 따르면 네모난 윷판은 땅을, 29개의 윷밭은 중심의 북극성을 포함해 별자리를 상징한다. 또 윷말이 가는 길은 동지, 춘분, 추분, 하지를 뜻하는데 말이 전진하는 네 가지 길 가운데 12점으로 나는 길은 동지, 17점으로 나는 두 길은 춘분과 추분, 21점으로 멀리 둘러서 나는 길은 하지에 해당한다. 최근 윷놀이에는 한 번 또는 두 번 후진하는 '후돌'은 물론 한 번 빠지면 처음부터 다시 시작해야 하는 '함정'도 생겼다고 밝혔다. 특히 여러 칸을 단숨에 날아갈 수 있는 '비행구역'과 화살표를 따라 나가야 하는 '항해구역'이라는 규칙도 나왔다. 이에 대해서 북한에서는 "민간에서 특별히 사랑을 받아온 윷놀이가 여러 가지 '특혜'나 '제한조건'이 생겨나면서 더욱 흥미 있게 발전하고 있다"고 평가한다.[3]

바둑과 장기는 놀이 과정에서 사람들의 사고력을 높여주는 유익한

놀이라고 하여 권장하고 있다. 특히 바둑에 대한 관심이 크게 늘면서 적극적으로 보급하고 있다. 홍미로운 것은 바둑을 '두뇌격술', '두뇌무술'로 무도(武道)의 범주로 분류한다는 것이다.

가무놀이는 춤과 음악이 어우러진 놀이로서 농악놀이, 탈놀이, 꼭두각시놀이, 불꽃놀이, 화전놀이, 강강수월래, 길쌈놀이 등이 포함된다. 봉산탈춤을 비롯한 가면극을 '착취자에 대한 규탄, 낙천적이며 패기 있고 투쟁적인 기백, 높은 사상 예술성, 행복한 근로생활에 대한 염원, 고상한 인도주의, 진실한 것에 대한 지향 등을 담고 있다'고 평가하면서 계승을 장려하고 있다. 또한 농악에 대해서도 그 중요성을 강조하고 있다. 김일성은 농악을 거론하여 '농악무는 민간무용의 하나로서 군중성이 있고 낙천적이며 홍미 있는 좋은 무용'이라고 평가하였으며, 2001년에는 태양절을 맞아 '전국농악무경연대회'를 개최하기도 하였다.

경연대회에는 각 시·도·군에서 선발된 단체들이 참가하여 마당놀이, 상모놀이 경연을 진행하기도 하였다. 이번 농악무경연대회에 대

〈사진 11-21〉
민속무용 〈물동이춤〉

---

3) 「옻판에 비행구역, 항해구역도 생겨」, ≪조선중앙통신≫, 2006년 1월 30일.

하여 '우리 인민들과 청소년들 속에서 주체성과 민족성을 더욱 철저히 고수하며 민족의 우수한 문화전통을 훌륭히 계승 발전시키고 온 사회의 생활기풍을 세워나가는 데 중요한 계기로 됐다'고 강조했다. 북한에서는 농악무에 대해서 '농악무는 오랜 력사를 가지고 있는 조선의 민속예술로 농업노동과 관련된 연중놀이로서 노동의 피로를 풀고 생산을 늘리기 위한 농민들의 지향을 반영하여 발생'한 것으로 현재에도 '새로운 시대적 미감에 맞게 더욱 발전되어 명절경축 모임들에서 당당한 자리를 차지하고 있다'고 평가한다.

〈사진 11-22〉
황해도 지역의 전통 민속무용
〈돈돌라리〉

한편으로 민속인형극인 〈꼭두각시놀음〉(황해 장연)은 사라졌고, 대신 현대화된 인형극인 〈놀보와 홍보〉, 〈무던이〉, 〈꼬마사령관〉 등이 나타났다. 민속무용 가운데서 〈아박춤〉, 〈쟁강춤〉, 〈물동이춤〉, 〈부채춤〉, 〈3인무〉 등도 현대화 작업을 거쳐 흥겹고 경쾌한 춤과 음악으로 구성되어 처음 관람하는 주민들도 쉽게 감상할 수 있는 장점을 가지고 있다.

어린이놀이는 어린이들 사이에서 행해지는 전통 민속놀이로 연띄우기(연날리기), 팽이치기, 썰매타기, 줄넘기, 바람개비놀이, 숨바꼭질, 공기놀이 등이 포함된다. 어린이놀이는 '추위와 더위를 물리치면서 놀이에서 이기려고 애쓰는 과정에서 투지와 인내력을 키워주는 놀이'라는 긍정적인 평가를 내리고 장려하고 있다. 북한에서 장려하는 민속놀이는 윷놀이 경기를 비롯하여 '연띄우기(연날리기)', '제기차기', '팽이치기', '알치기(구슬치기)' 등이 있는데, 겨울이면 김일성 광장 등지에서 민속놀이를 하는 아이들을 쉽게 볼 수 있다. 한편으로 어린이놀이 모두가 긍정적인 평가를 받은 것은 아니어서 자치기나 말타기놀이에 대해서는 막대기를 날려 사람을 상할 수 있거나 다칠 수 있다고 하여 '유익성이 적고 위험한 것'으로 간주하기도 한다.

2) 민족씨름

북한의 씨름은 민족씨름으로 예로부터 단오에 열리는 전통 민속경기의 하나였다. 씨름판은 마당 한복판에 두어 칸(4m 정도) 직경으로 둥그렇게 모래를 펴서 만들었다. 씨름군의 경기차림은 아래에 짧은 속바지를 입고 위에는 맨몸으로 하고 넙적다리에 샅바를 맨다. 샅바로는 두세 발되는 베천을 비틀어 매서 썼다. 씨름은 줄다리기와 함께 각종 체육대회에서 빠지지 않을 만큼 보편화되어 있다. 씨름의 기술은 크게 손기술, 다리기술, 몸기술로 나눈다. 손기술은 주로 손과 팔을 이용하여 밀고 당겨 상대를 넘어뜨리는 기술이다. 다리기술은 다리와 발을 이용하여 상대편을 걸어 당기거나 걸어서 뒤로 밀어 옆으로 돌면서 넘어뜨리는 기술이다. 몸 기술은 주로 강한 허리와 팔 힘을 이용하여 상대를 궁둥이, 배, 가슴 높이 들어 올려 몸의 균형을 잃게 한 다음 좌우로 돌리고 젖히면서 넘어뜨리는 기술이다. 북한에서는 '조선씨름은 별다른 기재도 없이 때와 장소, 대상에 제약을 받지 않고 재미있게 놀 수 있는 것'으로서 우리 인민이 오랜 옛날부터 사랑하며 즐겨온 민족경기로, 씨름은 운동에서 몸이 상할 위험성이 적고 사람들의 인내력과 투지 팔다리 힘을 키우며 전신운동으로 신체 단련과 체력 향상에 유익한 민속놀이로 평가하면서 일반인들 사이에 크게 보급되었다. 씨름은 샅바를 매는 것이나 기술에 있어서는 유사한 것이 많으나 앉아서 시작하지 않고 서서 시작한다든가 러닝셔츠를 입고 하는 것 등은 남한과 다른 점이다.

북한에서 텔레비전을 통해 씨름이 소개된 것은 1994년 3월로 '텔레비전 민족씨름경기'라는 제목으로 소개되었다. 텔레비전을 통해 중계된 민족씨름 경기는 남측의 씨름과 달리 체급의 제한 없이 무제한 개인경기로 치러졌다. 2004년 6월에 열린 북한 최고 권위의 씨름대회인

〈사진 11-23〉
대황소상
전국민속씨름대회

'대황소상(賞) 전국 근로자 텔레비전 민족씨름경기'는 예선을 거쳐 최종일 결선에 오른 16명의 선수들이 토너먼트로 방식으로 대회를 치렀다. '60청춘 경기'가 별도로 열려 사람들의 흥미를 자아냈다. 대회 우승자에게는 900kg짜리 대황소와 금방울이 부상으로 수여되었다.

북한의 씨름은 매트 위에서 상의를 입고 서서 샅바를 잡고 시작한다. 우승자와 입상자에게는 황소와 송아지가 주어졌다. 이후 매년 단오를 즈음하여 황소를 상품으로 걸고 '전국 근로자 텔레비전 민족씨름경기'를 개최하는 것을 비롯하여 2~3차례에 걸쳐 민족씨름대회를 개최한다. 민족씨름대회는 누구나 참여할 수 있으며, 경기는 체급별로 이루어진다. 민족씨름의 우승자, 준우승자, 3위에게는 각각 대황소(870kg), 중소(510kg), 송아지(250kg)를 각각 준다. 우승자에게는 대황소와 황금소방울을 부상으로 주는데 3연속 우승하면 영원히 갖는다.

3) 서예

전통문화에 대한 강조에서 눈에 띄는 것은 서예 분야이다. 북한의 서예에 대해서는 많이 알려져 있지 않은데, 다른 예술 분야에 비하여 상대적으로 소홀하였었기 때문이다. 북한의 전통문화 정책은 인민의 교양에 도움이 문화를 선별적으로 수용한다. 서예가 탈놀이나 민속놀이와 같이 인민들이 즐기던 것과는 일정한 거리가 있기 때문이다.

그러나 북한에서도 2001년도에 서예 분야에서 '지원상'을 신설하여 첫 번째 입선작 100여 점을 모아 국제문화회관에서 전시하였다. 지금까지 공연예술인들에게는 '2·16 예술경연대회', 영화 분야에서는 '2·16 영화상', 문학에서는 '6·4 문학상' 등이 있었는데, 서예에서는 없었다. '지원(志遠)'은 도와준다는 의미의 지원이 아니라 '뜻은 원대해야 한다'는 말로 김일성 주석의 조부 김형직이 일제하에서 청년들에 언제나 당부했다는 말이다.

2000년 이후 김일성 주석과 김정일 총비서의 필체를 연구하는 서예 연구토론회가 수차례 열리기도 하였다. 2001년 4월 26일 인민문화궁 전에서 개최된 문예사상 연구토론회에서 김일성 주석의 필체를 '태양 서체'로 명명하였으며, 김정일 국방위원장의 서체를 '백두산서체', 김정숙의 서체를 '햇발서체'로 명명하였다.

　　북한에서 평가하는 서체 명필체의 최고는 서예학적으로 '절대적인 경지'에 이르렀다고 하는 김일성 주석의 필체인 '태양서체'이다. '태양 서체'는 김일성 주석이 직접 집필한 '노작'을 비롯하여 금강산을 비롯하여 북한 전역에서 산재한 현판이나 바윗글, 격문 등에 새겨져 있다. 김일성 주석의 '태양서체'를 보여주는 실례로는 붓글씨로 쓴 '옥류교'를 비롯하여, '충성의 다리', '청천다리'와 같은 쓴 글씨체가 있으며, 한문으로 쓴 '광명성 찬가' 등이 대표적이다.

　　'태양서체'가 절대적 경지의 명필체로 평가받는 것을 세 가지 이유로 설명한다. 첫째, '속도 빠른 경사글씨체'라는 것이다. '태양서체'는 우선 경사글씨체로서의 독특한 필법으로 일관되어 있으며 조금만 잘못 처리해도 옆으로 넘어지는 것을 피할 수 없는 경사체의 어려움을

〈사진 11-24〉
서예 분야에 신설된 '지원' 상의 기원이 된 김형직의 '志遠'

극복하고 글자들이 가장 합리적이고 안전한 상태를 유지하고 있다는 것이다. 또한 경사글씨체는 원래 다른 글씨체에 비해 쓰기 속도가 **빠**른데다 두 번 그을 획을 단번에 긋는 필법을 구사하고 있어 쓰기속도가 배가되는 필법이라는 것이다.

둘째, '가로, 세로쓰기 서식의 자유자재 사용'이라는 것이다. 서예 서식에서도 '태양서체'는 종래 예술성을 살리는 측면에서 가로쓰기 서식에 비해 세로쓰기가 어렵다는 종래 관념을 깨고 세로쓰기 서식으로도 사상·주제의 내용과 예술적 매력을 발휘한다는 것이다.

셋째, '서예도구의 파괴'라는 점이다. 서예도구에 있어서도 종래 붓으로만 쓰던 것을 김 주석은 글씨의 굵기 변화가 많지 않은 매직과 같은 필기도구로도 '완전무결한 조형미'를 구사하는 필법을 구사했다는 것이다.

이런 이유로 태양서체는 '그 어떤 사상 감정도 다 표현할 수 있는 가장 우월한 표현력과 형상력을 가진 서체로서 우리 민족의 귀중한 서예 유산으로 되고 있다'고 강조하고 있다.4)

〈사진 11-25〉 김일성이 직접 쓴 김일성종합대학 혁명사적관 현판

---

4) ≪연합뉴스≫, 2001년 6월 5일.

12장 문화예술

1. 문예이론

북한의 문예이론으로는 속도전, 종자, 인민성의 원칙을 꼽을 수 있다. 이는 북한 문학예술의 위상과도 관련되는 것으로 속도전은 선전선동과 관련된 측면이며, 종자는 내용과, 인민성의 원칙은 형식과 관련된 부분이다.

선전선동의 문제로서 속도전은 최대한 빠른 시간 안에 예술적으로 수준이 높은 작품을 만들어 내는 것이다. 문화예술인들에게는 예술적 창조력과 함께 당 정책이나 방침을 최대한 빠른 시일 내에 인민들에게 신속하게 전달하여 당 정책을 따르게 할 수 있도록 핵심을 가려낼 수 있는 능력이 무엇보다 중요하다. 북한 문화예술 창작에서 강조되는 '속도전'이란 단순히 빠른 시간 안에 작품을 창작하는 것을 의미하는 것이 아니라, 예술성과 내용성이 담보된 '수준 높은 작품'을 최대한 빨리 창작하는 것을 의미한다. 이를 위해서는 작가예술인들이 당 사상에 정통하고 당 정책이 무엇인지를 잘 파악하여야 한다.

내용의 문제에서 제기되는 것은 종자이다. 좋은 작품이란 곧 종자를 어떻게 잡을 것인가의 문제이기 때문이다. 문학예술 창작에서 가장 중요하며, 수준 높은 작품을 창작하기 위한 기본 요건은 당 정책이 의미하는 바를 체득하고 있어야 하는데, 이것이 종자를 올바르게 잡는 일이다. 종자란 한 마디로 작가가 말하려는 기본 문제이자, 작품의 사상·예술적인 핵이다.

종자가 중요한 이유는 문학예술 작품이나 정치사회나 일종의 유기체로서 종자를 어떻게 잡느냐에 따라서 현실인식과 문제의식을 올바로 전달할 수 있기 때문이다. 문학예술작품은 하나의 유기체로 볼 때 종자는 작품 생명의 핵으로서 모든 형상 요소들을 하나로 통일시키고 관통하는 기본요인이다.

문학예술작품을 창작하는 과정을 "종자를 골라잡고 그것을 형상으로 실현하는 과정이며 종자에서 이야기 줄거리가 뻗고 형상의 꽃이 피어나며 그 속에서 주제가 여물고 사상이 뚜렷이 밝혀지는 것은 작품의 생리적 과정이다"로 규정하고 있다. 사상적 알맹이를 올바로 선택하지 못하고 작품의 사상성을 높이려 애쓰는 것은 씨앗을 심지도 않고 좋은 열매를 바라는 것과 같다. 사상적 알맹이를 잡지 못하면 일정한 이야기 줄거리가 있고, 재미가 있어도 감동을 주지 못하게 된다. 따라서 종자를 옳게 골라잡는 일은 창작에서 최우선적으로 해결해야 할 과제이다. 김정일은 작가들에게 "시대와 혁명의 요구에 맞는 종자를 탐구하는데 언제나 깊은 관심을 돌려야한다"고 강조하였다.

종자는 모든 작품에 있는 것이 아니다. 종자를 기초로 한 예술 창

〈사진 12-1〉 시 〈바다와 해병〉

작은 사회주의적 사실주의 작품에만 존재하며, '생활을 왜곡하고 고상한 사상'을 담지 못한 작품에는 참다운 의미에서의 종자가 있을 수 없다는 것이다. 여기서 고상한 사상은 곧 주체사상을 의미한다. 따라서 종자론이란 주체시대의 이념을 분석하고 사회발전의 원리를 밝힌 주체사상 안에서 유효하다.

종자의 핵심은 사상성에 있는데, 사상성이란 바로 당의 정책을 정확히 반영하고, 당의 노선과 정책에 철저하게 의거하여 시대가 제시하는 사회 정치적 과제에 올바른 사상적 해답을 줄 수 있어야 한다. 문화예술 창작에서 종자를 똑바로 잡아야 자기의 사상이나 미학적 의도를 정확히 전달할 수 있고 작품의 철학성을 보장받을 수 있다. 문학예술 창작의 성패는 어떻게 형상하느냐보다는 어떤 종자를 선택하느냐에 따라서 결정된다고 할 수 있다.

수용의 문제와 관련되는 것은 인민성이다. 북한의 문학예술은 철저하게 인민성을 근거로 한다. 인민성이란 인민들이 쉽고 빠르게 이해할 수 있도록 한다는 것이다. 신문이나 예술작품의 내용을 인민들이 쉽게 이해할 수 있어야 한다. 신문에서도 어려운 한자나 용어 대신 풀어서 쓰며, 한자어를 배제하는 것도 이러한 인민성을 고려한 것이다. 인민들이 쉽게 이해하기 위해서는 문학예술이 전달하려는 주제가 분명해야 하며, 인민들이 본받을 수 있는 주인공이어야 한다.

또한 인민의 감성에 맞는 것이어야 한다고 강조하는 데, 이것이 민족적 형식을 따르는 것으로 이해한다. 민족적 형식이 중요한 것은 민족을 단위로 혁명이

주체적문예리론연구(11)

수령형상문학

윤 기 덕

문예출판사
1991

〈사진 12-2〉 수령형상문학 이론서인
『수령형상문학』

이루어지며, 특유의 정서적 체험이 달라지기 때문이다. 민족적 형식은 바로 오랜 기간 동안 축적된 그 민족의 체질에 가장 알맞은 형식이기 때문에 역사 발전의 주체로서 인민의 정서에 부합되는 것이다. 다만 그 내용은 과거의 것을 그대로 담아서는 안 된다. 주체시대에 맞아야 한다.

민족적 정서의 예는 다음과 같다. 북한에서는 소설의 주인공이 아름답고 고상한 성품을 체현시킨 인물이라는 것은 우리 민족의 소설에서 창조한 주인공의 특징으로 설명한다. 전통적으로 우리 민족의 소설에서 주인공은 고상한 인품의 인물로 설정되었으며, 사건의 전개역시 시간의 순서에 따라서 발단－전개－위기－결말에 이르는 순차적인 구조로 이루어졌다는 것이다. 순탄한 줄거리로서 감정조직을 통하여 극성을 높이는 것이 특징이라는 것이다. 따라서 우리 민족의 소설의 특징은 엽기적인 사건, 복잡한 갈등관계, 삼각연애, 비극적 인간관계와 결말의 구조, 비순차적 구조를 특징으로 하는 서구의 소설과

〈사진 12-3〉 북한의 대표 문학예술작품이 그려진 문화성혁명사적관 외벽

는 다른 민족적 특성으로 평가한다.

우리 민족의 음악적 특징은 굴곡이 심하지 않으면서 맑고 은근하며 부드럽고 우아하다는 것이며, 미술에서는 선명하고 힘이 있으며 간결하면서도 섬세한 것이 특징으로 선 하나만으로도 다양한 감정과 생활을 묘사할 수 있다는 것이다.

2. 창작시스템

북한의 예술인들은 일정한 기관에 소속되어 국가의 통제하에 창작활동을 전개한다. 국가는 문화예술 각 단체에 대한 창작 방향과 지침을 제시하고 창작 현장으로부터 공연에 이르기까지 전 분야를 통제하고 관리한다. 미술과 같이 독립적인 창작이나 공연이 가능한 경우에는 개인 창작과 집체 창작을 겸하지만 문학이나 미술과 같은 개인 표현의 창작에도 집체 창작이 적용된다.

이처럼 문화예술 창작방식으로 집체 창작이 제기된 것은 북한 내의 정치적 상황과도 밀접한 관련이 있다. 1950년대 들면서 경제 발전을 위한 제1차 5개년 경제계획을 수립한다. 이어 김일성은 경제개발에 필요한 자본과 기술 원조를 위하여 동유럽 국가를 방문하게 된다. 이때를 이용하여 연안파의 김두봉, 최창익, 윤공흠, 서휘, 이상조, 이필규, 장평산과 소련파인 박창욱, 김승화, 방의완, 김재욱 등이 김일성의 개인숭배를 비판하면서 김일성의 축출을 준비하였다. 이들은 김일성의 귀국 사업보고를 위해 마련된 당 전원회의에서 김일성 주석을 축출하기로 하고 1956년 8월 30일 당중앙위원회 8월 전원회의에서 최창익, 윤공흠 등이 김일성 1인 체제를 비판한다. 그러나 사전에 정보를 알고 있었던 김일성은 군대를 동원하여 반대파들을 진압하였다. 이후 2년에 걸쳐 최창익, 박창옥, 양계, 강성민, 김민산, 장평산, 김두봉, 한

무 등의 반대파들이 완전히 숙청되면서 1인 지배 체제를 더욱 공고히 되었다. 이에 따라서 문화예술 분야에서도 김일성 1인 지배를 강화하는 방향으로의 일방적인 노정이 시작된다.

유일 체제에 대한 절대성은 문학예술 창작에서 '수령형상화'로 구체화되었다. 수령형상화를 주도한 것은 김정일이었다. 김정일은 1960년대부터 수정주의의 독소 청산을 명분으로 문화예술계에 대한 대대적인 숙청 작업을 진행하면서 수령을 유일한 영도로 하는 수령형상문학을 본격화하기 시작하였다. 이때부터 수령형상화 문학은 새로운 장르로 형성되면서 집체 창작의 방법을 제기한다. 요점은 김일성 주석의 위대성을 형상화한다는 것은 한 사람, 개인의 힘으로는 불가능하기 때문에 집단적으로 지혜를 모아야 한다는 것이 핵심이었다. 이에 따라 1960년대 초부터 평양을 비롯한 남포, 개성, 사리원 등에 '우장산창작실'(남포), '평양창작실'(평양) 등의 창작실이 설치되었다.

북한의 모든 작가, 예술인들은 문학예술총동맹에 소속된다. 문학예술총동맹(문예총)은 1946년 3월 창립된 문학예술 집행기구로 모든 예술인들에 대한 실제적 창작에 관여한다. 조선문학예술총동맹은 중앙위원회에 위원장과 부위원장을 두고서 조직부, 선동부, 교양부 등의

〈사진 12-4〉
북한 최고의 문학창작단인
4.15문학창작단을 소개하는
영상물

부서가 있으며, 중앙위원회 산하에는 작가동맹중앙위원회, 음악가동맹중앙위원회, 미술가동맹중앙위원회, 무용가동맹중앙위원회, 연극인동맹중앙위원회, 영화인동맹중앙위원회, 사진가동맹중앙위원회와 장르별 분과 위원회가 있다. 각 도시 지부가 있으며, 직속기관으로 문예총출판사가 있다. 작가의 경우에는 작가동맹의 통제를 받으면서 창작을 하게 되었다. 이후 4.15 창작단이 본격적으로 수령형상문학 창작을 주도하면서 수령형상화 작업이 본격화되었다.

3. 국가 통제와 검열

북한의 모든 문화예술 작품은 국가의 검열과 통제를 거쳐야 발표될 수 있기에 개인적인 창작이란 사실상 불가능하다. 문화예술 작품에 대한 검열은 노동당 중앙위원회 선전선동부와 정무원에서 담당한다.

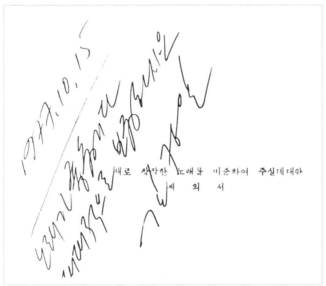

〈사진 12-5〉
김정일의 서명이 새겨진 예술 사업 문건

노동당은 중앙위원회에는 정치국, 비서국, 검열위원회가 있는데, 선전선동부는 비서국의 산하기관으로서 중앙위원회나 정치국의 결정이나 당 정책을 당원인 인민 대중에게 주지시키고, 인민 대중을 교양하여 사회주의 건설의 임무를 추진하고 완수하도록 선전선동하는 것을 기본으로 삼고 있다.

북한의 모든 문화예술 관련 활동을 관장하고 관리하는 선전선동부는 1부와 2부로 구성되어 있다. 1부는 선전지도과, 선전사업지도예술과, 교양과, 선전선동과의 4개 과로 이루어져 있는데, 주로 당정책 지도 및 선전 선동 사업에 관해 당적 지도를 담당한다. 선전선동 2부는 예술과, 영화예술과, 출판보도지도과, 3대혁명붉은기지도과, 사적지도과의 5개 과로 구성되어 있으며, 주로 선전 매체에 대한 당적 지도를 담당한다.

작가의 경우 창작기획 단계부터 사전검열이 시작되어 출판되기까지 검열(검토, 비판), 재검열을 거친다. 문화예술 관련 출판물은 내각직속 출판지도총국 출판검열국 제5부의 검열을 거쳐야 한다. 이때 적용되는 검열 기준은 일곱 가지 정도이다.

첫째, 사회주의적 사실주의 창작 방법에 철저히 입각하고 있는가의 여부이다. 북한에서 문화예술 창작의 유일한 원칙이나 절대적인 원칙은 주체사상에 입각한 주체문예이론으로 그 바탕은 사회주의적 사실주의 창작 원칙이다. 따라서 문화예술 작품은 철저하게 사회적 현실을 반영하며, 당대 사회의 모순을 보여주고, 사회주의의 낙관적 미래를 전망할 수 있는 작품이어야 한다.

〈사진 12-6〉 김정일이 통신선으로 만들었다는 악기 어은금

둘째, 국가 및 군사비밀을 노출시킨 부분이 없는가이다. 북한사회를 움직이는 두 축은 당과 군이다. 당이 사상적 지도세력이라면 군은 실질적으로 북한을 움직이는 세력이다. 김정일이 김일성종합대학 졸업 이후 줄곧 노동당선전선동부에 근무하다가 후계자 문제가 가시화되기 시작한 1990년 5월에 국방위원회 제1부의장에 오르고 이어 1991년 12월 24일 조선인민군 최고사령관, 1993년 국방위원회 위원장에 올랐으며, 1998년 제10기 1차 최고인민회의에서 예상을 깨고 주석직을 폐지하고 최고인민회의 상임위원회 국방위원장에 재추대되었던 것으로도 군의 비중을 가늠할 수 있다. 최근 들어서는 선군정치를 앞세우고 있는 것으로도 군부의 비중이 절대적임이 확인된다. 따라서 군사와 관련된 작은 부분의 비밀이라도 노출되는 작품을 일반인들에게 보여질 수 없다.

셋째, 자본주의적 사상 요소가 나타난 부분이 없는가이다. 최근 들어 북한은 실리찾기를 위한 대서방 외교를 강화하면서 유럽연합을 비롯한 서방국가들과의 수교를 강화하고 있다. 대서방 외교를 강화하는

〈사진 12-7〉
천리마운동의 출발이 된
강선제강소의 작업을 형상한
혁명무용 〈강선의 노을〉

한편으로 개혁개방에 따른 자본주의적 사상요소의 유입에 대해서는 '서방식 허용은 곧 망국의 길'이라고 강조하면서 주민들의 사상무장과 통제를 강화시키고 있다. 대중적 전파력이 큰 문화예술 작품에서 자본주의적 사상요소가 보이는 작품은 공연될 수 없을 뿐만 아니라 창작자와 해당 기관에 대한 문책이 뒤따른다.

넷째, 대중의 공산주의 교양에 도움이 되는가이다. 북한에서 발간되는 책자와 문학예술 작품은 일단 대중 교양을 위한 지침서이거나 감화서로써의 기능을 한다. 인민들의 정서에 도움이 되지 못한 작품은 상연되거나 공연될 수 없다. 이는 모든 공적 매체에 적용되는 기준으로서 북한 언론의 경우에도 사회의 부정적인 면을 드러내는 사회면이 없으며, 미담이나 본받을 만한 기사가 실린다. 이러한 기사를 통해 인민들이 본받을 수 있도록 하는 것이 원칙이다.

다섯째, 전투성·혁명성·계급성 등이 충분히 발양되었는가이다. 이는 곧 당의 방침과 북한의 지향이 일치해야 한다는 것이다. 북한에서 예술인들은 전선에 임하는 전투원에 비견되며, 당의 정책을 인민들에게 올바르게 전달하는 작업은 외래 사상에 맞서 싸우는 문화전투, 사상전투의 승리를 담보하는 핵심사업이 된다.

여섯째, 예술적으로 지나치게 졸렬하지 않는가이다. 북한문화예술은 작품의 미적 가치보다는 내용적 측면을 우선시한다. 그러나 좋은 작품, 훌륭한 작품은 작품이 추구하는 내용성과 함께 예술성이 높아야 한다.

일곱째, 단어 및 어휘 표현이 정확한가이다. 예술성과 함께 사용하는 어휘나 표현 하나하나가 인민들이 받아들일 수 있는 것이어야 한다. 북한에서 공연예술이나 출판물은 궁극적으로 인민을 교양시키는 데 목적이 있는 만큼 인민들이 쉽게 이해할 수 있어야 한다. 따라서 문학작품을 창작하거나 작품집, 희곡집이나 영화문학을 발표할 때는 인민들이 쉽게 이해할 수 있도록 초점을 맞추어야 한다. 좋은 작품을 만들기 위해서 작가들은 당의 의도를 정확히 반영하고 이를 전달할 수 있도록 철저한 정치적 교양을 다듬어야 한다. 문장을 쓸 때에도 알아듣기 힘든 어투나 긴 글은 선전의 역할을 수행하는 데 방해가 되는 만큼 한문투를 배제하고 짧고 간결한 글로 써야 한다.

이러한 과정을 거쳐 발표된 작품은 사상성과 예술성을 모두 검증받은 작품으로서 비로소 출판되거나 공연될 수 있다.

4. 북한 문화예술의 특성

1) 문학중심

북한에서 '文藝'는 '文化藝術'이 아닌 '文學藝術'이다. 문학이 중심인 것은 문학을 제외한 각 장르의 작품의 기본 줄거리를 문학을 통해 창작하기 때문이다.

북한의 모든 예술은 서사가 있어야 한다. 사회주의적 사실주의 창작 원칙에 따라 현실을 반영해야 하고, 예술작품을 통해 인물의 성격 발달과정, 즉 일반인에서 혁명가로서 발전하는 모습, 변화하는 모습을 보여주어야 한다. 문학, 영화, 연극, 가극과 같이 서사를 포함할 수 있는 장르는 물론이거니와 무용이나 가요에서도 인간성의 변화된 모습을 보여주어야 한다.

문학은 바로 이 서사를 만들어 낸다. 문학에서 완성된 이야기를 다른 장르에서는 이를 해당 장르로 옮기는 것이다. 따라서 무용이라고 해서 무용의 특성을 발휘한 작품보다는 문학적 주제를 어떻게 무용으로 옮길 것인가가 중요하다. 음악에서도 음악적 특성을 살리는 작품보다는 주제를 잘 표현할 수 있는가에 초점을 맞춘다. 하나의 훌륭한 작품이 있으면 그 작품은 여러 다양한 장르로 옮겨지기에 작품 제목만으

〈사진 12-8〉 당정책을 반영한 북한 선전화(포스터)

로는 어느 장르에 속하는지 알 수 없다. 〈피바다〉의 경우 1960년대 말~1970년대 초 여러 '예술형식'으로 창작되어, 1969년에는 영화 〈피바다〉, 1971년에는 혁명가극 〈피바다〉, 1972년에는 장편소설로, 교향곡 〈피바다〉, 가요 〈피바다〉 등으로 창작되었다.

2) 장르 복합성

북한의 대표적 공연예술인 가극을 비롯하여, 음악무용서사극, 음악무용종합공연, 가무이야기 등 음악, 무용, 연극적인 요소가 복합적인 작품이 많으며, 이외의 장르에서도 장르를 구분하지 않고 다양한 장르를 활용하고 있다. 북한 문화예술은 개별 장르적 특성을 살리기보다는 서사의 효율적 전달을 위한 부차적인 요소로 기능이 중요하지 장르적 특성의 중요성은 상대적으로 떨어진다. 즉 음악, 무용, 미술이 독립적 특성보다는 극적 분위기를 고조할 수 있는 부분에서는 필요에 따라 다양한 장르를 복합적으로 사용하는 것이다. 다시 말해 주인공의 갈등을 표현하는 데 독창이 필요하면 독창을 사용하고, 합창이 필요하면 합창을 사용하며, 무용이 필요한 부분에서는 무용을 사용한다. 이러한 이유로 북한에서는 음악이나 무용, 미술이 독립적인 장르보다는 가극이나 음악무용서사시 등의 종합공연이 중심이다.

이처럼 장르복합적인 작품이 많은 이유는 북한 문화예술이 장르적 차별성을 지향하기보다는 목적성과 내용을 중심으로 하기 때문이다. 북한 문화예술의 평가

〈사진 12-9〉 혁명가극 〈꽃 파는 처녀〉

는 형식보다는 내용이 중심이다. 정해진 주제와 내용을 인민들에게 효과적으로 전달하는 데 목적이 있는 만큼 필요에 따라서 효과적인 장르를 활용하는 것이다.

주제를 효과적으로 전달하기 위하여, 음악이나 무용의 장르적 특성을 살려나갈 필요가 없다. 청중들에게 효과를 줄 수 있는 부분에서는 필요한 장면을 사용한다. 미술 역시 독립적인 회화로서 존재하지만 무대미술로서의 활용성이 강조되며, 무용 역시 특정 대목에서 필요에 따라 사용된다. 작가나 예술인들 역시 작품에 대한 구분이 없다. 조선화 작품을 그리면서도 가극이나 연극 등의 무대미술을 담당하고, 아동영화의 배경을 그리는 것을 당연시한다.

북한의 공연단체들마다 작가, 음악가, 배우, 미술가들이 소속되어 있는 것도 이러한 작품 형상화의 특성에 맞추어 필요에 따라 다양한 장르를 활용하기 위해서이다. 북한에서 수천 명이 참가하는 음악무용 서사시나 집단체조 공연이 가능한 것도 한 단체 안에 여러 장르의 전문가들이 소속되어 있어 기획단계에서부터 전문성을 살려나갈 수 있다는 것도 북한 공연예술 단체의 장점이라고 할 수 있다.

3) 전형성

창작 방식의 전형화란 전형적이나 모범이 되는 작품을 대표로 선정하고 이 작품의 창작 방식을 따른다는 것을 의미한다. 북한 문화예술 창작은 각 작품의 개성을 강조하기보다는 창작방식으로 확정된 창작 시스템을 충실하게 따라 진행된다.

작품의 창작 방식에서는 이상적인 모델이 되는 전형적인 작품이 중요하다. 혁명가극의 경우 〈피바다〉가 그 예이다. '피바다가극단'은 '속도전' 이론에 의해 1년 만에 혁명가극 〈피바다〉를 창작한 이후 모든 혁명가극의 창작 방식을 따르게 되면서 '피바다식 혁명가극'이라는 명

〈사진 12-10〉 혁명가극 〈피바다〉

칭이 붙게 되었다. 연극에서는 국립연극단에서 항일무장 혁명투쟁 시기에 김일성이 창작하였다는 〈성황당〉을 1978년에 재창조하여 무대에 올림으로써 '성황당식 혁명연극' 창작의 전형이 되었다.

이처럼 북한 문화예술은 창작 방침에 따라야 할 전형적인 창작 방식이 있어 이를 충실하게 반영해야 한다. 북한 문화예술의 전형적인 작품들은 1970년대 김정일 당시 노동당선전선동부장의 직접적인 간여와 지도에 의해 이루어졌다. 이들 작품은 한결같이 항일무장 혁명투쟁 시기에 김일성 주석이 창작하였다고 하는 작품이다.

4) 대작 지향

북한 거리에서 우선적으로 눈에 띄는 것은 큼직큼직한 건물이나 동상이 많다는 점이다. 하늘을 찌를 듯이 높이 서 있는 주체사상탑이나 천리마동상과 같은 동상, 인민대학습당, 인민문화궁전 같은 건물, 평양산원이나 류경호텔 같은 건물들도 한결같이 크다는 것을 느낄 수 있다. 북한 문화예술 작품에서도 건물만큼이나 큰 대작들이 많이 있다.

대작이라 함은 단순히 대규모 작품만을 의미하지는 않는다. 외적인 규모와 함께 미적 가치를 동반한 작품을 대작으로 인정한다. 북한 문화예술 작품 가운데는 방대한 규모와 장기적인 기획에 따라 창작된 대작이 많다. 내용이야 북한의 기준에 따라 판단하는 것이라고 하더라도 형식에서 엄청난 크기의 조각이나 기념비, 방대한 분량의 연작물, 대규모 공연 작품들이 많다.

이러한 대형 작품을 창작할 수 있는 조직체계도 대규모이다. 기념비적 조각을 담당하는 것은 만수대창작사인데, 만수대창작사는 1959년 11월에 창립된 북한의 대표적인 창작단이다. 만수대창작사에는 조선화창작단, 공예창작단, 산업미술창작단, 조각미술창작단, 영화미술창작단, 동상 및 석고 창작단, 벽화창작단 등 미술과 관련된 분야를 망라한 10여 개의 창작단에 분야별로 북한을 대표하는 인민예술가, 공훈예술가 1천여 명이 종사하고 있다. 각 창작단에는 10명, 20명 단위의 60여 개의 창작실이 있어 이곳에서 창작이 이루어지고 있다.

문학에서는 김일성 수령의 일대기를 소설로 옮긴 총서 '불멸의 역사', 김정일 국방위원장의 일대기를 그린 총서 '불멸의 향도' 시리즈물이 있으며, 대집단체조와 예술공연 등이 대표적인 예라고 할 수 있다. 1975년부터 발표되기 시작한 '불멸의 역사총서'는 한 편 한 편이 주요 사건을 중심으로 집필된 독립적인 작품으로 장편만 해도 수십 편에 달한다. 영화에서는 100부를 목표로 창작되고 있는 '민족과 운명'을 비롯한 다부작 영화, 건축의 대기념비나 대건축물, 공연예술에서는

〈사진 12-11〉 10만 명이 출연하여 기네스북에도 오른 대집단체조와 예술공연 〈아리랑〉

수천 명이 참여하는 음악무용서사시나 집단체조 등은 집단적 동원 없이는 불가능한 대작들이다.

대작이 가능한 것도 국가에서 통제하기에 국가의 승인을 받은 작품에 대해서는 국가적 배려가 뒷받침되기 때문에 예산이나 상업적인 측면을 고려하지 않아도 되기 때문이다.

5. 민족문화예술

북한 문학예술의 특징 가운데 하나가 민족적인 색채의 예술이 많다는 점이다. 북한의 민족문화정책은 정권수립기에는 일제의 잔재청산과 북한정권의 정당성 확보 차원에서 시작되었으며, 유일 체제확립기에는 민족역사와 혁명역사가 일체화되면서 민족역사의 정통성은 항일무장 투쟁혁명의 정통성으로 대치되었고, 1980년대 중반 이후에는 북한 존립의 방향으로 '조선민족제일주의'로 부각된 이후 여타 사회주의 국가와의 차별성을 강조하는 핵심이론으로 전개되고 있다.

1995년의 국립민족예술단으로 개칭과 함께, 민족가극 〈춘향전〉 창작 공연, 민요 현대화와 보급을 위한 전자음악단을 창단인 왕재산경음악단 창단, 국악기 개량사업 전개, 조선화 형식의 정립 및 조선보석화·조선수예의 발전, 민족교예 형식의 개발 등을 꼽을 수 있다. 각 장르별로 이를 살펴보면 다음과 같다.

1) 음악: 민족악기 개량, 조선식 전자음악

북한은 조선민족제일주의의 확산과 더불어 민족예술에 대한 관심을 통해 민족적 요소를 바탕으로 한 민족예술 창작에 힘을 기울여 왔다. 민족예술 장르로 가장 활발하게 현대화된 장르는 음악이다. 음악은 민족적 요소가 가장 강한 부문으로 어떤 분야보다 민족적 특성이 강한 장르이기 때문이다. 민족악기 개량사업의 직접적인 계기가 된 것은 '전후복구 건설시기'인 1950년대 후반으로 "우리 음악을 현대화하기 위하여서는 악기를 더욱 발전시키는 문제도 고려하여야 합니다"라는 김일성의 교시 이후부터 시작되었다. 1970년대에 들면서 민족악기 개량사업은 김정일의 주도로 다시 본격적으로 진행되었다. 국악기 개량사업은 단순한 음악계의 문제를 넘어 '수령의 주체적인 문예사상을 구현한 당의 방침'으로 추진되었다.

민족악기 개량사업으로 제시된 원칙은 '민족악기의 고유한 특성을 보존하면서 현대적 성격에 맞게 하는 것'으로 '서양악기와 같이 앙상블을 할 수 있게' 한다는 방향이 제시되었다. 이에 따라 키와 밸브를 부착하고 선을 늘이는 방법으로 관현악 연주가 가능하도록 개량되었다. 이 원칙에 따라 전통의 5음계 국악기를 서양음계에 맞추어 개량하여 옥류금, 태평소, 대금, 단소, 가야금, 양금 등의 악기가 개량되었다.

〈사진 12-12〉 김원균명칭 평양음악대학 민족기악과 학생들

개량된 악기들은 음역이 넓어지고 기존의 국악기로는 표현하지 못했던 연주가 가능해졌고, 악기 개량사업이 진행되면서 이를 현장에 적용하기 위한 연주법 개발이 독려되어 개량한 민족악기와 양악기를 배합시킨 연주형식인 배합관현악은 만수대예술단이 창안하였다.

악기 개량과 함께 민요에 대한 발굴과 현대화 작업이 추진되었다. 김정일은 민요야말로 "인민의 고유한 민족적 정서와 생활감정에 맞는 참다운 인민의 노래"라고 하면서 민요 발굴과 연구사업을 강조하였다. 북한의 민요 발굴은 서도민요를 중심에 두고 진행되었다.

반면 전통의 판소리와 남도민요는 배척되었다. 판소리와 남도민요가 배척되는 것은 북한에서 선호하는 음색이 아니기 때문이다. 북한 주민들이 밝고 건강한 사회에 살고 있는 만큼 소리도 맑고 유순한 음색을 갖고 있다고 주장한다. 그런데 판소리와 남도민요는 일명 쌕소리인 탁성으로 불려진다는 이유에서 환영받지 못하였다. 민요 발굴의 결과로 상당수의 민요가 발굴되었으며, 이를 현대화된 인민의 정서에 맞는 작품으로 재창작되었다.

현대음악에서의 민요의 계승은 민요 선율에 기초를 둔 가요의 창작

〈사진 12-13〉 개량 민족악기 전시관

과 전자음악을 활용한 '우리식 전자음악'으로 확대되었다. '우리식 전자음악'이란 1980년대 중반까지 퇴폐적인 음악으로 치부하였던 전자음악을 수용하면서 민족적 특색을 살렸다고 평가하고 북한의 전자음악을 자본주의의 전자음악과 구분하기 위하여 붙인 용어이다. '우리식 전자음악'은 민족 고유의 선율을 부각시키면서 장단을 활용한 음악, 다시 말해 현대장단과 민족장단을 적절히 배합한 음악이다. 이는 김정일이 "양악기를 조선음악에 복종시키는 것은 민족음악건설의 원칙이며, 이것은 우리 인민의 지향에도 맞는 것"이며, "전자악기를 가지고 우리 인민의 취미와 정서에 맞게 우리 식으로 음악을 창조하고 발전시키는 것은 전자악기를 받아들이고 발전시키는 데서 견지해야 할 원칙"에 따른 민족음악이다.

2) 미술: 조선화

미술 분야에서는 민족예술의 전통을 재현하였다고 하는 조선화를 중심으로 조선화의 원리를 각 분야에서 접목할 것이 강조된다. 북한 미술의 기본 방향은 1966년 10월 16일 김일성의 교시 「우리의 미술을 민족적형식에 사회주의적내용을 담은 혁명적미술로 발전시키자」에서 미술에서의 주체성 확립과 고유한 미술 형식의 발전을 강조한 이래 조선화의 개념이 정립되었다. 이 교시에서 조선화를 '오랜 세월을 두고 조선인민들의 생활과 사상 감정을 반영하고 인민의 창조적 재능에 의하여 창조 발전된 전통적인 민족회화'로 개념을 규정하면서, 조선화를 북한 미술창작의 중심으로 할 것을 분명히 하였다.

조선화가 오랜 세월을 두고 창조발전한 민족회화라는 개념에서 북한이 말하는 전통은 전통미술 전반이 아닌 선별적 수용을 의미한다. 특히 높게 평가하는 것은 전통회화 가운데 4, 7세기에 제작된 고분벽화와 안견, 김홍도를 비롯한 몇몇 화가들의 작품이다. 이외에 불교와 관련된 미술이나 조선시대의 미술에 대해서는 착취와 피착취 계급의 산물이라고 하여 부정적인 자세를 보이고 있다. 이러한 입장에 따라서 조선화는 전통회화의 장점을 살리면서 차별화된 고유의 양식을 인정받게 되었다.

조선화는 전통적인 동양화와는 달리 원색 위주이며, 형태감이 분명

〈사진 12-14〉
조선화 〈샘물터에서〉

하다는 점에서 차이를 보인다. 오늘날 북한 미술의 과제는 조선화의 형식적 특성과 화법적 특성 등을 시대의 요구에 따라 발전시키는 데 있을 만큼 조선화는 모든 미술의 중심에 놓여 있다. 조선화의 개념이 정립된 이후 고구려 벽화 원리를 응용하였다고 하는 조선보석화 양

〈사진 12-15〉 미술 소묘 장면

식이 계발되었으며, 미술의 한 영역으로서 조선수예 등이 강조되었다. 특히 북한의 수예는 공업의 한 분야이면서 예술성이 높은 분야로 주목받고 있다. 북한의 수예를 대표하는 연구소는 평양수예연구소이다. 평양수예연구소는 북한의 대표적인 공예미술 창작연구소로서 1947년 5월 9일 김정숙이 창설한 '수예연구소'를 모태로 출발한다. 1948년 2월 1일 '중앙수예연구소'로, 1958년 3월 25일 문화성 직속의 '국립수예연구소'로 이름을 바꾸었다가 다시 경공업성 직속의 '평양수예연구소'로 개편되는 등 수차에 걸쳐 개편되었다. 평양수예연구소는 미술실·순수예실·기계수예실 등의 창작실에는 주로 주부들로서 600여 명의 종업원이 있다. 종업원들은 창작도안가, 손수예가, 기계수예가로 나누어진다.

3) 민속무용

북한에서 무용은 민족적인 색채가 가장 강한 장르의 하나로 인식한다. 북한에서 정의한 무용은 '사람들의 률동적인 움직임을 기본 수단으로 하여 사회 현실과 사상 감정을 표현하는 예술의 한 형태'이다. 북한에서 무용은 동작과 움직임 못지않게 내용을 중요시하는데 북한

의 무용은 혁명적인 소재를 중심으로 한 혁명무용과 민족적인 요소를
강조한 민속무용으로 크게 구분할 수 있다. 그러나 이러한 구분은 상
대적인 개념으로 민속무용이라고 하여도 정치적인 내용이 배제되지
는 않는다.

〈사진 12-16〉
조선화 〈쟁강춤〉

북한의 민속무용에서 전통적 소재의 취사선택의 기준은 김정일의 가치관과 미학에 근거한다. 김정일은 1975년 10월의 담화를 통해서 「무녀춤」을 복고주의의 소산이라고 비판하면서 '복고주의를 반대하는 것은 사회주의적 민족 문화예술을 발전시키는 데서 우리 당이 견지하는 기본 방침의 하나'임을 선언하였다. 복고주의란 사회주의 건설에 맞도록 비판 없이 과거의 예술, 즉 봉건주의적인 잔재를 그대로 따라가는 예술로 규정한다. 민속무용은 언제나 복고주의 함정에 빠질 가능성이 있기 때문에 좀 더 좋은 소재를 발굴하고 현대화할 수 있도록 연구하고 노력해야 한다고 강조한다.

전통적 소재를 발굴하여 현대화한 무용작품으로는 〈손북춤〉을 비롯하여, 〈목동과 처녀〉, 〈오월단오〉, 〈흥겨운 새납소리〉 등이 있다. 이외에도 〈북춤〉과 〈무사춤〉, 〈도라지〉, 〈쟁강춤〉, 〈상모춤〉, 〈돈돌라리〉, 〈달맞이〉 등의 작품들도 과거의 소재에도 불구하고 봉건적 색채에 현혹되지 않은 작품으로 높은 평가를 받고 있다. 이렇게 높은 평가를 받을 수 있었던 것은 작품 속에 주체사상의 혁명적인 세계관이 뒷받침되었다는 평가가 있었기 때문이다.

4) 민족가극

북한의 가극은 1970년대에 완성된 혁명가극 〈피바다〉를 전형으로 한 이른바 '피바다식 혁명가극'이 중심을 이루고 있으나 1990년대로 들면서 민족적인 소재를 발굴하여 가극화한 '민족가극'이 등장하여 혁명가극과 함께 북한가극의 중심을 이루고 있다. 민족가극의 기본적인 틀은 피바다식 혁명가극이지만 여기에 민족적인 요소를 도입하여 응용함으로써 내용적인 면에서 차별된다.

민족가극의 출발이 된 작품은 1988년에 공연된 고전소설을 각색한 민족가극 〈춘향전〉이다. 북한은 광복 직후인 1947년부터 조선고전음악연구소를 창립하면서 전통음악에 대해 연구하였다. 그러나 1950년 대 들면서 판소리에 대한 부정적인 평가가 이루어지면서 쇠퇴하였다. '판소리는 양반들이 갓 쓰고 당나귀타고 다니던 시절에 술이나 마시고 흥얼거리던 것으로서 현대의 정서와는 맞지 않는다고 평가하였다. 이런 평가에도 불구하고 북한에서도 1960년대 중반까지는 전통 판소리를 중심으로 극적인 양식을 살려 대화로 부르는 창극이 활발하게 공연되었지만 이후는 거의 공연되지 않았다. 대신 판소리를 배제하면서 서도민요를 중심으로 한 민요가 보급되었고, 〈춘향전〉 사설의 한자도 보통 사람들이 알기 어렵다는 이유로 한자말도 사라졌다. 이후 1980년대 전통에 대한 재평가가 이루어지면서 민족가극 형식도 부활되었고, 첫 작품으로 민족가극 〈춘향전〉이 만들어진 것이다. 1998년에 창작된 민족가극 〈춘향전〉도 1964년의 창극에 기초를 둔 것이다.

〈사진 12-17〉 민족가극 〈춘향전〉 종합총보

이후 1993년에 민족가극 〈심청전〉이, 1995년에 민족가극 〈박씨부인전〉 등이 연속 발표되면서 민족가극이 북한 가극의 새로운 중심으로 떠올랐다.

민족가극의 첫 출발로 〈춘향전〉이 선택된 것은 〈춘향전〉에 대한 부정적인 평가가 바뀌었기 때문이다. 1970년대까지 〈춘향전〉은 우수한 작품이지만 시대적 한계를 가진 작품으로 평가되었다가 다시 봉건사회의 신분적 제약에 반대하는 남녀 간의 사랑을 통하여 조선조 봉건사회의 부패상과 관료들의 전횡을 폭로하고 비판한 우수한 작품으로 평가가 바뀌었다. 이후 1988년 12월 19일 평양예술단(현 국립민족예술단)에게 〈춘향전〉의 가극 창작을 지시하면서 민족가극이라는 장르가 탄생하게 되었다. 창작사업의 주된 원칙은 당의 문예사상에 입각하여 시대의 요구에 맞게 빈부의 차이와 신분적인 귀천이 존재하는 신분제도의 모순과 불합리성을 보여주는 것이었다.

그러나 원작의 내용을 전면적으로 수정한 것이 아니라 강조하는 점이 달라진 것으로 원작의 내용에서 크게 벗어나지는 않는다. 특징적인 것은 가극의 특성을 살리기 위하여 절가, 방창, 민족악기를 위주로 한 배경음악 등을 사용하였다. 이런 점에서 외형적으로는 1930년대 판소리를 무대화한 '창극'과 유사하지만, 북한식 창법인 주체창법을 활용한 주제곡과 무용의 적극적인 활용과 단소, 대금 등의 개량악기와 플루트, 클라리넷, 신디사이저 등의 현대악기를 이용한 배합관현악을 이용한 점에서 차이가 있다. 민족가극 〈춘향전〉의 성공에 이어 민족가극 〈심청전〉을 비롯한 여러 편의 민족가극이 만들어졌다. 주요 작품으로는 〈박씨부인전〉, 〈고구려사람들〉, 〈밀림아 이야기하라〉, 〈금강산의 노래〉 등이 속속 만들어졌다.

5) 민족교예

교예는 서커스에 대한 북한식 표현이다. 구태여 교예라고 구분하는 것은 자본주의 서커스가 말초적인 신경을 자극하는 것이라면 교예는 인민들의 체육 문화적 교양 기능을 담당하는 당당한 예술형식으로 보고 있기 때문이다. 민족주의가 강조되면서 교예에서도 민족적인 요소를 도입한 이른바 '사회주의적 민족교예'가 강조되었다.

민족교예란 민족적 특색이 있는 교예로서 널뛰기, 밧줄타기, 말타기 등의 민속놀이를 교예의 종목으로 받아들여 변형시킨 것을 말한다. 북한은 민족교예가 오랜 기원을 가지고 있을 뿐 아니라 그 종류도 다양하며 수준도 매우 높다고 평가하고 있다. 그 근거로 고구려 때 말을 타면서 재주를 보인 〈마상제〉와 공 위에 올라가서 공을 굴리면서 춤을 추는 〈호선무〉, 신라의 최치원이 쓴 〈향약잡영〉에 여러 가지 탈놀이들과 함께 공 다루는 재주인 〈금환〉, 〈월전〉이라는 사회풍자적인 교예사이극, 백제 때의 겨누기나 창다루기, 고려 때의 작다차기(참대를 공중 틀에 가로 놓고 그 위에서 높은 기교로 재주를 부리며 걸어다니는

〈사진 12-18〉 북한을 대표하는 교예단인 평양교예단

중심교예), 밧줄타기 등을 예로 들고 있다. 민족교예 종목으로는 〈공중날기〉, 〈널뛰기교예〉, 〈3인그네조형〉, 〈2중그네〉, 〈밧줄타기〉 등의 체력교예와 〈도사의 묘술〉, 〈탈놀이〉 등의 요술이 있다.

6. 문예단체

북한에는 아마추어 예술인들이 활동하는 예술소조활동과 지방문예단체들이 있기는 하지만 이들 지방단체들의 역할과 활동은 중앙문예단체들과는 현격한 차이를 보이며, 인민배우나 공훈배우 등의 비중 있는 예술인들은 대부분 중앙문예 단체에 소속되어 있다.

북한의 중앙단위 문예 단체로는 문학에서 4·15문학창작단을 비롯하여 여러 공연예술 단체들이 있다. 이들 예술단체들의 특징은 전문분야가 구별되어 있지 않은 종합공연 예술 단체로서 음악, 무용 등의 어느 분야라도 창작공연이 가능하다. 다만 소속기관이나 공연 분야에서 차이가 있다. 즉, 다양한 공연이 가능하도록 각 단체별로 행정과 창작으로 조직이 구분되어 있으며, 각 장르의 예술인들이 소속되어 있어 종합공연이 많은 북한 문예물 창작 공연이 가능하도록 구성되어 있다.

문학에서는 4·15문학창작단이 중심이다. 4·15문학창작단은 북한 문학예술 창작의 전초기지이자, 수령형상문예물 전문창작단으로 수령형상문학 창작과 북한 문학예술의 방향을 이끄는 단체이다. 행정체계상으로는 조선작가동맹중앙위원회 산하 단체로서 소설가, 시인, 희곡작가 등으로 구성되어 있다. 구성인원에 대해서는 십수 명이라는 견해와 수십 명이라는 견해가 있다. 현재 단장은 불멸의 역사총서 작가이며, 소설가인 김정이 맡고 있으며, 이전까지 현재 북한 문화예술을 총괄하는 문화상 강능수가 단장을 맡았었다.

음악에서는 클래식 음악을 전문으로 하는 조선국립교향악단과 전자음악을 전문으로 연주하는 보천보전자악단과 왕재산경음악단이 있다. 서울에서 공연하기도 했던 조선국립교향악단은 북한의 자존심으로 불리는 클래식 음악단이다. 보천보전자악단과 왕재산경음악단은 경음악, 전자음악을 주로 연주하는 단체로서 가장 많이 알려진 북한 가요인 휘파람의 전혜영과 김광숙 등 인기 배우들이 소속되어 있다. 1980년대 선풍적인 인기를 모았으나 최근에는 활동이 거의 중단된 상황이어서 일분에서는 보천보전자악단이 실질적으로 해체되었다는 이야기도 나오고 있으나 실상은 파악되지 않고 있다.

미술에서는 만수대창작사가 있다. 만수대창작사는 북한 최대, 최고의 미술창작단체로 산하에 북한의 대기념비 제작을 비롯한 북한 미술의 핵심단체로 조선화, 유화, 선전화, 조각, 공예를 비롯한 10개의 분야별 창작단이 조직되어 있다. 북한의 주요 기념물이나 대형 선전탑, 대기념비 등을 제작하는 미술창작 단체이다. 최근에는 해외에서 대형

〈사진 12-19〉 평양교예단의 민족교예 〈공중날기〉

조각성을 제작하기도 한다.

연극에서는 국립연극단이 있다. 국립연극단은 해방 이후 북한 연극을 주도한 단체로서 특히 문예혁명기에 김일성 주석이 창작하였다고 하는 〈성황당〉을 혁명연극으로 성공적으로 연출한 단체이다. 북한에서 이루어지는 모든 연극은 〈성황당〉의 창작 방식을 따르기 때문에 '성황당식 혁명연극'이라고 부른다.

북한의 대표적 공연예술인 가극(북한식 오페라)에서는 피바다가극단과 국립민족예술단을 꼽았다. 피바다가극단은 혁명가극 〈피바다〉를 창조함으로써 이른바 '피바다식 혁명가극'의 전형을 창조한 단체이다. 국립민족예술단은 전신인 평양예술단 시절 북한 가극의 새로운 전형인 민족가극 〈춘향전〉을 창작함으로써 북한 민족가극의 전형을 마련한 공연예술 단체이다.

무용에서는 만수대예술단과 조선인민군협주단이 대표적이다. 1946년에 발족한 평양가무단을 모체로 하는 만수대예술단은 대표적 공연물인 혁명가극 〈꽃파는 처녀〉가 있지만 〈락원의 노래〉와 같은 음악무용 이야기나 〈조국의 진달래〉, 〈눈이 내린다〉와 같은 무용 분야에서 두드러진 활약을 보인 단체이다.

조선인민군협주단은 보안간부 훈련대대부협주단으로 창립되었다가 1948년 조선인민군협주단으로 확정된 이후 1970년대 들면서 조선인민군연극단 등을 흡수하여 종합예술단체로 면모를 갖추게 되었다. 5대 혁명가극의 하나인

〈사진 12-20〉 북한의 대표적인 도예가 우치선의 밀랍인형

〈당의 참된 딸〉을 창작하면서 공연활동 분야를 넓혀 가극을 비롯한 다양한 분야에서 활동하였는데, 군무나 무용소품 작품이 많다.

　　영화에서는 조선예술영화촬영소, 조선4·25예술영화촬영소(구 2·8 예술영화촬영소), 조선4·26아동영화촬영소(구 조선과학교육영화촬영소) 를 꼽았다. 조선예술영화촬영소는 총부지 면적 100만m², 야외촬영기

〈사진 12-21〉 조선예술영화촬영소 세트장

지 70만m² 규모의 북한의 대표적인 영화촬영소로 주로 1949년 북한 최초의 예술영화인 〈내고향〉 제작 이래 김일성 주석을 소재로 한 예술영화 전문 제작단이다. 조선4·25예술영화촬영소는 북한군 소속 영화촬영소이다. 원래는 인민군 창설일인 2월 8일을 따서 2·8예술영화촬영소라고 하였는데, 북한의 인민군창설일이 4월 25일로 바뀌면서 촬영소 이름도 현재와 같이 되었다. 1987년 제1회 평양비동맹영화축전에서 최우수 작품상을 수상한 〈도라지꽃〉이 대표적인 작품이다. 군과 관련된 영화만을 전문으로 창작하다가 1980년대를 전후하여 일반 예술영화도 창작하고 있다.

조선4·26아동영화촬영소는 아동영화전문창작단으로 북한 만화영화의 산실로 1957년에 창립된 단체이다. 북한에서 제작되는 만화영화의 대부분이 여기서 만들어 진다. 연출가, 미술가, 원도가(原圖家) 등 1천여 명의 인원으로 구성되어 있다. 2006년을 전후하여서는 만화영화 제작에도 컴퓨터 활용이 크게 늘어나 배경 처리나 배색에서 컴퓨터를 활용하고 있다. 겨울방학이 되면 아동영화 특별 상영을 실시하기도 하는데, 매일 수백 명의 학생들이 찾아올 정도로 인기가 높다. 북한의 만화영화 제작 수준은 상당히 높아 1980년대 중반부터 프랑스와 이탈리아로부터 원화 제작 및 채색작업에 대한 물량을 수주받아 외화벌이를 하고 있는 것으로 알려져 있다. 북한에서 가장 인기가 높은 〈소년장수〉, 〈령리한 너구리〉 등이 이곳에서 제작되었다.

교예에서는 평양교예단이 있다. 북한에서는 서커스 대신 기교예술의 줄임말로 교예를 적극 권장하고 있다. 북한의 교예는 신체를 이용한 체력교예를 중심으로 요술, 막간극(사이극)으로 구분된다. 평양교예단은 세계 교예대회에서 여러 차례 수상하였으며, 국제공연을 통해 세계적인 명성을 얻고 있는 교예단체이다.

이외의 단체로는 방송예술단, 국립인형극단, 국립희극극단 등의 단체가 있다. 국립인형극단이나 국립희극극단은 1990년대 들면서 신설된 단체로서 혁명문화예술의 경직성에서 탈피하여 인민들의 흥미를 얻을 수 있는 효과적인 선전선동활동을 목적으로 창작된 단체들이다.

〈사진 12-22〉 모란봉악단 시범공연장의 김정은과 리설주

13장 여가문화

1. 노동과 여가

1) 여가활동

북한에서 개인적인 여가활동은 법적으로 보장되어 있지만 추가 노력동원과 회의, 학습 등의 시간이 많다. 일반적으로 북한의 직장은 오전 8시부터 오후 6시에 기본 일과가 끝난다. 하루 일과가 시작되기 전 30분간 《로동신문》 사설이나 당의 지시문을 읽는 독보회가 열리며, 기본 일과가 끝나면 1시간 정도 그날의 작업성과를 평가하는 '작업총화'와 학습회에 참석해야 한다.

'총화'는 북한에서는 노동생활의 성과를 평가는 활동으로 일상화되어 있다. 일간 단위로 하는 일간총화, 주간 단위로 하는 주간총화, 월간 단위로 하는 월간총화, 한 해를 마무리하는 연간총화가 있다. 총화시간에는 사업 진행 결과를 분석하고 반성하며, '학습회'에서는 당 정책이나 김일성의 교시나 덕성에 대한 학습이나 노작 학습이 이루어진다.

이외에도 필요에 따라 사상검토회, 작업반 및 소조회 등이 소집된다. 농촌에서는 작업에 앞서 조회를 한 후 작업에 할당된 작업량에 따라서 출근 전 작업을 하고, 작업이 끝나고 나면 작업총화를 하고 각종 회의와 학습에 참가해야 한다. 한 해가 끝나고 나면 송년회를 하기도 하는데, 북한의 송년회는 1990년대 초 '술놀이 문화를 금지'하라는 지시에 따라서 조용하게 가까운 사람들끼리 맥주 등의 술과 음료를 준비하여 이야기를 나누는 정도이다. 특히 경제적으로 많이 어려진 이후로는 더욱 축소되었다.

상대적으로 여가 시간은 많지 않으며, 여가활동 역시 개인보다는 집단적으로 이루어지는 경우가 많다. 북한 인민들의 문화는 집단적 성격이 강하여 집단적으로 문화생활을 하는 경우가 많은데, 직장이나 지역단위, 협동조합, 학교 등에는 각종의 군중문화회관 혹은 군중문화오락실이 있어서 여기에서 민속춤(포크 댄스)이나 탁구시합·장기 등을 즐긴다.

북한 주민들이 쉽게 즐기는 오락은 장기, 주패놀이, 윷놀이 등이며, 평양 등의 주요 도시에서는 청소년을 대상으로 한 전자오락실도 운영 중인 것으로 알려져 있으나 일반적인 현상은 아니다. 이외에도 낚시, 등산, 사냥 등을 즐기는 계층도 일부 있으며, 최근에는 평양을 중심으로 애완견 키우기가 유행하고 있다.

〈사진 13-1〉 장기 두는 북한의 노인들. 텔레비죤 토막극 〈흥취 끝에〉 중에서

모처럼 여가시간이 나면 즐기기보다는 휴식을 취하거나 밀린 일을 하거나 집안에서 휴식을 취하면서 텔레비전을 보면서 지내는 것이 일반적이다. 특히 여성들에게는 그동안 밀린 빨래나 연탄을 찍거나 집안을 보수하는 등의 밀린 집안일을 하는 경우가 대부

분이다. 북한 주민이 가장 많이 보는 방송은 조선중앙TV 방송으로 평일의 경우 오후 5시부터 오후 10시 30분까지 방영된다. 주요 내용물은 시간대에 따라서 달라지는데, 오후 5시부터 7시까지는 첫 뉴스로 시작하여 주로 교양·사회·문화 프로그램을 방영하며, 오후 7시부터 9시까지는 간추린 뉴스와 김정일 관련 방송물이나 영화를, 9시부터는 종합 뉴스와 연속극을 보낸다. 1999년 10월 10일부터는 위성중계를 시행하고 있다.

2) 오락

북한 주민들의 여가활동이나 오락은 2000년 이후 크게 늘어나고 다양해졌다. 북한 주민들의 여가활동 다양화는 무엇보다 고난의 행군을 비롯하여 어려운 경제상황을 겪으면서 지친 마음을 풀어주면서도 정치적인 선전효과를 얻기 위한 조치로 보인다. 여가활동의 내용도 정치적인 것에서 오락성 중심으로 변화되고 있다. 눈에 띄는 것으로는 이른바 소비적인 오락으로 불리던 낚시와 바둑 등의 활성화이다. 북한에서는 자연보호연맹 산하에 전국 규모의 '낚시질애호가협회'가 구성되어 있어 회원들로부터 회비를 받고 회원증을 발급한다. 2002년부터는 전국낚시대회를 개최하기 시작하였는데, 전국낚시대회는 전국 각 시·도에서 예선을 거친 선수들이 참가하여 대동강에서 결선을 치른다. 낚시에 대한 관심을 반영하듯이 대동강구역에는 낚시 전문점이 등장하기도 하였다.

노래방이나 맥주점도 크게 늘었다. 노래방의 경우 고려호텔이나 양각도호텔 등의 평양 시내 주요 호텔과 옥류관을 비롯한 대형음식점, 청년중앙회관 등에 노래방이 들어서서 주민들로부터 큰 인기를 얻고 있다. 호프점도 평양 시내 여러 곳에 생겨나 퇴근길에 맥주 한 잔 하려는 직장인들로 붐비고 있다.

〈사진 13-2〉 노래방인 화면가요반주기 안내판

또한 2000년을 전후해서는 당구와 포켓볼이 유행하고 있다고 한다. 평양의 광복거리나 통일거리 등에 당구장이 10곳 있으며, 주요 도시의 호텔이나 외국인이 이용하는 곳에서는 당구대가 설치되어 있다는데, 젊은이들 사이에서 큰 인기를 끌고 있다고 한다.[1] 청소년들 사이에는 컴퓨터 오락이 인기를 모으고 있다. 인민대학습당, 학생소년궁전, 청소년회관, 청년중앙회관 등에 설치된 컴퓨터 오락장은 청소년들로부터 큰 인기를 얻고 있다.

북한 주민들의 문화생활도 점차 다양해지고 있다. 김정은 시대에 들어서는 롤러블레이드장과 유희장 등이 평양을 중심으로 대대적으로 건설되면서 유희장을 즐기는 시민도 크게 늘어났다.

3) 피서와 해수욕장

여름에는 직장단위별로 바다나 산으로 피서를 가는 경우가 있는데 숙박시설이 충분히 갖추어져 있지 않기 때문에 대휴(代休)나 주말을 이용해 당일 코스로 다녀오는 경우가 많다.

해수욕장은 동해안을 중심으로 유명한 곳이 많다. 북한 동해안의

---

1) ≪연합뉴스≫, 2004년 5월 31일.

해수욕장은 모래밭이 발달되었으며, 해안선 가까운 숲이 많아 경치가 좋다. 강원도 원산의 명사십리와 송도원, 송전, 함경남도의 마전, 함경북도의 용현, 남포의 와우도, 황해남도의 몽금포 등이 있다.

원산의 명사십리는 강원도 원산시 동남쪽 갈마반도에 위치한 길이 4km의 해변이다. 북한에서는 천연기념물로 지정돼 있다. 명사십리의 명은 울 명(鳴)자로, 명사십리 해변은 모래알이 곱고 가늘어서 밟으면 '삑! 삑!' 하는 소리가 난다. 동해안에서도 모래가 아주 고운 곳에서 이런 소리가 난다. 명사십리 해변에는 해변 가까이에 우거진 송림이 있어 해수욕장으로는 천혜의 조건을 갖추고 있으며, 낮보다는 저녁노을이 질 무렵과 달밤의 풍경이 아름답기로 이름난 곳이다.

마전유원지는 함경남도 함흥시 흥남구역 마전동에 위치하고 있는 해수욕장을 겸한 휴양지, 유원지이다. 1986년 3월에 현대적 시설을 갖춘 유원지로 재건되었는데, 동해안을 따라 길이 6km, 폭 50~100m의 백사장을 갖추고 있다. 일반해수욕장 지구, 서호학생해수욕장 지구, 소년단야영소 지구, 야간 정양소, 휴양소 지구 등으로 나누어져 있다. 서호학생해수욕장은 수심이 1m를 넘지 않아 어린이들이 안심하고 이용할 수 있다. 주변에는 소나무 숲이 우거져 있어 경관이 아름답고, 배구장을 비롯한 운동시설과 그네터, 널뛰기터도 있고, 유람선 시설도 있다.

동해안의 해수욕장은 많이 알려져 있으나 북한의 서해안 해수욕장

〈사진 13-3〉 평양 문수물놀이장의 해당화 맥주집

가운데서도 몽금포해수욕장과 룡수포해수욕장, 진강포해수욕장은 서해에서 손꼽히는 해수욕장이다.

몽금포는 황해남도 룡연군에 위치한 서해안의 대표적인 해수욕장으로 대표적인 서도 민요인 〈몽금포타령〉의 본고장이다. 몽금포해수욕장은 황금모래로 불리는 8km의 백사장과 푸른 소나무 숲과 해당화 숲이 있다. 몽금포해수욕장의 황금모래는 약 4~9억 년 전에 생긴 붉고 흰 기암이 오랜 세월 부서져서 만들어진 것으로 15~20m 높이의 사구(모래 언덕)가 50여 개에 이른다. 몽금포에는 기암괴석들도 산재해 있는데 오차바위, 코끼리바위, 승선봉 등이 대표적인 것들이다.

룡수포해수욕장은 황해남도 과일군에 있는 해수욕장인데, 과일군은 지명에서 알 수 있듯이 대규모 사과과수원이 있는 곳이다. 북한에서는 최남단에 속하는 곳으로 대규모 군사시설이 있는 곳이기도 하다. 이곳 룡수포해수욕장은 10리에 걸친 백사장과 바닥이 들여다보일 정도로 물이 맑고, 수심이 완만하며, 모래와 자갈이 고르게 깔려 있으며, 파도가 높지 않아 해수욕을 즐기기에는 최적의 장소로 꼽힌다.

진강포해수욕장은 황해남도 과일군에 위치하고 있는 해수욕장으로 평양주민이 주로 이용한다. 황해남도는 1960년대 행정구역을 전면 개편하면서 황해도를 황해남도와 북도로 나누었다. 과일군은 대규모 과일협동농장이 있어서 붙여진 이름인데, 사과가 유명하다. 진강포해수욕장은 매년 7월부터 9월까지 열리는데, 일요일에 한해 운영된다. 평양주민들의 편의를 위해 일요일 아침 6시에 전용열차와 대형버스들도 운행된다.

2. 야외활동과 유원지

1) 야외활동

계절의 변화를 즐기는 것은 민족고유의 풍습으로 북한에서도 계절이 변하면 야외활동을 한다. 역사 기록을 보면 봄이 오면 야유회를 하거나 들판으로 나가서 계절이 바뀌는 것을 피부로 체험하였다. 조선시대 가요 가운데 부녀자들이 불렀던 〈화전가(花煎歌)〉라는 민요가 있다. '화전가'는 꽃을 따서 전을 부쳐 먹으면서 부르는 노래이다. 사계절을 가진 민족으로서 계절의 변화에 반응하는 것은 오랜 민족적 체험이라고 생각한다.

평양 시민들도 4월 명절과 5·1(국제노동자절)이 되면 가족들끼리 먹을 것을 준비해 평양 모란봉이나 만경대, 대성산유원지로 소풍간다. 대동강변에는 많은 나무들이 심어져 있어서 가족나들이와 연인들의 데이트 장소로 애용된다. '수도의 정원'으로 불리는 모란봉공원, 유희시설을 갖춘 청년공원, 아동공원 등도 평양 주민들이 많이 찾는 곳이다.

모란봉으로 향하는 길에는 살구꽃이 많이 피어 특히 봄 풍경이 이채롭다. 데이트하는 젊은이들, 가족끼리 소풍 나온 사람들로 많이 붐비는데, 노동절인 5·1절에는 평양유원지 어디에 가도 사람들로 북적인다. 모란봉 기슭에는 자리가 없어 길바닥에까지 돗자리를 편다.

남쪽에서는 벚꽃축제를 비롯하여 산수유축제도 있고, 매화축제가 열리는데, 북한의 봄꽃으로는 회령의 살구꽃이 유명하다. 살구과수원이 많은 회령에 살구꽃이 필 때면 꽃천지를 이룬다고 한다. 한반도 최북단 지역인 회령의 회령백살구와 온성백

〈사진 13-5〉 유희장의 신혼부부

살구는 함경북도를 대표하는 특산물로 다른 지역 백살구에 비해 신맛
이 적은 대신 단맛은 많으며 또한 빛깔도 곱고 향기가 좋아 인기가
높다.

4월 명절과 5·1(국제노동자절) 같은 공휴일이나 명절이 되면 가족들
끼리 먹을 것을 준비해 평양 모란봉이나 만경대, 대성산유원지를 많
이 찾는다. 대동강변에는 많은 나무들이 심어져 있어서 가족나들이와
연인들의 데이트 장소로 애용되며 모란봉으로 향하는 길에 살구꽃이
많이 피어 있어 풍경이 이채롭다. 평양시의 주요 유원지로 대성산유
원지, 쑥섬유원지, 능라도휴식구, 문수유희장, 모란봉공원 등이 있다.

평양을 가르는 대동강은 북한 주민들이 쉽게 접근할 수 있는 곳으
로 북한에서도 대동강 둔치를 정비하여 주민들의 휴식처로 활용하고
있다. 남쪽의 한강르네상스에 비유할 수 있다. 대동강 주변은 대동문,
련광정, 평양종, 계월향비 등의 적지 않은 유적지가 있고, 강변을 산책
하기에 적당하여서 시민들이 즐겨 찾았는데, 2007년부터 단계적으로
새롭게 정비하였다. 예전의 방수벽을 철거하고 그 자리에 컬러 보도
블록으로 새로 단장하였고, 돌로 만든 테이블이나 의자를 확충하여
휴식공간으로 활용하도록 하였고, 일부 구간에는 금잔디를 입히고,
측백나무와 꽃나무를 심는 풍치조성 사업을 진행하였다.

〈사진 13-6〉
대동강 유람선

2) 대성산유희장

대성산유희장은 평양의 대표적인 유원지로, 평양 도심에서 북동쪽으로 약 6km 떨어진 곳에 위치한 대성산에 있는 북한 최대 규모의 유희장이다. 대성산의 높이는 270m이며 소문봉, 을지봉, 장수봉, 북장대, 국사봉, 주작봉 등 산봉우리들이 있다. 옛날에는 구룡산 또는 요양산이라고도 불렀다. 대성산은 고구려가 평양으로 천도한 이후 도읍을 정한 이후 산성을 쌓고 왕궁인 안학궁을 세웠던 곳으로 역사유적이 많이 남아 있는 곳이다.

대성산유원지는 1971년 4월 개장했으며, 롤러코스터를 비롯하여 어린이 놀이시설을 비롯하여 그네터, 씨름터, 배구장, 보트장, 수영장 등이 있다. 입구에서부터 장수봉까지 16km 구간에는 순환도로가 있어 자연풍경을 한눈에 볼 수 있도록 하였다. 유원지 내에 대성산성과 동물원과 식물원이 있으며, 유원지와 함께 미천호, 장수호의 2개 인공호수가 있으며, 인공호수 주변에는 정자와 누각이 서 있다. 미천호에는 보트장이 있으며, 장수호 옆에는 사슴방목장이 있다. 주작봉 마루에는 대성산혁명열사릉이 있다. 대성산혁명열사릉은 1975년에 처음 건설되고 1985년 10월에 개건 확장되었다. 대성산유원지는 1971년 4월 개장됐으며 하루 수천 명에서 많게는 4~5만 명이 찾는 '문화정서기지'로 각종 놀이시설과 중앙동물원, 중앙식물원을 비롯하여 인공호수, 수영장 등을 갖추고 있다.

〈사진 13-7〉 함경남도 함흥의 마전해수욕장

3) 중앙동물원과 식물원

대성산성 서쪽 기슭에 있는 평양중앙동물원은 1959년 4월 30일 '평양동물원'으로 시작하여, 이듬해인 1960년 4월 28일 개원하였다. 방목장과 동물사, 동물놀이장 등으로 꾸며져 있으며, 한국산 호랑이와 팬더곰을 비롯하여 6백여 종 6천여 마리의 동물들이 있다. 평양중앙동물원에서 인기 있는 곳은 선물동물관과 애완견사육장이다.

선물동물관에는 해외에서 선물로 받은 100여 종에 1,500여 마리의 동물들이 있으며, 애완견사육장에는 마르티스, 푸들, 요크셔테리어 등 15종에 수십여 마리의 애완용 개가 있다. 애완견사육장은 애완견을 사육하고 있을 뿐만 아니라 애완견의 공연도 보여준다. 애완견들은 어린 관람객들을 위해 수학계산을 비롯한 갖가지 재주를 보여주어 관람객들의 감탄과 웃음을 자아낸다고 한다. 평양중앙동물원에는 김일성 주석이 기르던 애완견도 있다고 한다. 김일성 주석도 상당한 애견가로 알려져 있는데, 1998년 5월호 『천리마』에 따르면 '수령님께서는 개들도 사람을 믿고 사는 짐승으로 천대해서는 안 된다고 하시면서 개들이 먹이를 먹을 때는 욕하지 말아야 한다고 말씀하셨다'고 소개하기도 하였다.

북한상식 송도원 국제소년단 야영소

동해의 명승 송도원에 위치한 야영소로 학생소년들의 '종합적인 과외활동기지'이다. 1960년 8월에 처음 창립된 이후 1993년 4월 34만m²의 부지에 야영각, 국제친선소년회관, 야외물놀이장, 야외유희장과 보조건물 등의 현대식으로 개건 확장하였다. 한 번에 1,200여 명이 야영할 수 있다. 국제친선회관에는 1,200석의 극장과 전자오락실, 탁구장, 등산해양활동보급실, 미술실, 도서실 등을 갖추고 있어 각종 활동이 가능하다. 20여만 명 이상의 북한 내외 학생들이 야영활동을 하였다.

중앙식물원은 1959년 4월 30일 개원하였는데, 식물분류원과 수목
원, 화초원, 약초원, 과수품종원, 재배시험장으로 구성되어 있으며, 부
대시설로 식물학연구소와 식물박물관이 있다.

4) 유희장과 유원지

만경대유희장과 문수유희장 등의 유희장과 능라도유원지와 보통강
유원지도 많이 찾는 유원지이다.

만경대유희장은 1982년에 개장한 유희장으로 부지면적 60만m²에
하루 수용인원이 10만여 명으로 동물원과 물놀이장을 비롯한 50여
종의 현대식 놀이시설을 갖추고 있다. 문수유희장은 동평양지구에 위
치한 유희장으로 봄이 되면 평균 3천여 명의 시민들이 문수유희장을
찾는다. 1994년 6월에 개장한 문수유희장의 규모는 24만여m²로 만경
대유희장보다는 규모가 작으나 회전비행기를 비롯하여 우산식 회전
대, 쌍회전판 등의 회전식 놀이기구 10여 종과 영화관, 당구장, 식당
등 편의봉사시설과 물놀이장을 갖추고 있다. 물놀이장은 여름 성수기
인 7월과 8월에 문을 여는데, 8천여 명의 인원을 수용할 수 있으며,
흐름식, 미끄럼식, 파도식으로 된 다양한 물놀이장이 마련되어 있어

〈사진 13-8〉
해당화관에서
당구를 하고 있는
북한 주민들

평양 시민들이 즐겨 찾고 있다.

능라도유원지 곳곳에는 산책로가 마련되어 있으며 동쪽의 보트장과 강변수영장이 있다. 능라도는 물 위에 뜬 꽃바구니라는 의미로 지어진 이름이다. 보통강유원지는 1958년부터 2년여에 걸쳐 대동강의 지류인 보통강의 운하를 따라 조성되었다. 봉화산 기슭 보통강 개수 기념탑에서 시작하여 정평동의 삼강호까지 10km 구간의 운하 안에 봉화섬, 홍천도, 금란도, 운하섬, 어머니섬, 동각도, 서각도 등의 8개의 섬과 락원호, 운하호, 삼강호 등 3개의 호수가 있으며, 산책로로 이용되는 봉화다리, 만수교, 보통교, 신서다리, 철다리, 줄다리 등이 있다.

3. 대중오락

1) 텔레비전 드라마

우리나라에서 가장 인기 있는 프로는 아마도 드라마일 것이다. 북한에서도 드라마는 인기 프로 중 하나이다. '텔레비죤(텔레비전) 드라마'와 비슷한 것으로 '텔레비죤 소설', '텔레비죤 연속소설', '텔레비죤극', '텔레비죤 연속극' 등이 있다. '텔레비죤'은 '텔레비전'의 북한식 표기이다. '텔레비죤 소설'이란 소설을 원작으로 하는 드라마이며, '텔레비죤극'은 '텔레비전 드라마'로서 '텔레비죤 소설'과 구분하기 위해 붙인 명칭이고, '연속극'은 '단막극', '토막극'과 구분하기 위한 표시이다.

이와 함께 텔레비전 영화도 있는데, 텔레비전 영화는 텔레비전 방송을 목적으로 만든 영화로서 일반 예술영화와 달리 등장인물도 적으며, 간단한 구성에 상영시간도 길지 않다는 특징이 있다. 텔레비전 영화의 경우에도 단편보다는 시리즈 형식이 많다.

북한 드라마의 중심은 김일성 주석의 가계와 항일혁명투쟁과 관련한 것들이다. 수령결사옹위 정신이 강조되는 2000년 이후에도 수령의 가계에 대한 드라마와 함께 수령을 도와 항일혁명에 참가했던 인물을 주인공으로 한 드라마가 제작되었다. 이들 드라마의 주제는 거의 비슷한데, 수령의 보살핌 속에서 성장하고 혁명적 의리로 보답하면서 사회주의 혁명을 이루어가는 모습을 담고 있다. 그러나 이런 주제를 다루면서도 표현이나 소재 면에서 변화된 모습을 다루기 시작하였다.

북한의 드라마는 최근 들어 사상문제 등의 묵직한 주제와 함께 생활 속에서 나타나는 다양한 면모를 반영한 생활소재 드라마를 많이 방영하고 있어 변화를 읽을 수 있는 부분이다.

최근 방송의 흐름의 하나는 생활 속에서 나타나는 갈등을 사실적으로 보여준다는 점이다. 이러한 경향은 사상이나 정치문제와 같은 묵직한 주제 중심에서 벗어난 생활 속의 갈등 문제를 전면적으로 보여준다는 점에서 파격적인 현상이라고 할 수 있다. 특히 혁명적 가정의 모범적인 모습을 보여주던 것에서 벗어나 맞벌이 부부의 갈등이나 이혼 등의 생활상을 그대로 보여주거나 극을 전개하면서 아기자기한 이야기를 통해 대중성을 한층 높였다. 극의 흐름을 전개하면서 생활 속에서 벌어지는 다양한 사건들을 흥미롭게 구성하여 독자들의 관심을 끌도록 하였으며, 파격적인 장면을 보여주고 있다. 이러한 경향은

〈사진 13-9〉 직장생활 중의 여가활동을 보여주는 텔레비죤 토막극

〈사진 13-10〉 방송드라마 〈엄마를 깨우지 말아〉

2000년 이후 특히 많이 볼 수 있다.

2000년에 나온 연속극 〈갈매기〉과 〈청춘이여〉는 여성 운동선수들을 소재로 여성의 체육활동에 대한 부정적인 인식을 버리고 긍정적으로 바뀌어야 한다는 점을 강조하였다. 〈갈매기〉는 북한에서 인기 있는 종목의 하나로 싱크로나이즈드 스위밍 수중무용수들의 생활을 소재로 한 드라마이다. 〈갈매기〉는 스포츠 드라마라는 흔치 않은 소재를 삼았다는 점도 눈에 띄는 부분이지만 드라마의 특성상 수중무용수들이 대거 등장한다는 점도 이색적이다. 〈청춘이여〉는 역사연구소의 연구사 오빠의 혼처를 위하여 각종 운동선수인 여동생들이 운동선수들을 추천하지만 어머니는 마음에 들지 않아 하다가 결국에는 마음을 돌리고 태권도 선수를 며느리로 맞는다는 내용이다.

2001년 10월에 방영된 조선중앙텔레비전의 텔레비전 연속극 〈가정〉은 부부의 갈등을 소재로 한 드라마로서 지금까지 금기시되었던 방송소재인 구타와 욕설, 부부싸움 장면이 대담하게 묘사되었다.

〈사진 13-11〉
북한 DVD 복제물
(연변시장에서)

2001년에 나온 〈옥류풍경〉은 옥류관 남자 요리사와 여자 수중발레 선수와의 사랑을 그린 작품이다. 아름다운 율동으로 인기인이 된 처녀 빙상무용수(아이스댄서) 류순애와 감자를 메밀 첨가제로 이용해 메밀을 만들려는 옥류관의 총각요리사인 무한기와의 사랑을 이른바 '경희극적 양상'으로 경쾌한 웃음으로 아기자기한 사건으로 구성하여 주민들 사이에서 큰 인기를 모았다.

2001년 2월에 방영한 조선중앙방송위원회 방송문예창작단에서 제작한 10부작 연속극 〈수평선〉은 항일빨치산 출신으로 내각 수산상으로 임명된 최진범이 수산물 생산을 늘리기 위한 투쟁을 보여주기 위하여 함경남도의 한 수산사업소 월남자 가족을 소재로 하면서 '사회주의 배신자'로 불리는 월남 가족의 문제를 다루면서 '월남자 가족이라도 본인이 우리 당을 따르면 그를 당연히 받아들여야 한다'며, 이들을 감싸 안아야 한다는 내용을 포함하였다.

2002년 조선중앙텔레비전에서 방영한 3부작 텔레비전극 〈엄마를 깨우지 말아〉는 맞벌이 부부의 갈등을 다룬 연속극으로 여성의 가사에 대한 부담과 남자의 권위적인 태도를 비판하고 있다는 점에서 지금까지 보여준 텔레비전 드라마와는 다른 경향을 보여준 작품이다. 2002년 2월에 방영된 연속극 〈2학년생〉은 소학교 2학년인 장난꾸러기 주인공 주혁과 그의 친구들이 교사의 가르침 속에 우정을 알게 되면서 참되게 자라나는 과정을 그렸다. 당연할 것 같은 드라마 소재이지만 북한의 드라마 흐름에서 볼 때는 큰 비중을 두지 않았던 주제라는 점에서 변화를 읽을 수 있는 작품이다.

2) 영화·연극 관람

명절이나 연휴기간에 특히 대목을 맞는 곳 중의 하나가 영화 관람이다. 북한에서도 영화는 대단히 중요한 문화사업으로 인식되고 있다. 최고지도자들의 관심도 높을 뿐만 아니라 수령형상화가 처음 시작된 것도 영화 분야였다.

영화가 수령형상화에 가장 먼저 대상이 되었던 것은 최고지도자의 관심 때문이기도 하였지만 그보다는 영화 자체의 전파력과 이동성도 큰 역할을 하였다. 즉, 영화는 다른 어떤 예술장르보다도 전파력이 크다. 또한 영사막과 등사기만 있으면 어디든지 이동상영이 가능하다는 장점이 있다. 영화에 대한 관심과 선전력 때문에 영화보급 체계가 광범위하고도 체계적으로 짜여져 있다. 국가에서 정책적으로 보급하는 영화는 의무적으로 감상하고 영화에 대한 감상을 발표해야 하며, 영

〈사진 13-12〉 평양시 개선구역에 있는 개선영화관

화주인공 따라 배우기 운동 등을 통하여 영화내용을 현실에서 구현하도록 독려하고 있다.

북한의 영화관으로는 국제영화회관, 락원영화관, 개선영화관, 대동문영화관 등의 10개 내외의 영화관과 청진, 신의주 등 주요 도시에 3~4개, 지방에는 1개 정도의 영화관이 있는 것으로 알려져 있다. 남측의 영화관이 여러 개의 스크린을 갖춘 복합상영관이 중심인데, 북한의 영화관은 전문영화관보다는 복합문화공간에서 영화를 상영하는 경우가 많다. 영화는 단체에서 의무적으로 관람하는 경우도 많다. 평양영화축전을 통해서 외국의 영화가 소개되기도 하지만 일반적인 현상은 아니다. 예전에는 구소련과의 합작영화나 중국과의 합작영화도 많이 상영되었다.

현대사회에서 영화는 갈수록 첨단기술의 결합체가 되고 있다. 컴퓨터 기술의 중요성도 높아지고 있다. 북한에서도 CG(컴퓨터그래픽) 기술의 중요성이 높이지고 있다. 특수효과를 사용한 영화로는 북한 첫 괴수 영화로 알려진 〈불가사리〉가 있다. 신상옥 감독이 연출하고 일본의 특수효과 담당자들이 참여하였다. 최근의 작품으로는 〈살아있는 령혼들〉이라는 작품이 있다. 우끼시마 마루호의 침몰이라는 역사적 사실을 바탕으로 한 영화다. 배가 폭발하고 사람이 물에 휩쓸리는 장면, 배가 갈라지는 장면이 입체로 이루어졌다. 이 작품에는 조선컴퓨터센터와 김일성종합대학, 김책공업종합대학, 조선예술영화촬영소 컴퓨터실, 5·18영화연구소가 공동으로 참여했다. 문화성 산하 5·18시험소는 영화 제작에 도움이 되는 과학, 기술적인 문제를 해결하는 곳이다. 최근 영화 장면을 컴퓨터 그래픽으로 처리하는 데 필요한 컴퓨터 프로그램도 개발했다.

〈살아있는 령혼들〉의 폭파 장면은 대표적인 성과로 언급된다. 컴퓨터의 활용은 아동영화에서 활용도가 높아지고 있다. 아동영화의 경우 기존의 2D에서 3D중심으로 옮겨가면서 촬영, 채색, 배경미술, 화면합

〈사진 13-13〉 우리의 코미디극에 해당하는 촌극

성, 및 특수효과 처리 과정 등에 컴퓨터 응용기술의 폭이 넓어지고 있어 컴퓨터 그래픽의 활용은 확대될 것으로 보인다.

영화 이외에 북한 인민들 사이에서 인기 있는 것은 희극공연이다. 북한에도 희극 작품이 있을까 싶지만 침체된 사회분위기를 반전하고 웃음을 주기 위한 희극공연이 활발하게 공연되고 있다. 북한의 희극 작품은 국립희극단과 조선인민군협주단 등을 중심으로 창작 공연된다.

국립희극단은 지금까지 〈사랑하시라〉, 〈환갑날에 있은 일〉 등 200여 편의 작품을 무대에 올리고, 11,800여 회 공연한 북한의 대표적인 희극극단이다. 국립희극극단의 촌극 〈웃으며 가자〉는 어린이로부터 노인에 이르기까지 폭넓은 인기를 모은 작품이다. 이외에도 촌극 〈어머니의 걱정〉, 〈마주선 사돈〉, 〈똘똘이와 삼녀〉 등을 창작 공연한 대표적인 희극단체이다. 〈어머니의 걱정〉은 1인극으로서 남보다 수염이 잘 자라는 아들을 군대에 보내 놓고 노심초사하는 어머니의 모습을 웃음으로 푼 작품이며, 〈마주선 사돈〉은 사돈 간에 벌어지는 사건을 통해 웃음을 자아내면서 '며느리도 친딸과 같다'는 내용을 담은 작품이고, 〈똘똘이와 삼녀〉는 근로자들의 문화생활을 다룬 코미디물이다.

조선인민군협주단은 선군정치가 시작된 이후 여러 편의 경희극 작품을 창작공연하였다. 경희극이란 혁명역사와 같은 정치주제의 작품이 아니라 생활주변에서 생기는 이야기를 소재로 한 희극이다.

3) 잡지

예전에는 북한에서도 정기간행물을 80여 종 정도 발간하여 해외동포를 비롯하여 판매하였으나 경제적인 측면 등의 어려움으로 일부는 폐간하거나 합본하여 발행하는 등의 과정을 통해 약 60여 종의 잡지를 발간하고 있다. 북한의 출판물은 각 기관을 대변하는 대변지의 성격이 있다. 모든 출판보도물을 국가에서 관리하기에 국가의 필요에 따라서 해당 분야의 공식적인 잡지 1종이 존재한다. 예를 들어 문학잡지로는 ≪조선문학≫이 있으며, 여성동맹 기관지로 ≪조선녀성≫ 등의 형식이다.

잡지는 내용에 따라서 정치이론을 중심 내용으로 하는 잡지, 대중지, 과학기술 분야의 잡지, 문화예술잡지, 화보 등으로 구분되며, 정치

〈사진 13-14〉
북한의 여성잡지
≪조선녀성≫

이론 잡지로는 ≪근로자≫, 대중잡지로는 ≪천리마≫, 문학예술 분야의 잡지로는 ≪조선문학≫, ≪조선예술≫, ≪조선영화≫, 과학기술잡지로는 ≪지질과 지리≫, 화보로는 ≪조선≫ 등이 대표적인 잡지들이다. 독자의 대상에 따라서 노동자잡지, 농민잡지, 청년잡지, 학생잡지, 여성잡지 등으로 나눌 수 있다. 노동자 잡지는 ≪노동자≫, 농민잡지로는 ≪농업근로자≫, 청년잡지로는 ≪청년생활≫, 학생잡지로는 ≪아동문학≫, 여성잡지로는 ≪조선녀성≫ 등이 있다.

북한의 모든 출판보도물이 그렇듯이 잡지의 1차적인 목적은 선전선동에 있다. 잡지의 대중적 영향력을 확보하기 위하여 잡지의 기획과 출판, 검열, 보급 사업을 국가에서 관리한다. 잡지의 내용은 주체사상 해설, 당의 해당사업에 대한 해설 등이 기본적으로 실리며, 관련 분야의 소식이나 상식이 실린다.

일반인을 대상으로 한 대중잡지로는 ≪천리마≫가 유일하다. ≪천리마≫는 1958년 8월에 창간된 월간지로 2001년에 지령 500호를 넘긴 북한의 유일한 대중교양잡지이다. '천리마'라고 한 것은 '천리마운동이 대고조에 이른 시기에 나온 잡지인 것만큼 잡지의 이름을 천리마라고 하는 것이 좋겠다'는 김일성 주석의 교시에 따른 것이었다. 4×6 배판 크기에 140쪽 내외의 분량으로 볼륨은 그리 두껍지 않다. 2월 명절이나 4월 명절과 같이 주요 기념일이 있는 경우에는 특집기사가 실리며, 쪽수가 늘어나기도 한다. 체제와 관련된 내용이 주를 이루고 있으며, 이와 함께 일반 생활상식, 역사상식, 유적지 소개, 시와 소설, 만평 등이 실린다.

4) 미용과 패션

북한 여성들도 머리를 가꾸고, 패션을 찾아 아름다움을 가꾸는 데 많은 신경을 쓴다. 남남북녀라는 말이 있듯이 북한 여성들의 아름다운 미모는 남쪽의 관심사항이 되곤 하였다. 특히 북한의 미인은 성형을 하지 않은 미인으로 인터넷을 통해 회자되곤 하였다. 그렇지만 북한에서도 쌍꺼풀 수술을 받는 여성들이 많아졌다. 평양의 20~30대 여성의 상당수가 쌍꺼풀 수술을 받은 것으로 알려져 있다. 북한에서는 제도적으로 의료가 무상이지만 쌍꺼풀 수술은 시·군 단위의 진료소에서 1유로 안팎으로 수술을 받는 것으로 알려져 있다. 북한의 물가나 환율을 감안하면 한 달 월급에 약간 모자라는 정도의 돈이다.

북한에서 미용은 목욕, 이용과 함께 편의 봉사시설로 분류한다. 다양한 헤어스타일을 추구하기보다는 정서와 체질에 맞는 단정한 머리를 권장한다. 미용사는 '미용기술강습소'를 통해서 양성되는데, 미용 분야에서 노력을 인정받으면 공훈미용가와 같은 공훈칭호를 받기도 한다. 전국 단위로 열리는 '전국 이발 및 미용 경기'를 개최하여 무용인들이 기술을 겨룬다. 북한 최고의 미용실은 창광원 미용실이 꼽힌다. 창광원 미용실은 100여 가지의 헤어스타일 데이터베이스를 갖추어 놓고, 컴퓨터 모니터를 통해서 헤어스타일을 선택할 수 있도록 하는 프로그램인 '꽃단장'을 활용하여 여성들에게 좋은 반응을 얻고 있

〈사진 13-15〉
북한 미용실의 헤어스타일
견본(남성)

다고 한다.

북한 여성들에게 인기 있는 머리는 '처녀는 생기 있게, 중년 부인은
세련되게, 노인은 젊어지게' 해 준다는 민족머리이다. 2000년대 중반
까지 유행한 민족머리는 민족 전통의 헤어스타일을 바탕으로 응용한
것으로 쪽진머리, 쌍태머리(두 가닥으로 땋아 내린 머리), 외태머리(한
가닥으로 땋아 내린 머리) 등이 있다.

북한에서 1980년대까지 만해도 패션이나 액세서리용이 일반적 상황
은 아니었다. 1980년대까지 북한에서도 여성들 사이에는 잠자리 날개
(스카프), 긴목도리, 사각목도리, 붉은 바탕의 격자양복 등이 있었지만
이런 것들은 일반인들이 접근하기도 어려운 고가의 물품이어서 구하기
도 힘들었다. 주로 재일동포를 통해서 제한된 계층에서나 할 수 있는
것들이었다. 사회적으로도 액세서리를 하거나 패션을 하는 것은 사치한
여성이나 타락한 여성으로 인식하였고, 미풍양속의 차원에서 단속하기
도 하였다. 여성이 입는 롱스커트의 경우에도 뒤가 높이 터진 경우에는
단속 대상이 되고, 남성의 머리가 긴 것도 단속 대상이 된다. 또 학생들은

〈사진 13-16〉
북한 미용실의 헤어스타일
견본(여성)

여름에는 치마를 입게 되어 있는데, 여름에 바지를 입는 경우에도 규찰대에서 단속을 한다.

1990년대 고난의 행군 이후 시장이 활성화되면서 패션에 대한 관심이 늘어났다. 무엇보다 경제난으로 인해 여성들의 사회적 활동이 크게 늘어났고, 패션에 대한 관심도 높아지면서, 새로운 유행이 생겨나고 있다. 예전에는 주로 일본을 통해서 북한으로 유행이 유입되었다. 북한으로 들어간 재일동포들을 통해 조금씩 알려졌는데, 1990년 이후에는 한국으로 바뀌었다. 북한과 중국의 국경무역이 활발해지면서 중국으로부터 한국 드라마나 영화 CD가 다양한 경로를 통해 유입되어 시장을 통해 유통되고 있다. CD는 상대적으로 휴대하기도 좋고, 한국 드라마가 재미도 있어서 인기 상품으로 꼽힌다고 한다.

중국을 통해 불법 복제된 CD가 유통되면서 한국 드라마 주인공의 머리 모양이 유행해서 단속에 나서며 마찰이 일기도 한다. 대표적인 남한 패션으로는 드라마에서 송혜교가 했던 머리 모양을 본딴 '꽁진머리'가 있다. 북한에서 앞뒤가 흐트러진 머리를 단정치 못하다고 해서 일명 '거지머리'라고 부르는데, 이 거지머리의 뒤를 살짝 말아 올린 헤어스타일이다. 뒷머리에 꽁지를 매면 메추리처럼 귀여워 보인다고 해서 여성들이 사이에서 크게 유행하였다. 특히 10대 학생들로부터 20대 여성들 사이에서 유행이라고 한다. 또한 앞머리를 삐죽삐죽 내린 이른바

〈사진 13-17〉 북한에서 일상복과 의례복으로 중시되는 조선옷(한복)을 입은 여성

'칼머리'도 유행이고, 바지통을 좁게 해서 다리에 달라붙는 소위 '맘보바지'를 입는 여성도 많아졌다. 북한 당국에서는 이러한 헤어스타일이나 패션이 '아랫동네(남한)' 드라마의 영향이라는 것을 알고 단속에 나서면서 마찰도 많이 있다고 한다.

북한 학생들도 유행에 민감해졌다. 최근의 패션은 학생들이 주도할 정도이다. 예전에는 중학교 학생들에게 시계를 차지 못하게 하기도 하였다. 시계를 차는 것은 학생들 사이에서 위화감을 조성하고 학업에 대한 집중력을 흐트러트린다는 것이 이유였는데, 지금은 보편화되었고, 앞서 이야기한 꽁지머리, 일자바지, 짧은 교복치마, 통발 등이 학생들 사이에서도 유행하고 있다. 귀걸이나 손가락지(반지)도 유행하고 있다. 이외에도 몸에 딱 붙은 일자바지, 목깃에 털을 달고 허리곡선을 살린 외제 여성코트인 몸매동복, 통발(통굽신발)이 있다. 통발은 보기에는 둔하지만 발이 시리지 않아서 많이들 신는다. 학생들의 경우에는 유행하는 속도가 빨라서 규찰대를 통해 단속하는데, 갈등도 있다고 한다. 이러한 현상은 북한 청소년들이 예전과 다르게 자신을 표현하고픈 욕구가 크기 때문으로 분석된다.

5) 대중가요와 음악

음악정치, 노래정치라는 용어가 있듯이 북한에서 음악은 대단히 중요한 대중오락이자 인민교양의 수단이다. 노동시간 쉬는 틈틈이 노래를 부르거나 총화시간을 이용하여 노래를 부르면서 화합을 다진다.

노동당 공식 기관지인 《로동신문》에는 최근 들어 거의 매일 노래와 노래에 얽힌 이야기를 소개하고 있다. 《로동신문》에 실리는 노래의 주제는 크게 선군정치, 강성대국 건설, 통일과 관련된 것이 대부분이다. 《로동신문》에 실리는 노래들은 총화시간에 그 의미를 해석하고 평가하면서 함께 배운다. 최근 북한에서 인기를 얻고 있거나 명곡으로 소개되는 노래로는 〈통일돈돌라리〉, 〈불패의 무적강군 나간다〉, 〈정일봉을 안고 살라〉, 〈제2의 천리마대진군 앞으로〉, 〈2월은 봄입니다〉, 〈우리는 당과 함께 승리했네〉, 〈어디에 계십니까 그리운 장군님〉 등이다. 특히 김정일 국방위원장이 지었다고 하는 〈어디에 계십니까 그리운 장군님〉은 21세기 명곡으로 가장 많이 불려져야 한다고 강조되는 노래이다.

북한 주민들이 즐겨 부르는 노래들은 주로 보천보전자악단이나 왕재산경음악단 등의 전자음악단의 노래나 조선인민군 공훈합창단에서 창작한 노래로서 생활가요와 민요풍의 노래들이다. 이런 노래는 1980년대 중반에 창단된 보천보전자악단을 통해 널리 알려졌다. 보천보전자악단은 김일성 주석이 참가한 보천보 항일전투를 기념해 지난 1985년 6월 4일 김정일 국방위원장의 지시로 창단된 보천보 전자악단의 정식 명칭은 보천보 경음악단으로, 2년 먼저 탄생한 왕재산 경음악단과 함께 북한의 양대 경음악단으로 활동해 왔다.

보천보전자악단은 방송활동을 주로 하는 음악단이다. 남한에도 많이 알려진 전혜영, 김광숙, 리경숙, 리분희 등이 보천보전자악단 소속이다. 원래는 만수대예술단의 전자음악단이었는데, 전자음악의 도입 필요성이 높아지면서 별도의 단체로 독립하였다. 원래 북한에서 전자음악은 부정적으로 인식하였다. 서구의 전자음악이 인간의 아름다운 정서 발

〈사진 13-18〉 보천보전자악단의 인기 가수 리경숙의 독창회 비디오

전을 저해한다고 보았다. 그렇지만 전자음악이 갖고 있는 엄청난 대중성에 주목하지 않을 수가 없었고, 북한도 우리식 전자음악, 즉 북한의 전자음악은 서구의 전자음악과는 다르다는 것을 명분으로 도입하였다. 〈휘파람〉, 〈여성은 꽃이라네〉, 〈도시처녀 시집와요〉, 〈날보고 눈이 높대요〉, 〈내 이름 묻지 마세요〉, 〈아직은 말 못해〉 등의 생활가요가 보천보전자악단의 히트곡이다. 2000년 이후에는 활동이 거의 보이지 않는다.

2001년 7월 17일자 ≪민주조선≫은 1990년대 이후의 북한가요를 정치주제가요와 생활가요로 나누어 널리 알려진 곡을 소개하였는데, 정치가요에서는 〈수령님은 영원히 우리와 함께 계시네〉, 〈김정일 장군의 노래〉, 〈우리는 맹세한다〉, 〈높이들자 붉은 기〉, 〈승리의 길〉, 〈강성대국에서 우리 살리라〉, 〈무장으로 받들자 우리의 최고사령관〉, 〈혁명의 수뇌부 결사옹위하리라〉, 〈김정일 장군님께 영광드리네〉,

〈사진 13-19〉 은하수 관현악단의 전자기타 연주

〈천리방선 초병들은 아침인사 드리네〉가 꼽혔고, 생활가요에서는 〈휘파람〉, 〈우등불〉, 〈내이름 묻지마세요〉, 〈준마처녀〉, 〈녀성은 꽃이라네〉, 〈우리 집은 군인가정〉, 〈통일아리랑〉, 〈병사가 거리를 지날 때〉, 〈처녀시절 꽃시절〉, 〈도시처녀 시집와요〉, 〈축배를 들자〉 등이 꼽혔다. 이들 노래의 대부분은 보천보전자악단의 주요 레퍼토리들이다. 북한 주민들 사이에서 엄청난 인기를 모았던 보천보전자악단은 민족정서에 맞지 않는 노래를 한다는 이유로 2007년을 전후하여 사실상 해체된 것으로 보인다.

2009년을 전후하여서는 보천보 은하수 소속 여성독창가수들인 김금주, 리향숙, 장영옥, 백미영 등은 음력설을 기념하여 열린 설명절 경축음악회를 통해 알려지기 시작하였다. 이들은 대중가요가 아닌 클래식 가수들이다. 리향숙과 백미영은 각각 이탈리아 주세페 디 스테파노 국제 콩쿠르와 타우리노바 국제 콩쿠르에서 특별상과 대상을 수상한 실력을 갖춘 해외 유학파 가수로 외모, 무대매너, 실력을 두루 갖추어 출연부터 엄청난 관심을 받았다.

북한 대중들의 사랑을 받는 연주단으로는 클래식 음악전문 연주단인 삼지연악단과 은하수관현악단이 있다. 삼지연악단은 정통 클래식 악기를 중심으로 편성된 연주단이다. 삼지연악단 소속의 연주자들은 세련된 미모, 공주풍의 드레스, 경쾌한 음악 등으로 이전과는 차별되는 연주를 선보였다. 은하수관현악단은 '팝스 오케스트라'처럼 클래식 악기로부터 전자기타, 드럼, 색소폰을 갖춘 관현악단이다. 최근 공연 장면을 보면 연주도 연주지만 어깨선과 쇄골이 드러나는 과감한 의상으로 단연 주목을 받았다. 음악에서도 그동안 금기시되었던 스윙 재즈풍의 연주로 상당히 달라진 모습을 보였다.

군중문화 활동을 장려하기 위하여 여러 군중활동을 지원하기 위하여 대중악기 전시회 등을 개최하고 있다. 일반 주민들을 대상으로 한 대중악기로는 손풍금(아코디언), 하모니카, 기타 등이 대표적인 것이다.

북한 인민들에게 가장 인기 있는 대중악기는 손풍금(아코디언)이다. 손풍금은 휴대가 간편하고 독주곡으로도 연주할 수 있으며, 경음악과 관현악, 합창반주 등 다양한 연주영역을 갖고 있으며 다양한 효과를 낼 수 있어, 공장이나 기업소 등의 예술활동에서 가장 보편적으로 보급된 악기 가운데 하나이다. 기동예술활동이나 예술공연 무대에서 손풍금 연주는 빼놓을 수 없는 종목이다. 손풍금은 학생소년들의 예술

〈사진 13-20〉 만경대학생소년궁전의 학생들

소조활동에서도 많이 활용되고 있다. 손풍금의 보급을 위해서 1988년부터 독일, 소련, 중국 등에 악기 기술자를 파견하여 기술을 전수받았으며, '은방울'표 손풍금을 제작하여 수출도 하고 있다. 이러한 악기 이외에도 개량악기인 피리, 단소 등의 민족악기나 최근 들어 각광받고 있는 어은금도 활발하게 보급하고 있다. 어은금은 김정일 국방위원장이 학생시절에 야영하면서 통신선을 이용하여 만들었다고 하는 악기이다.

노래를 통해 고난 극복을 강조하는 노래정치가 강조되면서 전국 단위의 노래경연대회를 개최하고 있다. 전국 단위로 개최하는 경연대회로는 전국 근로자들의 노래경연이 있다. 전국 근로자들의 노래경연은 분야별로 나눈 다음 지역예선을 거쳐 중앙본선 무대까지 몇 달 동안이나 진행된다. 전국 근로자 노래경연은 1987년부터 처음 시작되었으며, 분야는 독창·이중창·가족경연 등 부문이 다양하다. 참가자격에 제한이 없어 누구나 참여할 수 있으며, 수상자에게는 텔레비전 등의 상품이 주어지기에 대회를 앞두고 예선을 위해서 직장이나 각종 단위에서 노래연습에 몰두하는 모습을 어렵지 않게 볼 수 있다.

14장 방송언론

1. 방송통신

국영 체제로 운영되는 북한에서는 방송통신사가 남측처럼 많지 않으며, 방송사나 채널도 많지 않다. 국가의 필요에 의해 인민교양에 도움이 되는 방송만 하며, 상업방송이 없기 때문이다. 뉴스의 경우에도 북한 내외에 뉴스를 공급하는 조선중앙통신이 유일하다. 북한의 방송은 조선중앙위원회의 지도를 받아 크게 북한 주민들을 위한 방송, 대남방송, 국제방송으로 나누어진다.

조선중앙위원회는 국내보도부, 당정책혁명전통교양부, 대외방송편집국, TV방송편집국, 군사편집부 등의 사업부에서 분야별 방송 사업을 관리한다. 대외방송편집국은 다시 대외보도부·대남보도부, 대남문예부로 구성되어 있다. 대외 지역을 대상으로 하는 국제방송은 언어별로 나뉘어져 있는데, 대외 방송언어는 러시아어, 영어, 프랑스어, 에스파니아어, 중국어, 일본어, 아랍어 등이다. TV로는 조선중앙TV, 만수대TV, 교육문화TV가 있으며, 라디오 방송으로는 조선중앙방송과 평양방송과 원산, 개성, 남포, 사리원 등의 11개소의 지방 방송국이 있다.

방송이나 뉴스와 관련한 일체의 뉴스는 조선중앙통신사에서 제공한다. 조선중앙통신사는 북한의 유일한 통신사로 북한 내외에 걸친 각종 뉴스를 독점으로 공급하는 노동당과 정부의 공식 대변기관이다. 노동당 및 정부의 입장을 대내외에 선전하는 것이 임무로 북한의 모든 신문사나 방송들이 조선중앙통신에서 제공하는 뉴스만을 게재하거나 방송해야 한다. 1946년 12월 5일 북조선임시인민위원회 직속 북조선통신사로 출발하여, 1948년 10월 12일 내각의 직속기관으로 조직 체계를 바꾸고 조선중앙통신사로 개칭하였다. 평양시 모란봉구역에 위치하고 있으며 전체 직원은 기자를 포함하여 550여 명 정도이다.

조선중앙통신사는 신의주, 원산, 해주 등지에 지사를 두고 있으며, 모스크바, 북경, 하바나, 자카르타 등에 기자를 파견하고 있다. 러시아의 이타르타스, 중국의 신화사 등의 해외 46개 통신사와 보도 분야 협조협정을 체결하고 있으며, 중국과 러시아와 동구에 기자를 파견하고 있다. 해외 주요 언론기관에 러시아어, 영어, 불어, 서반아어 등 4개 국어로 보도자료를 배포하고 있다. 조선중앙통신사는 일간으로 조선중앙통신, 사진통신, 영문통신, 러시아어통신, 프랑스어통신, 서반아어통신 등을 내보내며 ≪조선중앙연감≫을 발행하고 있다. 2011년 10월부터는 영문 인터넷 홈페이지를 개설해 운영하고 있다.

2012년 1월 16일 세계적인 통신사인 미국 AP통신사가 서방 종합통신사로는 최초로 북한에 지국을 개설하고, 평양시내 조선중앙통신 빌딩에 위치한 AP 평양지국 사무실에서 종합지국 출범식을 가졌다. 2006년 5

〈사진 14-1〉 북한의 방송(노출파문 보도)

월에는 서방언론으로는 최초로 미국의 언론사인 APTN(AP Television News)이 평양에 상설 지국을 개설하기 이전까지 북한에 주재하는 외국 통신사는 중국의 신화통신, 인민일보, 러시아의 이타르타스 통신 등이 전부였다. APTN은 영상물만을 전문으로 송출하는 통신사로 AP 통신의 계열사이다. 종합지국이 설치됨으로써 기사와 사진, 영상을 송출할 수 있게 되었다.

AP통신과 북한은 2011년 6월 말 뉴욕에서 조선중앙통신과 평양지국 개설에 관한 양해각서(MOU)를 체결하였고, 2011년 9월에는 북한 체신성 및 조선중앙TV와 3년간 북한기관이 생산하는 HD(고화질)급 뉴스 영상을 세계에 독점 공급하는 계약을 체결하였다. 종합지국 개설에 앞서 북한 출신 박원일 취재기자와 김광현 사진기자를 채용하여 김정일 국방위원장의 사망과 영결식을 취재하기도 하였다.

2. 라디오·텔레비전 방송

북한의 라디오 방송은 1945년 10월에 설립된 평양방송국을 모태로 출발하여, 1967년 12월에 제1중앙방송과 제2중앙방송으로 분리하여 각각 북한 대내용 방송사업과 대남 및 대외 방송사업으로 분리하였다

〈사진 14-2〉 북한의 요리방송

가 1972년 11월 제1중앙방송은 조선중앙방송으로, 그리고 제2중앙방송은 평양방송으로 개칭하여 현재에 이르고 있다.

북한 인민들을 대상으로 하는 대내용 방송인 조선중앙방송은 조선중앙방송위원회에서 운영하고 있다. 북한 전역을 가시권으로 중파 9채널, 단파 6채널로 하루 22시간씩 방송하고 있다. 대외용 방송으로는 중국어와 러시아어, 영어, 프랑스어, 일본어, 스페인어, 아랍어 방송도 하고 있다. 방송내용의 대부분은 체제와 관련한 사상교양과 뉴스보도, 오락물로 구성되는데, 사상교양과 뉴스보도가 대부분을 차지한다.

1967년 조선중앙방송에서 분리되어 1972년 11월에 현재의 방송으로 개칭된 후 영어, 일본어, 중국어, 프랑스어, 러시아어로 방송하는 평양방송은 노동당에서 관장하는 방송으로 대남 및 대외용 방송이다. 중파 5채널, 단파 4채널로 하루 23시간 30분씩 조선중앙통신과 ≪로동신문≫의 보도와 논평을 중심으로 방송하고 있다.

1989년 1월부터 평양과 개성에서 방송을 시작한 평양 FM방송은 음악을 중심으로 북한 체제에 대한 내용을 방송한다. 평일의 경우 하루 8시간, 휴일에는 24시간 방송하고 있다. 북한의 혁명가곡을 비롯하여 베토벤, 브람스, 비발디 등의 클래식음악, 혁명예술, 대남관련 연속극 등을 방송하고 있다.

이외에도 북한체류 외국인을 위한 국제방송과 대남전문방송인 구

북한상식 방송야회

군중들을 참가시켜 진행하는 집체적 방송 형식. 방송야회는 야회참가자들의 토론을 중심으로 노래, 시낭송, 토막극, 재담 등 여러 가지 문예형식을 배합하여 진행한다. 방송야회에서는 주로 김일성의 혁명사상과 영도의 현명성, 사랑과 배려 등과 같은 덕성에 대하여 이야기한다. 동시에 투쟁에서 이룩한 성과와 경험들을 토론하는 것이 일반적인 진행형태이다. 토론하는 사이사이에 예술공연도 진행한다.

국의 소리 방송이 있다. 구국의 소리 방송은 대남선전 조직인 '한국민족민주전선'의 대변 방송으로 황해남도 해주 남산에 송신소를 두고서 중파 1채널, 단파 6채널로 방송하고 있다.

'다른 나라에 살고 있는 조선민족을 대상으로 진행하는' 해외동포 방송도 실시하고 있다. 해외동포를 위한 방송은 '세계 여러 나라에서 살고 있는 조선 사람들에게 조국의 목소리를 일상적으로 듣게 함으로써 애국애족사상을 고취하고 민족대단결과 조국의 통일을 이룩하며 조국의 융성번영을 위한 투쟁에 떨쳐 나서도록한다'는 취지에서 방송하고 있다. 해외동포를 위한 방송은 방송시간의 일부를 해외동포를 위한 방송으로 편성하는 것과 해외동포를 대상으로 한 별도의 방송을 하는 것으로 구분된다. 해외동포를 위한 별도의 방송은 조선중앙방송과 평양방송에서 재일동포, 재중동포, 재러시아동포들을 대상으로 30분씩 방송한다.

재중동포를 대상으로 한 방송은 1986년 9월 1일부터 정규방송시간 이후 하루 4시간씩 방송하고 있으며, 1995년 12월 15일부터 시작된 러시아동포를 위한 방송은 하루에 2시간씩 역시 정규방송시간 이후에 방송하고 있다. 기타 지역에 거주하는 동포들을 위한 '조선말방송'도 하루 10시간씩 방송하고 있다. 방송내용은 주로 체제와 관련한 소

북한상식 **방송예술**

방송을 통한 예술형태의 하나로 방송문예, 방송음악, 방송극, 재담 등을 포괄하는 말이다. 방송예술은 음향예술이기 때문에, 방송예술에서는 화술이나 효과가 특히 중요하다. 방송예술에서는 작품의 사상예술적 특징, 등장인물의 성격이 배우나 연기자들의 개성적인 화술, 방송효과에 의하여 전달되기 때문에 배우들의 화술은 등장인물의 행동까지도 청취자들이 예상할 수 있는 개성이 있어야 한다. 방송예술의 여러 종류 가운데서도 방송극이 대표적이다.

식, 현지동포 소식, 역사 등으로 구성되어 있다.

텔레비전 방송으로는 조선중앙텔레비죤방송을 비롯하여 교육문화텔레비죤방송, 만수대텔레비죤방송, 개성텔레비죤방송 등이 있다. 북한의 텔레비전 방송은 대남방송을 제외하고는 남측의 NTSC 방식이 아닌 PAL방식으로 송출한다.

북한의 대표적인 방송인 조선중앙텔레비죤은 '김일성의 항일혁명 전통을 이어받고 주체사상과 주체적 출판보도 사상을 유일한 지도적 지침으로 삼고 온 사회 주체사상화와 주체사상의 전면적 승리 달성에 이바지하는 것'을 기본 사명으로 한다. 1963년 3월 3일 평양TV방송국으로 개국하여 1970년 4월 조선중앙TV로 명칭을 바꾸었으며, 1974년 4월 15일 김일성의 62회 생일을 기해 컬러방송을 시작하였다. 방송시간은 평일에는 오후 5시부터 11시까지 6시간이며, 일요일과 공휴일에는 오전 10시~오후 1시, 오후 3시~11시 30분으로 11시간 30분이며, 방송내용은 영화, 스포츠, 뉴스, 아동영화, 음악 등으로 구성되어 있다.

평양 모란봉에 있는 송신소를 비롯하여 사리원·해주·원산·함흥 등지에 14개소에 설치된 송신소를 통해 북한 전역에 방영하고 있다. 1999년 10월 10일 노동당 창건 54주년을 맞이하여 위성방송을 시작하였다. 조선중앙텔레비죤의 위성방송은 일반적으로 매일 오후 4시 30분부터 11시경까지 방송하지만 '민족 최대의 명절'인 태양절과 김정일 생일, 신정, 당창건 기념일 등의 날에는 오전부터 방송을 시작한다. 평양시 모란봉구역 전승동에 위치하고 있다.

교육문화텔레비죤방송은 김정일의 55회 생일이었던 1997년 2월

〈사진 14-3〉김일성상계관인 로력영웅 박사 인민방송원 리상벽

<그림 14-4> 평양동물원을 소재로 한
방송드라마 <어서오세요>

16일을 기해 신설한 텔레비전 방송으로서 평양 일원을 가시청권으로 하고 있다. 주요 방송내용은 교육, 과학지식과 일반상식, 사회문화생활, 국내외 체육경기, 예술공연, 영화 등을 주로 방영한다.

만수대텔레비죤방송은 텔레비전 방송 가운데 평양 주민들이 가장 좋아하는 방송으로 1983년 12월 1일 개국했으며 평양 시민과 외국인을 대상으로 토요일과 일요일에만 오전 9시부터 오후 1시, 오후 4시부터 10시까지 예술공연과 영화, 스포츠 등을 주로 방영한다. 외화도 많이 방송되는데, 최근에는 러시아 영화와 중국의 TV드라마 등을 방영하고 있다.

개성텔레비죤방송은 개성에 위치한 개성텔레비죤방송국에서 1971년 4월 15일 방송을 시작하였으며, 1991년 10월부터 컬러방송을 시작한 대남전용 텔레비전 방송이다. 북한 방송사들의 텔레비전 송출방식이 PAL인데 비해 개성텔레비죤방송은 남측과 같은 NTSC방식으로

북한상식 방송극

라디오 방송을 통하여 전달되는 연극이다. 무대에서 사용되는 연극과는 달리 배우들의 대사와 해설, 음악 및 음향효과에 의하여 극적 사건과 정황, 등장인물의 성격과 동작 등을 표현한다. 방송극은 간단한 내용, 소수의 등장인물, 명확한 줄거리, 흥미진진한 사건전개 그리고 선명한 장면전환이라는 특징을 갖는다. 방송극에서의 음악 및 음향효과는 연극에서의 무대미술, 분장과 같은 효과를 낸다. 이러한 효과는 시간과 계절 및 극적 정황의 묘사는 물론 극적 계기의 해명과 등장인물들의 내면세계의 묘사 등 보이지 않는 감정을 표현한다. 방송극 역시 대중교양의 수단으로 인식되고 있다.

5Kw로 송신하고 있다. 북한 인민들은 볼 수 없으며, 남측에서는 시청이 가능하다. 평일에는 오후 5시부터 10시까지 5시간을, 일요일이나 공휴일에는 오전 9시~12시, 오후 3시~10시 등 각각 10시간을 방영한다.

3. 신문

신문보도의 중요한 원칙은 '주체를 철저히 세우며', 신문의 전투적 기능과 역할을 높이기 위하여 '우리식'대로 만드는 것이다. '우리식'이란 주체의 원칙에 입각한 보도방침으로서 모든 언론인들은 주체적인 출판보도사상과 방침으로 튼튼히 무장하여 '우리식' 혁명의 이익과 실정에 맞게 써야 한다는 것이다. 편집에서도 인민들에게 부정적인 영향을 미치는 사회사건 기사는 배제하고, 주체사상과 관련된 해설이나 북한식 사회주의의 우월성과 사회주의 건설과 관련한 내용이 중심이다. 기사의 대부분은 사전 검열을 통해 미리 결정되어 있다. 물론 광고가 없으며, 신문편집은 남측보다 촘촘한 편이다. 언론기사는 당에서 하달하는 선전선동 방향과 기준에 맞추어 작성하며, 사전 검열을 통하기 때문에 남측과 같이 언론사나 기자들 사이에 특종경쟁이 없다.

기자가 되기 위해서는 문장력도 좋아야 하지만 국내외적인 문제를 다루는 만큼 사상적으로도 투철해야 한다. 기자 채용은 일반적으로 김일성종합대학 어문학부 신문학과를 졸업하거나 김일성종합대학 이외의 어문학과 졸업생 가운데서 문장력이 좋고 학교 성적이 우수한 학생들 가운데 학교장의 추천을 받아 이루어진다.

평양시 당 간부과에서는 각 대학에서 추천받은 졸업생 명부를 취합하여, 노동당 중앙위원회 선전선동부에 추천하며, 당선전선동부에서는 기자 후보자에 대한 엄격한 사상 검토와 가정환경 조사를 거쳐 기자를 선발한다. 김일성종합대학교 어문학부 신문학과의 경우 공산주의이론, 김일성 혁명역사, 신문학이론 등의 기초교양 과목과 기사작성법 등의 실무과목 등이 있다.

기자로 선발되면 지방지에서 4~5년간 경험을 쌓은 뒤 중앙지에 진출하는 것이 관례이다. 기자로 임명되면 처음 3개월은 남측의 수습기자에 해당하는 견습기자를 거쳐야 한다. 수습기간에는 선배들이 과거에 쓴 글을 읽고 베끼거나 동반취재를 통해 기사작성법 등을 배운다. 북한에서 기자들은 국가로부터 비교적 높은 대우를 받는다.

기자들은 근무 연한과 능력에 따라서 평가를 받고 6급에서 1급까지 급수가 주어지며, 중앙공급대상자가 된다. 중앙공급대상자는 고위간부에 해당된다는 것을 의미한다. 특별히 공이 있는 기자의 경우에는 '공훈기자', '인민기자' 칭호가 수여된다. '인민기자', '공훈기자' 칭호는 1971년 11월 29일에 최고인민회의 상임위원장 정령 결정되었다.

〈사진 14-5〉 로동신문사

출판보도 부문에서 15년 이상 근무하면서 당적 출판보도 사업과 후배 육성사업에서 특출한 공훈을 세우거나 출판보도 선전사업에서 창조적 재능을 발휘한 자에게 칭호가 수여된다. 북한의 모든 기자들은 조선기자동맹에 소속하게 되는데, 북한의 조선기자동맹은 남측의 한국기자협회에 해당한다. 조선기자동맹은 기자들의 모임에 그치지 않고 기자들에게 맹원증을 발급하며, 기본 사업을 구성하고 기자들의 생활비 지급의 기준이 되는 급수를 결정하며, 각종 시상을 결정한다. 기자들에게도 재교육이 있는데, 재교육은 조선기자동맹 부속기관인 기자학원에서 6개월과 2년의 단기와 장기반으로 구분된다.

기자와 함께 보조역할을 하는 '통신원' 제도도 운영하고 있다. 통신원들은 언론사 소속이 아니라 공장이나 농장에 소속되어 관련 사업 분야의 소식을 신문사에 통보해 준다.

북한의 신문들은 모두 기관지로서 당과 정무원, 각종 단체나 문화예술 선전조직에서 발간하는 공식 매체들이다. 북한의 신문으로는 노동당 기관지 ≪로동신문≫을 비롯하여 중앙과 지방에 30여 종의 신문이 있다. 북한의 신문은 독자 대상이나 발행횟수, 출판기관 등에 따라서 중앙지와 지방지, 일간지, 주간지 등으로 구분된다. 중앙지는 전국의 독자를 대상으로 하는 신문이다. 그렇다고 하여 전국의 모든 인민들이 대상이 되는 것은 아니다.

신문별로 계층이나 특정 독자층이 있다. 내각기관지 ≪민주조선≫은 전국의 내각기관원이 대상이며, 청년동맹 기관지인 ≪청년전위≫는 청년동맹원을 비롯한 청년층이 대상이다. 다만 로동당의 기관지인 ≪로동신문≫은 각 계층과 지역을 막론한 전국지이다. 지방지로는 ≪평양신문≫, ≪개성신문≫, ≪평북일보≫ 등 각 시·도마다 시·도민을 대상으로 한 신문이 있다. 이들 지방지는 각 시·도 인민위원회 공식기관지이기에 각 시·도에는 공식적인 하나의 지방지만이 존재한다.

기관별로 발행하는 신문들은 일간보다는 격일간이나 주관지로 발행하는데, 발행부수는 그리 많지 않다. 인민무력성의 ≪조선인민군≫, 사회안전성의 ≪사회안전≫, 교육성의 ≪교원신문≫, 철도성의 ≪교

〈사진 14-6〉 김정은 기사로 채워진 ≪로동신문≫

통신문≫, 수산성의 ≪수산신문≫, 체육지도위원회의 ≪체육신문≫, 농업근로자동맹의 ≪농업근로자≫, 작가동맹의 ≪문학신문≫ 등이 있다. 중앙지로는 ≪로동신문≫, 정무원 기관지인 ≪민주조선≫, 평양시 인민위원회 기관지인 ≪평양신문≫, 청년동맹기관지 ≪청년전위≫ 등이 있다.

지방에는 각도당위원회가 발행하는 지방지가 있다. 주요 지방지로는 ≪평양신문≫, ≪평남일보≫, ≪평북일보≫, ≪함남일보≫, ≪함북일보≫, ≪자강일보≫, ≪량강일보≫, ≪강원일보≫, ≪황남일보≫, ≪황북일보≫, ≪개성신문≫ 등 10여 개가 있다. 평양의 경우에는 지방이지만 그 비중이 높아 중앙지로 분류한다. 평양신문은 1957년 6월 1일에 창간된 평양시당 기관지로, 노동당의 노선과 정책을 평양시민들에게 알리는 평양시당의 대변지이다. 영자신문으로는 매주 토요일마다 발행되는 ≪The Pyong-yang Times≫가 있다.

북한 최고의 신문은 조선로동당의 기관지인 ≪로동신문≫이다. ≪로동신문≫은 1945년 11월 1일 '정로'라는 제호로 출발하여 1946년 9월 1일 신민당기관지인 '전진'을 통합하여, 현재의 ≪로동신문≫으로 개칭하였다. 2001년 11월 30일에는 인민문화궁전에서 ≪로동신문≫ 2만호 발행기념 중앙보고회를 열고 당보가 '김정일 장군님의 신문으로서의 성격과 면모를 잃지 않고 장군님과 영원히 생사운명을 함께 해나가야 한다'고 강조하기도 하였다. ≪로동신문≫은 조간으로 하루 1백 50만 부 정도가 발간된다. 조직은 최고책임자인 '책임주필' 밑에 3~5명의 부주필을 두고 있으며, 그 아래에 편집국과 12부가 있다. ≪로동신문≫의 책임주필은 정무원 부총리급으로 정치적 비중이 매우 크며, 조선기자동맹 위원장을 겸한다. 제6대 책임주필이었던 정준기가 부총리로 기용되었으며, 1988년 12월 당국제부장을 역임한 현준극이 제11대 책임주필로 임명됐다가 다시 당국제부장에 재기용되기도 하였다. 편집국에는 편집국장·부국장 및 12개 부서장으로 구성된 편집위원회가 있는데 이 편집위원회가 신문제작 전반에 걸친 문제를 논의하고 결정하는 권한을 가진다. 12부는 당역사교양부·당생활부·혁명교양부·공업부·농업부·과학문화부·남조선부·국제부·사진보도부·대중사업부·조사부·교정부이다. ≪로동신문≫의 12개 부서에서 남측과 구분되는 것은 사회부가 없다는 것이다. 사건사고가 실리지 않기 때문이다. ≪로동신문≫의 편집은 한글전용으로 가로쓰기이며 공백이 적고 글자수가 많아 촘촘한 느낌을 준다. 김일성과 김정일의 이름이나 교시 내용을 인용하는 경우에는 눈에 돋보이게 고딕체를 사용한다.

 ≪로동신문≫은 2012년 1월 10일부터 인터넷 홈페이지를 통해 영문서비스도 시행하고 있다. ≪로동신문≫은 인터넷 홈페이지(www.

〈사진 14-7〉
북한의 지역신문 중
하나인 ≪강원일보≫

rodong.rep.kp) 오른편 상단 '국문(Korean)'과 '영문(English)' 서비스를 선택할 수 있도록 하였다.

≪청년전위(靑年前衛)≫는 북한의 3대 핵심조직 가운데 하나인 청년동맹의 기관지로 청년들이 노동당의 방침에 따라 행동하도록 선전하고 선동하는 것을 주요 목적으로 청년동맹원을 비롯하여 청년층을 대상으로 발행되는 신문이다. 노동당선전선동부 직속으로 금성청년출판사에서 발행하는 일간지로 청년동맹의 기관지이기에 흔히 '청년보'라고 불린다. 매년 1월 1일 발표하는 공동사설이 실린다.

청년동맹의 기관지로서 ≪청년전위≫는 청년동맹의 변화에 따라 신문제호도 바뀌어 왔다. 청년동맹은 1946년 4월 20일 '북조선민주청년동맹'(북청)이 발족하면서 '청년'으로 창간되었다. 1946년 11월 1일 '조선민주청년동맹'(민청)으로 개편되면서 '민주청년'으로 개칭되었다. 1964년 5월 17일 민청이 다시 '조선사회주의노동청년동맹'(사로청)으로 바뀌면서 제호도 '노동청년'으로 바꾸었고, 1996년 1월 사로청에서 '김일성사회주의청년동맹'(청년동맹)으로 바뀌면서 기관지의 제호도 ≪청년전위≫로 바뀌었다.

4. 출판

북한에서 출판은 당의 정책을 홍보하고 인민들의 사상교육을 위한 선전선동의 최우선적인 매체로 인식되고 있다. 북한의 출판물을 이해하기 위한 기본적인 전제는 모든 출판물을 당과 국가에서 직접 통제하는 국가운영체계로 되어 있다는 점이다. 남한과 달리 북한에서는 출판사와 출판인, 유통이 국가에 의해 결정되므로 개인적인 출판물은 존재할 수 없다.

출판물에 대한 국가 관리가 이루어지기 시작한 것은 해방직후 북한

정권 수립부터였다. 김일성 주석은 당의 정책을 홍보하고 이를 통해 인민 사상교육을 위한 수단으로서 출판사업을 적극적으로 벌여나갈 것을 강조하였으며, 김정일 국방위원장 역시 출판매체를 통한 선전활동으로 인민들에게 사회주의 사상의 우월성을 강조하면서 지도자의 이미지를 강화시켜 나갔다.

북한 출판물의 출판 방향과 지침은 김일성 주석과 김정일 국방위원장의 교시에 따라 구체적으로 집행된다. 다른 분야와 마찬가지로 북한 출판에서 김일성 주석과 김정일 국방위원장의 교시, 현지지도는 헌법이나 법률에 상위하는 초법적인 권한을 갖고 있다. 일단 내려진 교시는 해당 분야에서 움직일 수 없는 절대 원칙으로 수용되고 교시에 따른 해설이나 실천 지침이 마련되어 집행되므로 이로부터 벗어난 출판물은 존재할 수 없다.

교시와 현지지도는 출판의 이념적인 문제뿐만 아니라 활자의 선택, 문장의 수준에 이르기까지 전 분야에 걸친 절대적 지침으로 인식되고

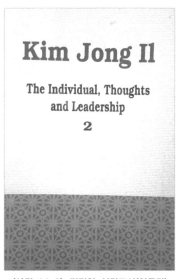

〈사진 14-8〉 김정일 선전도서(영문판)

있다. 김일성 주석은 1962년 5월 3일 출판보도일꾼 및 민청일꾼들과 한 담화 「출판사업과 학생교양사업을 강화할데 대하여」에서 "지방신문들의 인쇄기술 수준을 높이며 돈을 들여 사오더라도 그 설비를 잘 갖추어주어야 하겠습니다. 그리고 종이도 더 좋은 것을 생산하여 주어야 하겠습니다. 활자도 너무 크고 곱지 못합니다. 이제는 신문을 읽는 사람들이 거의 다 초고중 졸업생이거나 그런 정도의 지식을 가진 사람들인데 활자를 너무 크게 할 필요가 없다고 생각합니다. 활자도 좋은 것을 만들어주어야 하겠습니

다"고 하면서 "신문을 읽는 사람들이 거의 다 초고중 졸업생"이거나 하는데, 이 정도의 지식을 가진 사람들인데 활자를 너무 크게 할 필요가 없으며, "지방신문들에서도 말은 문화어를 써야 하며 문장도 잘 다듬어 써야 합니다"는 등의 활자크기와 문체에 이르기까지 인민을 염두에 둔 출판을 강조하기도 하였다.

나아가 구체적 출판물에 대해서 모든 출판물은 출판기획 단계에서부터 검열과 보급, 관리에 이르는 일체의 과정이 당에 의해 통제된다. 이처럼 북한 출판물은 출판기획에서부터 인쇄단계에 이르기까지 당의 통제와 규율을 통해 인민에 이르는 일방향으로 진행된다. 예컨대 당이 새로운 경제정책을 제시하고 경제사업에 역량을 집중할 때에는 출판물과 방송, 통신 등이 경제선전으로 일색화된다. 북한에서 출판을 별도의 기술적 측면이나 문화적 측면을 의미하는 독립적인 용어로 사용되기보다는 '보도'나 '당적'이라는 용어와 결합된 '출판보도', '당

〈사진 14-9〉 북한의 출판물(역사그림책)

적 출판'이라는 용어를 사용하는 것도 이러한 특성을 반영한 것이다. 이러한 지침과 검열 통제를 통해 출판된 출판물은 국가적 보급망을 통해 보급되어 해당 분야의 지식 매체로서 기능과 함께 인민교양과 학습을 위한 자료로 활용된다.

1960년대까지는 마르크스─레닌주의 관련 출판물이 주류를 이루었다. 1960년대 종파사건을 마무리하면서부터 김일성 유일사상 체계로 전환하면서 김일성 일인에게 초점이 맞추어졌다. 특히 1960년대 말부터는 김정일 국방위원장이 주체사상 체계를 확산시켜 나가는 과정에서 출판사업을 직접 주도하면서 모든 출판물을 '김일성주의 출판보도물'로 규정하였다.

최근에는 경제적 어려움으로 인하여 일부를 폐간하거나 합본하는 등 발간을 축소하고 있지만 북한에서 발간하는 출판물은 연속간행물 80여 종, 단행본 200여 종, 대남선전용 780여 종, 해외선전용 100여 종 정도가 된다.

〈사진 14-10〉 체육출판사에서 발간한
『조선무술명인전』

북한에서 발간되는 잡지는 내용에서 정치이론잡지, 대중종합잡지, 과학기술잡지, 문화예술잡지, 대외 선전용 화보 등으로 구분할 수 있다. 정치이론 잡지로는 ≪근로자≫, 대중종합잡지로는 ≪천리마≫, 문학예술종합잡지로는 ≪조선문학≫, 예술 분야의 잡지로는 ≪조선예술≫, 영화잡지로는 ≪조선영화≫, 대외 선전용 잡지로는 화보 ≪조선≫이 대표적인 잡지들이다. 이들 잡지들은 해당 분야의 유일한 전국적 출판물로서 해당 기관을 대표하는 기관지적인 잡지들이다.

또한 독자의 대상에 따라서 노동자잡지, 농민잡지, 청년잡지, 학생잡지, 여성잡지 등으로 구분할 수 있다. 노동자 잡지로는 ≪로동자≫, 농민잡지로는 ≪농업근로자≫, 청년잡지로는 ≪청년생활≫, 아동용잡지로는 ≪아동문학≫, 여성잡지로는 ≪조선녀성≫, 조선인민군들을 대상으로 한 ≪조선인민군≫ 등이 있다.

이외에도 전문서적 출판사들은 의학, 농업이나 철도 등 해당 분야의 전문 잡지들을 출판한다. 이러한 전문서적으로는 ≪경제연구≫(경제분야), ≪인민교육≫·≪교양원≫(교육), ≪전자자동화≫·≪과학≫·≪수산≫·≪전력≫·≪생물학≫·≪광업·지리≫·≪물리·수학≫·≪금속≫·≪주철≫(과학기술), ≪조선의학≫(의학), ≪농업수리학≫·≪기상과수문≫(농업), ≪무역≫(무역) 등이 있다.

북한에서 발간되는 대부분의 출판물은 기관별로 구분된다. 하지만 조선로동당출판사, 국립출판사, 사회과학출판사, 금성청년출판사, 문

〈사진 14-11〉 개선문 구역에 있는 방송송신탑

<〈사진 14-12〉 북한 텔레비전의 자전거 광고>

학예술종합출판사, 외국문종합출판사, 김일성종합대학출판사 등 대부분의 출판사에서 발간하는 출판물은 당정책 선전이나 김일성 주석과 김정일 국방위원장, 김정은위원장 관련 출판물이다. 과학기술을 비롯하여 전문 분야의 출판물은 해당 기관의 전문 출판사에서 출판한다. 북한 출판물의 80% 정도는 평양종합인쇄공장에서 인쇄한다.

북한상식 **김일성주의 출판보도물**

　김정일은 1974년 5월 7일 조선기자동맹 중앙위원회 제3기 제5차 전원회의 확대회의에서 한 결론「우리 당 출판물은 온 사회의 김일성주의화에 이바지하는 위력한 사상적 무기이다」에서 출판보도물에 대해서 "우리(북한)의 출판보도물이 위대한 수령님께서 창간하시고 지도하시는 새형의 주체의 출판보도물이며 영광스러운 김일성주의혁명적출판보도물"로서의 기본 사명을 지닌 출판보도물이라고 규정하였다.

15장 천연기념물·관광지

1. 천연기념물

　북한의 천연기념물 선정 기준은 '학술적 역사적 의의가 있는 자연물 또는 동·식물 및 특이한 지리' 등을 천연기념물로 지정하여 보호·관리하고 있다. 남측과 비슷한 것 같지만 우선순위에서 적용되는 기준으로 '근로자들과 청소년학생들의 사상교양 사업에 이바지할 수 있으며 역사적 내용이 있는 것', '나라의 부강발전과 인민들의 문화정서 생활에 의의가 있는 것', '학술적 및 풍취적 내용이 큰 것' 등이 기본 대상이 되며, 천연기념물 지정에서 김일성 주석과 김정일 국방위원장과 관련 있는 것과 애국주의 사상교양에 이바지할 수 있는 것이 우선적으로 고려된다. 2002년 현재 북한에서 천연기념물로 지정 관리되고 있는 대상은 447개이다. 이 가운데, 식물이 214개, 동물이 102개, 지리 76개·지질 55개이다.

　이러한 기준에 따라서 천연기념물 동물과 식물의 선정에서 '역사적 의의'가 있는 것이 우선적인 기준이 된다. 천연기념물 식물 부분에서는 김일성 주석과 김정일 국방위원장이 직접 심었거나 이름을 붙여준 식물이나 '혁명투쟁' 사연이 얽힌 '문수봉이깔나무', '릉라도 산벚나무와 전나무', '대성산 목란' 등이 포함된다. 천연기념물 동물에서도 사향노루, 사슴, 자라, 곰, 호랑이, 수달 등이 학술적 의의가 큰 동물로 포함되며, 갈매기, 백로, 왜가리, 두루미, 원앙새 등이 풍치조성의 의의가 있는 동물로서 해당된다.

지리 및 지질 천연기념물 지정의 기준에서도 '역사적 의의'가 가장 우선적인 고려 대상이며, 이외 '학술적 의미', '풍취적 의의' 순으로 결정된다. 역사적 의의가 있는 지리 및 지질 분야의 천연기념물로는 '백두산천지', '삼지연' 등이 대표적이며, 학술적 의미가 고려된 대상으로는 '일신털코끼리화석자리', '온성물고기화석층', '모란봉나무화석' 등의 화석류와 암석 및 지질 연구의 귀중한 자료가 된다는 '백금산마그네사이트광체', '금강수정' 등이 있다. 또한 온천과 약수도 대상이 되는데 '평남온천', '온포온천', '석탕온천' 등과 '강서약수', '광명약수', '삼방약수' 등이 그것이다.

풍취적 의의가 있다고 평가된 지질 및 지리 천연기념물에는 호수와 폭포, 명승지가 포함된다. 호수로는 '삼일포', '시중호', '광포'가 폭포로는 '박연폭포', '구룡폭포', '2선남폭포'가, 명승지로는 '총석정', '상

검은돈

검은돈은 북한 지역에 서식하고 있는 족제비과의 세계적 희귀동물로 족제비보다는 훨씬 크고 통통하며 다리는 짧다. 세계적으로도 북한 지역을 비롯하여 중국 동북 지역과 러시아 극동지역 일부에 분포되어 있다. 검은돈은 자강도와 량강도, 함경북도 등 해발 1,000m 이상의 북부 산악지대 침엽수림에 주로 서식하며 설치류를 잡아먹거나 산열매를 주 먹이로 한다. 북한에서는 량강도 보천군과 삼지연군, 백암군에 서식하는 '검은돈'을 천연기념물로 지정하여 보호하고 있다. 몇 마리나 있는지는 정확히 알려져 있지 않다.

팔담', '삼선암', '비단섬코끼리바위', '삼방협곡', '장수산열두굽이' 등
이다.

2. 유적·관광자원

북한의 유적과 관광자원은 매우 풍부하다. 역사적으로 고구려와 고
려의 수도였던 평양과 개성 지역이 있으며, 산악지형으로 금강산을
비롯하여 백두산, 칠보산 등의 명산이 많으며, 산과 강, 호수, 온천,
해수욕장이 있다. 역사문화자원과 천연자원을 갖추고 있어 관광자원
으로 개발할 경우 상당한 관광수입을 올릴 수 있을 것으로 기대된다.
그러나 북한의 관광정책은 체제와 관련된 문제로 인식하고 있어 아직
까지는 그리 많은 관광객들이 다녀가지는 못하고 있다. 김정은 체제

〈사진 15-1〉 금강산 삼일포 단풍관

에 들면서 관광사업을 중요하게 인식하면서 관광특구 지정 등의 사업을 전개하고 있다.

북한도 외국인 관광객을 유치하기 위하여 관광박람회에 참석하여 홍보하는 등 관광객 유치를 위해 노력하고 있으나 외국인 관광이 그리 활성화되지는 못하고 있다. 최근에는 관광사업에 대한 관심이 높아지면서 관광총국을 중심으로 외국인 관광객 유치사업을 적극적으로 확대하고 있다. 외국인 관광객 유치를 위한 사업은 관광지 확대를 통한 여행상품의 다양화와 외국과의 관광교류 활성화 등이 핵심 내용이다.

2007년 관광총국은 남포특급시, 황해북도 사리원시와 봉산군, 황해남도 해주시, 평안남도 안주지구 등을 외국인을 대상으로 한 관광지로 새롭게 포함하고, 와우도유원지, 남포항 2호도크, 룡강온탕원(온천), 사리원 민속거리, 범안리 양어장, 봉산군 은정협동농장, 계남목장, 백상루, 칠성공원, 연풍중학교, 대각청년언제(둑), 강원도 원산농업대학과 안변군 천삼협동농장을 참관지로 추가하였고, 예술공연, 체육경기를 관광상품으로 개발하였다. 외국과의 관광교류를 위해서 세계관광기구(WTO), 아시아·태평양여행협회와 아시아, 유럽, 아메리카의 200여 개 여행사와의 연계사업도 진행하고 있다.

북한을 찾는 외국인 관광객의 경우 남측을 제외하고 한 해 평균 5만 명에서 10만 명 정도로 추산하고 있다. 외국인 관광객 중 절반 정도는 중국인이며, 외에 일본, 러시아, 홍콩 등지의 관광객들이 북한을 찾고 있다. 최근 북한이 관광사업에 대한 관심을 갖고 활성화를 위해서 노력하면서 재외동포를 비롯한 외국인 관광객이 늘고는 있지만 관광 인프라가 열악하고, 상품이 다양하지 못하여 확대되지는 못하고 있다. 대부분의 관광객들은 단기체류이며, 장기체류형 관광객은 그리 많지 않다.

북한 주민들이 관광하려면 사전의 승인을 받아야 한다. 평양 시민의 경우에는 한 달 전에 국토환경보호성에 신청하고 5일 전에 참관권

을 받아야 하며, 지방인민들은 도인민위원회 국토관리국에 한 달 전
에 예약하고 참관권을 발급받아야 갈 수 있다.

1) 산

북한의 산은 수려하고 기암괴석이 많아 관광자원으로 활용할 여지
가 충분하다. 북한의 산으로는 개방된 금강산을 비롯하여, '함경북도
의 금강'으로 불리는 칠보산, 민족의 성산 백두산, 묘향산, 구월산이

〈사진 15-2〉 북한에서 바라본 백두산

널리 알려져 있으며, 이외에도 황해남도의 장수산, 자강도의 오가산, 평안북도의 약산, 평양의 모란봉 등이 명산으로 이름난 산이다. 이 가운데 백두산, 묘향산, 오가산, 칠보산, 구월산, 금강산 등이 자연보호구로 지정되어 있다.

백두산은 북한 량강도 삼지연군과 중국 지린성의 경계에 있는 우리나라에서 가장 높은 산이다. 백두산은 화산 활동의 기록이 있는 휴화산으로 최근에는 화산활동이 활발해지면서 폭발에 대한 관심이 높아지고 있다. 백두산 최고봉은 병사봉(장군봉, 백두봉)으로 높이는 2,750m이다. 백두산 정상 부근에는 화산 폭발로 인해 생긴 회백색의 부석들이 덮고 있다. 고도가 높아 9월부터 이듬해 6월까지 겨울이다. 8월에도 그늘진 곳에서는 눈자락을 볼 수 있다. 겨울 기간 동안 하얀 눈으로 덮여 있어 장백산 또는 백두산이라 불려져 왔다. 중국의 『산해경』에서는 불함산, 『삼국유사』의 「고조선조」에서는 '태백산'이라고 했다. 『고려사』 광종 10년 조에서 '백두산'이라는 지명을 찾을 수 있다.

묘향산은 북한의 4대 명승지 중에 하나로 꼽히는 산으로 북한 평안북도 영변군·희천군과 평안남도 덕천군에 걸쳐 있는 산이다. 최고봉은 비로봉으로 1,909m이다. 묘향산은 그 자태가 더없이 묘하고, 신비하고, 향기가 감돈다고 해서 '묘향산'이라는 이름이 붙었다. 산세가 웅장하고 신비롭다고 해서 웅심산 혹은 삼신산으로도 불렸다.

묘향산은 예로부터 한국 5대 명산의 하나 조선 8경의 하나로 알려져 왔다. 고려 중엽 이후에는 묘향산의 바위들이 희고 정갈하다는 뜻에서 태백산이라고도 불렀다. 서산대사는 "금강산은 빼어나기는 하나 장중함이 덜하고 저리산은 장중하나 빼어남이 부족한데, 오직 묘향산만이 장중하면서도 빼어나다"고 극찬했었다. 서산대사가 말했던 것에서 알 수 있듯이 묘향산 산세는 수려하기로 유명하다.

묘향산은 예로부터 '8만 4천봉'이라고 할 만큼 봉우리와 기암절벽이 많다. 금강산의 봉우리가 삐죽하고 우뚝하여서 남자 산이라고 한다면 묘향산은 둥글하며 산세가 고와서 여자 산이라고 한다. 여러 갈래의 골짜기들과 맑은 옥계수와 폭포로 이루어져 있다. 수많은 폭포로 이루어진 만폭계곡은 묘향산의 산세가 대표한다. 묘향산은 평양에서 멀지 않고, 30~40분 거리에 룡문대굴도 있다.

숙박시설로는 향산호텔이 있다. 묘향산 기슭에 위치한 향산호텔은 피라미드 모양의 독특한 건축양식의 15층 건물로 228실의 객실을 갖추고 있다. 15층에는 회전식 전망대레스토랑이 있다. 사전에 미리 요청하면 묘향산 특산물인 칠색송어 구이와 어죽, 오리 구이 등으로 야외 식

〈사진 15-3〉 묘향산 전경

〈사진 15-4〉 함경북도 해칠보

사를 할 수 있다. 묘향산에서는 산불 때문에 지정된 곳 이외에서는 취식이 금지되어 있다. 야외 식사장에서는 숯불구이를 맛볼 수 있다.

칠보산은 명승지로서 북한 인민들이 즐겨 찾는 관광지 가운데 하나이다. 함경북도에 위치하고 있으며, 해발 659m이며, 250km^2 지역에 걸쳐 있다. 금강산을 방불케 한다고 하여 '함북금강'으로 불린다. 칠보산은 산봉우리들과 골짜기, 기묘한 바위들로 내칠보와 외칠보, 해칠보로 이루어져 있다. 내칠보에는 곡식 낟가리를 쌓은 듯한 노적봉과 웅크린 사자 형상의 만사봉, 나한봉, 천불봉, 종각봉이 유명하다. 이 다섯 봉우리를 '오봉산'이라고 하기도 한다. 외칠보에는 수천 마리의 새들이 날아드는 듯한 봉서암과 남물상을 비롯하여 가람봉, 맹수봉, 기적봉 등의 봉우리가 유명하다. 해안선을 따라 100여 리에 펼쳐진 해칠보는 깎아지른 듯한 벼랑과 바다 가운데 서 있는 기둥바위, 무지개바위, 줄바위 등으로 곳곳에서 절경을 연출한다. 칠보산에는 휴양소, 야영소를 비롯하여 여러 휴양시설들이 있다.

구월산(九月山)은 황해남도 은율군, 삼천군, 안악군, 은천군에 걸쳐 있는 산이다. 궁홀산, 증산, 아사달산, 삼위산이라고도 한다. 음력 9월에 가장 아름답게 보이기 때문에 구월산이라고 지었다는 유래가 있다. 구월산에는 한인 한웅 단군왕검을 모신 삼성(三聖)당이 있다. 최고봉은 사황봉으로 954m으로 공기가 맑고 **빼어난** 경치를 자랑한다. 2003년 10월에 자연보호구역으로 지정되었고, 유원지와 유희장이 마련되어 있다.

2) 수자원: 호수, 온천, 약수

호수는 동해안에는 자연호가, 서해안에는 인공호가 많다. 강원도의 삼일포와 시중호가 있으며, 함경북도의 서번포와 장연호, 함경남도의 광포, 장진호, 부전호, 황해북도의 서흥호와 은파호가 유명하며 백두산 천지와 삼지연 평안남도의 연풍호, 남포의 태성호 등이 유명하다.

북한의 온천은 수온이 높고 수질이 양호하여 치료용으로 적극 활용되고 있다. 북한의 온천은 함경북도와 황해도 지역에 많다. 함경북도의 경성온천, 주을온천, 팔담온천, 온포온천, 황해남도의 옹진온천과 달천온천, 평안남도의 석탕온천, 용강온천 등이 널리 알려져 있다.

온천을 이용한 치료는 단기간보다는 30~40일 정도 시간을 두고 집중적으로 시행되고 있다. 온천치료로 유명한 곳을 보면 함경북도의 경성온천과 팔담온천은 동맥경화와 십이지장궤양, 호흡기 질병, 국강 질병 등에 특효가 있으며, 황해남도의 옹진온천과 은천온천은 염소와 나

〈사진 15-5〉 해설강사

트륨 성분이 많아 류머티즘 관절염, 고혈압, 신경통 계통의 치료에 좋다. 평안남도의 성천온천, 석탕온천은 피부병, 부인병 치료로 널리 이용되고 있다. 치료용으로 사용되는 온천수는 35~100℃ 이상이며, 수량도 풍부하다. 함경북도 온포온천의 수량은 하루 수천 톤에 달한다.

평양 시민들의 즐겨 찾는 약수로 옥류약수가 있다. 평양시 중구역 대동강 기슭의 옥류약수음천장에는 많은 평양시민들이 찾아온다. 옥류약수는 지하 190m의 땅 속에서 나오며, 온도는 10~13℃이다. 옥류약수에는 칼륨, 나트륨, 마그네슘, 철 등의 광물질이 풍부하게 녹아 있어 만성위염을 비롯한 내장질환과 피부병, 당뇨병, 빈혈에 특효가 있다.

〈사진 15-6〉 박연폭포

3) 동굴

폭넓은 석회암층이 분포되어 있어 석회동굴이 100여 개 정도로 많이 분포하고 있다. 1984년에 발견된 북한 최대의 석회동굴인 평안북도 지역의 용문대굴을 비롯하여, 평안남도 개천의 꽃동굴, 평안북도 구장군의 백령대굴, 함경남도 홍원군의 운포동굴, 평안남도 개천시의 송암동굴 등이 유명하다.

룡문대굴은 북한 최대규모의 석회동굴로 평안북도 구장군 룡문산에 있다. 길이는 6km 정도로 2개의 원굴과 34개의 가지 동굴로 이뤄져 있다. 대략 약 4억 8천만 년 전에 형성된 것으로 추정하고 있는데, '지하금강'으로 불릴 만큼 경치가 빼어나 일찍부터 관광지로 개발되었다. 김정일 국방위원장도 1996년 3월 현지를 방문하여 명소 지정을 비롯하여 보존관리 등의 현지지도를 하였다. 북한 관광객들도 많이 찾는 관광명소이다.

개천꽃동굴은 평안남도 개천군에 소재한 동굴로 1964년 6월에 발

〈사진 15-7〉 관광객을 위해 설치된 야외매대(판매점)

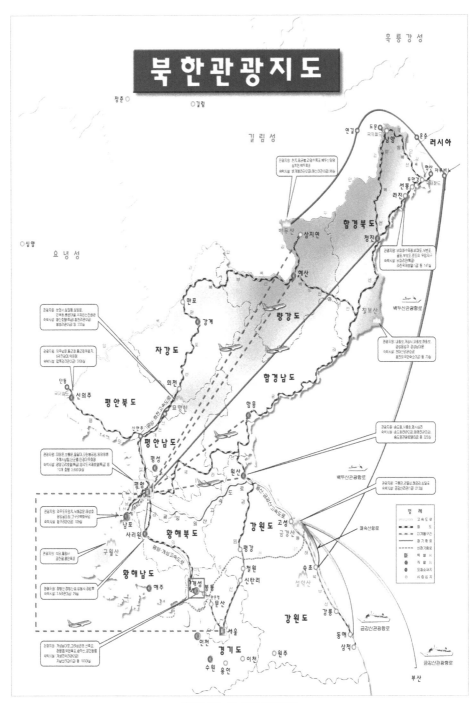

<사진 15-8> 북한 관광지도

견된 500m 길이의 동굴로 원굴과 3개의 가지굴로 이루어져 있다. 동굴은 수많은 종유석과 석순 등으로 여러 형태로 기가 막힌 풍경을 자아내고 있다. 동굴 가운데 무도장으로 불리는 100㎡ 정도의 공간이 있다. 천연기념물 제81호인 평안북도 구장군의 백령대굴은 950m의 원 굴을 비롯하여 14개의 가지굴로 이루어져 있다. 천연기념물 제282호인 운포동굴은 함남 홍원군 운포노동자구에 있으며 길이가 약 400m로 이루어진 석회동굴로 동굴 안에 깊이가 2m를 넘는 호수만도 10여 개가 넘는 등 호수가 많은 동굴로 유명하다. 천연기념물 제43호인 룡원동굴은 평안남도 개천군 룡원노동 자구에 위치한 동굴이다.

4) 자연보호구와 바다새 보호구

북한에서는 동해안과 서해안 지역에 7개의 '바다새 보호구'를 지정하여 희귀조류를 보호하고 있다. 바다새 보호구는 2003년 4월 내각결정으로 채택되었다. '바다새 보호구'는 나진선봉 지역에 있는 무인도, 강원도 통천군 앞섬, 평안남도 온천군의 덕섬을 비롯하여 서해지역의 태감도, 운무도, 랍도, 무기도 등이다. 특히 덕섬은 세계적으로 수백 마리 밖에 없다는 희귀조인 저어새를 비롯하여 쇠마우지, 괭이갈매기 등이 서식하고 있는 것으로 알려져 있다.

북한은 풍치가 뛰어나고 생물서식 환경이 좋은 곳을 골라 자연보호구로 지정하여 보존하고 있다. 오가산자연보호구가 있었으나 2003년 6월 내각결정 제20호로 보호구를 9개 유형으로 세분화하면서 오가산자연보호구 이외 랑림산자연보호구, 관모봉자연보호구, 경성자연보호구 등을 설정하여 4개의 자연보호구를 지정하여 보존하고 있다.

오가산자연보호구는 자강도 화평군 가림리와 량강도 김형직군 월탄리에 위치한 오가산(1,204m)과 운동산(1,330m)을 주봉으로 4,286ha에 달하는 지역이다. 강수량이 풍부하고 습도가 높아 원시림이 잘 보존되어 있으며, 800여 종의 식물과 날다람쥐를 비롯하여 수십 종에서 수백 종의 짐승과 조류, 열목어를 비롯하여 20여 종의 물고기가 서식하고 있다.

랑림산자연보호구는 자강도 랑림군, 장강군, 성간군, 룡림군에 걸친 랑림산(2,186m)으로부터 와갈봉(2,260m)을 포함한 24,615ha이다. 가문비나무, 전나무, 잣나무, 누운 측백나무 등의 나무와 고산식물, 쥐토끼, 산양 등이 서식하고 있다.

관모봉자연보호구는 한반도에서 두 번째로 높은 산인 관모봉(2,540m)을 중심으로 함경북도 경성군, 연사군 지역에 걸쳐 있으며 면적은 약 8,400ha이다. 우리나라 고산생태계의 전형적 구조를 갖고 있는데 장군풀을 비롯한 250여 종의 고산식물이 분포돼 있으며, 한국호랑이를 비롯하여 사향노루, 산양, 누렁이, 검은돈, 누른돈 등 보호동물들이 살고 있다.

경성자연보호구는 함경북도 경성군 지역에 29,600여ha 규모로 도정산(2,199m)에서 시작되는 주을천과 대련곡산(1,550m)에서 시작되는 오촌천의 계곡을 따라 보호구가 펼쳐져 있다.

3. 관광사업

북한에서 관광사업은 주목받던 사업은 아니었다. 북한은 천혜의 관광자원이 있지만 관광인프라가 열악하고, 관광에 대한 마인드가 없어서 관광사업을 그리 활성화되지 않았다. 하지만 최근 관광사업에 대한 인식이 달라지면서 관광사업에 대한 투자가 확대되고 있다. 특히 중국의 대규모 관광객을 겨냥한 북중관광의 활성화가 추진되고 있다. 중국도 북한과의 관계 개선을 위해 북한과의 협력을 적극적으로 추진하고 있다. 중국은 2006년 2월 도박 등의 이유로 북한 관광을 전면 금지하면서 초청 방식이나 대표단 방문 형식으로 추진되었다. 2010년 4월부터 MOU를 통해 단체관광을 전면 허용하면서 북한을 방문하는 중국관광객이 크게 늘고 있다.

북한은 2012년 외국관광객 최다 기록을 돌파하였다. 주요 관광객은 중국인으로 중국의 북한 관광이 허용되면서 매년 급증세를 보이고 있다. 중국이 북한을 단체관광지로 재허용하면서 중국 여행사의 북한

〈사진 15-9〉 금강산 목란관과 관광객

관광상품도 늘었다. 중국의 북한 관광상품은 4박5일이나 5박6일이 주요 상품이다. 가격은 4박5일에 6천 위안 정도로 알려져 있다. 2012년 3월 중국 항저우에서 북한을 관광하는 관광열차도 등장하였다. 북한 관광열차는 14량 규모 침대칸으로 정원 800명에 11일 코스로 운영되었다.

중국 국가발전개혁위원회와 국가여유국에서는 '동북지구 관광업 발전 계획'을 발표하였다. 북한과 러시아와의 육로관광 활성화에 기존 센양-단둥-평양 관광노선에 이어서 바이산-창바이(장백)-혜산 노선과 옌지-훈춘-팡촨(방천)-라진·청진 관광 노선이 새롭게 해외 중점노선 개발 대상에 포함되었다. 중국 관광부문 방문단도 2012년 4월 13일 평양에 도착하여 관광협의를 하였다.

중국 조선족자치주이 중심 도시인 옌지에서 북한 관광비자 발급 업무를 하고 있으며, 중국의 주요 지역과 북한을 연결하는 철도편도 증편되었다. 2013년에는 랴오닝성 단중에서 평양을 연결하는 직통열차가 증편되어서 매일 운행하고 있다.

중국의 주요 도시와 평양을 연결하는 직항노선도 개설되었다. 중국의 난징과 평양 직항노선이 임시 개통되었고, 상하이-평양 노선도 개설되었다. 말레이시아의 쿠알라룸프르와 평양을 잇는 정기편도 개설되었고, 중국 옌지와 평양을 잇는 관광전세기 운항도 재개되었고, 고려항공의 '베이징-평양' 노선의 운항수도 주 5회로 확대되었다.

북한에서도 외국인관광 사업을 위해 함흥 지역을 외국인 관광 허용지로 개방한 것으로 확인 되었다. 이를 비롯하여 외국인 관광 상품에 DMZ와 군사박물관 등을 개방한 것으로 알려졌다. 최근에는 원산지역에 대한 대대적인 휴양시설 확충과 개선작업을 진행하면서 국제관광지로 조성하고 있는 것으로 확인되었다.

북한을 방문하는 관광객의 핵심은 중국인이다. 최근 몇 년 사이에 중국인의 북한 관광이 급증하면서 북한은 관광사업을 외화벌이 수단으로 활용하고 있다. 2012년 북한을 방문하는 중국관광객 숫자가 급증하면서, 2013년 2월 중국 당국은 지린성 내의 3개 여행사에 대해 북한 관광상품 취급을 허락하였다. 이로써 지린성 내의 8개 여행사에서 북한 관광을 할 수 있게 되었다.

중국 국가여유국의 집계에 따르면 관광이나 사업, 친지 방문 등을 목적으로 북한을 찾는 중국인 숫자는 2009년 96,100명, 2010년 131,100명, 2011년 193,900명으로 늘었다. 북한은 자동차, 열차, 항공기를 이용한 다양한 관광상품을 개발하고 있다. 북한 고려항공도 상

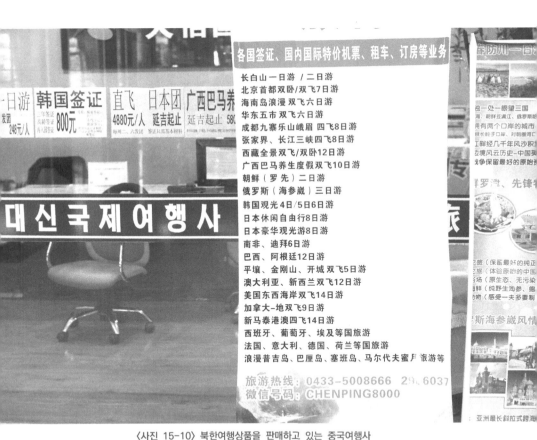

〈사진 15-10〉 북한여행상품을 판매하고 있는 중국여행사

하이, 난징 등을 연결하는 직항로 개설을 추진하면서 관광객 유치에
적극 나서고 있다.

〈사진 15-11〉
북한 신의주
관광상품을 판매하는
선전판

16장 먹거리 문화

1. 먹거리 개발

고난의 행군을 지나면서 북한이 겪은 어려움 가운데 가장 큰 것 중의 하나가 식량난이었다. 식량난은 외화난, 에너지난과 함께 이른바 3난의 하나였다. 고난의 행군 시기를 지나면서 북한은 식량난 극복을 위한 먹거리 개선에 적극적으로 나섰다. 북한의 먹거리 개선사업은 기초식품공장의 증설, 쌀농사 이외에 대체작물로써 감자농사의 권장, 염소나 타조와 같은 풀먹이 동물의 사육, 메기 등의 민물고기 양어사업 등으로 구체화되었다. 특히 감자는 대체작물로써 국가적 차원에서 장려하고 있다.

요리개발과 함께 닭이나 돼지 등을 사육과 도축시설을 갖춘 닭공장과 가축목장도 곳곳에 건설하고 있다. 가축으로는 감자농사로 유명한 량강도 대홍단군과 삼지연군에 돼지목장을, 황해남도 신원군에 축산종합기지인 계남농장을 건설하는 등의 가축목장을 건설하고 있다. 집중적으로 건설하고 있는 가축으로는 돼지, 양, 염소, 타조가 있다. 타조는 질병에 강하고 잘 자라며, 알과 고기, 가죽을 이용할 수 있어 새로운 가축으로 권장하고 있다. 이외에도 전통적으로 권장하였던 토끼 기르기 운동도 적극 독려하고 있다.

북한은 1971년 11월 제5차 당대회를 계기로 협동농장, 농가, 학교 등에서 닭, 오리, 토끼, 염소 등의 가축 사육을 의무화하였다. 1996년 6월 '풀먹는 집짐승을 대대적으로 기르라'는 지시 이후 전국적으로 풀판 조성과 초식동물 사육을 활발하게 전개하여 왔다. 특히 1999년 7월에는 토끼의 대대적인 사육을 지원하기 위하여 각 시·도군에 토끼 협회를 발족하면서 토끼사육을 장려하고 있다. 토끼사육을 장려하는 것은 토끼가 풀먹이 동물로 곡물사료를 먹이지 않고도 사육이 가능하며, 번식력이 뛰어나면서도 발육이 빨라 고기와 가죽을 얻을 수 있기 때문이다.

동시에 '알과 고기를 동시에 얻을 수 있는 닭·오리' 등의 사육을 장려하였다. 1999년 8월 '평양에 새로 건설된 가금목장'과 2001년 5월 '함흥시 청년염소목장' 현지지도를 계기로 전 지역에서 풀판조성과 염소목장, 닭공장, 오리공장 등 다양한 축산시설 건설 및 개건·현대화

〈사진 16-1〉 먹거리 정책을 담은 배경대미술

에 주력하고 있다.

북한의 현대화된 닭공장으로는 건축 면적 2만 1천여m²에 연간 닭고기 2천 톤, 달걀 1천만 개의 생산능력을 갖춘 홍주닭공장, 2000년에 완공된 강계닭공장, 황주닭공장, 2002년 현대적 시설로 완공된 평양시의 승호·하당·서포·룡성·만경대닭공장, 안주닭공장, 홍주닭공장, 상주닭공장 등이 있다. 광포오리공장, 115호오리공장, 강계오리공장, 두단오리공장, 북창오리공장 등의 시설을 현대화하였다. 집짐승 관련 목장으로는 '함흥시 청년염소목장'을 비롯하여 염소목장 100여 개, 가금목장 30여 개가 건설되거나 개건되었다.

돼지사육에 대해서도 강조하고 있다. 김정일 위원장은 2005년 11월 6일 115호 오리공장을 현지지도하면서 "최근 현대적 축산기지들과 양어장들이 크게 은을 내고 있으며, 여기에 최신 오리공장, 돼지공장까지 더 건설하면 풍성한 식생활을 보장할 수 있다"고 강조하면서 '돼지공장 건설'을 언급한 이후 돼지사육도 강조되고 있다. 김정일 위원장은 2005년 12월 군인들이 건설한 '돼지원종장과 육류냉동고'를 현지지도하면서 돼지 기르기를 대대적으로 벌려 나갈 것을 지시하였다. 이 지시 이후 강서돼지공장 개건 및 현대화 사업을 비롯하여 태천·강계·사리원 등에 돼지공장 건설을 추진하는 등 돼지사육에도 많은 노력을 기울이고 있다.

2. 식생활문화 개선

기초식품 공장 건설은 2000년부터 적극적으로 간장, 된장, 식용유 같은 기초식품 공장을 각 시·도별 1개꼴로 건설하고 있다. 또한 2000년 이후에 건설되는 기초식품 공장들은 자동화 설비를 갖추고 있다. 기초식품 작물로서 강조하는 것이 '먹는 기름(식용유)' 문제를 해결할

〈사진 16-2〉 맥주공장을 현지지도하는 김정일

수 있는 유채, 기름아마, 키 낮은 해바라기, 들깨 등을 권장하고 있다. 이 가운데 적극 권장되는 작목이 '유채'이다. 유채는 대표적인 '기름작물(유지작물)'로서 추위에 강하고 생육기간이 짧으면서도 기름 함유량이 많고, 장기간 보관할 수 있다는 장점이 있다. 기름을 짜낸 깻묵은 가축사료로, 줄기는 거름으로 활용할 수도 있어 활용도가 높다. 대부분의 협동농장에서 소규모로 재배하여 농장원들에게 '먹는 기름'으로 공급하고 있는데, 이모작이 가능하고 지력을 향상시킬 수 있는 유용한 작물로서 인식되어 점차 재배면적을 늘려가고 있다.

먹거리 개선을 위한 요리경연 대회도 개최하고 있다. 요리경연대회는 된장요리, 두부요리, 국수요리, 메기요리 등 분야별로 진행된다. 1993년 4월 명절을 맞이하여 '4월의 명절 요리축전'을 개최한 이후 '조선료리협회' 산하 지역요리협회와 부문협회의 수십 개 단체들이 참가하여 새로 개발한 요리와 특산요리 등을 겨루는 전국적인 요리경연대회를 정례적으로 개최하고 있다. 경연대회는 평양과 지방으로 나누어서 열리는데, 통상 평양에서 먼저 개최하고, 각 시도별로 지방요리축전이 열린다. 2004년 제12차 '4월의 명절 요리축전'은 4월 1일부터 2일까지 평양에서 개최되었으며, 4월 10일부터 20일까지는 각 도별로 지방요리축전이 열렸다. 요리축전에는 고려호텔이나 청류관, 송산식당 등 유명식당에서 요리를 출품한다. 북한 주민들에게 인기 있는 요리로는 '평양냉면', '신선로', '잣죽', '잉어청주냉찜', '내포탕(내장탕)', '닭인삼찜', '오리구이' 등이 있다.

3. 민족음식

1) 민족음식 장려정책

북한에서는 우리 민족제일주의 정신에 따라 생활 속에서 전통문화
에 대한 우수성을 찾는 노력이 진행되고 있다. 김정일 국방위원장도
'우리 인민은 실생활을 통하여 우리 민족의 위대성을 깊이 느끼고 있
으며 조선민족으로 태어난 것을 더 없는 자랑으로 여기고 있습니다'
고 강조하면서 실생활에서 민족의 우수성을 느낄 수 있도록 생활과
전통문화의 결합을 강조하고 있다.

2002년 7월 11일 ≪로동신문≫는 정론 「태양민족의 아리랑」을 통하
여 "조선사람이라면 누구나 향기로운 김치맛을 알고 조선민족이라면
누구나 조선치마저고리를 사랑하며 평양랭면과 구수한 토장국맛을
좋아 한다"고 강조할 정도로 전통 음식의 중요성을 강조하기도 하였
다. 이에 따라서 '선조들이 창조한 민속음식들을 우리 대에 모조리 찾
아내 시대적 미감에 맞게 발전시'키는 전통 민족음식의 개발·보급 사
업이 장려되고 있다. 민족음식의 장려 정책에 따라서 민족음식품평회,
특산요리 축제, 전통음식전문점 개설 등의 정책들이 추진되고 있다.

민족음식의 개발을 위하여 민족적 색채가 강한 지방 특산음식을 선
정, 보급하고 있다. 북한의 주요
식당을 관리하는 봉사관리국에서
는 일반 주민들에게 제공할 민족
음식을 적극 발굴하고 있다. 2003
년에는 평양에서 지방 시·도의 특
산물 식당들이 참여한 가운데 제1
회 각도 특산요리경연대회를 개
최하였다. 이러한 민속음식 품평

〈사진 16-3〉 된장을 소개하는 과학영화 〈기초식품 조선장〉

회를 통하여 지방특선 요리들을 적극 발굴하고 있다. 또한 민족음식 전문점도 개설하였다. 북한에서 요리로 유명한 황해북도의 경우 송화가루 등을 이용한 민속요리를 개발하는 한편으로 2004년에는 사리원시에 '단고기(개고기)국밥'을 비롯하여 약밥, 냉·온면, 녹두지짐 등을 주 메뉴로 하는 민속거리 식당을 조성하였다.

한편으로 민족음식을 전문으로 하는 음식점도 문을 열었다. 북한의 대표적인 음식점으로는 평양냉면으로 유명한 옥류관이 대표적이다. 옥류관은 가장 많이 알려진 음식점이다. 옥류관은 대동강 기슭 옥류바위 위에 2층 한옥으로 지어진 북한의 대표적인 음식점으로 2000년

〈사진 16-4〉 평양의 대표 식당 옥류관

6월 평양을 방문한 김대중 대통령도 방북 둘째 날 이곳을 방문하기도 했던 명소이다. 옥류관은 1960년에 문을 연 오랜 역사를 가진 식당이다. 주로 고위층의 연회장소, 외국인 접대 장소로 많이 이용된다. 좌석 수 는 2,200석으로 본관 1층에는 100여 석의 규모의 2개 대형식당과 30~40석 규모의 연회장, 8~15석을 가진 6개의 작은 방문한 30여 개의 중소연회장이 있다. 2층에는 600여 석의 대연회장이 있다. 옥류관의 메뉴로는 평양냉면을 비롯해 평양온면, 대동강 숭어회 등으로 유명하다. 최근에는 철갑상어요리, 메추리요리, 자라요리를 개발하여 선보였다. 여러 요리가 있지만 역시 옥류관을 대표하는 요리는 냉면이다. 놋그릇에 담겨 나오는 옥류관의 냉면은 면질이 남한의 냉면에 비해 부드럽고 육수 맛도 담백한 것이 특징이다. 200g짜리 물냉면과 300g 짜리 비빔냉면이 있다. 냉면과 함께 녹두빈대떡이 곁들여 나온다.

이외에도 청류관, 통일관, 평양메기탕집, 압록각 등도 저마다 특색 있는 메뉴를 자랑한다. 전통음식 전문점으로는 통일관이 유명하다. 평양시 보통강변 천리마거리에 있는 통일관은 북한에서 민족 전통음식을 전문으로 하는 음식점이다. 통일관의 요리들은 '우리 민족 고유의 요리들을 그대로 살려 나가고 있는' 민족요리로써 '색깔과 모양이 우아하고 정갈하며 보기만 해도 먹음직스럽고 감칠맛이 있어 찾는 사람들의 구미를 돋운다'는 소리를 듣고 있다.

통일관의 대표적인 민족요리로는 7첩, 9첩, 12첩 상을 비롯해 신선로, 약밥, 약과, 경단, 추어탕, 설렁탕, 냉면, 만두국, 조랭이 떡국 등 20여 가지의 민족음식이 있다. 통일관 요리 가운데서 가장 인기 있는 요리는 '영양소들이 골고루 들어 있어 건강과 장수에 좋은' 신선로 라고 한다. 통일관에서는 이러한 민족요

〈사진 16-5〉 평양 옥류관의 대표메뉴 냉면

리와 함께 인삼차, 찹쌀차 등의 차와 청주를 맛볼 수 있다.

2) 김치

남북을 통틀어 가장 대표적인 음식을 꼽으라면 역시 김치가 손꼽힐 것이다. 김치는 상고시대부터 만들어 먹었던 전통음식으로 소금에 채소를 절이는 소박한 형태로부터 출발하였다. 현재와 같은 형태를 갖춘 것은 조선시대 중기였으며, 임진왜란을 통해 일본으로부터 고추가 들어오면서 붉은 색을 띠기 시작하였다.

김치가 우리 민족의 식생활에 밀접하게 연결되어 있음은 여러 문헌을 통해 확인된다. 조선 헌종 때 정학유의 「농가월령가」 10월령을 보면 겨울을 앞두고 하는 여러 준비 가운데 가장 우선적으로 김장을 꼽았다.

시월은 초겨울이니 입동 소설 절기로다 나뭇잎 떨어지고 고니 소리 높이 난다 듣거라 아이들아 농사일 끝났구나 남의 일 생각하여 집안 일 먼저 하세

무 배추 캐어 들여 김장을 하오리라 앞 냇물에 깨끗이 씻어 소금 간 맞게 하소 고추 마늘 생강 파에 조기 김치 장아찌라 독 옆에 중두리요 바탱이 항아리라 양지에 움막 짓고 짚에 싸 깊이 묻고 장다리 무 아람 한 말 수월찮게 간수하소

방고래 청소하고 바람벽 매흙 바르기 창호도 발라 놓고 쥐구멍도 막으리라 수숫대로 울타리 치고 외양간에 거적 치고 깍짓동 묶어 세

〈사진 16-6〉 김치를 소재로 한 북한 우표

우고 땔나무 쌓아 두소

　우리 집 부녀들아 겨울옷 지었느냐 술 빚고 떡하여라 강신날 가까웠
다 꿀 꺾어 단자하고 메밀 찧어 국수 하소 소 잡고 돼지 잡으니 음식이
널렸구나

　북한에서도 김치는 가장 중요한 민족음식으로 평가한다. 김치는 예
로부터 조선인민들의 식생활에서 없어서는 안 될 민족을 상징하는 고
유한 민족음식이다. 김치의 재료와 효능이 뛰어나고, 사철 계절에 상
관없이 담아 먹을 수 있다. 김치는 입맛을 돋우어 줄 뿐만 아니라 몸에
도 좋다고 평가한다. 김치에 많이 들어 있는 비타민C는 피부를 튼튼
하게 하며 면역력을 높여 준다. 김치에는 광물질이 많이 들어 있어
산과 알칼리의 균형을 유지하게 함으로써 건강에 좋은 영향을 주는
음식으로 한민족을 대표하는 음식으로 해외에도 널리 알려졌다고 평
가한다.

　북한은 지리적으로 북방에 위치하고 있어서 겨울이 길고 춥다. 11
월부터 이듬해 3월까지 다섯 달을 겨울로 치는데, 김치는 가장 중요한
동절기 식재료이다. 겨울이 길어 김장김치가 더욱 중요시되었으며,
김치를 이용한 김치찌개, 김치비지, 김치빈대떡, 동치미 국수 등의 음
식이 발달하였다. 사골국물과 멸
치액젓으로 양념한 시원한 김치
국물에 밥을 말아 먹는 김치말이
밥이나 국수를 넣어 먹는 김치말
이국수, 김치를 듬뿍 넣은 김치만
두 등은 북한 음식의 별미로 꼽힌
다. 이처럼 김장이 중요하기 때문
에 겨울이 다가오는 11월이 되면
겨울용 김치(김장김치) 담그기에

〈사진 16-7〉 김치를 소개한 방송물 〈민족음식 통배추김치〉

여념이 없다.

　김장 준비는 1월부터 시작한다. 매월 월급에서 김장을 위한 적금을 별도로 관리하여 돈을 모아 두었다가 협동농장과 계약하여 10월 말~11월 초에 협동농장으로부터 김장감을 배정받는다. 계약은 각 구역 인민위원회에서 지역 내 기업소별로 김장 소요량을 파악하여 협동농장을 배정하는 방식으로 이루어지는데 매년 1월에 계약을 마친다. 김장철을 앞두고는 북한 당국에서도 매년 각지의 농업관리기관 및 농민들에게 무·배추 등 김장용 채소 관리에 만전을 기할 것을 촉구한다. 가을이 되어 김장감이 배정되면 본격적인 김치 담그기에 들어간다. 김장을 담글 때면 찬물에다 손을 담그고 수백 킬로그램이나 되는 김장을 만들어야 하기 때문에 김장전투라고 표현한다. 도시에서도 예외 없이 김장을 담그는데, 아파트 베란다를 활용한다. 김장철에는 직장 여성들에게 특별히 이틀의 휴가도 준다.

　김치는 배추와 무를 기본 원료로 하면서, 고추, 마늘, 파, 생강 등의 양념 재료와 고기, 물고기, 젓갈을 비롯한 여러 영양 재료들을 이용하여 만드는데, 김치의 종류는 알려진 것만 해도 수십 가지가 된다. 지역적으로 보면 비교적 따뜻한 남부지역에서는 멸치젓을 많이 사용했고, 중부지역은 새우젓을 주로 사용했다. 양념으로 물고기를 넣기도 하는데, 서해안 일대에서는 조기를, 동해안 일대에서는 명태를 주로 넣는다. 평안도와 황해도에서는 다양한 젓갈을 활용한다.

〈사진 16-8〉 북한식 김치.
국물이 많은 것이 특징이다. 김치말이국수 등 김치 국물을 이용한 요리가 발달하였다.

　김장김치는 겨울철 부식물로서 일반적으로 11월부터 이듬해 3월까지 5개월 동안 저장해 두면서 먹기에 김장을 반년 양식이라고 하였다. 김장 김치로는 통배추김치, 석박지, 보쌈

김치, 동치미 등이 있다.

통배추김치는 가장 일반적인 김장김치로서 배추를 다듬어 소금에 절였다가 씻은 다음 미리 준비한 양념 속을 배추에 골고루 넣은 다음 잘 포개어 독에 넣어 두었다가 꺼내서 먹는다. 통배추김치를 담글 때에는 크게 자른 무를 같이 넣는다.

석박지는 절인 배추와 무를 썰어서 담근 김치로서 '써래기'라고도 한다. 보쌈김치는 절인 배추의 갈피마다 양념 속을 넣고 몇 토막으로 잘라 그것을 큰 배추잎으로 싸서 익힌다. 이밖에도 깍두기와 갓김치 등의 맛좋은 여러 김치들도 있다고 소개하였다.

김장김치 이외에도 사철 계절에 상관없이 담그어 먹을 수 있는 김치는 입맛을 돋우어 줄 뿐만 아니라 몸에도 좋다고 평가한다. 김치에 많이 들어 있는 비타민C는 피부를 튼튼하게 하며 면역력을 높여 준다. 김치에는 광물질이 많이 들어 있어 산과 알칼리의 균형을 유지하게 함으로써 건강에 좋은 영향을 주는 음식으로, 조선김치는 독특한 맛과 영양으로 아시아와 유럽의 여러 나라에서 인기를 모으고 있는 세계적인 식품으로 알려져 있다고 소개하고 있다.

김치와 관련하여 정광태 씨가 '김치 주제가'을 불러 인기를 모았으며, 최근에는 〈김치송〉이라는 어린이용 랩으로도 만들어지기도 하였다. 북한에서도 해방 전부터 구전하여 전해 오던 〈김치 깍두기 노래〉을 보천보전자악단의 김경숙이 불러 인기를 모았다.

2004년에는 남북경협 사업으로 남북김치협력사업이 승인을 받아 평양총각김치, 개성보쌈김치, 평양백김치, 개성인삼김치 등을 맛볼 수 있게 되었다.

〈사진 16-9〉 요리프로그램

3) 불고기

　북한의 인기 음식 가운데 하나가 불고기이다. 불고기 요리의 대표
적인 것은 소불고기이다. 소불고기는 양념한 불고기를 석쇠나 불판
등에 구워먹는 요리로 '소불고기 요리'는 신선한 쇠고기를 골라 깨끗
이 손질한 다음 길이 6cm, 너비 3cm, 두께 0.2cm가 되게 얇게 저며
섬유질 반대방향으로 잔칼질을 한 다음 다진 파, 마늘, 배즙, 참기름
포도주 등을 넣고 고루 무쳐서 30분 정도 재운 뒤 석쇠에 굽는다.
　남측의 불고기 요리는 불판에 굽는다면 북한에서는 석쇠에 굽는다
는 점에서 구분된다. 우리의 불고기는 북한에서 '소고기 볶음'에 가깝
다. 불고기는 음식이름이기보다는 조리법에 가깝다고 할 수 있다. 북
한에서는 고기의 종류에 따라서 소불고기, 닭불고기, 노루불고기, 염
소불고기, 돼지불고기 등으로 구분한다.
　최근 인기를 끌고 있는 불고기 요리로 염소불고기 요리가 있다. 북
한의 보도에 따르면 염소불고는 예로부터 전해 오던 조선의 민족요리
의 하나인데, 염소고기는 연하면서도 기름기가 적어 고기가 빨리
익는다는 특징이 있다. 염소요리 중에서도 구이가 제일 좋다. 고기를
길이 4cm, 너비 6cm로 썰어 파, 마늘, 설탕, 생강, 고추기름, 포도주,
양주, 조미료, 참깨, 간장 등으로 만든 양념에 섞어 20~30분간 재웠다
가 구워 먹는다. 먹을 때에는 야채를 곁들이면 더욱 좋다.

4) 식해

　북한의 특색 있는 음식 가운데 식해가 있다. 식해와 비슷한 이름으로
식혜가 있는데, 식해(食醢)의 해(醢)는 '젓갈 해'자이며, 식혜(食醯)의 혜
(醯)는 '(식)초 혜'자이다. 식해는 생선을 토막 친 다음 소금, 곡류, 고춧
가루, 무 등을 넣고 버무려 삭힌 음식이고, 식혜는 엿기름으로 밥알을

완전히 삭힌 후 건져서 찬물에 헹군 다음 먹기 직전에 밥알을 띄워내는 것이다. 식혜와 비슷한 것으로 감주가 있다. 감주는 식혜와 만드는 과정이 비슷한데, 밥알이 삭아서 뜨면 건져내지 않고 엿기름과 함께 계속 끓인다. 엿기름과 함께 계속 끓이면 전분이 빠져나간 밥알이 다시 당분을 흡수한다.

식해에는 가자미가 사용된다. 가자미식해는 중간 크기나 새끼 가자미에 메조, 무, 마늘, 생강, 고춧가루, 소금 등을 넣고 적당한 온도에서 삭힌다. 가자미를 재료로 하기에 가자미가 많이 잡히는 함경남도 일대에서 많이 담그며, 남측에서는 강원도 동해안에서 담근다. 귀한 손님이 올 때 대접하는 음식으로 알려져 있다.

5) 국수

우리에게는 냉면이라는 말이 익숙하지만 북한에서는 일반적으로 국수라고 부른다. 북한에서 국수는 '낟알가루를 되게 반죽하여 분틀에 넣고 눌러 얇고 긴 오리로 만들거나 칼로 썰어 끓는 물에 삶아 물에 말거나 꾸미를 놓아먹는 음식'이다. 냉면은 차게 해서 먹는 면이고, 온면은 따뜻하게 해서 먹는 국수라고 보면 된다. 참고로 북한에서는 라면을 즉석국수라고 한다. 봉지라면은 '봉지즉석국수', 컵라면을 '그

〈사진 16-10〉 민족음식 어북쟁반국수

〈사진 16-11〉 강냉이농마 느릅쟁이 국수

〈사진 16-12〉 냉면을 맛있게 먹는 법은 면과 육수가 섞이지 않게 사진과 같이 젓가락으로 면발을 감아 올린 다음에 면에 식초를 치고, 육수에 겨자를 넣어 먹는 것이다.

룻즉석국수'라고 한다. 라면과 비슷한 '꼬부랑국수'도 있는데 '꼬부랑국수'는 밀가루를 라면처럼 꼬불꼬불 모양으로 만든 것으로 기름에 튀기지 않은 국수를 말한다.

국수는 재료에 따라서 메밀국수, 밀국수, 감분(녹말)국수, 강냉이 국수 등으로 구분한다. 또한 국수 오리를 만드는 방법에 따라서 기계를 사용하는 실국수와 손으로 써는 칼국수로 구분하면 조리 방법에 의하여 온면과 냉면으로 구분한다. 냉면은 원래 북쪽에서 즐겨먹던 음식인데, 전쟁과 함께 남쪽에도 널리 퍼졌고, 여름을 대표하는 음식이 되었다. 냉면은 크게 물냉면과 비빔냉면이 있다. 물냉면은 메밀, 칡 등의 가는 면에 오이와 배, 무, 야채, 편육, 삶은 달걀을 넣어 시원한 육수나 동치미 국물을 부어 먹고, 비빔냉면은 매콤한 양념과 갖은 재료를 넣어 비벼 먹는다.

물냉면은 평양이 유명하고 비빔냉면은 함흥이 유명하여서, 함흥냉면하면 비빔냉면을, 평양냉면하면 물냉면으로 대표하게 되었다. 냉면의 성분이 지역에 따라 차이가 나면서 지역적 특색이 반영된 결과이다. 일반적으로 함흥냉면은 감자전분이나 강냉이, 고구마 전분이 많이 포함되어 있고, 평양냉면은 메밀을 주로 하여 만든다. 냉면은 메밀

북한상식 개마고원

개마고원은 량강도 중부와 남부, 서부와 함경남도의 북서부, 자강도의 동부 지역에 걸쳐 있는 고원으로 평균 높이 1,340m, 면적은 약 1만 4,300km²로 우리나라에서 가장 높고 넓은 고원으로, '한국의 지붕'이라 불린다.

514

함량이 많을수록 질기지 않고 부드럽다. 반면 밀가루나 전분이 들어가면 질겨진다. 함흥냉면에는 전분이 들어가 평양냉면보다 찰기가 있고, 매콤한 것이 특징이다. 함경도는 백두산과 함께 개마고원이 있는 험한 산간지대로 잡곡 생산이 많다. 특히 이지역의 특산물인 질 좋은 고구마와 감자 전분으로 뽑아 낸 특유의 가늘고 질긴 면발이 특징이다. 또한 난류와 한류가 만나는 동해안을 끼고 있어 갖가지 신선한 생선과 해산물을 이용한 음식이 많이 발달하였는데, 냉면에서도 회를 얹어먹는 회냉면이 유명한 것도 이런 지리적 특성 때문이다.

국수가 일반화된 것은 고려시대로 잔칫상이나 돌상과 같은 특별한 상에 밥과 함께 올라가면서 무병장수를 기원하는 풍습이 되었다. 참고로 우리나라 사람들은 빨리 먹기 위해서 면발을 잘라서 먹지만 면음식을 즐기는 중국에서는 복이 달아난다고 해서 면을 가위로 자르지는 않는다고 한다.

국수는 육수와 꾸미, 양념을 어떻게 하는 가에 따라서 맛이 결정된다. 국수에 사용되는 육수로는 꿩고기를 제일로 치며 닭고기, 소고기 등을 사용하기도 한다. 지방에 따라서 동치미 국물을 사용하기도 한다. 이런 것은 기본이고, 지역에 따라서 지역적 특성을 많이 띠고 있다. 평양과 평안도 지방에서는 평양냉면, 쟁반국수가 유명하고, 함경도에서는 감자농마국수, 황해도 지방에서는 녹두농마국수도 있다. 고명으로 편육, 오이무침, 볶은 고기가 주로 올라간다.

국수는 지역에 따라서 특색 있는 고명을 얹어지기도 하며, 새로운 요리로 개발되기도 한다. 옥류관에서 개발하여 손님들의 호평을 받는 메뉴 가운데 고기쟁반 국수

〈사진 16-13〉 감자요리를 주제로 한 예술영화 〈우리 요리사〉

가 있다. 고기쟁반국수는 2000년 이후 새롭게 개발한 음식으로 남녀노소 누구나 좋아하는 독특한 민족음식으로 소개하고 있다. 고기쟁반국수는 고기쟁반과 양념장, 국수사리로 구성되어 있다. 고기쟁반국수는 닭고기를 익힌 다음 먹기 좋게 찢어서 밑에 깔고 그 위에 삶은 달걀과 잘게 썬 배, 약간의 채소와 잣을 올려 만들며, 양념장은 마늘, 후추, 파, 참기름, 참깨, 고추 등으로 만든다. 먹는 방법은 사발에 담긴 메밀국수를 고기쟁반에 얹고 양념을 친 다음 육수에 말아 먹는다. 취향에 따라서 식초나 겨자를 넣어 먹기도 한다. 식초는 땀을 많이 흘리는 여름철 피로회복에 좋고, 겨자는 배탈을 예방하고, 식품이 상하는 것을 방지하는 효과가 있다. 냉면 육수는 땀을 많이 흘리는 더위에 수분을 보충해 주는 역할도 한다. 메밀은 다이어트에도 효과 있는 식품으로 알려져 있다.

6) 단고기(개고기)

남한에서 개고기는 혐오식품의 하나로 취급되고 있지만 북한에서는 당당한 민족요리로 대접받고 있다. 개장국, 개고기라는 말이 듣기가 편하지 않다고 해서 사철탕, 보신탕이라고 한다. 북한에서는 개고기를 '단고기'라고 하는데, 씹으면 단맛이 나기 때문에 붙인 이름이다. 단고기는 '오뉴월 복날에는 단고기 국물이 발잔등에만 떨어져도 약이 된다'는 말이 있을 정도로 여름철 보양식으로 인기를 모으고 있다. 평양을 비롯하여 주요 식당에는 단고기 요리가 코스 요리로 개발되었다. 단고기 전문점도 생겨났다.

대표적인 단고기 요리점으로는 락랑구역 통일거리에 있는 평양단고기집과 보통강구역에 위치한 안산관 운형식당이 특히 유명하다. 평양단고기 집과 안산관 원형식당은 각종 부위별로 요리가 다양하게 준비되어 있어 서로 맛을 경쟁할 정도이다. 북한을 방문하는 남쪽 관광객들이면 누구나 들리는 단골식당의 하나이기도 하다.

평양단고기집은 북한을 대표하는 단고기 음식점으로는 평양시 락랑구역 통일거리에 있다. 1960년대 신흥단고기집으로 시작하여 시설을 확충하면서 평양단고기집으로 바꾸었다. 평양단고기집은 630여석의 좌석과 80석 규모의 연회장을 비롯하여 노래방 공연장 등의 시설을 갖춘 단고기 전문식당이다. 2007년에는 한국인이 많이 거주하는 중국 심양(瀋陽)시 시타(西塔)가에 해외 직영점까지 개설하였다. 안산관 원형식당은 보통강 유원지 안에 있는 식당으로 단고기 외에도 불고기 요리, 면류, 지지미(지짐) 등의 민족요리와 외국요리를 맛볼 수 있는 식당이다. 식당 안에 단고기 전문식당이 있다.

25유로 정도면 단고기 요리를 코스별로 맛볼 수 있다. 요리로는 안심, 등심, 갈비, 발통, 골, 염통, 껍질, 코리, 신 등이 부위별로 요리에서 밥과 탕까지 코스가 나온다. 단고기 요리는 냄새가 나지 않아 처음

〈사진 16-14〉 평양단고기집

접하는 사람들도 거부감이 적다. 단고기 요리에 곁들이는 반주로는 따뜻한 소주가 나온다. 단고기 요리를 먹을 때는 찬물이나 차가운 맥주와 같이 찬 음식을 마시면 배탈이 날 수가 있다. 단고기를 즐기지 않은 분들도 많다. 이런 사람들을 위해서 동태국과 닭고기 요리가 준비되어 있다.

4. 대체 먹거리

기초식품 공장과 함께 부족한 식량난을 타개하기 위하여 대체먹거리 개발에도 적극 나서고 있다. 대체 먹거리로는 타조, 열대메기 등의 고기류와 감자와 옥수수 등의 곡물류, 토끼 등의 풀먹이 가축 기르기 등이 권장되고 있다. 새로운 먹거리로 강조한 타조와 메기를 이용한 여러 요리들도 개발하여 보급하고 있다.

1) 감자

감자는 북한이 식량난 해결을 위한 대안으로 적극적으로 권장하는 작물이다. '고난의 행군' 시기에 가뭄과 홍수 등의 자연재해를 겪으면서 자연재해에 강하면서도 식량으로 대체할 수 있는 감자의 중요성이 부각되기 시작하였다. 한때 옥수수를 쌀에 버금가는 곡물로 중요하게 여기기도 하였다. 옥수수는 단위 면적 당 소출이 높은 작물로 남측에서 옥수수 박사로 유명한 김순권 박사가 국제옥수수재단을 통해 옥수수 품종개량 등의 관련 기술을 지원하였다. 그러나 옥수수는 비료를 많이 필요로 하는 작물로서 최근에는 그 중요성이 많이 떨어졌다. 대신 감자가 대체 작물로서 중요성이 강조되고 있다.

감자는 고산지대의 다수확 작물로서 산악지형이 많은 북한의 지형적 특성에도 적합한 대용작물이다. 이러한 이유로 감자를 집중적으로 육성하기 시작하였고, 감사농사 장려 정책에 따라서 재배면적도 크게 증가하여 1999년 12만 정보였던 재배면적이 2004년 19만 정보로 증가했으며, 감자생산량도 꾸준히 늘고 있다.

감자의 대명사는 량강도 대홍단군이다. 1998년 10월 김정일 국방위원장이 대홍단군 현지지도에서 '감자·고구마 생산에서 획기적 전환을 일으킬 것'을 지시한 이래 두벌농사 방침과 감자농사 혁명을 강조하고 있다. 대홍단군은 감자농사의 시범지역으로 선정되었고, 대규모 시범농장과 함께 감자연구소, 감자가공공장도 있어서, 감자생산에서부터 가공까지 일관체계가 구축되었다. 1998년에 세워진 감자연구소는 종자개량을 통하여 지역 특성에 맞는 우량품종의 생산을 위한 연

〈사진 16-15〉 감자의 중요성을 강조한 배경대미술

〈사진 16-16〉 기록영화 〈대홍단의 감자꽃바다〉

구 사업에 주력하고 있으며, 2002년에 세워진 감자가공 공장은 연건평 4천여m²의 규모로서 감자를 원료로 한 전분, 당면, 엿, 술 등의 감자 가공제품을 생산하는 '종합적인 감자가공기지' 역할을 톡톡히 하고 있다. 감자면적 확대에 맞추어 다수확품종 개발·시험재배도 활발하다. 2006년에도 대표적인 감자 품종으로는 서해안 평야지대에서 재배 가능한 다수확 품종인 '올감자 6호', '올감자 7호'와 이모작 재배 품종인 '형산감자 1호', '형산감자 2호' 등이 있다.

대규모 감자시범 농장과 감자가공 공장이 있는 대홍단 군에는 주민들에게는 연간 1인당 1t 가량의 감자가 공급되어 삶은 감자, 구운 감자, 감자튀김, 녹말지짐, 녹말 묵, 감자김치, 감자떡, 감자빵, 녹말국수 등의 감자요리가 다른 어느 지역보다 많이 식탁에 오르고 있다. 최근에는 25°짜리 감자 소주인 '대홍단술'도 생산하고 있다.

2) 타조고기와 오리고기

북한에서 새로운 가축으로 각광받고 있는 것이 타조이다. 대규모 타조목장을 평양을 비롯하여 낮은 산간지대에 조성하여, 타조사육에 힘쓰고 있다. 타조사육이 본격적 시작된 것은 1990년대 후반이다. 1998년 9월 9일 정권수립 55돌을 맞이하여 목초지를 비롯하여 컴퓨터실, 종자타조사, 알깨우기장(부화장), 새끼타조사, 비육사 등의 최신식 시설을 갖춘 타조목장을 건설하였다.

타조를 집중적으로 육성하는 것은 타조고기가 맛이 좋은 고단백 식품이며, 가금류 가운데서 가장 큰 동물로 다른 가금류와 비교할 수 없을 만큼 생산성이 높기 때문이다. 타조알은 하나가 평균 1.5kg인데 이는 계란 40~50알과 맞먹는 것이다. 또한 타조는 풀먹이 동물로서 식성이 까다롭지 않고, 병에 잘 걸리지 않아 사육도 비교적 쉽기 때문에 적극 권장하고 있다.

2001년 2월 김정일 국방위원장의 제59회 생일을 맞아 평양의 옥류관, 청류관, 평양연못 등 평양시 인민봉사총국 산하의 음식점에서 타조고기를 명절 특식으로 제공하기도 하였다. 북한의 보도에 따르면 김정일 국방위원장이 타조종합목장에서 처음으로 생산한 타조고기를 인민봉사총국 산하 여러 음식점에 보내주고 이 타조고기로 '2월 명절'을 맞는 인민들에게 요리를 공급하도록 하였다는 것이다. 이때 음식점에서 제공한 타조요리들은 타조육개장, 타조고기만두, 타조발통요리 등이다.

오리고기는 여름철 보양식으로 많이 찾는 음식이다. 북한의 대표적인 오리전문식당으로는 평양오리고기 전문점이 있다. 평양오리고기 전문점은 1968년에 문을 연 식당으로 공훈요리사를 비롯하여 20여 명의 접대원이 봉사한다. 평양오리고기 전문식당은 두단오리공장에서 오리들을 독점으로 공급받는다. 두단오리공장은 평양 락랑구역에 있는 대규모 오리공장으로 수천 톤 정도의 오리고기와 알을 생산한다.

오리요리가 코스요리로 개발되어서 여름철뿐만 아니라 사계절 많은 사람들이 찾는다. 처음 나오는 요리는 오리발 익힘요리와 오리발에서 뽑아 만든 묵이 나온다. 오리는 불포화성 지방으로 느끼하지 않고 뒷맛도 깔끔하다. 이어 오리고기 붉은조림, 오리가슴구이, 오리위(모래집)요리, 오리고기 찹쌀완자찜, 신장요리, 오리고기

〈사진 16-17〉 함경남도 광포오리공장

골튀기, 간볶음이 차례로 나오고, 마지막으로 옥돌에 끓인 오리고기 탕국밥이 나온다. 오리고기탕국밥은 국물이 시원하고 맛이 담백한 것이 특징이다.

3) 토끼고기

최근에는 토끼고기도 새로운 요리로 주목받고 있다. 특히 토끼고기는 '먹은 뒤 탈 날 걱정이 없는 고기'로 단고기(개고기)에 비견되는 영양가를 갖춘 보양 음식으로 평가하면서 토끼 요리 개발과 보급에 나서고 있다.

북한이 토끼요리를 강조하는 것은 최근 몇 년간 대대적인 토끼 기르기를 강조한 것과 관련된다. 북한은 1990년대 식량난 이후 '풀과 고기를 바꾸자'는 구호 아래 토끼 기르기를 적극 권장하였다. 이에 따라서 공장이나 기업소는 물론 군부대나 일반 가정에서도 토끼 기르기가 크게 늘어났다. 토끼 기르기가 활성화되면서 주요 구역과 군 지역에 토끼 전문 식당을 확대하였다.

토끼요리 전문점 중에서는 대성구역에 있는 문덕거리 식당이 유명하다. 인기 메뉴는 토막 낸 토끼고기를 양념에 재웠다가 기름에 볶은 다음 대추와 함께 물을 부어 끓여내는 탕요리이다. 사람들은 '토끼고

〈사진 16-18〉 토끼고기의 우수성을 소개한 과학영화 〈영양가 높은 토끼고기〉

기 보신탕'이라고 부르며 즐겨 먹는 메뉴이다. 문덕거리 식당은 탕요리가 유명한 곳인데, 토끼요리가 이름을 타면서 토끼고기 보신탕을 찾는 손님도 크게 늘었다고 한다.

4) 양어와 메기요리법

풀먹이 동물을 중심으로 한 목장 건설과 함께 '인민생활에 절실히 필요한 1차 소비품과 기초식품을 더 많이 생산해야 한다'는 방침에 따라서 양어장 건설도 적극적으로 추진하고 있다. 김정일은 1997년 6월 30일 '양어를 더욱 발전시킬데 대하여'를 통하여 적극적으로 물고기 사업을 벌려나갈 것을 강조하였다. 양어장의 어종으로는 생산성이 높은 열대 메기가 인기를 끌고 있다. 양어장 조성과 함께 북한이 양식 어종으로 집중 개발하고 있는 열대메기 공장도 곳곳에 건설, 양식사

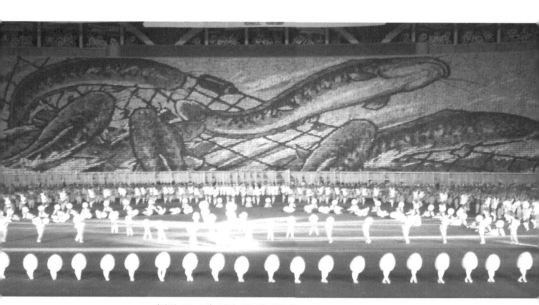

〈사진 16-19〉 메기 양식을 강조한 배경대미술

업에 주력하고 있다. 그 결과 전국적으로 200여 개의 메기 공장과 양어장이 신설, 확장되어 음식점으로 공급되고 있다.

양어장 건설이 본격화된 것은 1997년 무렵이다. 1997년부터 온천수와 화력발전소 폐열을 이용한 메기양식 기술을 개발하면서 2000년에만 200여 개의 메기 양어장과 메기 공장을 건설하는 양어장 사업을 대대적으로 벌이고 있다. 이러한 결과 2001년부터 양어장에서 양식된 메기들이 식당 등지로 공급될 수 있었고, 메기를 이용한 요리법과 메기음식점이 크게 늘었다. 1999년 평양에서 열대메기 요리품평회를 개최하여 메기를 이용한 탕, 국, 전, 튀김, 찜, 조림, 구이, 훈제 등의 수십가지 메기 요리를 선보인 적이 있었는데, 이를 일반가정까지 적극 권장하고 있다.

메기를 이용한 대표적인 음식으로는 메기로 만든 어묵인 '메기고기떡'이며, '메기탕', '메기전골' 등이 있다. '메기고기떡'은 메기를 잘 손질하여 살만 저며 부드럽게 다진 다음 소금, 생강즙, 후추, 조미료를 두고 재운 다음 둥글게 말아 찐 다음 썰면 된다. 메기요리로 가장 보편화된 것은 메기탕인데, 메기탕은 '메기매운탕'과 '메기맑은탕(지리)'의 두 종류가 있다. 영양도 많고 맛도 좋은 메기요리가 알려지면서 평양시에는 평양메기탕집, 새날메기탕집 등 메기탕전문 음식점이 잇따라 생겨났다. 평양메기탕집의 경우 하루 1천여 명이 넘는 손님들로 붐비고 있다.

5. 술과 음료

음식과 함께 술도 매우 중요한 먹거리의 하나이다. 잔칫날을 비롯하여 집안의 일이나 행사가 있을 때 빠지지 않지만 술은 퇴근 후에 한잔할 수 있는 일상적인 기호식품의 하나가 되고 있다. 당창건 55주년이었던 2000년 평양시에 선술집 세 곳을 개점하였으며, '생맥주 판매소'도 활발하게 운영되고 있다.

북한의 여러 술 가운데 대표적인 대중주는 소주 종류로 '평양소주'와 '대동강소주'가 있다. 평양소주는 25°로 남한의 소주보다는 조금 도수가 높다. 옥수수 73%, 입쌀 25%에 찹쌀과 보리를 원료로 하여 지하천연수를 이용하여 제조한다. 최근에는 단군이 마시던 아달샘으로 만든 25°의 '단군소주'도 인기를 모으고 있다.

지방의 특산물을 이용한 향토특산주도 개발되고 있다. 이들 향토주들은 내수뿐만 아니라 대외수출용으로 인기가 높다. 대표적인 지방특산주로는 인삼으로 유명한 개성의 인삼을 이용한 '고려인삼술', 량강도의 특산 들쭉으로 만든 '백두산들쭉술'은 널리 알려진 지방 특산주이다. 백두산들쭉술과 평양소주는 해외에도 수출되어 상당한 인기를 모으고 있는 것으로 알려져 있다. 평양소주는 강냉이, 쌀, 찹쌀을 주원료로 지한 170m암반수로 만들어진 북한의 대표적인 소주이다. 2007년 미국 정부의 공식 승인을 받고 미국시장에도 진출하기 시작하여 2008년부터 판매되고 있다. 미국에서 수출된 평양소주는 북한에서 판매되는 것보다 도수가 2% 낮은 23%이다.

이외에도 다양한 지방 특산주들이 개발되었다. 개성시의 '금패고려인삼술', 푸른대나무 진액을 원료로 한 '죽력고주', 자강도 강계시에서 개발한 알코올 16%의 '적포도주', '백포도주', 대홍단군의 특산물이 감자를

〈사진 16-20〉 북한의 대동강맥주

이용한 감자술인 '대홍단술', 평안남도 온천군의 신덕샘물로 빚은 '삼백술', '감홍로주', 남포의 '진지리소주', '대평술', '불로술', '인삼술' 등이 있다.

전통주인 막걸리로는 2006년 무렵에 대동강맥주공장에서 생산하기 시작한 주정 5%의 '해돋이 막걸리'가 유명하다. 그동안 막걸리는 공장에서 제조하기보다는 집이나 식당에서 조금씩 제조해서 유통되었다. 그러다 보니 막걸리의 맛이 방법에 따라서 달랐었다. 2004년 말 평양에서 막걸리 시음회를 열고 좋은 평가를 받은 막걸리 제조법을 개발하여 표준화하였다.

맥주는 대동강맥주공장과 룡성맥주공장 등 4~5곳에서 생산하고 있는데, '대동강맥주'와 '룡성맥주'가 많이 알려져 있다. 대동강맥주공장은 2002년부터 5.6%의 생맥주를 생산하여 보급하고 있다. 2007년 북한의 보도에 의하면 대동강맥주공장에서 생산된 맥주를 공급하는 봉사소가 150여 개나 된다. 북한의 대표적인 생맥주집으로는 대동강맥주집이 유명하다.

〈사진 16-21〉 강계산머루술

북한 주민들이 즐겨 마시는 음료로는 청량음료와 콩우유, 들쭉단물 등이 있다. 청량음료인 콜라와 사이다는 '룡성콜라', '령련사이다'가 있다. '룡성콜라'는 북한 최대 식품업체인 평양 룡성식료공장에서 개발한 콜라이다. 김정일 국방위원장이 '자본주의 침투의 척후병인 코카콜라를 먹지 말고 평양콜라나 신덕샘물을 마셔야 한다'고 지시한 이후 북한 최대 식품업체인 룡성식료공장에서 개발한 콜라이다.

'경련사이다'는 경련애국사이다공장에서 생산되는 제품이다. 평양시 동대원구역 문수봉에 있는 경련애국사이다공장은 1982년 김일성 주석 70회 생일을 맞아 재일본조총련 도쿄상공회 박경련 고문이 제조 설비를 들여와 설립하였다.

사이다로는 룡성식료공장에서 생사되는 '룡성 오미자사이다', '룡성 배사이다'도 유명하다. '룡성 오미자사이다'는 오미자를 알코올로 우려낸 물에 설탕 등을 풀어 만든 음료로서 식욕이 없거나 피곤할 때, 더위를 많이 탈 때, 신경쇠약, 기침에도 효험이 있어 인기가 높다.

콩우유는 두유(豆乳)로서 '콩물젖', '콩젖'이라고 한다. 주로 탁아소나 유치원, 소학교, 중학교 학생들에게 주로 공급된다.

단물은 '주스'를 의미한다. 들쭉단물은 량강도 백두산 일대에서 생산되는 들쭉을 원료로 한 청량음료이다. 들쭉의 용도는 다양하여 들쭉술을 비롯하여 들쭉사탕도 있다. 룡성식료공장에서 생산하는 '룡성 배 단물' 등도 있다.

여름이면 즐겨찾는 아이스크림은 북한에서 상당한 인기 품목이다. 특히 거리에서 음식을 판매하는 매대에서 아이스크림은 빼놓을 수 없는 먹거리다. 최근에는 다양한 맛의 아이스크림이 등장하면서 시민들에게 청량제 역할을 하고 있다. 국가에서 매대를 임대하면서 매대마다 경쟁이 치열해졌고, 새로운 맛의 아이스크림이 선보이게 된 것이다. 수박아이스크림, 토마토아이스크림, 차맛의 아이스크림이 나와서 인기를 모으고 있다.

〈사진 16-22〉 평양소주와 신덕산샘물

음료수 외에도 샘물(생수)도 즐겨 마신다. 북한 주민들이 즐겨 마시는 샘물로는 신덕산샘물이 유명하다. 신덕산샘물은 김정일 국방위원장이 콜라대신 마셔야 한다고 강조했던 일화가 있기도 한 북한의 대표적인 샘물이다. 최근에 건설된 평양샘물은 '평양의 금강산'이라고 불리는 룡악산 기슭에 세워진 '평양샘물공장'에서 생산하는 샘물이다. '평양샘물공장'이 세워진 곳은 행정구역으로 평양시 만경대 구역 원로리인데, 원로리라는 지명은 이곳에 물이 좋아서 장수한 사람이 많다고 해서 붙여진 이름이다. 샘물은 룡악산 지하수를 뽑아 올린 것으로 갈수기에도 충분한 수량을 확보할 수 있는 좋은 조건을 갖추고 있다. 장훈식료합작회사에서는 원로리의 샘물을 이용하여 장훈소주를 생산하고 있다.

6. 북한의 음식용어

북한에도 라면이 있을까. 라면은 없다. 대신 즉석국수가 있다. 남측의 라면을 북한에서는 '즉석국수'라고 한다. 봉지라면은 '봉지즉석국수', 컵라면을 '그릇즉석국수'라고 한다. 라면과 비슷한 '꼬부랑국수'도 있는데 '꼬부랑국수'는 밀가루를 라면처럼 꼬불꼬불 모양으로 만든 것으로 기름에 튀기지 않았다.

〈사진 16-23〉 음식프로그램의 레시피 소개 장면

북한에서도 즉석 국수, 즉 라면은 1980년대 외화상점에서 일본제와 중국제 라면을 팔았으며, 2000년 10월 평양시 대동강변에 현대식 시설의 '대동강즉석국수공장'을 세워 라면을 공급하고 있다. 꼬부랑국수는 1970년대 조총련 계열의 사업가가 세운 '애국국수공장'에서 생산되고 있는 것으로 알려져 있다.

　라면과 즉석국수의 비교에서 알 수 있듯이 남북문화의 이질화는 음식문화에서 적지 않은 영향을 미쳐 음식용어가 상당히 달라졌다.

　반죽한 밀가루를 손으로 뜯어서 넣는 '수제비'는 '뜨더국'이라고 하며, 북한의 수제비는 칼제비와 더불어 칼국수를 이르는 말이다. 또한 '족발'을 '발쪽', '누룽지'를 '가마치', '청국장'을 '썩장', '삼계탕'을 '닭곰', '튀김'을 '기름튀기', '찌개'음식을 '지지개', '훈제'를 '내굴찜', '내장탕'을 '내포국', '어묵'을 '고기떡', '햄버거'를 '고기곁빵', '도넛'을 '가락지빵', '찐빵'을 '증기빵', '양갱'을 '단묵', '전병'을 '바삭과자'로 부른다.

　이외에 '조미료'를 '맛내기'로, '반찬'을 '찔게', '살코기'를 '때살', '분유'를 '가루우유', '설탕'을 '사탕가루', '무말랭이'를 '무우오가리', '주스'를 '단물', '식용유'를 '먹는 기름', '양배추'를 '가두배추', '양파'를 '옥파' 또는 '둥글파', '녹말'을 '농마', '피망'을 '사자고추', '쌀밥'을 '입쌀밥' 혹은 '이밥' 등으로 부르고 있다.

　일반적으로 많이 먹는 '배추김치'를 '써레기김치', '써레기', '석박지', '막김치' 등으로 부르며, '술떡'을 '상하떡', '기지떡', '쉬움떡' 등으

〈사진 16-24〉
북한산 포장용 냉동명태

로 부른다. '부침개' 혹은 '전'류에 대해서는 남한에서는 '재료+전'으로 하여 '감자전', '김치전'이라고 하지만 북한에서는 '부침개'라는 표현을 거의 쓰지 않는다. 전은 고구마나 호박, 어류 등을 반죽에 묻혀 부친 음식을 일컫는다. 감자나 김치, 파에 대해서는 지짐이라고 한다. '빈대떡'도 '녹두지짐'이라고 한다.

국수와 냉면의 구분도 분명하지 않다. 출판물에서 국수와 냉면을 구분하기도 하지만 일반적으로는 구분하지 않고 국수로 통칭한다. 냉면은 국수와 다른 종류로 보는 것이 아니라 국수의 조리방법의 하나로 보고 '냉면'과 '온면'으로 구분한다.

조미료라고 할 때는 인공조미료나 양념수프를 의미하며, 양념할 때 주로 사용하는 깨, 후추, 고춧가루 등, 맛을 내는 재료들을 통틀어 양념감이라고 한다.

〈사진 16-25〉 중국 단둥에 있는 북한식당

17장 체육·스포츠

1. 체육정책

북한에서 체육은 '나라의 존엄과 기상, 국력을 힘 있게 과시하는 중대한 사업'으로 규정하고, '체육강국'을 건설하자는 구호 아래 체육 분야의 발전을 강조하고 있다. 체육 분야의 발전을 위해서 강조하는 것은 체육의 대중화이다.

김정은 체제에서도 전국에 체육시설을 확대하는 한편으로 체육발전을 위한 조직체계도 새롭게 세우면서 체육의 중요성을 강조하고 있다. 북한은 2012년 11월 4일 노동당 중앙위원회 정치국 확대회의를 통해 '체육 분야의 사업을 통일적으로 장악하고 지도'하기 위한 명분으로 '국가체육지도위원회'를 신설하였다. 초대 위원장으로는 당시 북한 정권의 실세였던 장성택이 임명되었다. 장성택이 처형된 이후에는 최룡해가 맡았다. 북한 최고 실세가 담당할 정도로 '국가체육지도위원회'의 위상은 매우 높다.

또한 도·시·군·무력기관에 체육지도위원회를 신설하여 국가체육지도위원회의 지도하에 해당 지역과 기관의 체육 분야를 발전시킬 예정이라고 밝혔다. 국가체육지도위원회의 주요 사업은 체육의 대중화, 생활화, 체육과학기술 향상, 선수양성, 국제경기를 위한 종합훈련 강화, 국내체육경기 활성화 등으로 구체화되었다.

방송과 언론에서는 체육열풍을 일으키자는 내용을 보도하면서 체육열풍을 강조하고 있다. 체육인들의 사기 진작을 위해 포상과 함께 연회를 개최하고, 체육인 아파트를 제공하였으며, 체육의 중요성을 강조하는 영화와 방송제작도 활발해졌다. 북한 체육인의 해외교류와 해외진출도 활발해졌다. 태권도시범단의 해외 시범공연도 지속적으로 진행하였다.

2. 국제 스포츠 스타

북한을 대표하는 스포츠 스타로는 계순희 선수가 있다. 유도영웅으로 불리는 계순희 선수는 16살의 어린 나이에 와일드카드로 출전한 1996년 애틀랜타올림픽 48kg급에서 일본의 유도영웅 다무라 료코를 꺾고 금메달을 따면서 세계를 놀라게 한 유도인이다. 당시 다무라 료

〈사진 17-1〉
국제대회에 참가한 선수를
환영하는 북한 시민들

코는 국제대회에서 82전 전승의 무패가도를 질주하던 세계 최강이었다. 당연하게도 여자 유도의 가장 확실한 금메달 후보였다. 일본 언론에서 '만약 일본이 단 하나의 금메달을 딴다면 그것은 다뮤라 료코일 것이다'라고까지 평가했을 정도이다.

세계 유도계에 혜성처럼 등장한 계순희는 평양 태생으로 출판사에 근무하는 아버지와 광복중학교 교사인 어머니 사이에서 태어났다. 10살 때부터 유도를 시작하여 모란봉체육학교에 입학하면서 선수생활을 하다가 박철 감독에게 발탁되었다. 157cm의 작은 체구이지만 타고난 힘을 바탕으로 두각을 나타내기 시작하여 만경대상체육대회와 백두산상체육대회 등을 제패한 이후 불패 가도를 달렸다. 체급을 올린 뒤에는 1997년 파리세계선수권에서 판정시비 끝에 2위에 오른 것을 제외하고는 1997년 아시아선수권, 1998년 아시안게임, 1999년 같은

〈사진 17-2〉
세계마라톤선수권
대회에서 우승한
정성옥에게 보낸
김정일의 격려문을 실은
《로동신문》

해 아시아선수권, 2000년 체코오픈대회, 2001년과 2003년 세계유도선수권대회에서 모두 우승하였다.

북한에서는 1992년부터 매년 국내외 대회에서 우수한 성적을 거둔 스포츠 스타 10명을 선정하여 발표하는데, 계순희는 최우수 선수가 처음 발표된 1992년부터 2004년까지 8차례나 최우수 선수에 올랐다.

북한이 국제스포츠 무대로의 진출이 시작된 것은 1960년대였다. 정권수립과 6·25 등으로 인해 1940년과 1950년대를 보내면서 남북은 국제스포츠 행사에 적극적으로 참여할 수 있는 여건이 마련되어 있지 않았다.

국제무대에서 북한의 이름을 알린 것은 1966년 월드컵이었다. 2002년 월드컵 한국과 이탈리아 경기에서 붉은 악마 응원단이 펼쳤던 'Again 1966' 응원은 바로 이 대회에서 이탈리아를 꺾고 아시아 국가로는 처음으로 8강에 올랐던 것을 의미하였다. 세계무대에서 전혀 알려지지 않았고, 이름조차 생소했던 북한이 칠레와 1:1로 비기고, 당시 세계 최강이었던 이탈리아와의 경기에서 사다리전법이라는 독특한 전술을 구사하면서 1:0으로 이겨 아시아에서는 최초로 월드컵 8강에

<사진 17-3> 북한의 유도영웅 계순희 선수

진출하였다. 8강전에서 포르투갈과 맞서 3:0으로 이기다가 에우제비오에게 4골을 내주면서 3:5로 패배하였지만 '아시아의 진주'라는 별명을 얻은 박두익 선수의 이름은 아시아를 대표하는 이름으로 기억되고 있다.

이외에도 1960년대 스포츠 스타로는 1962년 6월 모스크바 국제육상대회 때 400m와 800m에서 세계신기록을 수립한 육상선수로 아버지와 극적인 상봉으로 가슴을 울렸던 신금

단 선수가 있었다.

북한은 1970년대로 들어서면서 올림픽과 인연을 맺기 시작하였다. 1964년 도쿄 올림픽대회와 1968년 멕시코 올림픽 대회에서는 선수단까지 현지에 파견했지만 국제올림픽위원회에서 '조선민주주의인민공화국 (DPRK)'이라는 국호사용에 이의를 걸자 개회식을 앞두고 보이콧을 선언하였었다. 뮌헨 올림픽에서부터 '조선민주주의인민공화국(DPRK)'을 사용할 수 있게 되면서 1972년 뮌헨 올림픽대회에 나설 수 있었다.

1972년 뮌헨 올림픽에서는 사격 50m 소총 복사 종목에서 600점 만점에 599점이라는 경이적인 기록으로 리호준이 우승을 차지하였다. 1972년 대회에서 리호준의 금메달을 비롯하여 은 1, 동 3개로 종합성적 11위를 기록하였다. 반면 그때까지 올림픽에서 금메달을 한 개도 따지 못한 남측은 뮌헨 올림픽대회가 끝난 직후 태릉선수촌을 열고 선수들을 육성하기 시작하였다. 1975년 제33회 세계 탁구선권대회 여자 단식 우승자 박영순 등이 1970년대까지의 스타였다.

1980년대에는 별다른 스타를 내지 못하였다. 1980년 모스크바 올림픽 대회에서 금메달을 따지 못하였고, 1984년 LA 올림픽대회와 1988년의 서울 올림픽대회에 불참하면서 올림픽에서는 금메달과 인연을 맺지 못하였다. 이후 1989년과 1991년 세계체조선수권대회에서 우승하면서 체면치레를 하였다.

1990년대로 들면서부터는 우리의 귀에도 익숙한 스포츠 스타들이 등장하였다. 1991년 4월 일본 지바에서 열린 제41회 세계탁구선수권대회에서 남북은 코리아라는 이름으로 참가하여 우승하였다. 당시 북한에서 리분희와 유순복 선수가 참여하였다.

〈사진 17-4〉 북한 여자축구팀을 소재로 한 텔레비죤극 〈우리녀자축구팀〉

〈사진 17-5〉 체육인을 소재로 한 예술영화 〈청춘이여〉

1992년의 바로셀로나 올림픽에서는 권투의 최철수, 체조의 배길수, 레슬링의 김일, 리학선이 금메달을 차지하였다. 1996년 애틀랜타 올림픽에서는 레슬링의 김일이 올림픽 2연속 금메달을 차지하였으며, 유도에서 계순희가 16살의 나이로 금메달을 땄다. 1999년에는 정성옥이 스페인 세비야에서 열린 제7회 세계육상선수권대회 여자마라톤에서 우승을 차지하였다. 정성옥은 체육인으로서는 최고의 영예인 '인민체육인' 칭호와 '공화국 영웅' 칭호를 받았다.

2000년에는 홍창수가 세계복싱평의회(WBC) 슈퍼플라이급 챔피언에 오르면서 2001년 6월에 '로력영웅' 칭호를 받았으며, 2004년 10월에는 여자 프로복서 김광옥이 일본 스가 도시에를 물리치고 북한 최초의 여자 복싱 세계챔피언이 되면서 '체육영웅'이 되었다. 김광옥은 국제여자복싱협회(IFBA)가 선정한 '2004년 올해의 복서'에 뽑히기도 하였다. 북한의 프로복싱은 1992년 7월 '프로권투협회'가 결성되었고, 1993년 4월 평양 청춘거리 권투장에서 북한 최초로 '공화국 프로권투선수권대회'가 개최되었다. 이어 1995년 세계권투평의회(WBC)에 가입하였고, 1997년에는 세계복싱협회(WBA)와 범아시아권투협회(PABA)에 가입하였다.

3. 체육대회

북한의 체육은 국방과 연관한 국방체육을 기본으로 한다. 북한의 체육대회에서도 국방체육은 체육대회의 핵심 종목이다. 북한의 체육대회로는 '백두산 3대 장군'이라고 하는 김일성·김정일·김정숙의 출생지 이름을 딴 '만경대상체육경기대회', '백두산상체육경기대회', '오산덕상체육경기대회'가 있다.

만경대상체육경기대회는 1969년 4월 김일성 주석의 57회 생일을 기념하기 위해 창설한 종합체육대회로 북한 시·도와 조총련이 참가한다. 대회 3~4개월 전부터 각 시·도 예선전이 실시되며, 육상종목을 비롯하여 축구, 농구, 배구 등의 구기 종목과 사격, 도강(渡江), 집단강행군 등의 국방체육종목 등 총 40~50여 개 종목의 경기가 진행된다.

김정일 국방위원장의 생일을 전후하여 열리는 '백두산상체육경기대회'는 1977년 2월에 창설된 종합체육대회로서 김정일 국방위원장의 생일인 2월 16일을 전후하여 농구, 배구, 마라톤, 사격, 피겨, 아이스하키, 스피드 스케이트, 스키 등 육상종목과 구기 종목 그리고 동계종목 등 20여 개의 종목에서 전문 체육선수단 소속 선수들이 참가하여 20여 일 동안 진행되는 종합체육대회이다.

오산덕상 체육경기대회는 1997년 12월 김정숙 탄생 80주년을 기념하여 신설한 대회이다. 오산덕은 함북 회령시 소재 지명으로 김정일 생모 김정숙의 출생지이다. 오산덕상 체육경기대회에서는 '짧은주로속도빙상(쇼트트랙)'도 열리는데, 북한의 쇼트트랙은 주행거리에 따라

〈사진 17-6〉
시민들의 환영을 받는
선수들

서 성인급과 청소년급으로 구분되어 진행된다. 북한의 쇼트트랙 팀으로는 평양시 체육선수단, 평양철도국 체육선수단, 백마산 체육선수단, 평양시 서성구역 청소년체육학교, 자강도 체육학원 등이 있다.

'보천보 횃불상체육경기대회'는 북한에서 가장 오래된 체육대회의 하나로 김일성 주석이 1937년 6월 4일 량강도 보천보에서 일제경찰서를 습격했다는 '보천보전투'를 기념하기 위해 지난 1960년 창설되어

〈사진 17-7〉 2014년 인천아시안게임에 참가한 북한선수단

매년 개최되고 있다.

'전국인민체육대회'는 1960년에 창설된 북한 최대의 종합체육대회로 5년마다 개최된다. 전문 체육선수들을 비롯하여 조총련, 일반 주민까지 참가하는 종합적인 체육대회로 정권창건일(9·9), 당 창건일(10·10)을 전후하여 20여 일 동안 축구·육상 등 일반 종목과 국방체육종목·민족체육경기종목 등의 총 50여 종목의 경기가 진행된다.

청소년들을 대상으로 한 '전국 학생소년궁전 체육구락부대회'와 소학교 재학생이 참가하는 '장자산상 체육경기대회', 중학교 학생들을 대상으로 한 '정일봉상 체육경기대회', 대학생을 대상으로 한 '9월 5일상 대학생 체육경기대회' 등과 '전국중학교 학생농구경기대회', '전국대학생농구경기대회', '전국청소년, 학생 8·28 청년컵 쟁탈 농구경기대회' 등의 단일 종목 대회가 있다.

국제경기대회로는 국제친선 예술체조경기대회, 만경대상 국제마라톤대회, 평양국제초청 탁구경기대회, 백두산상 국제피겨축전 등이 있다. 백두산상 국제피겨축전은 2월 16일을 전후하여 3일 정도의 일정으로 진행된다.

4. 체육시설

북한의 체육시설로는 능라도에 있는 '5·1 경기장'이 있다. 북한 최대의 종합체육 경기장으로 1989년 5월 1일에 준공되었다. 처음 착공할 때는 대동강 능라도에 있어 능라도 경기장이라고 불리기도 하였으며 준공을 앞두고서는 '인민대경기장'으로 명명되기도 하였다. 그러나 1989년 5월 1일 준공식에서 '5·1 경기장'으로 명명되었다.

'5·1 경기장'은 6만여 평(20만 7천m2)의 면적에 15만 석 규모의 주경기장과 3개의 축구훈련장, 각종 실내연습장을 갖추고 있다. 1989년의 제13차 세계청년학생축전 대회의 개·폐회식 및 메인스타디움으로 사용되었다. 월드컵 예선대회를 비롯하여 굵직굵직한 대회나 대규모 군중대회나 행사 장소로 이용되고 있다. 평양의 대동강에는 5·1 경기장 외에도 양각도 축구경기장이 있다.

종합체육 단지로는 청춘거리가 유명하다. 1989년 7월에 개최된 제13차 세계청년학생축전에 대비하여 평양시 청춘거리(옛지명은 안골)에 종합체육단지를 건설하였다. 처음 종합체육단지로 조성할 때에는 축구·농구·배구·탁구·송구·역도·수영·배드민턴 경기장 및 경경기관·

〈사진 17-8〉 룽라도의 5·1경기장

중경기관 등 10개 경기장으로 구성되어 있었다. 경경기관은 체조·육상 등 유연성과 스피드가 요구되는 기록경기를 진행하기 위한 경기장이며, 중경기관은 유도·권투·레슬링 등 주로 힘이 요구되는 체급경기를 진행하는 체육관이다.

이후 야구경기장·태권도전당·메아리사격장 등이 추가 건설하면서 종합적인 체육단지로 자리를 굳히게 되었다. 태권도전당은 1992년 10월 10일 제8차 태권도세계선수권대회를 앞두고 문을 열었다. 6만여m^2의 부지에 메인경기장과 훈련석, 120여 개의 크고 작은 방들과 수영장, 연회장, 목욕시설을 비롯한 각종 편의시설이 들어서 있다.

체육관 이외에도 체육인식당·피로회복관, 1990년에 건설된 골프연습장 등의 부대시설이 있는데, 청춘거리 체육시설들은 주로 종목별 국가대표팀의 훈련장소와 각종 체육활동 장소로 이용되고 있다. 대단위 선수촌은 평양 외에 남포시에도 국제경기를 치를 수 있는 종합체육시설이 들어서 있다.

이외에도 김일성경기장, 평양체육관, 3·15체육관, 류경정주영체육관 등이 있다. 김일성경기장은 평양시 모란봉구역 개선동 개선문 옆에 위치한 종합체육경기장으로 총면적 4만 8천m^2에 10만 명을 수용한다. 평양공설운동장이었던 것을 1969년 증개축하면서 모란경기장으로, 다시 1982년 제70회 김일성 주석 생일을 기해 확충하면서 김일성경기장으로 개칭하였다. 일반 관람석 뒤에는 집단체조(매스게임)를 위한 배경대가 설치되어 있어 대규모 집단체조행사를 진행하기도 하였다. 운동장에는 인조잔디를 깔았으며, 부속시설로 건축면적 2만 5천m^2의 3층 건물로 된 6천 석의 빙상관을 갖추고 있다. 빙상관은 필요에 따라서 얼음을 녹이거나 빙판 위에 고무판을 덮고 탁구·농구·배구 등의 구기 종목의 경기를 할 수 있도록 하였다.

실내경기장으로는 평양체육관, 류경정주영체육관과 각 시·도 체육관이 있다. 평양시 중구역 보통문동 인민문화궁전 옆에 자리한 평양

체육관은 2만 명을 수용하는 북한 최대 규모의 경기장이다. 1973년
4월에 개관한 실내경기장으로 실내 스포츠대회와 '조선소년단전국련
합단체대회' 같은 대규모 군중집회도 자주 열린다. 대규모 군중집회
를 위해 한쪽에는 무대가 설치되어 있으며, 경기장 바닥에는 이동의
자를 놓을 수 있도록 만들었다. 이외에도 1만 2천 명을 수용할 수 있는
류경정주영체육관을 비롯하여 주요 도시에 건립된 남포경기장·청진

〈사진 17-9〉 김일성종합경기장

경기장·사리원경기장·해주경기장 등이 있다.

　일반인들이 이용하는 체육시설과 달리 남포시 용강군 태성호에는 조총계 상공인들의 지원을 받아 완공된 북한 최초의 골프장인 평양골프장이 있다. 평양골프장은 1982년에 착공하여 1987년 4월 김일성 주석 75회 생일을 기념하여 완공되었는데, 36만여 평에 18홀 규격의 코스(코스 길이 6.2㎞)와 목욕탕, 휴게실, 식당, 기념품 판매대 등이 딸린 클럽하우스를 갖추고 있다. 1987년 9월에는 조총련과 일본인 200여 명을 초청하여 개장기념 골프대회를 개최하였으며, 1988년 10월에는 전국인민체육대회 종목으로 채택하여 경기를 갖기도 하였다. 재일교포를 비롯하여 외국인들과 주요 간부들이 주로 이용한다. 평양골프장 이외에 와우도와 양각도에 9홀 규모의 골프장이 있다.

　최근 인기를 모으고 있는 종목으로 볼링이 있다. 1998년 이후 매년 전국 규모의 대회가 열릴 정도로 큰 인기를 모으고 있다. 북한의 볼링장은 락원관 볼링장과 평양볼링장이 있다. 평양볼링장은 1994년 2월 개관하였는데, 1만 4천 300㎡의 건축면적에 40개의 레인과 식당, 오락실 등의 부대시설을 갖추고 있다. 개관 초부터 관심을 모은 평양볼링장은 1990년대 볼링의 대중화가 시작되면서 평양시민들이 즐겨 치는 명소가 되었다.

　국방과 관련되는 체육활동을 장려하기 위하여 경제난이 다소 완화된 2000년 이후 체육시설 확충을 활발히 하고 있다. 2005년의 경우에

〈사진 17-10〉 평양볼링장

도는 김책공업종합대학 체육관을 비롯하여 다수의 체육시설을 완공하여 운영하고 있다. 김책공업대학 체육관은 2001년 김책공대를 시찰하던 김정일 국방위원장의 지시로 건설이 시작되었다. 총 건평이 1만 4천 150㎡로 농구를 비롯하여 탁구, 권투 등의 체육경기와 과학전시회를 비롯한 전시회, 예술발표회, 대규모 회의도 가능하도록 설계되었다.

자강도에 있는 강계경기장도 크게 확장하였고, 평안남도 문덕군 체육관, 민속체육관, 야외경기장, 평안남도 순천시멘트연합기업소의 태권도보급기지, 평안남도 평성시, 황해남도 연안군, 황해북도 은파군의 경기장이 건설되었고, 자강도의 만포경기장과 평안북도 동차경기장이 개건 확장되었다.

5. 생활체육 활동

북한에서는 체육활동을 강조하기 위해서 '체육의 날'을 지정하여 체육활동을 장려하고 있다. '체육의 날'은 매월 두 번째 일요일이다. '체육의 날'은 1992년 3월 8일 김정일의 지시로 제정된 날이다. 전국의 공장, 기업소, 협동농장에 조직되어 있는 예술소조와 함께 태권도, 농구, 축구, 배구, 탁구 등 종목별 체육소조를 운영하고 있다. 태권도소조의 경우에는 그 숫자가 수만 개에 이르며, 농구소조도 수천 개가 있다. 체육소조의 활동을 돕기 위하여 전국적으로 농구장과 축구장 배구장, 탁구장들도 수천 개가 건설되었다.

스포츠 분야에서도 많은 변화의 바람이 불면서 1980년대 말부터 바둑을 비롯하여 야구, 소프트볼, 볼링, 프로권투 등 이른바 '자본주의적' 스포츠를 도입하기 시작하였다. 자본주의 스포츠 도입의 직접적인 계기가 된 것은 1989년 제13차 평양세계청년학생축전이었다. 축전을 준비하면서 새로운 체육시설들이 개장되었다. 이렇게 만들어진 체육시설은 일반인들에게도 개방되어 체육활동에 활용되고 있다.

북한에서는 전문 체육인 외에도 주민들을 위한 생활체육도 활성화되어 있다. 주민들에게 가장 많이 보급된 생활체육 종목은 건강태권도와 대중율동체조(에어로빅)이다. 1993년경부터 등장한 건강태권도와 대중율동체조는 체력적인 부담이 적어 누구나 쉽게 따라할 수 있는 대중체조이다.

건강태권도는 태권도 동작을 가려서 만든 것으로 동작이 복잡하지 않고, 음악에 맞추어 3분 정도 하도록 되어 있다. '건강태권도' 이외에도 노약자나 어린이들을 위한 '노인태권도'와 '소년태권도'도 따로 개발되어 보급하고 있다. 또한 국가체육지도위원회 체육과학연구소에서 개발한 대중율동체조는 누구나 쉽게 배울 수 있는 간단한 체조동작을 응용한 것으로 음악에 맞춰 5분 동안 진행된다. 1995년부터 어린이용 체조와 노인용 체조를 만들어 보급하고 있다.

전통 스포츠 분야에서는 대중적 인기를 끄는 종목으로 씨름이 있다. 민속씨름을 우리 민족의 오랜 노동과정에서 발생한 운동으로 규정하고, 각종 체육대회에 정식종목으로 지정해 놓고 장려하고 있다.

전통 스포츠와 함께 동계체육 활동도 적극적이다. 북한에서는 매년 12월부터 이듬해 2월까지를 '겨울철 체육월간'으로, 연중 매월 두 번째 일요일을 '체육의 날'로, 7월부터 8월까지는 '해양체육월간'(구 수영

〈사진 17-11〉 미림승마구락부의 김정은 현지지도 현판과 실내

보급월간)으로, 8월부터 9월까지는 '인민체력검정월간'으로 지정하여 운영하고 있다. 이 기간 동안에는 각 단위에서 태권도와 달리기, 농구, 배구와 같은 체육대회를 연다. 청소년들 사이에서도 스케이트나 스키, 썰매타기와 같은 동계스포츠와 눈길행군 같은 행사, 연날리기 같은 민속놀이를 통해 체력을 기르고 있다.

동계스포츠의 메카는 량강도 삼지연이다. 삼지연에는 스케이트경기장, 스키경기장, 아이스하키경기관을 비롯하여 경기장들과 선수들의 숙박소와 문화후생시설을 갖춘 현대적, 종합적 체육시설을 갖춘 백두산지구 체육촌이 있다. 삼지연에는 이외에 연건평 7,700m^2 규모에 수백석의 극장, 체육관이 갖추어진 삼지연학생소년궁전을 비롯하여, 삼지연군 문화회관, 베개봉국수집 등의 문화시설이 갖추어져 있어 매년 '백두산상 전국빙상선수권대회' 등의 전국적 규모의 동계스포츠 대회가 열리고 있다.

대중체육훈련장으로는 평양 모란봉 기슭에 있는 '대중육체훈련보급실'(헬스클럽)이 인기가 높다. 북한에서 체육은 신체 건강뿐만 아니라 국방과 관련한 중요한 영역으로 인식하고 장려한다. 평양에서도

〈사진 17-12〉
대동강변 양각도호텔 아래의
골프연습장

스포츠에 대한 관심이 높아지면서 운동으로 하루 일과를 시작하는 사람들이 많아졌다. 2007년에 소개된 '대중육체훈련보급실'은 조선국제체육협력회사가 운영하는데, 약 200평 규모의 2층 건물로 육체훈련실, 율동체조실, 수기치료안마실, 피로회복실로 구성되어 있다. 북한에서는 보기 드물게 러닝머신, 자전거를 비롯하여 다양한 운동기구와 샤워실, 한증막실의 시설을 갖추고 있는데, 전문운동선수를 포함하여 일반인들이 이용할 수 있다. 평양에서도 다이어트가 유행하면서 중년의 여성들이 상당히 많이 찾는다고 한다.

6. 구기 종목

구기 종목에서는 축구와 농구의 인기가 높다. 남한에서는 최고 인기 스포츠의 하나인 야구는 그리 널리 알려져 있지 않다. 사회주의 국가에 무슨 프로 스포츠일까 하겠지만 가장 자본주의적 스포츠로 알려진 프로복싱도 있다. 준 프로팀으로 운영되는 농구, 축구에서는 전문선수도 있다.

체육종목 중에서 가장 활발한 분야는 축구이다. 월드컵대회 본선에 출전할 정도의 실력을 갖추고 있다. 북한에서는 1990년 평양컵 국제대회를 개최하면서 '상금제'를 도입하여, 상금제 성격의 준 프로팀을 운영하는 등 경기력 향상을 위하여 노력하고 있다. 북한의 축구연맹전으로는 남측의 프로리그 1부에 해당하는 '1급팀 축구연맹전'을 운영하고 있다. 1급팀 축구연맹전은 전후기 리그로 진행되는데, 2001년의 경우 전기리그는 3월 1일에 개막하여 4월 12일까지, 후기리그는 4월 12일부터 4월 말까지 진행되었으며, 4·25체육선수단, 리명수체육선수단, 평양시체육선수단, 압록강체육선수단 등 남녀 각 8개 팀이 참가하였다. 전후기 성적을 합산하여 우승팀을 결정한다.

북한의 축구는 남자축구보다 여자축구가 더 많이 알려져 있다. 북한의 여자축구는 세계적인 수준을 자랑한다. 여자축구는 1980년 중반부터 집중육성하기 시작하여 1990년대로 들면서 아시아 여자축구대회에서 좋은 성적을 올리면서 아시아권의 강자로 부상했다. 북한 여자축구는 세계 정상권의 수준이라고 할 수 있다. 2006년 모스크바에 열린 20세 이하 세계청소년월드컵에서는 FIFA랭킹 1위인 독일을 꺾고 우승을 차지했다. FIFA 주관 대회에서 우승한 것은 남북을 통틀어 처음이었다. 2008년 뉴질랜드에서 열린 17세 이하 세계청소년월드컵에서도 우승을 했다. 2002년 부산아시안게임에서 우승했고, 2006 도하아시안게임에서는 결승전에서 일본과 전·후반과 연장 120분 혈투를 득점 없이 비긴 뒤 승부차기에서 4-2로 승리해 금메달을 따내서 대회 2연패를 차지하기도 했다.

북한의 여자축구가 강한 것은 1980년대부터 집중적으로 투자하고, 체계적으로 관리하였기 때문이다. 일반팀과 대학팀이 20여 개, 중학교팀이 50여 개 있다. 북한 여자축구팀은 국제경기 경험도 풍부하고,

〈사진 17-13〉 양각도축구장

기량이 좋은 선수들도 많다. 북한 남자 축구팀은 국제경기에도 자주 참가하지 않고, A매치 경기(국가대표 간 시합) 경험도 상당히 적다. 2010년 남아공월드컵에서 드러났듯이 개인적인 능력도 세계적인 수준하고는 아직은 거리가 있지만 여자축구팀은 개인적인 기량이 세계적인 수준에 올라가 있고, 신체적 조건에서 상대적으로 유리하다.

여기에다 헝그리 정신이 결부된 강인한 정신력, 강도 높은 훈련, 높은 포상, 우수한 지도자들이 결합되면서 세계적인 수준을 유지할 수 있게 되었다. 북한 여자축구선수들은 남자들과 훈련을 같이 할 정도로 훈련 강도가 세다. 북한 여자축구팀 선수들도 남자선수들과 같이 훈련한다. 특히 매주 금요일에는 12km를 달리는 것은 혹독하기로 유명하다. 흥미로운 것은 북한 여자축구 선수들 중에서 함경북도 출신이 많다는 것이다. 2006년 모스크바 대회에서 우승했던 20세 이하 선수팀의 절반이 함경북도 출신이다. 원래 북한에서는 함경북도 사람들이 기질이 세기로 유명하다. 지형적으로 산악지형으로 먹고 살기가 쉽지 않고, 거센 겨울바람 속에 생활하면서 자연스레 강한 기질이 생겼는데, 이런 억척스러운 기질이 북한 축구를 세계적인 수준에 오르게 한 원인으로 꼽을 수 있다.

또한 세계대회에서 우승하면 인민체육인 같은 명예칭호를 받을 수 있어 사회적 보상도 커서 선수들의 열정도 크다. 여자축구 선수들이 좋은 성적을 내면서 북한 축구 지도자들도 남자팀보다는 여자팀을 선호한다고 한다. 하지만 최근에는 대한민국을 비롯하여 일본, 중국, 호주 등의 여자축구가 강세를 보이면서 상대적으로 주춤한 상황이다.

2013년 4월에는 평양에 세계적인 수준의 선수 양성을 목적으로 하는

〈사진 17-14〉 축구 관련 과학영화
축구인재와 조기교육

평양국제축구학교를 개설하였다. 평양국제축구학교는 1만 2,200m²의 부지면적에 현대적인 교육시설과 식당, 목욕탕, 세탁소 등의 문화시설을 갖추었다. 북한 전역에서 선발된 90명의 남녀 학생으로 구성되었다. 축구에서 북한 선수의 해외진출도 추진되었다. 태국 1부리그 무안톤 유나이티드에서 미드필더 박남철 선수와 수비수 리광천 선수가 활동하고 있다. 최근에는 ≪로동신문≫을 통해 국제대회 일정을 소개하고, 남녀 축구팀의 1급 경기대회 일정과 결과를 보도하고 있다. 북한의

〈사진 17-15〉
통일축구대회의
남북선수들

체육활동 강조는 침체된 사회분위기에 활력을 불어넣기 위한 조치로 평가된다.

학생들을 비롯하여 가장 활성화된 종목은 농구이다. 농구는 전문선수들로 구성된 준 프로팀이 있을 정도로 활성화된 종목이다. 1997년부터 사회안정성 소속 압록강체육선수단 남자농구선수단을 프로화하면서 '태풍'이라는 팀으로, 여자농구선수단을 '폭풍'으로 창단하였다. 이어 신인들로 구성된 '번개'와 '대동강' 등을 잇달아 창단하였으며, 국제친선경기대회를 갖기도 하였다. 체육단은 일종의 팀 개념이다. 북한에서 가장 큰 체육단인 '4·25 체육단'을 비롯하여 '2·8 체육단', '압록강체육단', '기관차체육단' 등의 20여 개 체육선수단이 있다.

1988년부터는 야구가 '전국인민체육대회'의 정식 종목으로 채택되어 조총련 팀을 비롯한 5개 팀이 참가한 가운데 시합이 열린 이후 '만경대상 체육경기대회', '공화국선수권대회' 등의 종합경기대회에서 야구시합이 열렸고, 1990년 8월에는 '전국야구경기대회'를 개최하고, 1990년 6월과 8월에 아시아야구연맹과 국제야구연맹에 가입함으로써 국제사회에 본격적으로 발을 디뎠다. 야구 경기는 몇몇 대도시에서만 열리는데 북한의 대표적인 야구장은 남포야구장($9,800m^2$)과 평양야구장(3,500석)이 있다.

7. 태권도

북한에서 태권도는 1972년부터 '국방체육' 강화의 수단으로 학교나 각급 기관과 사업소에서 집중적으로 육성하고 있는 종목이다. 청소년들에게는 태권도를 '전문화 체육종목'으로 지정하는 한편으로, 각 시도 태권도학교와 과외국방체육학교의 태권도 소조를 조직하면서, 태권도 보급에 힘쓰고 있다.

1980년대부터 체계화를 시작하여 1987년 태권도체육단을 창설하였으며, 1989년에는 조선태권도연맹으로 확대, 1992년부터 조선태권도위원회로 개편하여 태권도의 보급과 세계화를 추진하고 있다. 1992년 9월에는 태권도전당을 설립하였으며, 1992년 9월에는 '제8차 세계태권도 선수권대회'를 개최하였다. 1993년부터는 태권도의 보급과 대중화를 위해 율동식의 건강태권도, 소년태권도, 노인태권도 등의 다양한 품새를 개발하여 보급하고 있다. 소년태권도나 노인태권도는 어린이나 노약자 등이 경음악에 맞춰 따라하기 쉽도록 기본동작을 개편하여 50개 동작으로 단순화한 율동식의 태권체조이다. 1996년에는 각도별로 태권도 선수와 지도교원 양성을 목적으로 '태권도 과외학교'를 설치 운영하기 시작하였으며, 2003년 12월에는 태권도 과외학교를 전문부 3년의 시도별 태권도학교로 승격하면서, 태권도에 대한 체계적인 연구와 보급에 힘쓰고 있다.

〈사진 17-16〉 서울에서 진행된 북한 태권도시범단의 시범공연

태권도는 북한이 국제화하려는 종목의 하나이다. 태권도의 경우 남측에서 주관하는 세계태권도연맹(WTF), 북한에서 주관하는 국제태권도연맹(ITF)이 있다. 북한은 최홍희에 의해 1966년 설립된 국제태권도연맹(ITF)에 가입하여 주도적으로 단체를 이끌고 있다. 국제태권도연맹은 112국의 회원국에 150만 명 정도의 회원을 보유하고 있으며, 본부는 오스트리아의 빈에 있다. 2002년 6월 국제태권도연맹 총재였던 최홍희가 사망하면서, 북한의 IOC위원인 장웅이 총재를 맡고 있다.

세계태권도연맹과 국제태권도연맹의 태권도 규칙과 기술은 상당한 차이가 있다. 세계태권도연맹은 8체급으로 3분 3회전 방식으로 스포츠적인 성격이 강한 반면 국제태권도연맹의 규칙은 머리, 가슴보호대 없이 경기용 장갑과 신발을 착용한 후 겨루기를 하는데, 자유 겨루기에는 '1대 3경기'도 하며 주먹으로 얼굴 타격이 허용되는 등 상당히 격렬하고, 실제 무도적인 성격이 강하다.

품새의 경우 세계태권도연맹은 태극 1장에서 8장(유급자), 고려, 금강 등의 11품새(유단자) 173동작으로 되어 있고, 국제태권도연맹은 천지, 단군, 도산, 원효, 율곡, 중근, 퇴계, 화랑 등 24틀 180동작으로 되어 있다. 등급도 세계태권도연맹은 하양, 노랑, 파랑, 빨강, 검정의 5단계로 되어 있는데 비하여 국제태권도연맹은 하양, 노랑, 파랑, 초록,

〈사진 17-17〉 대중체육활동의 중요성을 강조한 영상물

〈사진 17-18〉 건강관리의 중요성을 주제로 한 아동영화 〈마라손선수〉

〈사진 17-19〉 택견을 주제로 한 아리랑 공연

파랑, 빨강, 검정의 6단계로 되어 있다.

국제사회에서는 세계태권도연맹이 주류로 인정받고 있다. 세계태권도연맹은 1973년 5월 한국에서 창설된 국제경기단체로 각국의 국가올림픽위원회의 공인을 받은 단체만이 가입이 가능하다. 182개 회원국에 5천여만 명 이상의 회원을 확보하고 있다. 1994년 9월 제103차 IOC총회에서 태권도를 시드니올림픽 정식 종목으로 채택하면서 세계태권도연맹(WTF)의 경기방식을 채택하였다.

군부대를 중심으로 전문선수를 양성하고 있는데, 평양시와 황해북도, 평안북도 등에 태권도선수단이 있다. 2002년 9월과 2007년 4월에 남한을 방문하여 춘천과 서울에서 시범경기를 가졌다.

8. 바둑

바둑은 최근 북한에서 대중스포츠로 인기를 끌고 있는 스포츠이다. 바둑을 스포츠라고 한 것은 북한에서의 바둑은 두뇌싸움으로써 무도(武道)의 일종으로 보기 때문이다. 남측에서도 세계선수권 대회에서 우승한 바둑선수에 대해서 체육특기자로 병역혜택을 주는 것과 일맥상통한다. 바둑은 건전한 스포츠로서 장려하고 있는 스포츠이자 대중오락물이다. 대중적으로 아직까지는 장기나 주패(트럼프)만큼 일반인들에게 대중화되지는 않았지만 최근 들어 다른 어떤 종목보다 인기를 모으고 있는 종목이다.

1989년 9월에 바둑협회가 결성되었고, 1990년부터는 전국바둑대회를 개최하였으며, 1991년 체육기술연맹 산하 단체로 등록하였다. 전국바둑대회는 4단 이상의 고단급과 3단 이하의 저단급으로 운영되고 있다. 1991년 체육기술연맹 산하 49개 단체의 하나로 등록하면서 대내적으로는 바둑대회를 활성화하였고, 1991년부터는 같은 해 5월 국제바둑연맹에 가입하는 등의 대외적인 활동도 적극 참여하기 시작하였다. 1992년부터는 세계아마추어바둑선수권대회에 참가하기 시작하였으며, 학생소년궁전에 바둑소조가 생겼다.

바둑에 대한 관심과 바둑 인재의 저변 확대에 힘입어 1998년 11월 일본 요코하마에서 열린 세계 여자아마추어 바둑선수권대회에서 조새별이 2위를 차지하는 등 세계대회에서 두각을 나타내고 있다. 1999년 세계아마추어바둑선수권 대회에서 이봉일이 3위에 입상하였으며, 2000년 대회에서 박호길이 준우승을 차지하는 등의 두각을 나타냈다. 1998년 당시로서는 최고 성적을 거둔 조새별에게는 공훈체육인 칭호가 수여되었다. 2000년에는 국제페어대회에서 임현철－권미현 조가 우승하였다.

1993년부터 각 시·도 바둑협회가 설립되었고, 학교에 바둑소조가

〈사진 17-20〉
바둑을 배우고 있는 아이들 1

생겨났으며, 1994부터는 전국소년바둑대회를 창설하여 유망주들을 발굴·육성하고 있다. 1995년부터는 전문기사에 해당하는 '완전선수제'를 도입하였으며, 1997년부터는 '백두산상 체육경기대회'를 비롯한 각종 체육대회에서 바둑을 정식 종목으로 채택하였다. 2001년 2월에는 전문 바둑선수와 인재양성, 바둑의 대중적 보급을 위한 목적으로 평양 바둑원이 개원한 데 이어 평양을 비롯하여 주요 도시에 바둑원을 설치하였으며, 2003년 2월과 8월에는 '평양시 어린이바둑대회'를 개최하는 등 바둑 인구의 저변 확대에 노력하고 있다.

2003년 2월 23일자 ≪로동신문≫은 '우리 생활과 민속놀이 바둑'이라는 제목의 기사에서 바둑이 중국이나 인도가 아닌 한반도의 첫 고대국가였던 고조선에서 발생했다는 견해가 우세하다는 주장을 싣기도 하였다. 바둑이 고조선에서 유래하였다는 사실은 "바둑이라는 말 자체가 고유한 조선말로서 한자로는 표기할 수 없다는 한 가지 사실만을 통해서도 잘 알 수 있다"고 강조하면서 우리 민족의 생활 속에서 전해 오는 '바둑과 관련한 형상적 표현'들이 바둑이 우리나라에서 발생했다는 증거라고 하면서 바둑에서 집을 차지하기 위한 돌의 배치와 공방전, 접전 과정, 상대 돌을 잡는 것들이 유희놀이로 반영되었다는 느낌을 준다는 것이다.

현재 북한의 바둑 인구는 1만 명 정도인 것으로 알려졌다. 특이한

〈사진 17-21〉
바둑을 배우고 있는 아이들 2

것은 바둑을 '두뇌격술', '두뇌무술'로 보고 태권도, 씨름 등과 함께 무도(武道)의 범주로 분류한다는 점이다. 2004년 9월에 열린 제1회 국제무도경기대회에서 바둑이 정식종목으로 채택된 것도 이러한 이유 때문이다.

2003년 바둑의 대중화와 생활화를 목표로 문을 연 대동강 구역에 위치한 문수바둑장은 200여 명이 등록한 북한의 대표적인 바둑장이다. 등록선수 중에서 아마추어 1단 이상의 실력자가 70%를 넘는다고 한다. 문수바닥장 주변에는 북한의 주요 대학인 평양기계대학, 조선체육대학, 평양미술대학 등이 있어서 대학생들도 많이 찾는다. 매달 두 번씩 단과 급수 판정경기가 열린다.

지은이 **전영선**

건국대학교 통일인문학연구단 HK연구교수. 한양대학교에서 국어국문학을 전공하고, 동 대학원에서 문학박사학위를 받았다. 겨레말큰사전 남북공동편찬위원회 이사, 민화협 정책위원, 대통령 직속 통일준비위원회 전문위원, 통일부 통일교육위원, 민주평화통일 자문회의 상임위원, 통일부 정책자문위원, 경실련 상임집행위원, 북한연구학회 사회문화분과위원장, 남북문학예술연구회 회장, 『민족화해』 편집위원 등으로 활동하고 있다.

『영상으로 보는 북한의 일상』, 『북한의 언어: 소통과 불통 사이에 놓인 남북언어』, 『북한정치와 문학: 통제와 자율 사이의 줄타기』, 『북한 애니메이션(아동영화)의 특성과 작품세계』, 『영화로 보는 통일 이야기』, 『문화로 읽는 북한』, 『북한의 대중문화』, 『북한 민족문화정책의 이론과 현장』, 『북한 예술의 창작지형과 21세기 트렌드』, 『북한 영화 속의 삶 이야기』, 『북한을 움직이는 문학예술인들』, 『북한의 문학과 예술』, 『고전소설의 역사적 전개와 남북한의 춘향전』, 『북한 문학예술의 운영체계와 문예이론』 등의 저서가 있다.

글과 사진으로 보는 북한의 사회와 문화

ⓒ 전영선, 2016

1판 1쇄 인쇄__2016년 07월 05일
1판 1쇄 발행__2016년 07월 15일

지은이__전영선
펴낸이__양정섭
펴낸곳__도서출판 경진
　　　　등록__제2010-000004호
　　　　블로그__http://kyungjinmunhwa.tistory.com
　　　　이메일__mykorea01@naver.com

공급처__(주)글로벌콘텐츠출판그룹
　　　　대표__홍정표
　　　　편집__송은주　디자인__김미미　기획·마케팅__노경민　경영지원__이아리
　　　　주소__서울특별시 강동구 천중로 196 정일빌딩 401호
　　　　전화__02) 488-3280　팩스__02) 488-3281
　　　　홈페이지__http://www.gcbook.co.kr

값 23,000원
ISBN 978-89-5996-505-2 93000